山东耕地质量评价与应用丛书

东阿耕地

赵吉岭　宋东涛　主编

山东大学出版社

图书在版编目(CIP)数据

东阿耕地/赵吉岭,宋东涛主编.—济南:山东大学出版社,2013.5
ISBN 978-7-5607-4789-7

Ⅰ.①东…
Ⅱ.①赵… ②宋…
Ⅲ.①耕地资源—资源评价—东阿县
Ⅳ.①F323.211

中国版本图书馆 CIP 数据核字(2013)第 104208 号

责任策划:赵 岩
责任编辑:赵 岩
封面设计:张 荔

出版发行:山东大学出版社
社 址 山东省济南市山大南路 20 号
邮 编 250100
电 话 市场部(0531)88364466
经 销:山东省新华书店
印 刷:山东鸿杰印务集团有限公司
规 格:787 毫米×1092 毫米 1/16
15.25 印张 12 插页 367 千字
版 次:2013 年 5 月第 1 版
印 次:2013 年 5 月第 1 次印刷
定 价:36.00 元

《东阿耕地》编委会

前　言

东阿县位于黄河北岸的鲁西平原，地势平坦，水资源丰富，土壤以潮土为主，农业生产条件好，是种粮大县，种植业也是农民经济收入的主要来源。在1984年全国二次土壤普查时，东阿县查明了全县的土壤资源情况，并提出了土壤改良利用意见及农业发展区划，同时进行了一系列的农技推广工作，积累了一些土壤养分、试验示范等基础资料。但一些成果在表达和应用上有较大的局限性，难以满足农业快速发展的需要。2006年，东阿县开始实施测土配方施肥项目及耕地地力调查与评价工作。耕地地力评价工作是测土配方施肥项目的一项重要内容，是摸清耕地资源状况、提高土地生产力和耕地利用效率、促进现代农业发展的重要基础工作。以"3S"高新技术为主要手段，充分利用测土配方施肥项目调查分析田间试验数据、土壤监测数据，并与全国第二次土壤普查成果对比，建立了规范的县域测土配方施肥数据库、耕地资源空间数据库和耕地资源管理信息系统，对耕地地力状况进行评价，以指导耕地改良利用、合理布局种植业，编写了东阿县耕地地力评价工作报告、技术报告和专题报告，绘制了耕地地力等级图、土壤养分等级图等21幅图件，其成果可为全县耕地农业结构调整规划、耕地质量保护与建设、耕地改良利用、科学施肥、农业节水、生态建设等提供科学依据，以促进农业可持续发展。

东阿县根据《农业部办公厅关于做好耕地地力评价工作的通知》(农办农[2007]66号)、《农业部办公厅关于加快推进耕地地力评价工作的通知》(农办农[2008]75号以及全国耕地地力评价工作经验交流会议精神)和山东省《关于对2006年测土配方施肥项目区进行耕地地力评价工作的通知》、《山东省测土配方施肥技术规范》和《农业部耕地地力评价规程》要求，扎实开展耕地地力评价工作。先后采集蔬菜、果树及大田土样8631个，化验分析了土壤有机质、大中微量元素、全盐、土壤质地、土壤容重等22个项目，共计10余万项次。利用GIS技术支持与定量数学模型结合的评价方法，对耕地地力和耕地环境质量进行了综合评价，利用"3S"技术建立了县域耕地资源管理信息系统。

为确保测土配方施肥、耕地地力评价工作的顺利进行，我们精心组织，周密部署，成立了以县长为组长的工作领导小组，以农业局分管局长为组长的技术领导小组，技术领导小组下设野外调查、资料整理、室内化验分析三个工作组，做到了领导重视、组织健全、管理到位、分工具体、责任到人。在整个工作中，实施“五严”管理操作：一是严格核实粮地、菜地面积。统一配备了计算器、百米尺、绘图板、参照图件、三角尺等工具，逐一实地丈量粮地、菜地面积，绘制图幅，并填写记录表，注明地块位置、长度、宽度。二是严格采样，合理布点。根据当地作物种植分布情况，布点突出代表性，兼顾均匀性，并与污染调查布点相结合，适当加大污染点位密度，尽可能地在第二次土壤普查时的取样点上布点。取样时由专业人员带队，采用 GPS 定位，统一采用不锈钢土钻取样，使用标准样袋集中收样，同时建立土样库，内存土样 1 万余个。三是严格调查程序。按要求走访农户，做到不漏、不错、不改、不造，实事求是地填写。四是严格审核调查数据。为确保调查数据真实有效，统一设计了调查表格，固定专人负责调查填写，并确定两位熟悉土肥、蔬菜的专业技术人员共同对调查数据进行审核。五是严格化验分析。化验分析方法均采用国家或行业标准，实施基础实验控制、标准曲线控制、密度控制，样品分析时平行率达到 100%，坚持准确度控制，使用标准样品，进行内参样掺插，确保了化验分析数据的准确与可靠。

东阿县测土配方施肥项目及耕地地力评价工作是在农业部耕地与肥料管理处、全国农技中心土壤与环境处、山东省土壤肥料总站的领导下，在聊城市农委土肥站的具体指导下完成的。在项目实施过程中，东阿县委、县政府在组织协调、人力、物力等方面给予了大力支持，东阿县国土局、环保局、水利局、气象局、农机局、统计局、民政局等部门在提供数据、图件方面给予了很大帮助，山东农业大学帮助完成了图件数字化及地力评价成果图的绘制，在此一并表示诚挚的感谢。

在山东省土肥总站的具体指导下，本书的各位作者以严谨的科学态度和认真负责的工作精神，力求将内容写的准确、完美且有实用性，但受水平所限，加之时间仓促，难免出现错误，希望各级领导和农业科技界的同仁批评指正，以便进一步修改提高。

编　者

2012 年 1 月

目 录

第一篇 耕地地力调查与质量评价

第二篇 测土配方施肥技术

第一篇 耕地地力调查与质量评价

第一章 自然与农业生产概况

东阿县位于黄河北岸，属于鲁西平原，东北与齐河县接壤，北与茌平县搭界，西南与聊城市、阳谷县为邻，东南与平阴县、梁山县隔黄河相望，地处东经116°02′～116°33′，北纬36°07′～36°33′。县境呈狭长形，长52.5km，宽24.5km，总面积为799km^2，辖11个乡镇(街道办事处)、1个工业园区、559个行政村，有43万人。东阿县为中国阿胶之乡、中国喜鹊之乡、中国杂技艺术之乡、国家级生态示范区、全国绿化模范县、中国绿色名县，被誉为"万户喜鹊吉祥地，千年阿胶福寿乡"。黄河流经东南边境，境内长56.5km，县境内还有赵牛河、中心河、官路沟、赵王河、四新河等河流以及引黄干支渠，纵横交错，水利工程初具规模。全县交通便利，泰临公路、105国道、齐南公路、聊位公路贯穿于境内。村村通工程使全县交通四通八达，出行更加便利。

东阿县历史悠久，古代为兖州之域，春秋战国时期为齐国西陲小邑，先称"柯"，战国改称"阿"，仍隶属齐国。秦废封建置郡县，始称东阿县，属东郡。旧志称："东阿，古之名邑也，会盟征战，废垒遗墟，见于经史者不一而足。"自秦相沿至今已有2200余年的历史。三国时期为魏地，隶属东郡，曹操三子曹植被封为东阿王，留有曹子建墓。东阿县域除南北朝刘宋一度将东阿并入谷城县，一直相沿。1945年8月东阿解放，属冀、鲁、豫行署六专署，1949年8月，隶平原省聊城行政督察专员公署，1952年11月平原省撤销，东阿随聊城专署该隶山东省。1958年撤销东阿县，分别并入茌平县和寿张县，1961年7月恢复东阿县，其隶属未变。1967年专区改为地区，东阿属山东省聊城地区行政公署。

东阿县文化底蕴深厚，物产独特。"阿胶文化"、"曹植文化"、"吉祥文化"、"黄河文化"是东阿特色历史文化品牌，"鱼山梵呗"、"东阿阿胶制作工艺"入选国家级非物质文化遗产名录。"才高八斗、七步成章"的曹植曾封为东阿王，曹植墓遗址是国家级重点文物保护单位。境内有大汶口文化、龙山文化、邓庙石刻造像、梵呗寺、静觉寺等文化遗迹。全县水资源不仅充足，而且水质特优，被鉴定为"天然优质饮用矿泉水"。东阿阿胶生产已有2000多年历史，李时珍《本草纲目》记载："阿胶本经上品，出东阿故名阿胶。"阿胶对补血养气、提高人体免疫力等具有独特的功效。

第一节　自然条件

东阿县地处鲁西平原，东依泰山，南临黄河，引黄济津、济卫工程渠首均在此地。东阿县自然条件优越，气候温和，属温带季风大陆性气候，四季分明，年平均气温和降水量适中，无霜期较长，日照充足。年平均气温为14.2℃，年平均相对湿度为66%，年平均降水量为580.6mm，年平均日照为2429.6小时，年平均无霜期为236天。春季干旱，冬季干燥，夏季湿热多雨，秋季天高气爽，昼夜温差大，适宜多种农作物生长，且本地具有悠久的农业生产历史。自然条件主要包括气候、水资源、地形地貌、母岩和成土母质、植被资源等方面。

一、气候

（一）光能资源

全县年总辐射量为514232J/cm^2，年内高值出现在5月，平均为63416J/cm^2，低值出现在12月，平均为23524J/cm^2。年生理辐射量为251988J/cm^2，气温不低于10℃期间的生理辐射量为178317J/cm^2，占全年的70.8%，不低于20℃的生理辐射量为106739J/cm^2，占全年的42.3%，由此可见全县光能资源比较充足。

本县全年平均日照时数为2429.6小时，年日照百分率为56%，但光照充足的同时又存在着年内分布不均，春夏光照充足，辐射强的特点。年内光照5～6月最多，平均每日在8小时以上，5月为全年最大日照月，平均每天日照8.6小时，日辐射量达480cal/cm^2，这对小麦的灌浆成熟十分有利。6月平均每天日照8小时，日辐射量为448cal/cm^2，此时夏播作物正处于苗期，不能充分利用光能资源。初秋日照缩短，光辐射迅速减弱，对棉花裂铃吐絮和秋粮作物的生长发育等都有一定的影响。

（二）热量资源

东阿县热量资源丰富，年均无霜期236天，全年平均气温为14.4℃，最冷月份1月平均气温为－0.8℃，极端最低气温为－19.2℃（出现在1990年1月31日）；最热月份7月平均气温为27.4℃，极端最高气温为40.7℃（出现在2002年7月15日）。日均气温0℃以上天数可达290天以上，平均积温5025.8℃，80%保证率为270天，积温在4900℃以上，此阶段为农耕期。日均气温5℃以上天数约251天，平均积温4878.3℃，80%保证率为238天，积温在4720℃以上。初日3月13日，是小麦浇返青水的起点；终日11月17日，是小麦浇封冻水的终点。日均气温10℃以上的天数是210天左右，积温在4525℃以上，是喜温作物的生长期。从全县积温与熟制关系看，积温完全可满足林木果树生产及冬小麦、夏玉米轮作的需要。春季回暖迅速、秋季降温快、夏季炎热、冬季寒冷，冬夏长、春秋短是东阿县年内热量分布的特点。在农事安排上应合理安排种植，及时管理。

（三）降水与蒸发

东阿县全年平均降水580.6mm，年际间变化较大，最高年为897.7mm（出现在2003年），最低年为275.4mm（出现在2002年）。月降水量7月最多，平均为169.7mm，其次是8月和6月；最少出现在12月，平均仅为4.8mm。全县降水特点可归纳为两点：一是年际变化大，二是年内分布不均。冬春两季降水量仅占全年降水量的17%，夏季则占全年的64%，因此，东阿县降水形成了冬春连旱，盛夏、初秋多雨集中，晚秋易旱，冬季干冷的特点。

全年平均蒸发量为 1741.3mm，相当于年降水量的 3 倍。6 月蒸发量最大，为 173.4mm；12 月最小，为 44.8mm，从降水量和蒸发量的对比来看，只有 7 月的降水量接近蒸发量的数值，其他时间都远大于降水量，所以降水不足是影响东阿县农业发展的主要因素之一。

（四）气象灾害

由于光热水时空分布不均，所以存在一定气象灾害，主要有旱涝、干热风、冰雹、低温连阴雨、暴雨、大风等。均对农业生产造成不同程度的危害，其中旱涝对农业生产影响最大。由于降水季节分配不均，造成旱涝多重复出现。春季有“十年九旱”之说；初夏旱，频率为 57%，对春播作物幼苗生长及小麦抽穗、成熟影响较大；晚秋旱平均三年一遇，影响秋种及晚秋作物的成熟。涝灾以夏涝和初秋涝为多，频率为 30%，夏季降雨集中、强度大、极易成灾；初秋涝多与低温、光照少并存，造成棉花烂桃落铃，大秋作物晚熟和推迟小麦播种期。干热风一般出现在每年的 5 月下旬至 6 月上旬的小麦乳熟期，易使小麦迫熟，造成减产。另外，冰雹、大风等气象灾害也曾对农业生产造成了不同程度的危害。

二、水资源

东阿水资源丰富，水质较好。地表水主要源于大气降水径流和过境河道径流。地表水径流根据全县 5 个雨量站统计，历年平均年降水量为 $4.76\times10^{8}m^{3}$，年径流量为$5.1\times10^{7}m^{3}$，地表径流深 64.8mm；拦蓄量为 $2.73\times10^{6}m^{3}$，年可利用量仅 $1.04\times10^{6}m^{3}$。过境河道主要是黄河，其径流量年均为 $4.28\times10^{10}m^{3}$。黄河水资源年可利用量为 $1.82\times10^{8}m^{3}$。

地下水主要源于大气降水、内河及坑塘入渗、黄河侧渗和灌溉回归等。境内地下水总储藏量为 $2.33\times10^{9}m^{3}$，其中淡水 $2.2\times10^{9}m^{3}$，咸水 $1.3\times10^{8}m^{3}$。多年平均总补给量为 $1.85\times10^{8}m^{3}$；黄河侧渗补给量为 $1.81\times10^{7}m^{3}$；降水径流、内河、坑塘拦蓄补给量为 $4.3\times10^{5}m^{3}$；灌溉回归补给量为 $6.593\times10^{7}m^{3}$。年均可利用量为 $9.577\times10^{7}m^{3}$。

浅层地下水为第四纪孔隙水，含水沙层厚度为 20～40m。据水文地质条件，全县可分为 3 种类型：一是浅层淡水丰富区，面积为 $52500hm^2$，占总面积的 66.7%，主要分布在姚寨、大桥、铜城、姜楼、刘集等；二是浅层淡水较丰富区，面积为 $21800hm^2$，占总面积的 27.7%，主要分布在牛角店、铜城街道办事处、鱼山等；三是浅层淡水贫乏区，面积为 $4400hm^2$，占总面积的 5.6%，主要分布在顾官屯镇、高集镇、姚寨镇杨柳、陈集乡部分地带。

水质：地表水化学类型比较单一，绝大多数为氯化物类。矿化度一般小于 1g/L，总硬度在 17.36～23.1 度之间。地下水矿化度一般小于 2g/L，pH 为 7.5～8.12，呈弱碱性；总硬度较高，一般在 16～40 度。重碳酸盐类面积为 $77010hm^2$，占总面积的 97.9%；氯化物类面积为 $1690hm^2$。

三、地形地貌

地形是重要的成土因素，涉及土壤母质、光、水、热条件的重新分配。东阿县系黄河冲积平原，地形地貌受黄河改道和决口泛滥的影响，自西南向东北倾斜，海拔为 27.7～40.2m，自然坡降为 6‰～7‰，最高点为原关山乡驻地，海拔 40.2m，最低点在高集镇的庙杨村，海拔

27.7m,总坡降为5‰,沿黄河北岸,有零星石灰岩残丘,均在百米以下,境内有黄河故道,自西南向东北蜿蜒延伸。由于历史上黄河改道、漫流、冲决以及引黄池清淤和沉积,形成了坡状的高岗、缓坡、洼地,其高差在5m左右,微地貌类型有以下7种(见表1-1)。

表1-1 地貌类型分布面积统计表

地貌类型	分布	面积(hm^2)	占总面积百分比(%)
河滩高地	刘集镇西部、顾官屯镇中西部、铜城街道办事处及新城街道办事处周围、陈集乡西北部、姚寨镇北部、牛店镇西部、姚寨镇西北部	13258.4	16.59
缓平坡地	高集镇的大部,牛店镇中部与北部,姚寨镇东北部,陈集乡周围,铜城街道办事处中部,顾官屯镇北部,刘集镇东部、西部和北部,鱼山镇东北和铜城街道办事处相交地带	32754.02	40.98
河间浅平洼地	陈集乡、姚寨镇和高集镇的赵牛河两岸,牛角店镇、铜城街道办事处、大桥镇、姚寨镇及鱼山镇金堤沿线,姜楼镇姜楼村四周至铜城街道办事处接壤部分	19665.54	24.6
沙质河槽地	姜楼镇与鱼山镇之间原东沉沙地一带	2662.01	3.33
背河槽状洼地	黄河堤与金堤之间地带	8351.37	10.45
残丘	位山、关山、苫山、贾山、鱼山、曲山、香山、艾山、凌山	252.29	0.32
黄河河道	东阿县东南边界沿线	2984.9	3.73
合计		79928.53	100

(一)河滩高地

河滩高地为老赵王河故道浸滩沉积形成,有的宽达7.85km,这种高地较两侧平地高出2m左右,形成一个地势较高的缓岗。它主要分布在老赵王河流域(黄河故道)沿线,其中包括刘集镇西部、顾官屯镇中西部、铜城街道办事处及新城街道办事处周围、陈集乡西北部、姚寨镇北部、牛店镇西部、姚寨镇西北部,从西南到东北,呈一个弯曲的条带,其中略有波长起伏,面积为13258.4hm^2,占总面积的16.59%,海拔高度为40.2~29.4m,区内高差为10.8m左右,潜水埋深多在3~8m,表层质地偏轻,多发育成褐土化潮土,土地一般无盐化及涝灾威胁,一般农业生产水平较高,但易受干旱,农业生产上的主要矛盾是水利灌溉问题。自20世纪60年代末,位山东西引黄干渠相继投入使用后,由于逐年清淤,渠道两侧均形成了宽约50m、高6m的带状高地。土类为褐土化潮土,水、肥、气、热协调,农业生产水平较高,适宜种植粮食、棉花等多种作物和林果生产,是东阿县重要的生产基地。

（二）缓平坡地

缓平坡地为黄河泛滥漫流沉积而成，此种地貌分布较广，主要分布在高集镇的大部，牛店镇中部与北部，姚寨镇东北部，陈集乡周围，铜城街道办事处中部，顾官屯镇北部，刘集镇东部、西部和北部，鱼山镇东北和铜城街道办事处黄屯管区相交地带，面积为32745.02hm²，占全县总面积的40.98%。海拔高度为37.2～28.6m，潜水埋深为3～7m，地表水和地下水出流不畅。土壤主要为潮土和盐化潮土，表层质地以壤土为主，适宜多种作物生长。

（三）河间浅平洼地

河间浅平洼地为河道泛滥时其尾水沉积而成，主要分布在陈集乡、姚寨镇和高集镇的赵牛河两岸，牛角店镇、铜城街道办事处、大桥镇、姚寨镇及鱼山镇金堤沿线，姜楼镇姜楼村四周至铜城街道办事处接壤部分，面积为19665.54hm²，占全县总面积的24.6%。海拔高度为35.9～27.7m，排水不畅，潜水埋深在5m左右，土壤多为黏质潮土，表层质地较黏，保水保肥，但耕性、透水性差，易受涝灾，有一定盐渍化危害。

（四）沙质河槽地

沙质河槽地主要分布在姜楼镇与鱼山镇之间原东沉沙地一带，面积为2662.01hm²，占全县总面积的3.33%。这部分土地原来是沉沙池，地势低洼，漏水漏肥，土壤为砂质潮土，肥力较低。

（五）背河槽状洼地

这里原来是黄河的河滩，是黄河堤南移后的金堤形成的一个条带，主要分布在金堤至临黄堤一带，呈带状，面积为8351.37hm²，占全县总面积的10.45%。海拔高程为38.2～33.6m，潜水埋深多为2.2～4.2m，土壤类型及分布混乱复杂，因为现在黄河这一带基本上为地上河，河水外渗，潜水较多，盐渍化程度较重，易积涝成灾。

（六）残丘

沿黄河北岸有位山、关山、苫山、贾山、鱼山、曲山、香山、艾山、凌山、张山等十余座石灰岩残丘，零星分布在沿黄沿线，海拔高度均在百米以下，面积为252.29hm²，占全县总面积的0.32%。

（七）黄河河道

在东阿县东南边界沿线，境内面积约为2984.9hm²，占全县总面积的3.73%，其中滩涂面积约为584.1hm²。

四、母岩与成土母质

地质构造：东阿县地质属华北地区凹陷地块，位于聊城—东明（又称“兰考”）大断裂带最东面，为西盘下降的一级断层，自西（馆陶）向东为聊城地区7个四级地质构造单元凹陷地段。沿河一带伏有寒武系、奥陶系、石灰岩地层和粗砂砾石，其沉积规律为上部颗粒细、下部颗粒粗，呈二元或三元结构，在空间分布上重叠交错，在剖面上呈串珠状透明体，在平面上呈东南—西北条带分布，其余均为新埋第四系地层覆盖（即黄河冲积物），其岩性主要为灰黄、灰绿、红棕色厚层砂质黏土、黏土及砾石层组成，砂质黏土含沙量较大，并含铁、锰质结核及钙质沉积物。

地层分布：境内除艾山、香山、鱼山、关山等地有古生代地层露出，其余均被新生界第四系地层覆盖(即黄河冲积物)，其岩性主要表现为灰黄、灰绿、红棕色，由砂质黏土、黏土及砾石层组成，砂质黏土含沙量较大，并含铁锰结核和钙质沉积物。中新世地层厚度为50～100m，岩石性状为棕黄、灰绿、棕红、浅紫色砂质黏土，砂质黏土夹砂岩，局部夹黄棕、灰白5级地色黏土岩。砂质黏土致密较硬，厚度一般为2～4m，最厚处达9m，底部为卵砾石及残积层，与下伏古生界地层呈不整合接触。

成土母质是土壤体的主要物质基础。任何土壤都是在母质上发育起来的，它们的发育程度、肥力高低都受到原来母质的直接影响。东阿县属黄河冲积平原，成土母质主要是黄河冲积物，这种沉积物的分选作用很明显，分别形成砂、壤、黏质土壤，一般在河床和近河床处质地偏沙，远河床处质地较黏，由于决口的地方不同，决口的大小和长短不一。因此，土层中淤沙、胶泥相间。在150cm沉积层内，可以见到很复杂的质地层次，影响水盐运行和土壤发育，黄河冲积平原发育为潮土、盐土、风沙土，由缓岗到洼地，由于沉积物的水平分选作用，土壤质地由砂到黏，地下水埋深由深到浅，土壤分布着褐土化潮土、潮土、盐化潮土和硫酸盐、氯化物潮盐土，土壤肥力，作物产量适种作物都有较大的差异，造成农业生产的不平衡性。

五、植被资源

生物是形成土壤的一个重要因素，当成土母质中出现生物时，土壤的形成才真正开始。绿色植物对成土作用的影响，主要是增加土壤的有机质，从而影响土壤的形成和发展过程。

东阿县地处暖温气候带，地平土沃，水资源丰富，植物种类繁多，东阿县植被均为次生植被。地域性植被为阔叶落叶林，代表性数种为黑杨类，其他树种为毛白杨、刺槐、泡桐及果树类。森林覆盖率达46.2%，植被面积占土地总面积的95%，自然植被面积占12%，季节性植被占44%，自然植被与人工植被比例为12∶88。

(一)森林植被

东阿县适宜多种林木生长，林木资源丰富，尤以杨树生长最佳。杨树纯林及林网、“四旁”折合面积达56万亩。用材林多为黑杨纯林，防护林有黑杨、柳树、毛白杨、刺槐等；经济林有苹果、梨、桃、枣、杏、葡萄、山楂、石榴、香椿、桑树、银杏、柿树等；“四旁”植树有杨类、柳类、榆树、国槐、泡桐、臭椿、苦楝、刺槐、侧柏、悬铃木等；编条类有杞柳、棉槐、白蜡等；园林绿化树种有雪松、圆柏、冬青、紫叶李、女贞、红叶椿、悬铃木、海棠、碧桃、百日红、千头柏、龙柏、玉兰、青桐等。用材林、防护林、林网、围村林多为杨树纯林。

(二)灌木、草丛植被

东阿县属鲁西平原农区，天然灌木林稀少，灌木植被主要为穗槐、荫柳等，随着土地资源的紧张，大多已开垦利用为农田，草丛植被多为林下杂草，野生草本植物主要种类有狗尾草、马齿苋、荠菜、苦荬菜、酸模、堇菜、飞蓬、蒲公英、藜、蓟、鸭草、马唐、莎草、麦冬、结缕草坪、蒺藜、小旋花、牛舌头棵、灰灰菜、蚂蜂菜、扫帚菜、鸡眼草、星星草、三棱草、杏仁棵、野向日葵、米蒿、野蒜、节节草、灯笼棵、牛鞭草、臭蒿子、茅草、小芦苇、碱蓬等。

（三）作物植被

作物植被为人工季节植被，东阿县主要有小麦、玉米、高粱、谷子、黄豆、黑豆、红豆、豌豆、绿豆、小豆、红薯、马铃薯、棉花、红麻、花生、芝麻、蓖麻、向日葵、油菜、白菜、结球甘蓝、萝卜、黄瓜、甜瓜、北瓜、西瓜、冬瓜、南瓜、西葫芦、丝瓜、芸豆、豇豆、豌豆、扁豆、茄子、辣椒、番茄、大葱、大蒜、洋葱、韭菜、胡萝卜、芹菜、芫荽、茴香、菠菜、莲藕、莴苣、苋菜等。

水生植物有藕、芦苇、蒲草。

第二节　农村经济与农业生产情况

一、农村经济情况

东阿县共辖 11 个乡镇(街道办事处)，即铜城街道办事处、新城街道办事处、刘集镇、牛店镇、大桥镇、高集镇、姜楼镇、姚寨镇、顾官屯镇、鱼山镇、陈集乡和工业园区，共计 559 个行政村，农村户数共计 10.21 万户。全县总人口为 43.3 万，其中农业人口 37.6 万，占总人口的 87.16%，非农业人口 12.08 万，占 12.4%。乡村劳动力资源为 24.08 万人，乡村从业人员为 22.48 万人，其中劳动年龄内人员和男性分别为 11.88 万人、10.60 万人。农林牧副渔业劳动力为 12.78 万人，占乡镇劳动力的 59.09%，其中从事工业 2.38 万人，建筑业 2.41 万人，交通运输业 9312 人，信息传输、计算机服务和软件业 664 人，批发零贸易 9163 人，住宿和餐饮业 9278 人，其他 20632 人。自来水受益村、通电话村、通有线电视村均达到 100%，基本实现了村村通公路。

全县土地总面积为 $79928.53hm^2$，耕地面积为 $47442.4hm^2$，占土地总面积的 59.4%，农业人口人均耕地 $0.1266hm^2$，总人口人均耕地仅 $0.11hm^2$。

东阿县历史上就以农业为主，种植业比较发达，是北方地区的粮棉和蔬菜的重要产区。东阿水资源量大质优，富含多种矿物质，其中锶的含量达到 0.5～0.8mg/L，每方水比标准水重 3.8kg，被鉴定为“天然优质饮用矿泉水”。东阿是全国优质小麦基地县、中国优质果品生产基地县、中国喜鹊之乡，以绿色生态农业著称。大力发展平原林海，全县有林面积达到 $37333hm^2$，木材蓄积量为 $3.5\times10^6m^3$。

新中国成立以来，全县的农村经济总收入、农村居民人均纯收入均处于连年增长的趋势。特别是党的十一届三中全会以来，随着农村经济改革的不断深入和科学技术的普及与推广，全县紧紧围绕农民增收和农村稳定两大目标，为适应农村发展新阶段的要求，积极推进农业和农村经济结构的战略性调整，采取有力措施加强农业的基础地位，促进农业和农村经济的健康发展。

进入 21 世纪以后，东阿县委、县政府以增加农民收入为中心，在继续抓好粮食生产的基础上，紧紧围绕“巩固提高蔬菜生产，大力发展林业生产，重点突破畜牧业”的思路，加快农村产业结构调整，大力培植主导产业，农业和农村经济保持良好发展势头。

据 2009 年统计资料，乡村劳动力资源为 22.37 万人，约占乡村人口的 60%。全县农林牧渔业总产值为 66107 万元(按当年价格计算)，比 2006 年增长 8.8 个百分点。其中农业产值为 41114 万元，占 62%；林业产值为 1239 万元，占 1.8%；牧业产值为 16357 万元，占24.7%；渔业产值为4997万元，占7.6%；农林牧渔服务业产值为2400万元，占3.6%，农民人均纯收入为5017.89元，与2000年相比，农民人均纯收入翻了一番。2009年全年粮食总产量达46.17万吨，其中夏粮总产为21.5万吨，秋粮总产为24.7万吨。蔬菜及瓜类生产又创新高，总产达25.5万吨。

林业生产继续快速发展。近几年来，全县实施了干线公路综合整治、村庄绿化、林网建设等林业生态建设工程。2009年，全年共完成成片造林876hm^2，新增和改善农田林网3415hm^2，"四旁"植树130万株。通过大力发展平原绿化，全县目前有林面积达到37333hm^2，林木覆盖率达到48%，为发展木材加工业提供了可靠的资源保障。

畜牧业生产稳定增长。2009年，肉类总产量为18780吨；禽蛋总产量为13219吨；奶类总产量为3354吨；全年生猪出栏10.3万头；家禽出栏299.7万只；水产品总产量为19630吨。

二、农业生产现状

东阿县土地耕种历史悠久，以农业为主，兼有林业、畜牧业。种植作物以小麦、玉米、棉花、果蔬为主。近年来，东阿各级党委、政府紧紧围绕发展农业、繁荣农村、致富农民三大任务，积极实施农业增效、农民增收、财政增收和农村稳定"三增一稳工程"，贯彻落实科学发展观，强力实施"富民强县"战略，以调整农业和农村经济结构为主线，以培植畜牧、林果、蔬菜三大龙头经济为重点，以发展农业产业化为主攻方向，以深化农村改革和科教兴农为动力，狠抓党的各项支农惠农政策的落实，千方百计加快推进社会主义新农村建设，加快农业和农村经济发展。全县农业农村工作继续保持了平稳较快发展的良好态势。

目前，在全县范围已初步形成南瓜、中菜、北粮仓的种植格局，南瓜以早春西瓜大棚为主，已发展到2.2万个，近1660hm^2，平均收益66920hm^2；中菜以冬暖式大棚为主，种植越冬黄瓜和樱桃西红柿，已发展到2.6万个，每棚收益在14000元以上；北粮仓：高集、牛店、姚寨镇发展优质粮食面积15333hm^2，经济效益在18000元/hm^{2}左右，粮食作物主要是小麦、玉米，小麦产量水平在6525kg/hm^{2}左右，玉米在7500kg/hm^{2}左右。

另外，大力培育和发展优势特色产业，打造优质高效生态农产品基地。新增无公害蔬菜基地2处，使全县蔬菜种植面积达到4100hm^2；农业产业化步伐加快，全县农业龙头企业省级1家、市级6家，农民专业合作组织43家；"新农村示范区建设"进展顺利，扶贫开发、防汛抗旱和农田水利基本建设得到加强；农村沼气建设完成10300户，中低产田改造完成1530hm^2。大桥镇、牛角店镇土地整理项目成效明显，共实施土地平整2000hm^2，打机井321眼，修桥涵237座。粮食直补、良种补贴、农资综合补贴、农机购置补贴、粮食托市收购等支农惠农政策全面落实，农村土地突出问题治理和经营权证换发工作进展顺利。

第三节 农业基础设施情况

一、农田水利建设情况

(一)水资源概况

东阿县地理位置优越,属黄淮流域,黄河流经东南边境,长56.5km,县境内还有赵牛河、中心河、官路沟、赵王河、四新河等以及引黄干支渠,纵横交错。

东阿水资源丰富,地表水主要源于大气降水径流和过境河道径流。地表水径流根据全县5个雨量站统计,历年平均年降水量为$4.76\times10^8m^3$,年径流量为$5.1\times10^7m^3$,地表径流深64.8mm;拦蓄量为$2.43\times10^6m^3$,年可利用量仅为$1.04\times10^6m^3$。过境河道主要是黄河,其径流量年均为$4.285\times10^{10}m^3$。黄河水资源年可利用量为$1.82\times10^8m^3$。

地下水主要源于大气降水、内河及坑塘入渗、黄河侧渗和灌溉回归等。境内地下水总储藏量为$2.33\times10^9m^3$,其中淡水$2.2\times10^9m^3$,咸水$1.3\times10^8m^3$。多年平均总补给量为$1.85\times10^8m^3$;黄河侧渗补给量为$1.81\times10^7m^3$;降水径流、内河、坑塘拦蓄补给量为$4.3\times10^5m^3$;灌溉回归补给量为$6.593\times10^7m^3$。年均可利用量为$9.577\times10^7m^3$。

浅层地下水为第四纪孔隙水,含水沙层厚度为20~40m。据水文地质条件,全县可分为3种类型:一是浅层淡水丰富区,面积为52500hm²,占总面积的66.7%,主要分布在姚寨、大桥、铜城、姜楼、刘集等。二是浅层淡水较丰富区,面积为21800hm²,占总面积的27.7%,主要分布在牛角店、铜城黄屯管区、鱼山等。三是浅层淡水贫乏区,面积为4400hm²,占总面积的5.6%,主要分布在顾官屯镇、高集镇、姚寨镇杨柳、陈集乡部分地带。

(二)东阿县农田水利发展现状

水是农业发展的命脉。新中国成立以后,东阿县就为适应工农业生产的需要,疏浚河道,打井下泉,引水灌溉,修建了大量的水利工程,为工农业生产创造了有利条件。全县的农田水利建设主要有灌溉工程、排水工程。

1. 灌溉工程

东阿县灌溉工程主要有引黄、机井和扬水站三类。

(1)引黄灌溉工程。引黄工程主要有位山引黄灌区和郭口引黄灌区组成,位山灌区始建于1958年,设计灌溉面积$3.6\times10^5hm^2$,居全国特大型灌区第5位。该灌区作为确保农业丰产增收的重要基础设施,有效缓解了十年九旱给全县乃至整个聊城农业带来的严重困难。至今累计引水$3.86\times10^{10}m^3$,年均增产效益达10多亿元,同时还为聊城工业、城镇居民生活及环境用水提供了大量优质水源。

郭口引黄灌区是在原郭艾虹吸灌区的基础上扩大和改建的,发展至今,灌溉能力大幅提高,担负着本县北半部的农田灌溉。

1998年以来,本县位山、郭口两大灌区先后被国家确定为全国大型灌区续建配套和节水增效示范项目,10年的时间里,灌区内主干渠全部完成了的高标准建设,新改建各类建筑物280座,完成土方$1.87\times10^6m^3$,灌区的灌溉能力、水资源供需和农业用水条件得到极大改善，在促进灌区经济发展的同时，增强了渠道输水能力，改善了下游灌溉条件。

(2)机井灌溉工程。本县最初大部分农田无灌溉条件，只有少数农田靠砖井灌溉，1956 年，本县机井才有 50 眼，到 1984 年底机电井数就达到了 4884 眼，其中配套机井 4233 眼，井灌面积也达到了 15433hm^2。截至 2009 年底，全县的机电井配套数达到 8108 眼，机电井灌溉面积达到 23667hm^2。

(3)扬水站灌溉工程。1984 年底，本县有机电排灌站 18 处，提取水量约为 $4.32\times10^6m^3$，主要分布在刘集镇关山管区、高庄、大赵共 6 处，鱼山镇的南桥、铜城街道办事处的南关、大赵、中街及孙道口共 4 处，高集镇的中西娄、庙杨、老赵、朱海、大侯、旦北共 6 处及姚寨镇的黄圈。截至 2009 年底，本县的固定机电排灌站有 28 处，流动机装机容量达 1.1×10^5kW，机电排灌面积达 40.24hm^2，机电提灌面积也达到了 19.63hm^2。

2. 排水工程

本县属海河流域徒骇河水系，较大的支流有赵牛河、官路沟、中心河和巴公河等，全县共有排涝河沟 567 条，总长 1221km，其中流域面积大于 10km^2 的排水河道 23 条，同时兴建了田间排水工程 539 条，形成了比较完备的排水系统，提高了行洪、排涝能力。截至 2009 年底，本县的排灌机械为 21227 台套。

近年来，东阿县按照国家治水新思路，以提高农业综合生产能力为核心，以保障粮食安全、实现农民饮水安全、改善农村生态环境为目标，全面规划、统筹兼顾，农田水利工程建设和管理逐步完善。

东阿县小型农田水利重点县工程是国家首批 400 个小型农田水利重点县其中之一。该项目是东阿县建国以来水利史上规模最大，投资最多的一次，被列为 2010 年“富民强县”重点建设项目。该项目建设覆盖涉及全县 11 个乡镇(街道办事处)的 266 个行政村。项目一期工程主要内容包括：郭口灌区东干渠及其斗渠和一支渠控制的斗渠、农渠系治理及配套建筑物建设，项目区控制灌溉面积 2993hm^2，共需衬砌斗渠 11 条，衬砌长度为 23.07km，整治农渠 78.13km，清挖疏浚排水沟 136.78km，新建渠系建筑物 104 座，改造 26 座，新建斗渠提水泵站 5 座；新打、维修机井 47 眼；新建、维修扬水站 3 座，投资 3015.36 元。该项目全部完成后，全县有效灌溉面积可达到 38333hm^2，节水灌溉面积可达到 10760hm^2，规划区内引黄灌溉水利用系数达到 0.56；年新增供水能力 $1.1\times10^6m^3$；恢复和新增灌溉面积 353hm^2；改善灌溉面积 2293hm^2；年新增粮食生产能力 9.18×10^6kg；农民人均增收 110 元，受益人口达 26.6 万人。

(三)农业生产机械情况

1984 年，全县拥有各类农业机械总动力 96257.8kW，农用排灌机械动力 59916.3kW，大中型拖拉机 456 台，小型拖拉机 1677 台，农用汽车 69 辆，柴油机 5469 台，机引犁 1348 台。

近几年，全县农机机械化保持了良好的发展势头，播种机、旋耕机、小麦玉米联合收割机发展迅速。截至 2009 年底，全县农业机械总动力为 855620kW，农业机械化使用率达 90%以上。大中型拖拉机牵引机械 3742 台，田间作业配套 22438 台，其中犁 8648 台，旋耕机 1460 台，耙 6647 台，播种机 3878 台，收割机 3230 台，秸秆粉碎还田机 460 台，化肥深施机 61 台，大型农田拖拉机 1220 台，中型农田拖拉机 2293 台，农用运输车 24857 辆，现有机井8108眼，小型农田拖拉机12767台。排灌机械保有量21227台(套)，设施农业设备中日光温室999hm^2、塑料拱棚914hm^2。机耕作业面积为54680hm^2；机收面积为43010hm^2；机播面积为44190hm^2，有效灌溉面积为43890hm^2。农村用量电量5011万度，农田柴油3751吨，农药使用量390吨，地膜使用量330吨，化肥使用量(实物)98572吨。

第二章　土壤与耕地资源状况

第一节　土壤类型与分布

一、土壤分类原则与依据

土壤是自然界的客观实体，也是人类生产活动的产物。和其他历史自然实体一样，由其自身发生发展的规律，不同的成土因素的组合，使土壤类型复杂多样，属性不一。综合考虑自然和社会的成土条件，成土过程及其以和属性包括土壤剖面，形态和理化性质等，是土壤分类的基本方法和依据。

土壤分类是土壤科学的高度概括。土壤分类就是根据土壤发生发展的规律，在系统识别土壤的基础上，将外部形态和内在性质相同或近似的土壤个体并入相应的分类单元，纳入一定的分类系统，不仅要正确反映土壤的系统性和严密性以及土壤与环境之间在发生学上的联系，更要反映其全部生产特性和它的发生发展规律、利用价值及改良利用特点。为合理利用土壤、改良土壤和提高土壤肥力提供依据。也就是不仅要认识土壤的现在，也要分析认识它的过去和将来。

（一）土壤分类的原则

东阿县土壤分类系统命名系统根据全国第二次土壤普查《土壤工作分类暂行方案》的原则精神，严格依照《山东省土壤工作分类暂行方案》及五次修改意见结合东阿县实际情况划分，具体的分类原则是：

(1)综合考虑成土条件、成土过程和土壤属性，广泛联系实际，力求使土壤分类具有科学性、生产性，通过土壤分类，能使群众更好地掌握用土、改土等措施，便于耕地地力评价成果的推广和应用。

(2)采用土类、亚类、土属、土种和变种五级分类。其中土类和亚类属高级分类单元，主要反映土壤形成过程的主导方向和发育分段，土属和土种属基层分类单元；主要反映土壤形成过程中土壤属性和发育程度上的差异；变种是根据本县情况同一土种内不同产量构成的分段。各级土壤命名采用发生学的连续命名法并附以群众名称提炼的统一名称以资比较。将全县土壤分为 4 个土类、7 个亚类、13 个土属、72 个土种。

(3)把自然土壤与耕作土壤作为一个整体，进行统一的分类命名，以体现分类的科学性、系统性和实践性。

(4)土壤分类系统是以发生学和诊断层作为理论基础和依据。把成土条件、成土过程和土壤属性三者结合起来作为土壤分类的综合依据。

（二）土壤分类的依据

1. 土类

土类是土壤高级分类中的基本单元，它是在一定的综合自然条件和人为因素作用下经过一个主导或几个相结合的成土过程，即每一土类都具有一定的成土条件、成土过程和土壤属性，具有可鉴别的发生层次，土类之间有质的区别，划分的主要依据是：

(1)土壤发生类型与当地生物气候条件吻合。

(2)在自然因素和人为因素的影响下具有一定的成土过程。

(3)每一土类具有相同的剖面形态特征和土壤属性。

(4)同一土类具有相似的肥力特征、改良利用方向和途径。

(5)同一土类具有一个可供鉴别的诊断层次。

2. 亚类

亚类是同一土类范围或土类之间的过渡类型。在主导成土过程外，还有一个附加的成土过程，使土壤属性起了很大的变化。东阿县平原土壤划分的主要依据是不同土类之间的相互过渡，在主要成土过程中同时产生附加的次要成土过程。如潮土向褐土过渡类型，依据碳酸钙的淀积程度划分出褐土化潮土亚类。潮土向盐土过渡，根据地表积盐程度而划分出潮土和盐化潮土亚类，潮盐土为盐土土类的一个亚类。亚类划分的依据是：

(1)同一土类的不同发育阶段，在附加成土过程和剖面形态特征上互有差异。

(2)不同土类之间相互过渡。

3. 土属

土属是亚类与土种间具有承上启下意义单元。以反映土壤的地区性特征，它既是亚类的续分，又是土种的归纳。是在区域性因素的具体影响下，使综合的总的成土因素产生了区域性的变异。如成土母质类型，地区性水文特征和盐分组成类型等。

在山东黄河冲积母质的潮土、盐土、水稻土的土属划分中，应反映母质沉积类型(即表层质地)，以体现其生产性能和改良利用上的差异。把母质沉积类型归纳为砂(松砂、紧砂、砂壤)壤(轻壤、中壤)黏(重壤、黏土)三类。

土属划分主要依据是：

(1)成土母质类型，成土母质类型的区别是本区土属划分的主要依据，根据质地、岩性、沉积类型和水分状况，全县共划分为13个土属。

(2)区域水文地质条件及潜水化学。

4. 土种

土种是基层分类的基本单元。是土属内具有相类似的发育程度和剖面层次排列(土体构型)的具有相对稳定性的土壤类型。土种非一般耕作措施在短期内所能改变。土种的划分，冲积平原中表层质地土体中某些重要夹层的厚度，出现部位排列顺序及盐分含量(缺苗或盐斑面积)是土种划分的重要依据。东阿县共有70个土种，划分的依据是：

(1)景观特征相同，即小地形部位水、热条件以及植被情况基本一致。

(2)土体构型基本相同。所谓的土体构型即剖面中各层次的排列状况。在划分时考虑1m以内的土层排列状况。

(3)表层质地一致，表层质地及表层土壤砂粒程度，划分时把土壤质地分为7级。

(4)土壤肥力基本一致，特别是表层有机质含量基本相同。

5. 变种

变种是土种范围内根据耕层性质，肥力状况的差异而划分的分类单元。它可以通过一般的耕作，施肥等措施以一个变种为另一个变种。

二、土壤分类

根据上述分类命名原则，将东阿县土壤划分为4个土类，即褐土类、潮土类、盐土类、风沙土类；7个亚类，即褐土，褐土化潮土、潮土、盐化潮土、湿潮土、潮盐土，半固定风砂土；13个土属，即坡积洪积褐土、砂质褐土化潮土、壤质褐土化潮土、砂质潮土、壤质潮土、黏质潮土、砂质盐化潮土、壤质盐化潮土、黏质盐化潮土、冲积湿潮土、砂质硫酸盐氯化物潮盐土、壤质硫酸盐氯化物潮盐土、冲积半固定风砂土；72个土种(见表2-1)。土种的划分首先是耕作层(一般为0～20cm)的质地(7级)，其次是耕层下至60cm土层的排列及障碍因素，再次考虑60～100cm土层对生产的影响，100cm以下只作参考，分别见表2-2至表2-4。

表2-1　　东阿县土壤分类检索表

<table>
<tr><th rowspan="2">土类</th><th rowspan="2">亚类</th><th colspan="2">土属</th><th colspan="4">土种</th></tr>
<tr><th colspan="2">划分依据</th><th>盐化程度</th><th colspan="2">土体构型(分母)表层以下土属</th><th>表层质地(分子)</th></tr>
<tr><td>褐土B</td><td>褐土d</td><td colspan="2">坡积洪积物</td><td></td><td colspan="2">4.薄壤腰</td><td rowspan="6">1.松砂土
2.紧砂土
3.砂壤土
4.轻壤土
5.中壤土
6.重壤土
7.黏土</td></tr>
<tr><td rowspan="4">潮土C</td><td>褐土化潮土a</td><td>1.褐土化潮土</td><td rowspan="5">右下角号：
1.砂质、松砂、紧砂、砂壤
2.壤质、轻壤、中壤
3.黏质、重壤、黏壤</td><td rowspan="2"></td><td rowspan="5">1.薄砂心
2.厚砂心
3.薄砂腰
4.厚砂腰
5.薄砂底
6.厚砂底
7.薄壤心
8.厚壤心
9.薄壤腰
10.厚壤腰
11.薄壤底
12.厚壤底
13.薄黏心
14.厚黏心
15.薄黏腰
16.厚黏腰
17.薄黏底
18.厚黏底
19.均质</td><td rowspan="5">心：耕层下—60cm
腰：60～100cm
底：100～150cm
薄层：10～30cm
土体构型中
砂：松砂、紧砂砂壤
壤：轻壤、中壤
黏：重壤、黏土</td></tr>
<tr><td>潮土b</td><td>2.潮土</td></tr>
<tr><td>盐化潮土c</td><td>5.盐化潮土</td><td>按盐斑分：
(一)轻度：盐斑一成
(二)中度：盐斑二至三成
(三)重度：盐斑四至五成</td></tr>
<tr><td>湿潮土e</td><td>10.冲积湿潮土</td><td></td></tr>
<tr><td>盐土D</td><td>潮湿土a</td><td>2.硫酸盐、氯化物潮盐土</td><td>盐斑五成以上</td></tr>
<tr><td>风沙土I</td><td>半固定b</td><td colspan="2">1.冲积</td><td></td><td></td><td></td><td></td></tr>
</table>

表 2-2 东阿县土类亚类土属面积统计表

土类			亚类			土属			
名称与代号	面积（hm^2）	占土壤面积（%）	名称与代号	面积（hm^2）	占土壤面积（%）	名称与代号	俗称	面积（hm^2）	占土壤面积（%）
褐土 B	29	0.05	褐土 d	29	0.05	坡积洪积褐土 Bd_1	黄钙土	29.00	0.05
潮土 C	61549.21	99.31	褐土化潮土 Ca	8429.69	13.60	砂质褐土化潮土 Cal_1	岗轻白土	1361.77	2.20
						壤质褐土化潮土 Cal_2	岗两合土	7067.93	11.40
			潮土 Cb	40638.59	65.57	砂质潮土 $Cb2_1$	面砂土	4372.81	7.06
						壤质潮土 $Cb2_2$	两合土	22650.39	36.55
						黏质潮土 $Cb2_3$	小红土	1361.54	2.20
			盐化潮土 Cc	12289.97	19.83	砂质盐潮土 $Cc5_1$	花碱地	2226.99	3.59
						壤质盐化潮土 $Cc5_2$	花碱地	9528.14	15.37
						黏质盐化潮土 $Cc5_3$	花碱地	534.84	0.86
			湿潮土 Ce	190.96	0.31	冲积湿潮土 Ce10	涝淤砂土	190.96	0.31
盐土 D	361.06	0.58	潮盐土 Da	361.06	0.58	砂质硫酸盐氯化物潮盐土 Da_2	青盐土	108.92	0.18
						壤质硫酸盐氯化物潮盐土 Da_2	青盐土	252.14	0.40
风沙土 I	37.17	0.06	半固定沙土 Ib	37.17	0.06	冲积半固风沙土 Ib1	沙土	37.17	0.06

表 2-3

东阿县土壤分类归属对比表

国标名称及代码						省名称及代码					县名称及代码					
土类		亚类		土属		土类		亚类	土属		土类		亚类		土属	
代码	名称	代码	名称	代码	名称	名称	代码	名称	代码	名称	代码	名称	代码	名称	代码	名称
C21	褐土	C212	石灰性褐土	C21212	泥沙质石灰性褐土	褐土	06	石灰性褐土	63	洪冲击石灰性褐土	B	褐土	d	褐土	1	坡积洪积褐土
H21	潮土	H213	脱潮土	H21312	脱潮壤土	潮土	21	脱潮土	211	壤质脱褐土	C	潮土	a	褐土化潮土	11	砂质褐土化潮土
									212	黏壤质脱褐土					12	壤质褐土化潮土
		H211	潮土	H21115	石灰性潮壤土		20	潮土	202	壤质潮土			b	潮土	21	砂质潮土
									203	黏壤质潮土					22	壤质潮土
				H21116	石灰性潮黏土				204	黏质潮土					23	黏质潮土
		H215	盐化潮土	H21512	硫酸盐潮土		23	盐化潮土	232	硫酸盐盐化潮土			c	盐化潮土	51	砂质盐化潮土
				H21511	氯化物潮土				231	氯化物盐化潮土					52	壤质盐化潮土
				H21512	硫酸盐潮土				232	硫酸盐盐化潮土					53	黏质盐化潮土
		H214	湿潮土	H21412	湿潮壤土		22	湿潮土	221	壤质湿潮土			e	湿潮土	10	冲积湿潮土
K11	草甸盐土	K111	典型草甸盐土	K11112	硫酸盐草甸盐土	盐土	25	草甸盐土	252	硫酸盐氯化物草甸盐土	D	盐土	a	潮盐土	21	砂质硫酸盐氯化物潮盐土
															22	壤质酸盐氯化物硫潮盐土
G15	风沙土	G153	草甸风沙土	G15311	草甸固定风沙土	风沙土	10	草甸风沙土	103	冲积固定草甸风沙土	I	风沙土	b	半固定沙土	1	冲积半固风沙化

表 2-4 东阿县土种面积统计表

代号	发生学命名	土壤面积(hm^2)	占县土壤面积(%)
$BdI_1 3/4$	砂壤质薄壤腰坡积洪积褐土	29.01	0.074
$Ca1_1 3/8$	砂壤质厚壤心褐潮土	367.19	0.592
$Ca1_1 3/19$	砂壤均质褐潮土	994.58	1.605
$Ca1_2 4/2$	轻壤质厚砂心褐潮土	15.67	0.025
$Ca1_2 4/4$	轻壤质厚砂腰褐潮土	364.51	0.588
$Ca1_2 4/14$	轻壤质厚黏心褐潮土	1708.13	2.756
$Ca1_2 4/16$	轻壤质厚黏腰褐潮土	514.01	0.829
$Ca1_2 4/19$	轻壤均质褐潮土	2811.85	4.537
$Ca1_2 5/2$	中壤质厚砂心褐潮土	43.25	0.07
$Ca1_2 5/4$	中壤质厚砂腰褐潮土	55.26	0.089
$Ca1_2 5/14$	中壤质厚黏心褐潮土	1122.17	1.811
$Ca1_2 5/16$	中壤质厚黏腰褐潮土	182.61	0.294
$Ca1_2 5/19$	中壤均质褐潮土	250.47	0.464
$Cb2_1 3/8$	砂壤质厚壤心潮土	58.09	0.094
$Cb2_1 3/16$	砂壤质厚黏腰潮土	121.73	0.196
$Cb2_1 3/19$	砂壤均质潮土	4192.99	6.766
$Cb2_2 4/2$	轻壤质厚砂心潮土	1722.85	2.78
$Cb2_2 4/4$	轻壤质厚砂腰潮土	691.24	1.115
$Cb2_2 4/13$	轻壤质薄黏心潮土	63.99	0.103
$Cb2_2 4/14$	轻壤质厚黏心潮土	3708.18	5.983
$Cb2_2 4/16$	轻壤质厚黏腰潮土	2664.87	4.299
$Cb2_2 4/19$	轻壤均质潮土	4911.53	7.928
$Cb2_2 5/2$	中壤质厚砂心潮土	257.98	0.416
$Cb2_2 5/4$	中壤质厚砂腰潮土	43.99	0.071
$Cb2_2 5/13$	中壤质薄黏心潮土	186.31	0.301
$Cb2_2 5/14$	中壤质厚黏心潮土	6350.20	10.244
$Cb2_2 5/16$	中壤质厚黏腰潮土	1387.47	2.239
$Cb2_2 5/19$	中壤均质潮土	661.78	1.068
$Cb2_3 6/2$	重壤质厚砂心潮土	384.65	0.621
$Cb2_3 6/4$	重壤质厚砂腰潮土	762.47	1.23

续表

代　号	发生学命名	土壤面积(hm²)	占县土壤面积(%)
$Cb2_36/7$	重壤质薄壤心潮土	298.16	0.481
$Cb2_36/8$	重壤质厚壤心潮土	197.31	0.318
$Cb2_36/10$	重壤质厚壤腰潮土	2303.29	3.716
$Cb2_36/19$	重壤均质潮土	9669.51	15.603
$Cc5_13$(一)/8	砂壤质厚壤心轻盐化潮土	178.36	0.288
$Cc5_13$(二)/8	砂壤质厚壤心中盐化潮土	350.49	0.566
$Cc5_13$(二)/16	砂壤质厚黏腰中盐化潮土	351.95	0.568
$Cc5_13$(一)/19	砂壤均质轻盐化潮土	215.35	0.347
$Cc5_13$(二)/19	砂壤均质中盐化潮土	738.13	1.19
$Cc5_13$(三)/19	砂壤均质重盐化潮土	392.71	0.634
$Cc5_24$(一)/2	轻壤质厚砂心轻盐化潮土	414.03	0.668
$Cc5_24$(二)/2	轻壤质厚砂心中盐化潮土	1503.29	2.731
$Cc5_24$(一)/4	轻壤质厚砂腰轻盐化潮土	423.52	0.683
$Cc5_24$(二)/4	轻壤质厚砂腰中盐化潮土	855.15	1.38
$Cc5_24$(三)/4	轻壤质厚砂腰重盐化潮土	68.51	0.111
$Cc5_24$(二)/13	轻壤质薄黏心中盐化潮土	5394.20	0.087
$Cc5_24$(一)/14	轻壤质厚黏心轻盐化潮土	699.24	1.128
$Cc5_24$(二)/14	轻壤质厚黏心中盐化潮土	153.44	0.248
$Cc5_24$(三)/15	轻壤质薄黏腰重盐化潮土	110.71	0.179
$Cc5_24$(一)/16	轻壤质厚黏腰轻盐化潮土	643.56	1.038
$Cc5_24$(二)/16	轻壤质厚黏腰中盐化潮土	73.07	0.118
$Cc5_24$(一)/18	轻壤质厚黏底轻盐化潮土	103.09	0.166
$Cc5_24$(二)/18	轻壤质厚黏底中盐化潮土	154.95	0.25
$Cc5_24$(三)/18	轻壤质厚黏底重盐化潮土	205.43	0.331
$Cc5_24$(一)/19	轻壤均质轻盐化潮土	1305.73	2.107
$Cc5_24$(二)/19	轻壤均质中盐化潮土	1089.13	1.758
$Cc5_25$(一)/2	中壤质厚砂心轻盐化潮土	61.61	0.099
$Cc5_25$(一)/4	中壤质厚砂腰轻盐化潮土	264.15	0.466
$Cc5_25$(二)/4	中壤质厚砂腰中盐化潮土	138.47	0.223
$Cc5_25$(一)/14	中壤质厚黏心轻盐化潮土	441.65	0.713
$Cc5_25$(一)/16	中壤质厚黏腰轻盐化潮土	664.87	1.09

续表

代　号	发生学命名	土壤面积(hm^2)	占县土壤面积(%)
$Cc5_2$5(二)/16	中壤质厚黏腰中盐化潮土	51.61	0.083
$Cc5_2$5(一)/18	中壤质厚黏底轻盐化潮土	48.98	0.079
$Cc5_3$6(一)/8	重壤质厚壤心轻盐化潮土	191.04	0.307
$Cc5_3$6(二)/8	重壤质厚壤心中盐化潮土	28.85	0.047
$Cc5_3$6(二)/10	重壤质厚壤腰中盐化潮土	165.25	0.266
$Cc5_3$6(一)/19	重壤均质轻盐化潮土	149.71	0.242
Ce10	冲积湿潮土	190.97	0.308
$Da2_1$3/8	砂壤质厚壤心硫酸盐氯化物潮盐土	108.92	0.176
$Da2_2$4/2	轻壤厚砂心硫酸盐氯化物潮盐土	164.05	0.265
$Da2_2$4/4	轻壤厚砂腰硫酸盐氯化物潮盐土	88.09	0.142
Ib1	冲积半固定风沙土	37.17	0.06

三、土壤分布规律

土壤形成受地理因素的影响，它的分布必然呈有规律的地理分布。东阿县在气候条件基本相同的情况下仍受地域性与微域性的影响，如香山、曲山等残丘分布有褐土，黄河冲积平原分布有褐土化潮土(脱潮土)、潮土、盐化潮土、湿潮土、潮盐土及半固定风沙土。

土壤微域分布决定于天然地貌形态，黄河故道(赵王河)的两侧高出其他地域 2m 左右形成河滩高地，分布着褐土化潮土，大部分为全沙型和全壤型；缓平坡地分布着潮土和盐化潮土，缓平坡地的下端与浅平洼地的交接处一般分布有盐碱地；全淤型潮土，则分布在浅平洼地上。

耕作土壤的微域分布规律有一致性，也有其特殊性，如风的作用改变着土壤质地；人工平整土地，以沙压淤，以淤盖沙等人工活动，形成一系列土壤复域。

土壤分布还有其隐域性，在东阿县表现为与潜水位高低的密切相关性，特别是黄河大堤与金堤之间地域由于黄河为地上河，受黄河地下经流的影响，潜水埋深一般 1m 左右，土壤常年湿度较大，形成盐化潮土，甚至有隔盐作用的蒙金地也被盐化，沿黄呈带状分布。其次小面积湿潮土也出现在这一地域。

东阿县土壤类型的区域分布：沿古黄河(赵牛河)故道以刘集镇的罗辛、孙郭北向王龙岗，转化石槽，东转铜城镇的卜庄、郑于、于铜城南端，北下陈集于姚寨北蔡楼，从牛店南东下大李与现黄河基本平行使东阿土壤呈现西南东北条带状分布，赵王河流经地带一般分布褐土化潮土，随着与赵牛河距离的增大依次分布有砂、壤质潮土—盐化潮土—全淤性潮土。

四、土壤类型的发生与分布

东阿县位于黄河下游，今黄河的北岸，属黄河泛滥平原，成土母质为黄河冲积物，土壤形成系黄河多次改道决口泛滥携带大量泥沙沉积冲积而成，如潮土，风砂土。加之人类长期耕种、管理使土壤逐步向有利于生产的方向发展。东阿县处于温暖带半湿润季风气候带，按气候条件，应形成地带性(显域性)的褐土土类，但由于地势相对低平，潜水位较高(一般为 2～3m)，潜水直接参与成土过程(潜水向上补给，影响了土壤特性)，削弱了气候的主导因素，形成了非地带性(隐域性)的潮土土类。其中潜水位高，出流不畅，矿化度较高的地方，则形成了潮土土类的盐化潮土亚类。东阿县现有十余座残丘为泰山之余脉，香山、曲山两残丘由于上述因素，风化形成深厚层褐土，其余残丘则形成粗骨架褐土。如鱼山顶部为石砾地土层厚度为极薄层。沿黄金堤与现黄河堤之间为五十余年由黄河滩涂经人工熟化演变而形成的多类型土壤，其他平原土壤部分是黄河故道——赵王河的泛滥沉积，经千余年人工熟化而形成的。

本县今天的土壤经过生物、气候等因素，如人工平整土地栽培、耕作、施肥、灌溉等活动的影响演变而来的。但决定因素，则是潜水状况，土壤潜水位高(埋深小)含可溶性盐分多，土壤向盐化潮土和盐土方向发展；反之潜水位低淋溶作用增强，土壤向褐土化方向发展。各亚类之间的转化见图 2-1。

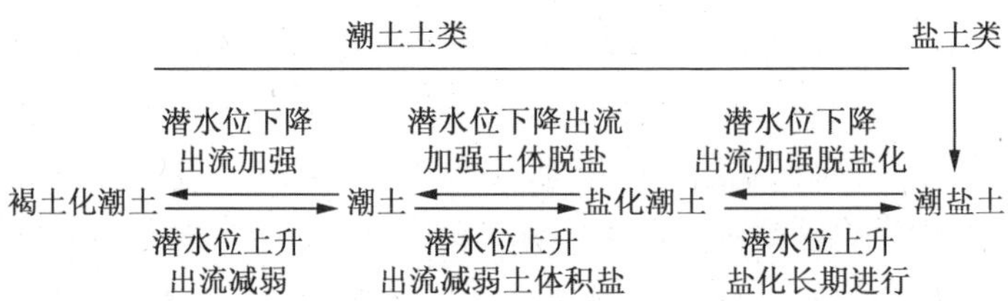

图 2-1　各亚类土壤之间转化示意图

五、土类、主要土属土种面积、分布及主要性状

(一)褐土土类

东阿县地处暖温带、半湿润大陆性季风气候区，四季分明。分布在东阿县的残丘是泰山西来之余脉，属钙质母岩类，长期受当地气候影响，逐渐形成坡积、洪积成土母质，并在生物、气候、时间、等因素的影响下，经过人为的作用逐渐发育形成褐土。当地群众称该土为立土，褐土面积很小，仅在鱼山镇的曲山、铜城街道办事处的香山有 29hm^2的褐土分布，占土壤总面积的 0.047%，有一个亚类——褐土亚类，一个土属——坡积洪积褐土。该土体特点是：(1)从山丘的上部到倾斜平地，土层由薄到厚。上部土层厚约 1m，下部土层厚 10 余米，土壤呈棕褐色。(2)土体有耕作层，淀积黏化层和钙积层三个基本层段。(3)剖面中有大量假菌丝体(由碳酸钙沉积形成)。土壤具有强石灰反应，酸碱度为微碱性，pH 约为 7.9。

(二)潮土土类

潮土又叫“夜潮土”，是在黄河沉积物上发育的土壤，成土年龄短，沉积层理明显，地下水位一般为 2.8～5.6m，随地下水的升降，土壤剖面产生氧化还原交替过程，底部有大量的锈纹锈斑，或蓝灰色潜育层。东阿县处于温暖带半湿润季风气候带，按气候条件，应形成地带性（显域性）的褐土土类，但由于地势相对低平，潜水位较高（一般为 2～3m），潜水直接参与成土过程（潜水向上补给，影响了土壤特性），削弱了气候的主导因素，形成了非地带性（隐域性）的潮土土类。其中潜水位高，出流不畅，矿化度较高的地方，则形成了潮土土类的盐化潮土亚类。

本县的潮土具有以下几个特性：

(1)成土物质影响颗粒的粗细（质地）在平面上有分选差异，土体中有层次分明的沉积层次排列。

(2)潜水埋深常年 2.2～4m。

(3)矿化度较低，一般在 2g/L 以下属淡水和弱矿化度水区。

(4)土壤呈微碱性，pH 为 7.5～8.5。

(5)全剖面具有强石灰反应。

(6)土壤肥力随物理性砂黏粒级比发生明显的变化。

根据本县地形水文条件及附加过程对土壤发育的影响划分为褐土化潮土（脱潮土）、潮土、盐化潮土、湿潮土 4 个亚类，9 个土属，67 个土种，面积为 61546.7hm^2，占土壤总面积的 99.31%，全县各乡镇（街道办事处均）有分布。

1. 褐土化潮土（脱潮土）亚类

褐土化潮土亚类在东阿县有两个土属，即砂质褐土化潮土属、壤质褐土化潮土属，12 个土种。面积为 8429.7hm^2，占全县土壤的 13.6%。主要分布在古赵王河故道两侧，南起刘集镇堤口村，东北至牛店镇店子村，面积较大的有刘集镇、顾官屯镇、铜城街道办事处、陈集乡、姚寨镇、牛店镇，海拔高度为 30～40m。潜水埋深在 3.7m 以上，无盐碱威胁，土体中心土层有假菌丝体和发育较弱的颜色较深的黏粒淀积层，底土层有锈纹锈斑。该亚类多数为砂、壤均质型和部分蒙金型。其面积较大土种分述如下：

(1)轻壤均质褐土化潮土（$Cal_2 4/19$）。主要分布在顾官屯镇四周，姜楼镇陈店—王营一线；刘集镇罗辛、吕营、关山管区、堤口、姚寨镇前范—陈集乡李庙东；牛店镇大李管区店子、高集镇东娄东部，铜城街道办事处大秦。潜水埋深为 2.7～7.4m，面积为 2811.8hm^2 占全县土壤面积的 4.54%。土壤有机质含量为 15.2g/kg，碱解氮 45mg/kg、速效磷 17.4mg/kg、速效钾 111mg/kg。该土壤通气性，保水、保肥性、耕性较好，是东阿县的高产地块。

该土种剖面形态见表 2-5。

表 2-5 轻壤均质褐土化潮土土壤剖面性状

层次(cm)	颜色	质地	结构	新生体	干湿度	紧实度	孔隙	植物根系
0～23	灰色	轻壤	碎块		润	松	多	较多
23～80	浅棕	中壤	小块状	45～80(cm) 假菌丝体	湿润	紧	少	少
80～150	灰白	轻壤	粒状	锈纹锈斑	潮湿	紧	少	无

(2)轻壤厚黏心褐土化潮土(Cal$_2$4/14)。主要分布在姚寨镇小街子、蔡楼,刘集镇孟村、孙郭、柳合束,顾官屯镇曹庄、孟庄、贾庄、张洪津一带。潜水埋深在3m以上,潜水矿化度小于2g/L。面积为1708hm^2,占全县土壤面积2.76%。此土表层土质疏松易耕,适耕期长,通气透水性良好,地温高出苗快,心土层保水、保肥、能耐旱,潜在肥力高,有后劲,有利于作物生长,是一种水肥性状理化性质良好的土壤。

该土种剖面形态见表2-6。

表2-6 轻壤厚黏心褐土化潮土土壤剖面性状

层次(cm)	颜色	质地	结构	新生体			干湿度	紧实度	孔隙	植物根系	动物穴
				类型	形态	数量					
0～20	浅灰	轻壤	团粒				润	松	多	多	多
20～35	浅灰	轻壤	粒				湿润	散	多	多	多
35～85	棕褐	重壤	块	假菌丝体	丝状	少	湿	紧	少	少	少
85～150	灰白	砂壤	单粒	锈斑	斑状	少	湿	紧	少	少	少

(3)中壤质厚黏心褐土化潮土(Cal$_2$5/14)。主要分布在铜城街道办事处东、牛店镇曹寺至姚寨镇孙庄一带、新城街道办事处大王庄至顾官屯镇王楼一线,潜水埋深5m以上,潜水矿化度0.5～2g/L,为淡水,面积为1067.3hm^2,占全县土壤面积的1.72%。

该类型表层土质为中壤,俗称"小红土",土质较疏松耕性一般,适耕期较长,通气性较好,保温散热性一般,下层保水保肥、耐旱,潜在肥力高,后劲大,但作物扎根较为困难,有时能形成鸡爪根。该土壤类型是具有改良前途的一类土壤。

该土种剖面形态见表2-7。

表2-7 中壤质厚黏心褐土化潮土剖面性状

层次(cm)	颜色	质地	结构	新生体			干湿度	紧实度	孔隙	植物根系	动物穴
				类型	形态	数量					
0～30	灰褐	中壤	碎块状				润	散	多	多	多
30～140	棕褐	重壤	块状	假菌丝体	丝体	多	湿	紧	少	少	少
140～150	灰黄	紧砂	粒状	假菌丝体	斑状	多	湿	松	无	无	无

2. 潮土亚类

东阿县潮土亚类有3个土属(砂质潮土、壤质潮土、黏壤质潮土),21个土种。潮土亚类全县各乡镇(街道办事处)都有分布,面积为40638.6hm^2,占全县土壤面积的65.57%,是全县最大亚类。主要分布在缓平坡地、河间浅平洼地和砂质河槽地上,潜水埋深一般在4m左右,最大为7m,最小为2.1m,现在一部分仍有潜在盐碱威胁,土体中由于潜水的升降在心土层或底土层有不同程度的锈纹锈斑出现,出现部位一般在80cm左右,这是该亚类的主要特征。该亚类的表层质地和土体构型复杂，全县其他亚类所具土体构型，该亚类都有出现。其面积较大土种分述如下：

(1)砂壤均质潮土($Cb2_1 3/19$)。该土种除姚寨镇原杨柳乡区域，在全县各乡镇(街道办事处)都有分布，主要分布在东西两沉沙池、刘集镇的崔庄至顾官屯镇董庄、牛店大李管区及大桥镇的沿黄地带，潜水埋深 2.5m 左右，面积为 4193hm^2，占土壤面积的 6.77%。

该类土壤全部面砂质、松散，适耕期长，通气性透水性良好，散热性强，但保水保肥性差，群众称为漏粪地，不耐旱，地有前劲无后劲，发小苗不发老苗。并且该土无具隔盐作用的黏土层，易返盐。但是该土所处的地理位置较高，潜水埋深一般较大，未形成盐碱地，东沉沙池为 1958～1961 年位山引黄工程的老河道，在黏质浅平洼地上沉积而形成。沉沙池为现位山引黄工程之沉沙池，高于其他地面 1m 以上。刘集镇以西部分则处在河滩高地上。分布在大桥镇与牛店镇大李管区的该类土壤处于黄河东阿段的下游，老黄河堤与新黄河堤之间地带，为 20 世纪 30 年代前的黄河滩涂虽与现黄河河床相比，地势低洼，但与老堤外地面相比高出 1～2m，故无盐碱危害。该类土壤有机质平均含量为 13.2g/kg，碱解氮 65mg/kg、速效磷 47.4mg/kg、速效钾 145mg/kg。

该土种剖面形态见表 2-8。

表 2-8　砂壤均质潮土土壤剖面性状

层次(cm)	颜色	质地	结构	新生体			干湿度	紧实度	孔隙	植物根系	动物穴
				类型	形态	数量					
0～26	灰色	砂壤	粒状				润	松	较多	多	少
26～75	灰色	砂壤	粒状				润	散	少	少	无
75～135	灰色	砂壤	粒状	锈纹锈斑	斑状	少	湿润	紧	少	无	无
135～150	灰褐	轻壤	粒状				潮湿	紧	少	无	无

(2)轻壤厚黏心潮土($Cb2_2 4/14$)。该土种在全县分布比较广泛，除姚寨、大桥、刘集镇关山管区，各乡镇(街道办事处)都有分布。面积较大的有顾官屯镇曹孟庄及王楼一带；陈集乡张汉吴以北；高集镇盐场、冯海以北、贾庄南北；牛店镇王楼、前曹、东唐、黄起元至小邵一带，其地分布在缓平坡地上端，大部与褐土接壤，潜水埋深一般在 3m 左右，面积为 3708.2hm^2，占全县土壤面积的 5.98%，为全县第五大土种。

该土农业生产特性较好，表土为两合土，容易形成团粒结构，适耕期长，通气性、保水、保肥性等都较好，耕层下为黏质土，保水保肥性强，养分储备高。具有隔盐作用，一般无盐碱威胁，但大部在耕层下(20～30cm)出现黏质土，妨碍根系发育，容易形成鸡爪根和结颈，大旱时作物出苗不好，雨季水分不能下渗，反而上浸形成内涝。该类土壤有机质平均含量为 18.7g/kg，碱解氮 85mg/kg、速效磷 87.4mg/kg、速效钾 142mg/kg。

该土种剖面形态如下：

0～20cm，灰褐色轻壤，团粒结构湿润疏松、孔隙多，根系动物穴多。

20～70cm，棕褐色重壤，块状结构，湿紧实，孔隙少，根系动物穴较少，40～70cm 处锈斑较多。

70～150cm，浅褐色紧砂土，单粒状结构、湿、紧实、根系少。

(3)中壤厚黏心潮土($Cb2_2 5/14$)。该土在各乡镇(街道办事处)都有分布，面积最大的是铜城及新城街道办事处、牛店镇、刘集镇、顾官屯镇。大部分布在缓平坡地地下端平破地带和浅平洼地上，面积为6350hm²，占全县土壤面积的10.25%。仅次于黏均质潮土，为全县第二大土种。农业生产特征同中壤厚黏心褐土化潮土($Cal_2 5/14$)。该类土壤有机质平均含量为17.8g/kg，碱解氮765mg/kg、速效磷67.4mg/kg、速效钾151mg/kg。

该土种剖面形态见表2-9。

表2-9　中壤厚黏心潮土土壤剖面性状

层次(cm)	颜色	质地	结构	新生体			干湿度	紧实度	孔隙	植物根系	动物穴
				类型	形态	数量					
0～19	灰褐	中壤	碎块状				润	松	多	多	少
19～106	棕褐	黏土	块状	锈纹锈斑	斑状	少	潮湿	紧	少	少	少
106～145	棕褐	重壤	碎块状				湿	紧	少	无	无
145～150	灰色	轻壤	粒状				湿	散	少	无	无

(4)轻壤厚黏腰潮土($Cb2_2 4/14$)。主要分布在新城街道办事处贺庄至李庄，姚寨镇的三庙至东孙海，高集镇孙安至北周庄、铜城街道办事处解庄、鱼山镇小店子至姜庄，刘集镇四新河东、关山北。潜水埋深4m左右，面积为2664.9hm²，占全县土壤面积的4.30%。

该土壤类型是最理想的土壤，表层土质疏松，易耕作，适耕期长，通气透水性好，地温高出苗快。下层保水、保肥能力强，耐干旱，潜在肥力高有后劲，又有隔盐作用。该类土壤有机质含量为15.9g/kg，碱解氮79mg/kg、速效磷46.5mg/kg、速效钾134mg/kg。

该土种剖面特征如下：

0～25cm，浅黄、轻壤、碎块状结构、润、散、孔隙较多、植物根系较多、动物穴侵入体较少。

25～70cm，红棕色、重壤、块状结构、湿润、散、孔隙较多、植物根系动物穴侵入体较少。

70～150cm，褐色、轻壤、有较少斑状锈纹锈斑、潮湿、紧实、孔隙较少、无植物根系。

(5)轻壤均质潮土($Cb2_2 4/19$)。除刘集镇关山管区、大桥镇都有分布。面积最大的有刘集镇、顾官屯镇、牛店镇、铜城及新城街道办事处。该土地处缓平坡地、高坡部位，海拔28～38m，面积为4911.5hm²，占全县土壤面积7.93%，占全县土种面积的第三位。

该土农业生产性能较好，介于砂均质和黏均质之间，即取两者之长，又避两者之短。适种作物广，产量稳定是较好的一类土壤。但毛管作用强，易返盐，有盐碱威胁。该类土壤有机质平均含量为17.8g/kg，碱解氮45mg/kg、速效磷64.5mg/kg、速效钾100mg/kg。

该土种剖面特征如下：

0～17cm，轻壤、灰褐色、团粒结构、土壤湿润、土质疏松，土壤孔隙多，根系多。

17～49cm，浅棕色、中壤质，块状结构，土壤紧实潮湿。

49～91cm，浅褐色，轻壤质、块状结构，有片状锈纹锈斑。

91～150cm，灰色轻壤质，碎块状结构，有少量砂姜、湿、松散。

(6)重壤厚壤腰潮土($Cb2_{3}6/10$)。主要分布在铜城街道办事处、姜楼镇北部、姚寨镇南、牛角店镇付寨村东部，分布在浅平洼地和缓平坡地接壤的部位，潜水埋深在4m左右。面积为2303.3hm^2，占全县土壤面积3.72%。

农业生产特征：耕层质地偏黏，雨水渗透慢，晴天蒸发量大，不易保墒，适耕期短，土壤孔隙度小，整地出苗较困难，心土层仍为黏质土。作物扎根较困难，该类土壤代换量高，保肥能力强，养分含量高，有后劲。

该土种剖面特征如下：

0～15cm，棕褐色、重壤、碎块状结构，土壤散、孔隙多，作物根系较多。

15～57cm，黏土，红褐色，块状结构，土壤较紧实，孔隙较多。

57～150cm，轻壤，灰色，粒状结构，有较多锈纹锈斑，较紧，植物根系及动物穴无。

(7)重壤均质潮土($Cb2_{3}6/19$)。全县除刘集镇各乡镇(街道办事处)都有分布。主要分布在中部老黄河堤以西浅洼地上。面积为9669.5hm^2，占全县土壤面积的15.60%，是全县面积最大的土种。

该土质地黏重，耕性差，适耕期短，保肥保水性强，通气孔隙度小，通气性差，毛管孔隙度大，毛管作用较强，易受旱灾危害。土壤旱时易裂，使作物断根。此土黏重，地下水易上升，春季因水的热容量大，地温回升慢，昼夜温差小，不易发苗。随着温度逐渐升高地温上升，土壤中的养分含量高，释放快，作物生长迅速，尤其进入雨季水肥并进更为明显。该土土壤黏重，隔水隔盐作用强，潜水埋深虽小(1～2m)但无盐碱威胁。该类土壤有机质平均含量为19.2g/kg，碱解氮85mg/kg、速效磷87.4mg/kg、速效钾164mg/kg。

该土种剖面特征如下：

0～20cm，重壤，灰褐色，碎块状结构润缩回，散、孔隙较少，植物根系动物穴多。

20～43cm，灰褐色、重壤、块状结构，湿润，孔隙、植物根系、动物穴较少。

43～63cm，棕褐色、黏土、块状结构、紧实、湿润。

63～103cm，棕褐色、黏土、块状结构，有较多锈斑、土壤紧、湿、根系无。

103～133cm，棕褐色、黏土、块状结构。

133～150cm，灰白色砂壤，粒状结构。

3. 盐化潮土亚类

盐化潮土发育在浅平洼地和河槽地上，由潮土演变而来。形成盐化潮土的原因是，地下水位高，而水中又带有大量的无机盐分，春季土壤的蒸发量大，使潜水以毛管水形态上升，盐分积聚地表。土壤表层质地为沙质和壤质，心土层无黏质夹层，土地高洼不平，高处蒸发剧烈，形成土壤盐化。人为因素，主要是灌水量过大，排灌不配套，灌排一条沟，抬高了地下水位。另外施用有机肥较少，耕作粗放等因素，使土壤结构变坏，毛管作用增强，引起地表积盐。

东阿县盐化潮土的主要特点有：表层质地砂、壤、黏皆有分布，土体构型复杂多样，无论是砂均质、壤均质、黏均质型，还是砂盖黏型、黏盖壤型、蒙金型、厚黏底型、夹砂夹黏型皆有;表层盐斑成片状、与非盐斑相间存在。盐斑所占比例为10%~50%;土壤表层含盐量为0.285%(非盐斑)~0.5258%。全县盐分组成总趋势、阴离子中当量浓度$HCO_3^- >$ CO_3^{2-},SO_4^{2-}和Cl^-的当量浓度互有高低。阳离子中以K^+、Na^+离子为主,个别地块K^+的含量特高。其次为Ca^{2+}、Mg^{2+},大部分Ca^{2+}、Mg^{2+}离子的含量、pH在7.2~8.4之间。

潜水埋深一般为1~2m,潜水矿化度不高,一般0.5~2g/L,少数超过2g/L。

盐化潮土的形成主要有两大成因:一是赵王河东岸的盐碱地地处缓平坡地下缘与浅平洼地接壤,为一封闭洼地,海报高度与东阿县最高处(残丘除外)相差10m,处全县最洼地域。千百年来常接客水,盐碱滞留此地,长期积累,成为盐碱地。二是沿黄地带由于河床高于地面3~4m,侧渗长期进行,虽然潜水矿化度低,但时间长,盐碱在地表逐渐积累,形成盐化潮土,使具有隔水隔盐作用的蒙金地和黏均质土壤形成不同盐化程度的盐碱地。

本县盐化潮土面积为12290hm^2,占全县面积的19.83%,该亚类在全县面积较大的有高集镇、姚寨镇杨柳管区、陈集乡、姜楼镇及沿黄金堤两侧。全县有3个土属:砂质盐化潮土、壤质盐化潮土、黏质盐化潮土,有33个土种.其中砂质盐化潮土6个土种,面积为2227hm^2,占土壤面积3.593%;壤质盐化潮土23个土种,面积为9528.1hm^2,占全县土壤面积的15.374%;黏质盐化潮土4个土种,面积为534.8hm^2,占全县土壤面积的0.863%。全县轻度盐化潮土15个,中度盐化潮土14个,重度盐化潮土4个,面积分别为9.366%、5.883%、1.254%。

其主要土种分布及性状如下:

(1)砂壤均质中度硫酸盐化潮土($Cc5_1 3$(二)/19)。主要分布在高集镇辛庄、程王一带。牛店镇三圈、门前一带。顾官屯镇于才一带。其次牛店镇大李管区、铜城街道办事处黄屯管区都有零星分布。面积为738.1hm^2,占全县土壤面积的1.19%。潜水埋深2~3m。

该土种剖面特征如下:

0~20cm,浅褐色、砂壤、碎块状结构、润、松、孔隙根系多,动物穴少。

20~40cm,灰黄色、砂壤、粒状结构、稍紧、孔隙、根系少。

40~60cm,灰黄色、砂壤、紧。

60~100cm,紧砂、黄白色、锈纹锈斑较多、紧。

100~140cm,松砂、黄白色、紧。

140~195cm,松砂、黄白色、紧。

(2)轻壤厚砂心中度硫酸盐盐化潮土($Cc5_2 4$(二)/2)。主要分布在姚寨镇前屯—王丰于、陈集乡姬庄东、高集镇渐庄一带。鱼山镇王坡范坡一带,姜楼镇赵庄—东相一带。潜水埋深一般在3.5m左右,潜水矿化度一般在1g/L左右,属弱矿化水。面积为1692.4hm^2,占全县土壤面积的2.71%。

该土种剖面特征如下:

0~5cm,轻壤深灰色,团粒结构润松、孔隙、植物根系多、有盐斑。

5~20cm,深灰色轻壤,碎块状结构湿、松、孔隙植物根系多。

20~40cm,浅灰色轻壤,碎块状结构、潮湿、散、孔隙植物根系小。

40～70cm，灰白色紧砂、单粒状结构、湿、紧。

70～100cm，灰白色紧砂、锈斑多。

100～170cm，灰白色紧砂，锈斑多。

(3)轻壤均质轻度氯化物盐化潮土($Cc5_2 4$(一)/19)。主要分布在刘集镇的尚文寨一带、刘集镇郎营一双庙一带，鱼山镇梨园、南桥一带，高集镇玉皇庙一带。潜水埋深2m以下，面积为1865.2hm²，占全县土壤面积的3.01%。

该土种剖面特征如下：

0～5cm，黄棕色轻壤、碎块状结构，有轻微盐斑、松、润、土壤孔隙，植物根系较多，动物穴少。

5～20cm，灰褐色轻壤，土壤散润孔隙，植物根系多。

20～40cm，褐色中壤，块状结构，散、湿润、紧实。

40～60cm，浅褐色轻壤，碎块状结构，有少量锈纹锈斑、潮湿、紧实。

60～110cm，浅褐色轻壤，粒状结构、潮湿、紧实。

110～150cm，灰白色砂壤，粒状结构、潮湿、紧实。

(4)轻壤厚黏腰轻度硫酸盐盐化潮土($Cc5_2 4$(一)/16)。主要分布在大桥镇后韩北部、秦姚东部、铜城街道办事处黄屯管区南部、东部、鱼山镇于庄及新旧城一带。潜水埋深2.2～2.8m。潜水矿化度0.9g/L左右。属弱矿化度水。面积为643.6hm²，占全县土壤面积的1.038%。

该土种剖面特征如下：

0～5cm，褐色轻壤，碎块状结构，土壤松、润、孔隙多，植物根系较多、动物穴较多。

5～25cm，灰褐色轻壤，碎块状结构，土壤散、润、孔隙、植物根系多。

25～50cm，灰白色砂壤，粒状结构，有较多锈文锈斑、土壤湿润、紧实。

50～125cm，红棕色黏土，块状结构、土壤湿润、紧。

4. 湿潮土亚类

此亚类土壤主要分布在大桥镇的李坡、魏翁、井圈靠近黄河大堤一带。面积为191hm²，占全县土壤面积的0.308%。潜水埋深小，枯水期在35～80cm之间，地面常年不见干燥。该土锈纹锈斑出现部位较高，有的出现在耕层。土体中50cm左右有不同程度有潜育层。本县湿潮土亚类只有1个土属——冲积湿潮土，因此亚类土壤表层质地及土体构型分布杂乱，群众有“一步三换土”的说法。所以未能细分土种，暂以冲积湿潮土命名。

(三)盐土土类

盐土土类分布在陈集乡朱庄南、胡楼西南、褚庄以北及铜城街道办事处黄屯管区张道口南至黄河堤处。陈集乡的盐土土类所处地势低洼，为一封闭洼地，周围坡度较大。如新城街道办事处赵徐西至朱庄南，坡降为1/776。陈集乡周庄至胡楼西南，坡降为1/1875。姚寨镇宋楼至陈集乡褚庄北，坡降为1/1300。千百年来周围客水云集此地使土壤含盐量增高，从量变到质变形成盐土土类。张道口南地处黄河岸边，由于黄河侧渗，土壤毛管作用强。水分大量蒸发把盐分带至地表形成盐土土类。

该土潜水埋深2.5m左右。潜水矿化度为0.9g/L左右。通体质地偏轻毛管作用强烈。每到春秋白茫茫的盐霜遍布整个地面。土壤容重较大，孔隙度较小。土壤板结通气性不良。由于地下水的作用锈纹锈斑在剖面中所处部位一般偏高，土壤含盐量高，农作物生长不良。全县只有1个亚类——潮盐土，2个土属（砂质硫酸盐氯化物潮盐土和壤质硫酸盐氯化物潮盐土），3个土种。分布面积为361.1hm^2，占全县土壤面积0.583%。

砂质硫酸盐氯化物潮盐土只有1个土种：砂壤质厚壤心硫酸盐氯化物潮盐土。分布在陈集乡胡楼西南一带，面积为108.9hm^2，占全县土壤面积0.176%。其他为壤质硫酸盐氯化物潮盐土属，面积为252.1hm^2，占全县土壤面积的0.318%。

壤质硫酸盐氯化物潮盐土分为轻壤质厚砂心硫酸盐氯化物潮盐土和轻壤质厚砂腰硫酸盐氯化物潮盐土两个土种。面积分别为164hm^{2}和88.1hm^2，占全县土壤面积分别为0.265%和0.142%。壤质厚砂腰硫酸盐氯化物潮盐土分布在陈集乡朱庄南部。壤质厚砂心硫酸盐氯化物潮盐土分布在陈集乡褚庄北及铜城街道办事处黄屯管区张道口黄河大堤西侧。

砂壤质厚壤心硫酸盐氯化物潮盐土（$Da2_1 3/8$）的剖面特征如下：

0～19cm，灰黄色、砂壤、粒状结构，土壤散、润、孔隙多，植物根系较多、动物穴少，有盐斑侵蚀。

19～33cm，灰黄色中壤，土壤紧、润、孔隙少，植物根系少，块状结构。

33～54cm，灰白色中壤，粒状结构，土壤湿、润紧，孔隙较少，植物根系少。

54～87cm，灰白色，紧砂、单粒状结构，土壤潮湿、较紧。

87～123cm，灰白色，紧砂，锈纹锈斑较多，土壤潮湿较紧。

123～180cm，灰白色，紧砂，粒状结构，湿、紧实。

（四）风沙土土类

风沙土主要处在决口扇形地及其附近，是决口急流沉积物，或经风力搬运后形成的沙丘。风沙土按其发育状况及植被情况在本县有半固定风沙土一个土类，一个冲积半固定风沙土土属，一个土种。面积为37.2hm^2、占全县土壤的0.06%，分布在古黄河故道西侧河漫滩高地上，系黄河沉积物被风力搬运堆积而成。该土穿过刘集镇葫芦头村东南西北方向呈近岗状沙丘。相对高差2m左右。

该土类剖面特征见表2-10。

表2-10 半固定风沙土剖面形态特征

层次(cm)	颜色	质地	结构	新生体			干湿度	紧实度	孔隙	植物根系	动物穴
				类型	形态	数量					
0～4	灰色	紧砂	粒状	无			干	松	较多	较多	
4～13	灰白	紧砂	单粒	无			干	松	较多	少	
13～35	灰白	紧砂	单粒	无			润	松	少	少	
35～65	灰白	紧砂	单粒	无			润	松	少	少	
65～100	灰白	紧砂	单粒	无			润	松	少	少	

风沙土质地多为紧砂质接近松砂土，土壤颗粒粗、均质、成土时间短，发育微弱、发育层仅有 4cm，下面层次不明显，松散无结构呈单粒状。由于植被相继滋生，流沙逐渐成为半固定状态，砂面变紧，水土流失变弱，抗蚀能力增强。

第二节　土地利用状况

据东阿县国土局 2009 年资料统计，东阿县土地总面积为 79928.53hm²。其中农用地 64112.8hm²，主要由耕地、园地、林地和其他农用地组成，占土地总面积的 80.21%，其中耕地 47442.4hm²，园地 1649.8hm²，林地 7406.2hm²，其他农用地 7614.4hm²；建设用地 13310.8hm²，由居民点工矿用地、交通运输用地、水利设施用地构成，占土地总面积的 16.66%，其中居民点工矿用地 9483.6hm²，交通运输用地 926.1hm²，水利设施用地 2901.1hm²；未利用地 2504.8hm²，主要有未利用土地和其他土地组成，占土地总面积的 3.13%，其中未利用土地 268.7hm²，其他土地 2236.1hm²。详见图 2-2、表 2-11。

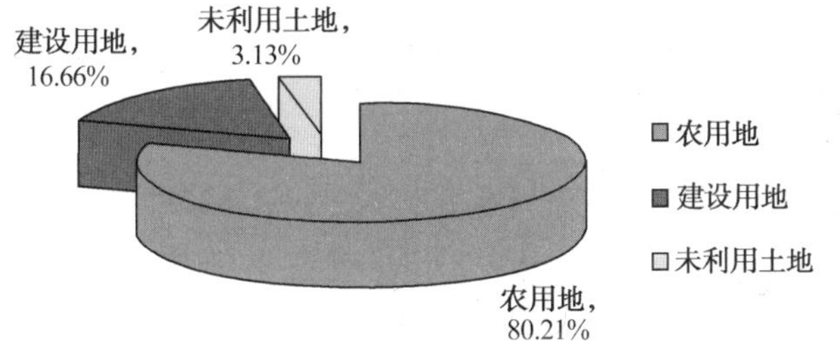

图 2-2　东阿县土地利用分类构成图

表 2-11　　东阿县土地利用现状分类面积汇总表　　单位：hm^2

			总计	铜城办事处	新城办事处	刘集镇	牛角店镇	大桥镇	高集镇	姜楼镇	顾官屯镇	姚寨镇	鱼山镇	陈集乡
总面积			79928.53	7353.75	4489.85	12791.27	11438.57	5057.14	7001.44	5517.05	7240.75	8392.83	6446.56	4199.32
农用地	合计		64112.85	5466.80	3360.31	9735.86	9410.37	3641.61	6147.27	4238.39	5912.75	7463.90	5080.85	3654.75
	耕地	小计	47442.40	4051.79	2638.13	7322.39	7102.46	2490.54	4703.76	2918.99	4827.36	5303.38	3746.11	2337.49
		水田	17.25										17.25	
		水浇地	41841.07	3571.63	2506.38	6688.15	6373.28	1855.42	4215.91	2396.23	4099.89	4768.57	3123.21	2242.41
		旱地	4743.58	270.56	26.34	549.51	671.13	568.51	460.89	459.74	706.55	390.39	567.21	72.75
		菜地	840.50	209.60	105.41	84.73	58.05	66.61	26.97	63.02	20.92	144.42	38.44	22.33
	耕地	小计	1649.80	96.43	47.31	588.90	196.57	126.89	81.06	57.28	16.42	301.15	44.24	93.55
		果园	1012.83	90.95	47.31	474.12	16.50	121.08	10.00	57.28	14.97	80.29	21.72	78.61
		桑园	595.58			110.49	180.07		68.97		1.45	205.74	21.92	6.94
		其他园地	41.39	5.48		4.29		5.81	2.09			15.12	0.60	8.00
	林地	小计	7406.25	722.98	355.33	814.61	937.80	517.33	482.34	692.57	571.90	777.92	862.54	670.93
		有林地	1052.88	40.99	7.46	72.25	71.31	40.07	34.95	198.93	33.53	142.73	384.45	26.22
		灌木林地	68.85					37.49				31.17	0.19	0.00
		疏林地	3.65				0.33			0.41			2.69	0.22
		未成林造林地	6184.58	673.01	321.44	734.60	865.30	438.81	447.15	487.95	533.75	600.11	474.07	608.38
		苗圃	96.29	8.97	26.43	7.75	0.87	0.97	0.23	5.28	4.62	3.92	1.14	36.11

续表

			总计	铜城办事处	新城办事处	刘集镇	牛角店镇	大桥镇	高集镇	姜楼镇	顾官屯镇	姚寨镇	鱼山镇	陈集乡
农用地	其他农用地	小计	7614.41	595.60	319.53	1009.97	1173.54	506.85	880.11	569.54	497.07	1081.45	427.96	552.79
		畜禽饲养地	123.13	8.01	2.63	14.05	16.31	4.49	13.43	6.53	11.02	43.93	1.58	1.15
		设施农业用地	8.39					1.43				6.97		
		农村道路	2215.87	196.37	110.39	379.92	279.73	124.97	222.02	201.68	130.71	277.80	156.08	136.19
		坑塘水面	959.98	61.69	36.66	143.39	170.73	45.31	112.82	71.50	110.85	96.11	37.51	73.41
		养殖水面	456.49	8.60	7.95	53.02	45.83	59.18	22.54	24.69	16.76	154.68	0.52	62.72
		农田水利用地	2949.31	271.55	120.54	326.48	427.29	233.51	317.82	219.44	185.91	403.27	187.31	256.19
		田坎	5.83			2.36	0.05	1.01	0.93		0.15	1.13	0.20	
		晒谷场等用地	895.41	49.37	41.36	90.75	233.60	36.95	190.54	45.71	41.67	97.57	44.77	23.12
建设用地	合计		13310.83	1574.41	1029.97	2699.49	1551.17	885.66	757.46	1273.71	1227.38	838.04	990.44	483.10
	居民点及独立工矿用地	小计	9483.59	1370.42	898.23	1552.79	1161.86	481.81	672.24	681.18	891.31	719.17	649.14	405.43
		建制镇	1361.74	467.12	390.99	67.19	163.36	32.41	80.19	44.31	69.57	46.60		
		农村居民点	7085.62	728.49	423.92	1367.63	916.87	344.61	548.23	472.51	705.64	611.69	594.85	371.17
		独立工矿用地	1011.31	167.55	82.57	113.23	79.67	104.79	43.82	164.03	115.61	58.81	47.96	33.28
		特殊用地	24.92	7.26	0.76	4.74	1.97			0.32	0.49	2.07	6.33	0.99
	交通运输用地	小计	926.15	93.97	121.81	120.43	66.87	82.52	31.03	76.38	135.29	96.85	23.33	77.67
		公路用地	926.15	93.97	121.81	120.43	66.87	82.52	31.03	76.38	135.29	96.85	23.33	77.67

续表

			总计	铜城办事处	新城办事处	刘集镇	牛角店镇	大桥镇	高集镇	姜楼镇	顾官屯镇	姚寨镇	鱼山镇	陈集乡
建设用地	其他农用地	小计	2901.09	110.03	9.93	1026.26	322.43	321.33	54.19	516.15	200.79	22.02	317.97	
		水工建筑用地	2901.09	110.03	9.93	1026.26	322.43	321.33	54.19	516.15	200.79	22.02	317.97	
未利用地	合计		2504.85	312.53	99.57	355.93	477.03	529.87	96.71	4.95	70.61	90.89	375.27	61.47
	未利用土地	小计	268.70	37.37	20.01	67.45	24.33	16.91	23.37	4.41	20.00	10.10	26.55	18.21
		荒草地	209.10	5.19	20.01	61.59	24.33	11.83	21.39	4.41	18.97	10.10	22.42	11.26
		盐碱地	16.49						1.97		3.43		4.13	6.95
		其它未利用土地	43.11	32.18		5.86		5.07						
	其他土地	小计	2236.15	275.17	79.57	288.47	452.70	512.97	73.35	0.55	80.61	80.79	348.71	43.26
		河流水面	2096.53	274.28	76.92	256.01	450.25	481.90	37.93	0.55	79.49	72.43	341.42	25.34
		苇地	71.65	0.89	2.65	18.30	0.00	4.89	16.63		1.12	8.36	0.91	17.92
		滩涂	67.97			14.17	2.45	26.18	18.79				6.39	

注:数据来自2009年东阿县统计局资料。

一、农用地

农用地主要由耕地、园地、林地和其他农用地组成。农用地总面积为 64112.8hm^2，其中耕地为 47442.4hm^2，占全县农用地总面积的 74%，园地为 1649.8hm^2，占农用地总面积的 2.57%，林地为 7406.2hm^2，占农用地总面积的 11.55%，其他农用地为 7614.4hm^2，占农用地总面积的 11.88%。详见图 2-3。

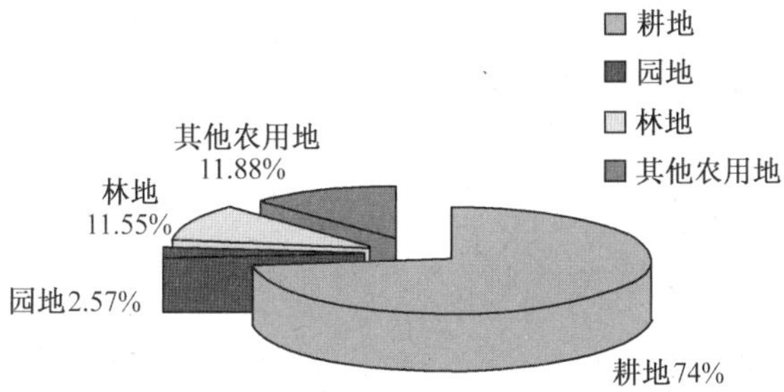

图 2-3 东阿县农用地构成图

(一)耕地

全县耕地面积为 47442.4hm^2。由灌溉水田、水浇地、旱地、菜地构成。其中水浇地面积最大，为 41841.07hm^2，占全县耕地面积的 88.19%，分布遍及全县所有乡镇(街道办事处)；旱田面积为 4743.58hm^2，约占全县耕地面积的 10%，全县所有乡镇(街道办事处)都有分布；菜地为 840.5hm^2，占耕地的 1.78%，菜地都有分布，以铜城街道办事处、姚寨镇、新城街道办事处和刘集镇面积最大；灌溉水田为 17.2hm^2，主要分布鱼山镇。

(二)园地

全县园地面积为 1649.8hm^2，占全县农用地面积的 2.57%。果园是园地的最主要组成部分，面积为 1012.8hm^2，占园地总面积的 61.4%；桑园面积为 595.6hm^2，占园地总面积的 36.1%；其他园地面积为 41.4hm^2，占园地的 2.5%。果园以黄金梨、苹果为主，刘集镇、大桥镇和铜城街道办事处果园面积较大，分别占全县果园总面积的 46.82%、11.96%和 9%。

(三)林地

全县共有林地 7406.2hm^2。林地中，有林地为 1052.9hm^2，占林地面积的 14.22%，面积最大的是鱼山镇，其次是姜楼镇、姚寨镇面积也较大，分别占有林地面积的 36.52%、18.89%和 13.56%；疏林地、灌木林地为 72.5hm^2，占林地面积的 0.98%，仅分布于大桥镇、姚寨镇、鱼山镇；未成林造林地为 6184.6hm^2，占林地面积的 83.5%；苗圃为 96.3hm^2，占林地面积的 1.3%，主要集中在新城街道办事处和陈集乡，约占苗圃总面积的 65%。

(四)其他农用地

全县共有其他农用地 7614.4hm^2。主要有畜禽饲养地、设施农业用地、农村道路、坑塘水面、养殖水面、农田水利用地、田坎、晒谷场等用地。其中农田水利用地、农村道路、坑塘水面面积较大，分别占其他农用面积的 38.73%、29.1%和 12.61%。

二、建设用地

建设用地主要由居民点及独立工矿用地、交通运输用地和水利设施用地组成。建设用地总面积为 13310.8hm^2，其中居民点及独立工矿用地为 9483.6hm^2，占全县建设用地总面积的 71.25%；交通运输用地为 926.1hm^2，占全县建设用地总面积的 6.96%；水利设施用地为 2901.1hm^2，占全县建设用地总面积的 21.79%；

（一）居民点及工矿用地

居民点及工矿用地总面积为 9483.6hm^2。其中城镇用地为 1361.7hm^2，占居民点及工矿用地的 14.36%；农村居民点用地有 7085.6hm^2，占 74.72%；独立工矿用地为 1011.3hm^2，占 10.66%；特殊用地为 24.9hm^2，占 0.26%。

（二）交通用地、水利设施用地

交通用地面积为 926.1hm^2，交通用地主要是公路用地。

水利设施用地面积为 2901.1hm^2，主要是水工建筑用地。

三、未利用地

全县未利用地面积为 2504.8hm^2，未利用土地面积为 268.7hm^2，其他未利用土地为 2236.1hm^2。在未利用土地中，荒草地面积最大为 209.1hm^2，占未利用土地的 77.82%；其他未利用土地中河流水面为 2096.5hm^2，苇地为 71.65hm^2，滩涂为 67.97hm^2。

四、土地资源利用的特点及存在的问题

东阿县土地开发历史悠久，土地垦殖率较高，建国前对土地的开垦多为无组织的自发开垦，土地利用上存在许多问题。新中国成立后，在党和国家的领导下，对全县的土地进行了几次大规模的开垦整治，尤其是盐碱地治理改良取得了巨大的成就。但由于历史的诸多原因和自然条件的影响，各地域土地类型较为复杂，各种类型土地的开发利用程序不一，加之类对土地的利用又缺乏统一的规划和有效的控制，在土地利用方面形成了许多特点，造成了许多问题。主要包括：

（一）土地承载重，人地矛盾日益突出

据国土资源局 2009 年资料统计，全县人均占有耕地仅为 0.1hm^2。并且土地质量良莠不齐，用养失调。随着近年来经济建设潮的兴起和房地产的大规模开发，大量的耕地被占用，加之人口的急剧半长，人地矛盾日益突出。

（二）耕地不断减少，后备资源缺乏

土地是农业的基础，长期以来由于建设用地的占用，耕地面积呈逐年减少的趋势。人们为了扩大种植面积，几乎垦植了全县所有的荒地、荒滩等耕地后备资源，耕地面积增长的潜力小，限制了耕地资源的开发，农业土地利用只能在深度开发上作文章，没有外延扩展的可能。

（三）土地利用布局不尽合理

全县地类齐全，具有全面综合发展的土地资源优势，但由于受传统农业和生产条件的影响，致使土地利用结构特别是农业内部结构不够合理，种植业占绝对优势，林、果、牧业和农村商品经济发展较差，商品率不高。

第三节　耕地利用与管理

一、耕地利用现状

根据东阿县国土局 2009 年统计资料，全县耕地面积为 47442.4hm²，其中水浇地为 41841.1hm²，占耕地面积的 88.19％，其中旱田为 4743.6hm²，占耕地面积的 9.99％，其中菜地为 840.5hm²，占耕地面积的 1.77％。从表 2-12 可以看出，刘集镇、牛店镇、姚寨镇耕地面积较大，分别占耕地面积的 15.43％、14.97％和 11.18％。

表 2-12　　东阿县各乡镇(街道办事处)耕地分布

乡镇(街道办事处)	耕地总面积(hm²)	所占比例(%)	耕地(hm²)			
			水浇地	旱地	菜地	水田
铜城街道办事处	4051.8	8.54	3571.6	270.6	209.6	
新城街道办事处	2638.1	5.56	2506.4	26.3	105.4	
刘集镇	7322.4	15.43	6688.2	549.5	84.7	
牛角店镇	7102.5	14.97	6373.3	671.1	58	
大桥镇	2490.5	5.25	1855.4	568.5	66.6	
高集镇	4703.8	9.91	4215.9	460.9	27	
姜楼镇	2919	6.15	2396.2	459.7	63	
顾官屯镇	4827.4	10.18	4099.9	706.6	21	
姚寨镇	5303.4	11.18	4768.6	390.4	144.4	
鱼山镇	3746	7.9	3123.2	567.2	38.5	17.3
陈集乡	2337.5	4.93	2242.4	72.7	22.3	
总计	47442.4	100	41841.1	4743.5	840.5	17.3

二、耕地保养

“十分珍惜、合理利用土地和切实保护耕地”是我们的基本国策，在确保不踏耕地红线的前提下，必须确保耕地质量的不断提高，合理利用耕地，不断提高耕地的产出率。东阿县地势平坦，土层深厚，光热充足，降水较多，有利于农业生产的发展，加之耕种历史悠久，人口稠密，土地利用率较高，农林水措施对土壤的改良起着重要的影响，建国以来，全县曾先后对土地进行了几次大规模的整治，尤其 20 世纪 80 年代土壤普查后，大力增施肥料，提高复种指数，使土地利用率大大提高，这些人为的改土措施对农业生产起了很大的促进作用，同时也不同程度地改善了土壤的肥力状况，使盐碱地面积逐年减少至消失，危害程度减轻，受涝灾的威胁逐年减小，水浇面积逐年增加。

党的十一届三中全会以后，特别是家庭联产承包责任制的实施，农民的积极性空前高涨，对土地的投入成倍增加，产量也大幅度提高，有力地促进了农业的全面发展。但随着经济的迅速发展，大量农民进城务工，转向二、三产业，加上长期以来种粮比较效益偏低，种粮农民增收困难，农业生产资料价格上涨等因素，导致农业生产基础投入不断下降，农田道路、桥涵、井渠等农业基础设施年久失修；同时，由于农民大量施用化肥、重氮轻磷，轻施有机肥，导致土壤N、P、K及微量元素比例严重失调，造成了肥料资源浪费和农业面源污染，制约了农业综合生产能力的提高，使得优良品种的增产和增质潜力很难发挥，成为制约现代农业发展的“瓶颈”。

近年来，国家对农业的扶持力度不断加大，相继开展了国家生态环境建设、商品粮基地建设、农业综合开发、旱作农业示范区建设、平衡施肥工程。尤其是党的十七届三中全会对保护粮食安全、巩固农业基础地位等方面重新制定了更加有力的政策措施，加大了农业基础设施建设，加强良种繁育、中低田改造、农业科技服务与推广，对农业持续快速发展将起到强有力的支撑作用。

1984年，东阿县开展了第二次土壤普查工作，科学系统地分析论述了自然条件和人为生产活动对土壤发生发育的影响，系统地划分了土壤类型、详细地阐述了各类土壤的生成、发育、特性、分类及分布，全面评述了土壤肥力状况和生产性能，科学地对土壤资源进行了质量评价，并分析了各种土壤类型的形成原因、存在问题及改良利用方向，认真总结分析了当时高中低产田土壤条件，确定了土壤培肥措施和目标，为其后磷肥的大面积推广应用，氮、磷、钾肥配合施用，配方肥和秸秆还田技术的推广应用提供了科学依据。

同时根据第二次土壤普查结果，编绘了五万分之一的东阿县土壤地貌图、土壤利用现状图、土壤图、土壤有机质含量分布图、土壤碱解氮全氮含量分布图、土壤速效磷含量分布图、土壤速效钾含量分布图、土壤土体构型与表层质地图、土壤评级图、土壤改良利用分区图等，利用土壤普查成果，编写了《东阿土壤志》一书。

土壤普查以后，东阿县一直致力于普查成果的应用及新技术新成果的推广。尤其近年来，国家加大对农业的扶持力度，特别是2006年全县开展测土配方施肥项目以来，通过项目的实施，从不同程度上改变了群众的传统施肥观念，使施肥更加趋于合理，降低了农业的面源污染，提高了耕地质量，使农业步入良性发展的轨道。

三、耕地主要障碍因素分析

土壤的障碍因素是指土壤中含有某些不利于作物生长发育的因素或缺乏某种营养元素，严重影响作物的生长发育。归纳起来，本县耕地主要存在以下几个问题：

(一)渗

金堤与黄河堤之间地带，由于黄河河床高于地面，常年地下经流强烈，侧渗严重，常年潜水位高、潜水埋深在1m左右，旱时潮湿，水分多，土壤孔隙少，涝时湿度大影响植物根部呼吸，作物难以生长，有些地块侧渗长期进行，地表盐碱积累重，形成盐碱地，该地应加强排渗系统，深挖排渗沟改良。

(二)漏

东沉砂地、西沉砂地、刘集镇与聊城市相邻处，地貌类型为砂质河槽地，缓平坡地和河滩高地，土壤类型多为砂均质型潮土和半固定风砂土，漏水漏肥，造成土壤养分含量低，今后应扩种绿肥，增磷补氮，有条件的要以淤压砂。

（三）涝

东阿县分布在浅平洼地上的大量黏质土，地势地平，每年雨季排水困难，雨水下渗缓慢，土壤易饱和，地面易积水，根部呼吸困难，养分难于吸收，作物生长困难。

（四）裂

东阿县土壤表层质地黏重的重壤、中壤面积为 26363.1hm^2，占全县土壤面积 42.54%，土壤表层质地黏重，雨后特别是浇水后，天气干旱土壤易龟裂，既易失水又易断根，是影响作物产量的一大障碍因素。且土壤适耕期短，物理性状差，中耕困难。

（五）耕作层变浅，犁底层坚硬

随着农业生产的发展，一些小型的农机具增多。农民为省事方便，大多采用农机旋耕，耕作深度一般 15cm 左右，这样长期耕作，势必造成耕作层逐年变浅，犁底层逐年变硬。耕层以下的土壤物理性状逐渐变差，如土壤容重增大，总孔隙度减小，土壤通透性差，土壤结构坚实，土壤的蓄水保水能力降低，不利于作物根系下扎和生长发育。

（六）土壤 pH 较高

本县耕地土壤 pH 众值为 8.31，变化范围为 7.5～8.5，在偏碱性的土壤中，施用铵态氮肥和酰胺态氮肥，NH_4^+ 在土壤中易转变成氨气挥发损失，磷肥也易被固定为作物难以吸收利用的难溶性磷酸盐，从而降低肥效。在农业生产中要注意增施有机肥，施用生理酸性肥料，不宜施用碱性肥料。

四、耕地施肥状况及存在问题

（一）有机肥施用状况

东阿县有机肥施用主要存在两个方面的问题：一是有机肥投入不足，二是有机肥施用方法不合理。

据县土肥站 2008 年调查，蔬菜方面：有 40%的大棚户施用鸡粪，50%的棚户施其他有机肥（秸秆堆沤肥、其他家禽粪、商品有机肥、生物有机肥、生物有机无机复混肥），1%的棚户施用沼液，2%的棚户不施有机肥。并且施用商品有机肥、生物有机肥、生物有机无机复混肥的农户数及施用量每年都在上升。从不同作物有机肥施用量比较来看，蔬菜田平均施有机肥 15000kg/hm^2，粮田平均施有机肥 2500kg/hm^2，两者相差 6 倍左右。

近几年秸秆还田面积较大，据 2009 年县土肥站调查，小麦机收率 95%以上，秸秆大部分直接还田，但每年也都存在着秸秆焚烧现象；玉米秸秆直接还田的占 75%以上。杂粮及其他作物秸秆 90%左右作燃料，但同时，目前大田中有机肥的施用越来越少，有的粮田甚至整年不用有机肥，成为名符其实的“卫生田”，据统计，全县大田作物施用有机肥料的还不足 5%。主要原因是：第一，大部分青年农民怕麻烦，经常外出打工，收入较高，堆沤有机肥的积极性不高，致使粮田大部分不施农家有机肥；第二、即使有农家肥、家禽粪，随着农业结构调整，大部分都施入大棚蔬菜地。

另外据调查，有 30%的农户直接施用新鲜有机肥，或施用沤制不彻底半腐熟的有机肥，造成作物烧苗烂根，严重影响作物产量和品质。

(二)化肥施用状况

据统计,全县2009年化肥施用实物量为98572吨(折纯量33641吨),其中氮肥42221吨(折纯量17877吨),磷肥25439吨(折纯5030吨),钾肥8549吨(折纯2016吨),复合肥22363吨(折纯8719吨),年平均2151.8kg/hm^2(折纯647.45kg),粮田年平均施用化肥实物量为2051kg/hm^2,折合成N 617.9kg/hm^2、P_2O_5 208.1kg/hm^2、K_2O 60.5kg/hm^2,蔬菜田年平均施用化肥实物量4425kg/hm^2,折合纯N642kg/hm^2、P_2O_5 506kg/hm^2、K_2O 310.3kg/hm^2,与作物需肥量相比明显不平衡。

近几年,通过推广实施平衡施肥项目,群众的施肥观念得到一定程度的改变,群众对平衡施肥的认识水平不断有所提高,施肥更加趋于科学合理化,肥料品种由过去的单质肥料,如碳酸氢铵、尿素、过磷酸钙、氯化钾、硫酸钾等,逐渐向复合肥特别是配方肥过渡,如小麦底肥配方为:14-18-10,15-20-10,18-17-10;蔬菜底肥配方为15-15-15,玉米追肥配方为28-5-7。但仍然有少部分农户在施肥上存在着盲目施肥现象,一是过量施肥,不问地力状况,盲目增加施肥量,尤其在蔬菜田表现更为突出,易造成烧种烧苗。在大棚蔬菜上同样也存在着过量施肥的问题,由于化肥的过量施用,加上有机肥投入相对不足,连年重茬,土壤中盐分积累越来越越多,造成土壤次生盐渍化,土壤理化性状逐年变差,作物病害逐年加重,产量下降和品质变差。致使有些老菜园地被迫改种粮食作物。二是肥料配肥不合理,据调查,全县农户玉米氮、磷、钾的施用配比平均为1∶0.2∶0.13。远远低于正常水平的1∶(0.4～0.5)∶(0.8～1);农户小麦氮、磷、钾的施用配比平均为3∶1∶0.2。也远远低于正常水平的2∶1∶2;蔬菜田氮、磷、钾的施用比例是1∶0.79∶0.48,而蔬菜吸收氮、磷、钾的比例是1∶0.34∶1.23,由于养分不协调,不仅不能提高作物产量和品质,反而增加了成本,破坏了土壤结构。

(三)施肥存在的主要问题

综上所述,目前在肥料施用中还存在以下问题:

盲目、随机性是当前肥料施用中的主要问题,施肥上的盲目性、随机性是当前最大误区。不是以产定肥、按需配肥而是买啥用啥,有啥上啥,没有不上的随机性,主要表现为传统观念的束缚,施肥原理的缺乏,缺乏以肥定产及施肥重要性的认识,单纯片面追求高产出低投入,以致造成用肥不对路,产量低,效益差的结果,在生产实践中,屡见不鲜的问题是,农民无论种什么作物都施同种、同量肥料;无论氮磷钾有效含量多少都施同等重量的肥料;对所种的地块土壤营养成分底摸不清,盲目施肥。特别是经济条件好的农户,更是认为多施肥能增产。

重用地轻养地,重化肥轻农肥和生物肥。农肥与化肥同等重要不可代替,优势互补,有机肥料、无机肥料和生物肥料配合作用,对作物稳产、高产、培肥地力、增强农业后劲,改善农田生态环境,缓解化肥比例失调,生产无公害无污染食品具有重要意义。为了更好地保持和提高土壤肥力,发扬我国重视有机肥的传统,使农业可持续发展和环境保护达到完美的结合,应重视提倡研究开发有机、无机、生物相结合的新型肥料。

施肥方法不当,新型肥料研究进展缓慢。我国自20世纪80年代末90年代初开始,进行了叶面肥料、缓释/控释肥料、微生物肥料、有机无机生物复混肥以及有机废弃物产业化的研究与开展,也取得了一些进展,但目前市场上出现的一些所谓新型肥料,多数科技含量不高，增产效果不稳定，甚至不增产。施肥方法要改进，提倡有机肥与化肥配合施；基肥、底肥、种肥与苗后追肥相结合，尿素深施等。今后应大力推广新型肥料的施用技术。

肥料品种结构不合理，土壤养分失衡。肥料品种结构不合理主要表现在有机肥与化肥生产施用数量及比例不相适应（横向比不适宜）。近年来，农业生产实践表明，有机肥投入仍在继续下降，尤其大田表现突出。肥料品种结构不合理还表现在化肥氮、磷、钾、锌、硼、锰等营养元素的施用极不合理（纵向比不合理）。单纯施用化肥造成土壤板结，破坏土壤结构，生产力低下。养分间不平衡是指普遍重视施用氮、磷化肥，轻视钾肥施用，忽视中微量元素施用。特别是大棚菜地过量施肥现象严重，粮果田相对不足。由于蔬菜效益较高，多数菜农化肥投入量过大，造成部分大棚，特别是高龄大棚土壤氮、磷、钾有一定的盈余积累，不仅破坏了土壤理化性状，还降低了肥料利用率。由于受传统的习惯影响，有的菜农偏施尿素等氨态氮肥，有的菜农偏施美国二铵等含磷极高的复合肥，造成氮、磷含量偏高，钾及其他中、微量元素营养相对不足，成为影响大棚菜高产的障碍因素。

氮素大量淋失。蔬菜追肥基本上是采用随水追肥的方式；在大量施用氮肥的情况下，铵态氮肥虽能被土壤胶体吸附，但吸附量有限，大量的铵离子将进行硝化作用，迅速转化成硝态氮而随水下移，到达根系难以吸收的深度；硝态氮肥则由于土壤胶体不能吸附而极易随水大量淋失，进入地下水，既造成养分损失又污染地下水源。虽然大棚蔬菜施肥中存在种种不合理的现象，但是由于菜农缺乏科学施肥的指导和环境保护的意识，使这种不合理现象始终得不到纠正，结果肥料增产效果下降，化肥利用率极低，产投比不高，过量投入的肥料还致使环境受到污染。

五、历年肥料投入情况及粮食产量变化

根据东阿县统计部门提供的相关资料，近十年化肥施用量及粮食产量情况，见表2-13、图2-4。

表2-13　　东阿县历年化肥用量统计表

年份	实物量（吨）					总折纯量（吨）
	合计	氮肥	磷肥	钾肥	复合肥	
2000	118900	59776	40033	3379	15712	33559
2001	138603	63288	48503	6617	20195	36685
2002	142356	64102	49214	6927	22113	37799
2003	116987	51019	25099	11035	29834	32391
2004	94872	40355	23482	8451	22584	28192
2005	88870	36768	23078	7949	21075	27302
2006	96743	41046	21485	9936	24276	30049
2007	97076	41109	21486	10135	24346	30423
2008	98572	42221	25439	8549	22363	33641
2009	99563	42250	24701	8951	23661	34315

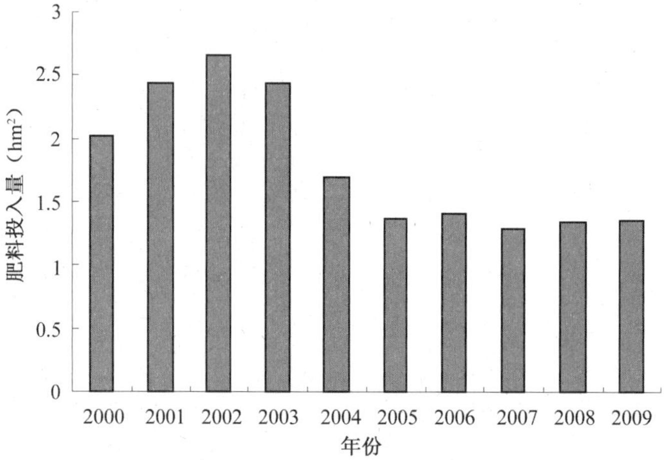

图 2-4 东阿县历年农田肥料投入量趋势图

由表 2-13 可以看出，东阿县化肥施用总量从近 5 年较以前大幅下降，施肥结构不断发生变化，实施项目以来，氮肥投入量量由于近几年秸秆还田的实施给土地增加一定的有机物料需要填充氮素供应微生物分解来用，所以氮肥量变化不大；磷肥有减少的趋势；复合肥用量比重在增加；氮、磷、钾比例较以前逐步提高，同时由图 2-3 也可以看出，每公顷的肥料投入量也呈下降趋势，这表明通过土壤养分的分析和配方施肥的利用，农户施肥意识正在逐步改变，科学施肥水平不断有所提高，肥料利用更合理化，但同时农户施用化肥种类和数量受肥料价格影响程度很大，肥料价格相对低时，农户施肥量偏高；反之，化肥施用量偏低，见表 2-14、图 2-5、图 2-6。

表 2-14 东阿县历年粮食播种面积及产量统计表

年份	粮食播种面积（hm^2）	粮食总产量（吨）	粮食单产（kg/hm^2）
2000	58714	321031	5468
2001	56726	321286	5664
2002	53311	270166	5068
2003	47872	271227	5666
2004	56125	319485	5692
2005	64778	392032	6052
2006	68310	416764	6101
2007	74988	460253	6138
2008	72767	461698	6345
2009	72868	467345	6414

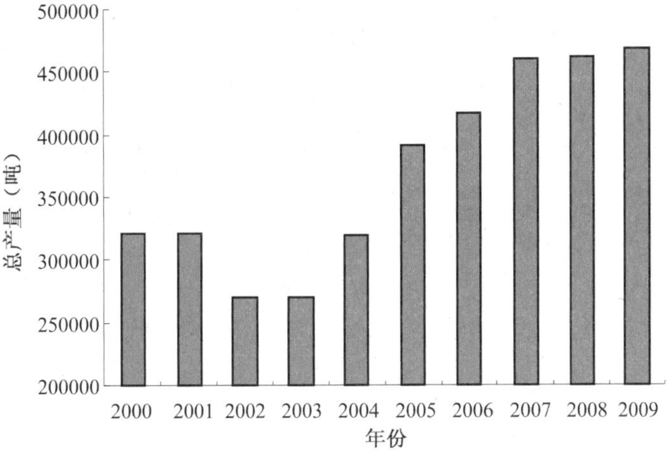

图 2-5　东阿县历年总粮食产量变化趋势图

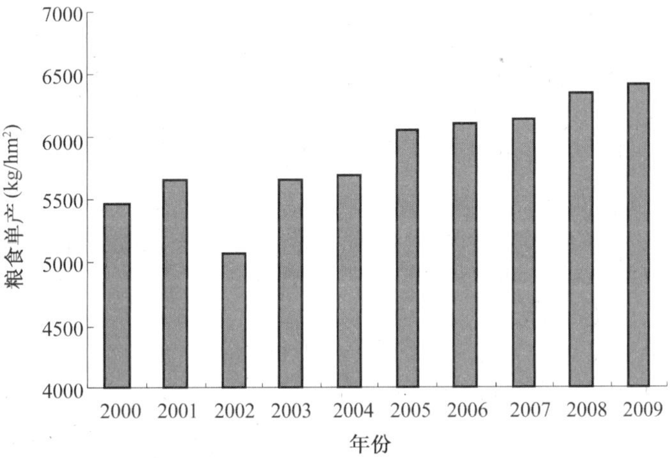

图 2-6　东阿县历年粮食单产变化趋势图

由表 2-14 及变化趋势图可以看出，东阿县粮食总产量总体上呈逐渐增加趋势，与化肥施用量及粮食价格有较大关系。粮食产量变化：2000～2003 年粮食产量呈回落趋势，2004 年开始回升，2004～2009 年粮食总产呈上升态势。不同年份间有所起伏，但总趋势是逐年增加的。这得益于国家一系列惠农政策的落实，加大支农力度，广大农户种田积极性增强，农业投入量不断增加，粮食种植面积有所增加。粮食单产变化趋势明显，2009 年也是东阿县第七年粮食总产、单产连续增长。

第三章　样品采集与分析

第一节　土壤样品的布点与采集

土壤样品采集是搞好耕地地力评价的基础工作，也是耕地地力评价工作的一个重要环节，采集有代表性的样品，是如实反映客观情况的先决条件。因此，应选择有代表性的地段和有代表性的土壤进行采样，并根据不同分析项目采用相关的采样和处理方法。

一、土壤样品采集布点

土壤养分的空间变异对耕地地力评价工作的准确性影响较大，多大范围内布点、采集一个土样代表该土壤的养分状况进行推荐施肥，这是耕地地力评价的关键环节。采样单元的划分很大程度上决定地力评价的成本和效益。因此，布点采样前要详细了解采样地区的土壤类型、肥力等级和地形等因素，将耕地地力评价区域划分为若干个采样单元，每个采样单元的土壤要尽可能均匀一致。

（一）室内布点要有广泛的代表性、兼顾均匀性

布点要考虑土壤类型、土种与面积、肥力水平、作物种类等。蔬菜地考虑设施类型、蔬菜种类、种植年限等，果园考虑树龄、长势等，同时还要考虑不同时期采样点数的分配。布点数量要满足推广应用需要。首先整理编绘土种图，确定耕地类型土种数量。根据密度要求确定县总采样点数。其次是根据土壤类型（土种）、利用现状、肥力水平、乡镇耕地面积，确定各乡镇采样点数。根据土种、利用现状（作物熟制、蔬菜）、肥力水平统计各因素采样点数，并进行调整。根据土种、利用现状、肥力水平，并标注成图点位，注意均匀性。

（二）图上定位，现场定点

以土壤图（土种）与土地利用现状图或行政区划图（村）的叠加图斑为采样单元（落实到图上），采样人员带着图到实地，在位于采样单元相对中心位置的典型地块定点取样。这样做法的好处是可以先在图上观察样点分布的均匀度。田间调查人员根据在图上确定的点位到田间应用 GPS 定位取样。记录经纬度，精确到 0.1″。GPS 正确使用是保证数据准确性的重要前提，在调查前一定要对有关技术人员进行集中培训，并相互校验即将使用的 GPS，为保证定位精度，定位仪由专人操作。

二、土壤样品采集

（一）采样单元

土壤样品的采集是土壤测试的一个重要技术环节，采集有代表性的样品，是如实反映客观情况的先决条件。因此，根据土壤类型、土地利用、耕作制度、产量水平等因素，将采样区域划分为若干个采样单元，选择有代表性的地段和有代表性的土壤采样，并根据不同分析项目采用相关的采样和处理方法。为保证土壤样品的代表性，采取以下技术措施控制采样误差：确定平均每个采样单元为：大田作物每 $25hm^2$ 采一个样品、经济作物每 $5hm^2$ 采一个样品，采样集中在位于每个采样单元相对中心位置的典型地块（同一农户的地块），采样地块面积为 $667\sim6667m^2$，温室大棚、果园的采样安排在同一个棚或一个园区内采集。采用 GPS 定位，记录经纬度，精确到 0.1″。

（二）采样时间

土样采集时间是：大田作物在收获后或播种施肥前采集（上茬作物已经基本完成生育进程，下茬作物还没有施肥），一般在秋后；设施蔬菜在晾棚期采集；果园在果品采摘后的第一次施肥前采集。进行氮肥追肥推荐时，在追肥前或作物生长的关键时期采集样品。

（三）采样点数量

为保证足够的采样点，使之能代表采样单元的土壤特性。全县确定采样点的多少，是依据田块面积、地块形状，严格按照采样技术规程进行准确定位和规范采样，采用向四周辐射采集多个分样点混合法，每个混合土壤样品都是 15 个分样点组成，每个分样点的采土部位、深度、数量一致。果园一般在树冠范围内由树干以外的 2/3 处采集，选择 10 棵，每棵树对角采 2 点。

（四）采样路线

采样时沿着一定的线路，按照"随机"、"等量"和"多点混合"的原则进行采样。一般采用"S"形布点采样，较好地克服了耕作、施肥等所造成的误差。在地形较小、地力较均匀、采样单元面积较小的情况下，也采用梅花形布点取样，以避开路边、田埂、沟边、肥堆等特殊部位。

（五）采样深度

采样深度应根据不同作物、不同生育期的主要根系分布深度来确定。确定样品采集深度为：大田作物采样深度 $0\sim20cm$、蔬菜地 $0\sim25cm$、果园 $0\sim40cm$。蔬菜地按照沟、垄面积比例确定沟、垄取土点位的数量。采样时深度要垂直、上下取土需要一致。微量元素则用不锈钢取土器采样，如用铁锨取样，则用竹、木铲配合，把金属污染部分去掉。

（六）采样方法

为使每个采样点的取土深度及采样量应均匀一致，土样上层与下层的比例相同。取样器垂直于地面入土，深度相同。采样全部用不锈钢取土器。

（七）样品重量

一个混合土样取土 1kg 左右（用于推荐施肥的 0.5kg，用于试验的 2kg），如果样品数量太多，则用四分法将多余的样品弃去。方法是将采集的土壤样品放在盘子里或塑料布上，弄碎、混匀，铺成四方形，画对角线将土样分成四份，把对角的两份分别合并成一份，保留一份，弃去一份。如果所得的样品依然很多，再用四分法处理，直至所需数量为止。

（八）样品标记

采集的样品放入统一的样品袋，用铅笔填写两张标签，土袋内外各有一张。标签主要内容为：野外编号（要与图上及调查表编号相一致）、采样地点、经纬度、采样深度、采样时间、采样人等。

（九）容重样品采集

测定土壤容重等物理性状，直接用环刀在各土层中采取。每个地块采集3个环刀样。大田在耕层中部（即7.5～12.5cm）采集；蔬菜地容重样品的采集选择栽培蔬菜的部位，在12.5～17.5cm采集。采取土壤结构性的样品，注意土壤湿度，不宜过干或过湿，在不黏铲、经接触不变形时分层采取。在取样过程中保持土块不受挤压、不变形，尽量保持土壤的原状，如有受挤压变形的部分弃去。

三、田间调查

调查内容：每个采样点都详细的调查记载了取样地点（包括村、农户名和GPS定位），土壤类型（具体到土类、亚类、土属和土种），土体构型，耕层深度，地下水位，肥力水平，排灌能力，障碍因素，侵蚀程度，地形部位，土壤质地类型，种植制度，秸秆利用，农田建设质量，灌溉方式，种植方式，盐渍化程度，年降水量，上季作物名称及田间生长日期，本季作物名称及田间生长日期，作物产量，年度化肥使用情况，年度有机肥使用情况，灌溉次数和灌溉量等。

调查方法：采取面对面现场调查的方式。

第二节　土壤样品的制备

一、样品制备的目的

从野外取回的土样，经登记编号后，经过一个制备过程：风干、磨细、过筛、混匀、装瓶，以备各项测定之用。

样品制备的目的是：

（1）剔除土壤以外的侵入体（如植物残茬、昆虫、石块等）和新生体（铁锰结核和石灰结核等），以除去非土壤的组成部分。

（2）适当磨细，充分混匀，使分析时所称取的少量样品具有较高的代表性，以减少称样误差。

（3）根据不同检测项目，分别过筛。全量分析项目，样品需要磨细，以使分解样品的反应能够完全和彻底。

（4）使样品可以长期保存，不致因微生物活动而霉坏。

二、新鲜样品的制备

某些土壤的成分如二价铁、硝态氮、铵态氮等在风干过程中会发生显著变化，必须用新鲜样品进行分析。为了能真实地反映土壤在田间自然状态下的某些理化性状，新鲜样品及时送回室内进行处理分析，用粗玻璃棒或塑料棒将样品混匀后迅速称样测定。

新鲜样品一般不宜储存，如需要暂时储存时，将新鲜样品装入塑料袋，扎紧袋口，放在冰箱冷藏室或进行速冻保存。

三、风干土样样品的制备

从野外采回的土壤样品及时放在样品盘上，摊成薄薄的一层，置于干净整洁的室内通风处自然风干，严禁暴晒，并注意防止酸、碱等气体及灰尘的污染。风干过程中经常翻动土样并将大土块捏碎以加速干燥，同时剔除土壤以外的侵入体。

风干后的土样按照不同的分析要求研磨过筛，充分混匀后，装入样品瓶中备用。瓶内外各放标签一张，写明编号、采样地点、土壤名称、采样深度、样品粒径、采样日期、采样人及制样时间、制样人等项目。制备好的样品妥善储存，避免日晒、高温、潮湿和酸碱等气体的污染。全部分析工作结束，分析数据核实无误后，试样一般还要保存 3 个月至 1 年，以备查询。少数有价值需要长期保存的样品，保存于广口瓶中，用蜡封好瓶口。

四、用于一般化学分析的土样样品制备

将风干后的样品平铺在制样板上，并将植物残体、石块等侵入体和新生体剔除干净，细小已断的植物须根，采用静电吸附的方法清除。采用玻璃瓶在大理石板上碾压。压碎的土样全部通过 2mm 孔径尼龙筛。未过筛的土粒重新碾压过筛，直至全部样品通过 2mm 孔径筛为止。过 2mm 孔径筛的土样可供 pH、碱解氮、有效磷、速效钾、盐分、交换性能等有效养分及中微量元素项目的测定。

将通过 2mm 孔径筛的土样用四分法取出一部分继续研磨，使之全部通过 0.25mm 孔径筛，供有机质、全氮、碳酸钙等项目的测定。

将通过 2mm 孔径筛土样，用四分法取出一部分继续研磨，使之全部通过 0.149mm 孔径筛，用于测定全磷、全钾。

五、用于微量元素分析的土样样品制备

用于微量元素分析的土样，其处理方法同一般化学分析样品，但在采样、风干、研磨、过筛、运输、储存等诸环节都不接触金属器具，以防污染。

第三节 植株样品的采集与制备

为保证植株样品分析的准确，我们严格按照相应的《技术规范》的要求开展采集工作。

采集要求：植物样品分析的可靠性受样品数量、采集方法及植株部位影响，采样应具有：代表性，采集样品能符合群体情况，采样量一般为 1kg；典型性，采样的部位能反映所要了解的情况；适时性，根据研究目的，在不同生长发育阶段，定期采样；粮食作物一般在成熟后收获前采集籽实部分及秸秆；发生偶然污染事故时，在田间完整地采集整株植株样品。

采集准备：选择具有采样经验、明确采样方法和要领、对采样区域农业环境情况熟悉的技术人员负责采样；并准备有采样区域的地形图、土壤分布图、污染源分布图、粮食作物分布图、交通行政图等基础资料，准备采样工具、采样袋（布袋、纸袋或塑料袋）、采样记录等。进行野外实地考察，调查各种环境因素，核实合理布点。发现问题立即纠正并绘制样点分布图，制定采样计划。

一、样品采集

（一）粮食作物

由于粮食作物生长的不均一性，我们一般采用多点取样，避开田边2m，按"梅花"形（适用于采样单元面积小的情况）或"S"形采样法采样。在采样区内采取10个样点的样品组成一个混合样。籽实样品一般1kg左右，装入纸袋或布袋。采集完整植株样品约2kg左右，用塑料纸包扎好。

（二）蔬菜样品

蔬菜品种繁多，可大致分成叶菜、根菜、瓜果三类，根据需要确定采样对象。

菜地采样按对角线或"S"形法布点，采样点不少于10个，采样量根据样本个体大小确定，一般每个点的采样量不少于1kg。从多个点采集的蔬菜样，按四分法进行缩分，其中个体大的样本，如大白菜等采用纵向对称切成4份或8份，取其2份的方法进行缩分，最后分取3份，每份约1kg，分别装入塑料袋，黏贴标签，扎紧袋口。

需用鲜样进行测定，在采样时，连根带土一起挖出，用湿布或塑料袋装，防止萎蔫。采集根部样品时，在抖落泥土时或洗净泥土过程中尽量保持根系的完整。

（三）水果样品的采集

在平坦果园中采样时，采用对角线法布点采样，由采样区的一角向另一角引一对角线，在此线上等距离布设采样点，采样点多少根据采样区域面积、地形及检测目的确定。对于树型较大的果树，采样时在果树的上、中、下、内、外部及果实着生方位（东南西北）均匀采摘果实1kg左右。将各点采摘的果品进行充分混合，按四分法缩分，根据检验项目要求，最后分取所需份数，每份1kg左右，分别装入袋内，黏贴标签，扎紧袋口。水果样品采摘时注意树龄、长势、载果数量等。

（四）采样点标签与调查内容

标签包括采样序号、采样地点、样品名称、采样人、采集时间和样品处理号等。调查内容包括作物品种、土壤名称（或当地俗称）、成土母质、地形地势、耕作制度、前茬作物及产量、化肥农药施用情况、灌溉水源、采样点地理位置简图。果树要记载树龄、长势、载果数量等。

二、植株样品处理与保存

粮食籽实样品及时晒干脱粒，充分混匀后用四分法缩分致所需量。当需要洗涤时，注意时间不宜过长并及时风干。为了防止样品变质、虫咬，定期进行风干处理。使用不污染样品的工具和筛将麦粒、玉米粒等籽实粉碎，过0.5mm筛，制成待测样品。测定重金属元素含量时，不使用金属器械或钢制粉碎机、金属筛等，使用竹、木和石质、瓷质、塑料制品。

完整的植株样品先洗干净，根据不同污染物和粮食作物生物学特性差异，采用能反映特征的植株部位，用不污染物和粮食作物生物学特性差异，采用能反映特征的植株部位，用不污染待测元素的工具剪碎样品，充分混匀，用四分法缩分至所需的量，制成鲜样或于60℃烘箱中烘干后粉碎备用。

在田间所采集的新鲜水果、蔬菜样品不能马上进行分析测定的，暂时放入冰箱保存。

第四节　样品分析与质量控制

一、样品分析项目与方法

根据《土壤理化分析技术规范》及《全国耕地地力调查与质量评价技术规程》测试分析项目的要求，本次耕地地力调查与质量评价要求分析项目土壤理化性状18项。分析化验方法如下：

(一)土壤测试

1. 土壤质地——比重计法(粒度分布仪法)测定。
2. 土壤容重——环刀法测定。
3. 土壤含水量——烘干法测定。
4. 土壤田间持水量——环刀法测定。
5. 土壤pH——土液比1∶2.5，电位法测定。
6. 土壤阳离子交换量——EDTA-乙酸铵盐交换法测定。
7. 土壤水溶性盐分总量——电导率法和重量法测定。
8. 硫酸根离子——EDTA间接滴定法测定。
9. 钙、镁离子——原子吸收分光光度计法测定。
10. 土壤有机质——石蜡加热重铬酸钾氧化容量法测定。
11. 土壤全氮——凯氏蒸馏法测定。
12. 土壤水解性氮——碱解扩散法测定。
13. 土壤有效磷——碳酸氢钠浸提—钼锑抗比色法测定。
14. 土壤缓效钾——硝酸提取—火焰光度计法测定。
15. 土壤速效钾——乙酸铵浸提—火焰光度计法测定。
16. 交换性钙镁——氯化铵—乙酸铵—原子吸收分光光度计法测定。
17. 土壤有效硫——氯化钙提取—硫酸钡比浊法测定。
18. 土壤有效铁、锰、铜、锌——DTPA浸提—原子吸收分光光度计法测定。
19. 土壤有效硼——姜黄素比色法测定。

二、化验室建设与质量控制

化验分析与质量控制，严格按照农业部《耕地地力评价技术规范》的有关规定执行。

（一）实验室建设总体情况

自 2006 年东阿县实施项目以来，严格按《耕地地力评价工作规范》规定的化验室建设标准，加大投入，规范管理，加强人员培训，化验室配套设施齐全，功能完善，化验人员熟练上岗，化验室运行良好。

2006 年 8 月筹建改造原化验室，在办公室紧张情况下，仍优先保证化验室的面积，将原来不足 $150m^2$ 的化验室扩展到 $396m^2$。购置大型仪器设备 28 台（套），另外为化验室安装空调 2 台、配备电脑 4 台、数码相机及各种表格、宣传图画等准备俱全；2008 年农业局又投入资金对化验室进行装修，购置补充了化验药品和试验台等设备，目前，化验室仪器设备和药品试剂完备，功能齐全，具备土壤、肥料、植株常规分析化验能力；同时根据项目需要给土肥站配置电脑 4 台、打印机 2 台、投影仪、摄像机、数码相机等数据库建设和技术培训设备。

项目自实施开始，我局专门抽出业务骨干负责对整个项目的实施，其中：试验组 4 人，专职试验示范；化验室 7 人，专职化验；土肥站 9 人，主要负责项目的综合实施。全部具有专科以上学历，其中研究生 2 人；高级农艺师 2 人，农艺师 4 人。为提高化验人员的化验技能和整体素质，我们多次进行技术培训，积极与兄弟县市交流学习，不断提高化验人员的化验能力。

（二）质量控制

从田间采回的土壤样品，经样品管理员核查标签，编上统一的室内检验编号，并进行样品登记后及时送至专门的土壤样品风干室进行风干处理。方法是将土壤样品平铺在专用晾土盘上，风干后的土样放到样品制备室进行磨细过筛处理，处理过的土样装入样品袋，并标上样品检验编号、粒径及分析项目，放入样品橱以备检验员领取。分析质量受试样、方法、试剂、仪器、环境及分析人员素质等多方面因素制约，影响结果的准确度和精密度。

为保证化验结果的可靠性，必须采取严格的质量控制措施。为确保检测结果准确可靠，对分析质量体系进行了严格控制审核，对化验人员进行了集中培训，分配了化验任务，并要求对结果负责，编制了统一的原始记录表格，制定了如下质量控制措施。

1. 人力资源的控制

按照规范的要求，配备相应的专业技术人员，定期培训，定期考核，确保人员素质。

2. 仪器设备及标准物质控制

实验室计量器具主要有仪器设备、玻璃量器、标准物质等三类。

(1)仪器设备。全部购买项目统一招标厂家生产的产品。对检测准确性和有效性有影响的仪器设备，制定周期校核、检定计划。属强制性检定的，应定期送法定机构检定；属非强制性检定但有检定规程的，一般应定期送检或自检，但自检应建标并考核合格；属非强制性检定又无检定规程的或不属计量器具但对检测准确性和有效性有影响的，应定期组织自校或验证。自检和验证常用的方法应使用有证标准物质和组织实验室间比对等。

(2)玻璃量器。全部购买项目统一招标厂家的产品。玻璃量器应按周期进行检定，其中与标准溶液配制、标定有关的，定期送法定机构检定，其余的由本单位具有检定员资格的人员按有关规定自检。

(3)标准物质。全部购买项目统一招标厂家并有国务院有关业务主管部门批准、并授权生产,附有标准物质证书且在有效期内的产品。实验室的参比样品、工作标准溶液等应溯源到国家有证标准物质。

(4)参比样制备。采用省统一配送的参比2、3号土样。

3. 其他化验条件的控制

(1)所用化学试剂严格验收程序保证试剂的质量。对用于检测工作中的外部支持服务和外购物品实行有效控制,以确保外部支持服务和供应的质量,使其符合检验工作的要求,保证检验结果的可靠性。

(2)化验分析方法严格执行国家或行业标准。为使测量结果能真实反映测量对象的特性,需对检验方法的采用作出统一规定,确保对检验过程进行有效控制。所用检验方法必须由技术负责人确认,保证采用的检验方法为现行有效版本。

(3)坚持双人双检,严格校核、签字及记录修改制度。化验人员负责检验原始记录、仪器设备、标准物质(含标准溶液)使用记录的填写。各种质量记录应客观、规范、准确和及时地直接填写在规定格式的原始记录纸上。原始记录必须由化验者在现场亲自填写,不得事后追记。一项化验有两人或两人以上操作人员时,应指定一人担当记录。校核人要对记录的规范性和计算的准确性进行审核,检查无误后签字。原始记录不允许随意更改和删减,数据必须更改时,用两条平行线将错误数据划掉,将正确数据写在其正上方。

三、实验室内的质量控制

(一)标准溶液的校准

标准溶液分为元素标准溶液和标准滴定溶液两类。严格按照国家有关标准配制、使用和保存。

(二)空白试验

空白值的大小和分散程度,影响着方法的检测限和结果的精密度。影响空白值的主要因素:纯水质量、试剂纯度、试液配制质量、玻璃器皿的洁净度、精密仪器的灵敏度和精密度、实验室的清洁度、分析人员的操作水平和经验等等。通过大量的试验,逐步总结出各种空白值的合理范围(空白试验一般平行测定的相对差值控制在50%以内),同时N个测试批次及重新配置试剂都增加空白。

(三)精密度控制

精密度一般采用平行测定的允许差来控制。大量样品测试时,按土壤样品总量的10%做平行。5个样品以下的,100%做平行。

平行测试结果符合规定的允许差,最终结果以其平均值为准,如果平行测试结果超过规定的允许差,再加测一次,取符合规定允许差的测定值为准。如果多组平行测试结果超过规定的允许差,整批重做。

(四)准确度控制

准确度一般采用标准样品作为控制手段。每批样品加测标准样品一个,其测试结果与标准样品标准值的差值,控制在标准偏差(S)范围内。

（五）干扰的消除或减弱

干扰对检测质量影响极大，干扰的排除主要方法有：

（1）采用物理或化学方法分离被测物质或除去干扰物质。

（2）利用氧化还原反应，使试液中的干扰物转化为不干扰的形态。

（3）加入络合剂掩蔽干扰离子。

（4）采用有机溶剂的萃取及反萃取消除干扰。

（5）采用标准加入法消除干扰。

（6）采用其他分析方法避开干扰。

（六）其他措施

实验室内的质量控制除上述日常工作，还需要由质量管理人员对检测结果的准确度、重复性和复现性进行控制，对检测结果的合理性进行判断。

1. 准确度控制

用标样作为密码样，每年至少考核1～2次。

2. 重复性控制

按不同类别随机抽取样品，制成双样同批抽查；随机抽取已检样，编成密码跨批抽查；同（跨）批抽查的样品数量控制在样品总数的5%左右。

3. 复现性控制

（1）室内互检：安排同一实验室不同人员进行双人比对。

（2）室间外检：分送同一样品到不同实验室，接同一方法进行检测。

（3）方法比对：对同一检测项目，选用具有可比性的不同方法进行比对。

4. 检测结果的合理性判断

检测结果的合理性判断，是质量控制的辅助手段，其依据主要来源于有关专业知识，以土壤测试为例，其合理性判断的主要依据是：

（1）土壤元素（养分含量）的空间分布规律，主要是不同类型、不同区域的土壤背景值和土壤养分含量范围。

（2）土壤元素（养分含量）的垂直分布规律，主要是土壤元素（养分含量）在不同海拔高度或不同剖面层次的分布规律。

（3）土壤元素（养分含量）与成土母质的关系。

（4）土壤元素（养分含量）与地形地貌的关系。

（5）土壤元素（养分含量）与利用状况的关系。

（6）各检测项目之间的相互关系。

注：检测结果的合理性判断，只能作为复验或外检的依据，而不能作为最终结果的判定依据。

四、实验室间的质量控制

实验室内的质量控制除上述日常工作外，还由质量管理人员对检测结果的准确度、重复性和复现性进行控制，对检测结果的合理性进行判断。

实验室间的质量控制是一种外部质量控制，可以发现系统误差和实验室间数据的可比性，可以评价实验室间的测试系统和分析能力，是一种有效的质量控制方法。

实验室间质量控制的主要方法为能力验证，即由主管单位统一发放质控样品，统一编号，确定分析项目、分析方法及注意事项等，各实验室按要求时间完成并报出结果，主管单位根据考核结果给出优秀、合格、不合格等能力验证结论。

第四章　土壤理化性状及评价

对全县耕地有机质、大中微量元素以及土壤物理、化学属性进行了调查分析，充分了解了各个营养元素的含量状况及不同含量级别的面积分布，不同土壤类型、质地、地貌各个耕地土壤属性的现状，取得了大量的调查数据，为耕地地力评价创造了条件。大田土壤养分现状分析、评价主要采用山东省土壤养分分级标准见表 4-1。东阿县蔬菜土壤大量养分现状分析、评价，我们在采用山东省土壤养分分级标准进行评价分析的基础上，结合东阿县实际，只对有机质及氮磷钾指标制定了《东阿县蔬菜土壤养分分级评价标准》(见表 4-2)、《东阿县果园土壤养分分级评价标准》(见表 4-3)，并据此作相应评价，仅作参考，其他指标仍执行省分级标准。

表 4-1　　山东省土壤养分分级评价标准

有机质 (g/kg)	级别	1	2	3	4	5	6	7	
	标准	>20	15～20	12～15	10～12	8～10	6～8	<6	
碱解氮 (mg/kg)	级别	1	2	3	4	5	6	7	8
	标准	>150	120～150	90～120	75～90	60～75	45～60	30～45	<30
有效磷 (mg/kg)	级别	1	2	3	4	5	6	7	8
	标准	>120	80～120	50～80	30～50	20～30	15～20	10～15	5～10
速效钾 (mg/kg)	级别	1	2	3	4	5	6	7	8
	标准	>300	200～300	150～200	120～150	100～120	75～100	50～75	<50
硼 (mg/kg)	级别	1	2	3	4	5			
	标准	>2.0	1.0～2.0	0.5～1.0	0.2～0.5	<0.2			
钼 (mg/kg)	级别	1	2	3	4	5			
	标准	>0.3	0.2～0.3	0.15～0.2	0.1～0.15	<0.1			
锰 (mg/kg)	级别	1	2	3	4	5			
	标准	>30	15～30	5～15	1～5	<1			
锌 (mg/kg)	级别	1	2	3	4	5			
	标准	>3.0	1.0～3.0	0.5～1.0	0.3～0.5	<0.3			
铜 (mg/kg)	级别	1	2	3	4	5			
	标准	>1.8	1.0～1.8	0.2～1.0	0.1～0.2	<0.1			

续表

铁(mg/kg)	级别	1	2	3	4	5			
	标准	＞20	10～20	4.5～10	2.5～4.5	＜2.5			
pH	级别	1	2	3	4	5	6		
	标准	＞8.5	7.5～8.5	6.5～7.5	5.5～6.5	4.5～5.5	＜4.5		
全氮(g/kg)	级别	1	2	3	4	5	6	7	
	标准	＞1.5	1.2～1.5	1～1.2	0.75～1	0.5～0.75	0.3～0.5	＜0.3	
交换性钙(mg/kg)	级别	1	2	3	4	5	6	7	8
	标准	6000	4000～6000	3000～4000	2500～3000	2000～2500	1500～2000	1000～1500	500～1000
交换性镁(mg/kg)	级别	1	2	3	4	5	6	7	
	标准	600	400～600	300～400	250～300	200～250	150～200	＜150	
有效硫(mg/kg)	级别	1	2	3	4	5	6	7	
	标准	100	75～100	60～75	45～60	30～45	15～30	＜15	
缓效钾(mg/kg)	级别	1	2	3	4	5	6		
	标准	1200	900～1200	750～900	500～750	300～500	＜300		

表 4-2　　东阿县蔬菜地土壤养分分级评价标准

项　目	养分分级标准					
	1	2	3	4	5	6
有机质(g/kg)	＞40	30～40	20～30	15～20	10～15	≤10
碱解氮(mg/kg)	＞200	150～200	120～150	90～120	50～90	≤50
有效磷(mg/kg)	＞200	150～200	120～150	80～120	50～80	≤50
速效钾(mg/kg)	＞500	400～500	300～400	200～300	100～200	≤100

表 4-3　　东阿县果园土壤养分分级评价标准

养分种类	极低	低	中等	适宜	较高
有机质(g/kg)	＜6	6～10	10～15	15～20	＞20
全氮(g/kg)	＜0.4	0.4～0.6	0.6～0.8	0.8～1.0	＞1.0
速效氮(mg/kg)	＜50	50～75	75～95	95～110	＞110
有效磷(mg/kg)	＜10	10～20	20～40	40～50	＞50
速效钾(mg/kg)	＜50	50～80	80～100	100～150	＞150
有效锌(mg/kg)	＜0.3	0.3～0.5	0.5～1.0	1.0～3.0	＞3.0
有效硼(mg/kg)	0.2	0.2～0.5	0.5～1.0	1.0～3.0	＞3.0
有效铁(mg/kg)	2	2～5	5～10	10～20	＞20

第一节　土壤有机质和 pH

一、土壤有机质

土壤有机质是土壤的重要组成成分，与土壤的演变、土壤肥力水平和许多土壤的其他属性有密切的关系。土壤有机质含有作物生长所需的多种营养元素，分解后可直接为作物生长提供营养元素。有机质具有改善土壤理化性状，影响和制约土壤结构形成及通气性、渗透性、缓冲性、交换性能和保水保肥性能，是评价耕地地力的重要指标。对耕作土壤来说，培肥的中心环节就是增施各种有机肥，实行秸秆还田，保持和提高土壤有机质含量。

(一)粮田土壤有机质

全县筛选参评样品 1723 个，平均 15.2g/kg，比第二次土壤普查时的 9.31g/kg 增加了 5.93g/kg，含量变化范围由第二次土壤普查时的 2.3～15.3g/kg 变为 4～26.0g/kg，变幅较大，标准偏差为 3.45。按照大田土壤有机质分级评价标准，有 4.44%的耕地达 1 级标准，主要分布在铜城街道办事处的宋楼、崔庄、耿集、八里堂子、大店子及井杨、曲集、庄科、刘屯；新城街道办事处的贺庄、王集；陈集乡的曹屯；姚寨镇的南张、王守田、东侯、东新、大成；牛店镇的付寨等村，质地多为重壤。有 $1.65\times10^4\,hm^2$ 处在 2 级标准，占总耕地的 34.8%，各乡镇(街道办事处)都有分布，但其间也存在突出的不平衡，所占比例为 41%～53.4%，占本乡镇耕地 50%以上的有鱼山、姜楼和刘集三个镇；占比例最少的铜城街道办事处为 41%。达 3 级标准的 $1.0\times10^4\,hm^2$ 占总耕地的 21.18%，各乡镇均有分布，面积大小不一，以高集和顾官屯面积较大分别为 $1790hm^2$ 和 $1573hm^2$，占该乡镇耕地面积的 38%和 32.6%。主要分布在高集镇的庙杨、潘赵、小胡、老赵、周庄、张集、张小、娄集、娄固堆、范庄、程楼、程王、潘庄、李吉武、邱庄、渐庄，牛店镇的王楼、大楚、谢庄、柴王庄、大李、大黄、刘营、范营、李营、付岸，顾官屯镇的华集、西程铺、王楼；姜楼镇的王小楼、邓庙、陈庄、咸集，鱼山镇的葛集、大刘、青台铺、侯庄、王庙子、芦庄、徐屯、张庄、鱼山、南桥、赵清、安平店，刘集镇的万庄、郭庄、沙堤子、北崔、杨合東、前王营、后张、姚洼、大林崔，吕营、高村、堤口、张广、孙清等 5 个乡镇的 100 多个村，分为沙壤或轻壤。4 级标准以下，有零星分布，各级别面积见表 4-4。东阿县耕地土壤有机质较高，源于 20 世纪 90 年代后期就开始推广的小麦收获高留茬，及近年玉米秸秆还田面积逐渐增大。

表 4-4　大田土壤有机质各级别面积

级　别	1	2	3	4	5	6	7
范围(g/kg)	>20	15～20	12～15	10～12	8～10	6～8	<6
面积(hm^2)	2106.44	16519.44	10048.30	2694.73	1299.92	706.89	512.38
占总耕地比例(%)	4.44	34.82	21.18	5.68	2.74	1.49	1.08

(二)大棚蔬菜地土壤有机质

主要有大棚黄瓜、大棚番茄、拱棚西瓜，还有大棚茄子、辣椒。参评样品 542 个，有机质含量平均为19.3g/kg；标准偏差为3.58，变化范围由9.8～41.7g/kg。大棚蔬菜地土壤有机质含量处于分级评价标准的2级水平，按照东阿县蔬菜土壤养分级级评价标准为3～4级水平。各级别面积见表4-5。

表4-5 东阿县大棚蔬菜地土壤有机质各级别面积

级 别	1	2	3	4	5	6
范围(g/kg)	＞40	30～40	20～30	15～20	10～15	≤10
面积(hm^2)	7.58	7.58	1613.61	2030.27	439.39	7.58
占总耕地比例(%)	0.016	0.016	3.40	4.28	0.93	0.016

(三)果园土壤有机质

参评样品147个，涉及的果树种类主要有苹果、梨、葡萄。有机质含量平均为17.5g/kg，最大值为26.8g/kg，最小值为3.2g/kg，标准偏差为3.53。处于分级评价标准的2级水平。果园土壤有机质含量总体均值高于粮田2.24g/kg；不同种类果树，土壤有机质含量差异显著。以葡萄园含量最高，梨园含量最低。各级别面积见4-6。

表4-6 东阿县果园土壤有机质各级别面积

级 别	1	2	3	4	5
范围(g/kg)	＞20	15～20	10～15	6～10	＜6
面积(hm^2)	204.6	530.75	166.2	25.58	12.79
占总耕地比例	0.43	1.1	0.35	0.05	0.027

(四)增加土壤有机质含量的途径

土壤有机质的含量取决于其年生产量和矿化量的相对大小，当生产量大于矿化量时，有机质含量逐步减少。土壤有机质矿化量主要受土壤温度、湿度、通气状况、有机质含量等因素影响。一般说来土壤温度低、通气性差、湿度大时，土壤有机质矿化量较低；相反，土壤温度高、通气性好、湿度适中时则有利于土壤有机质的矿化。农业生产中应注意创造条件，减少土壤有机质的矿化量。日光温室、塑料大棚等保护地栽培条件下，虽然土壤长期处于高温多湿的条件下有机质易矿化，含量提高较慢，但设施蔬菜地有机肥施入量较高，据我们调查其施入量为30000～15000kg/hm^2，有机质投入量远大于矿化量，因此设施菜地有机质比大田高。

二、土壤pH

土壤pH不仅影响作物的生长，还影响土壤微生物的活性、营养元素的形态和转化，是较为重要的土壤属性。土壤pH参评样品2412个，处于省分级评价标准的3级水平。见表4-7。东阿县位于黄河北岸，东南边境沿线附近耕地面积大约2838.25hm^2，占总面积的3.57%，其中滩涂面积大约为584.13hm^2，因为现在黄河这一带基本上为地上河，河水外渗，潜水位较高，导致土壤pH较高，其中大田参评样品1720个，众数为8.3，最大值为

8.9,最小值为7.4,标准偏差为0.25;大棚蔬菜面积为4106.01hm²,参评样品为542个,众数为8.2,最大值为8.8,最小值为7.5,标准偏差为0.21;果园面积为1012.83hm²,参评样品为147个,众数为8.0,最大值为8.7,最小值为7.4,标准偏差为0.26。不同耕地方式土壤pH各级别面积比例见表4-7。

表4-7 耕层土壤pH各级别面积

种植模式	级别	1	2	3	4
	含量范围	>9.0	8.5～9.0	7.5～8.5	6.5～7.5
大田	面积(hm²)	0	9965.72	32284.02	73.82
	占大田(%)	0	23.55	76.28	0.17
大棚蔬菜	面积(hm²)	0	82.12	3689.35	15.15
	占大棚蔬菜(%)	0	2.0	89.85	0.37
果园	面积(hm²)	0	20.67	937.04	55.12
	占果园(%)	0	2.04	92.52	5.44

第二节 土壤大量元素状况

一、土壤全氮

耕层土壤全氮,参评样品为2412个,平均含量为1.18g/kg,比84年第二次土壤普查时的0.67g/kg提高了0.51g/kg,最大值为2.5g/kg,较1984年提高了1.92g/kg,最小值为0.22g/kg,较1984年提高了0.01g/kg,标准偏差为0.27。总体处于分级评价标准的3级水平。1级地只占到耕地面积的3.8%,2级地占36%,主要分布在县城以南、姜楼以东,新城以北,姚寨东南,牛店西南,大桥以西的重壤或中壤地块上。其中,大田参评样1723个,平均值1.10g/kg,最大值为1.49g/kg,最小值为0.22g/kg,标准偏差为0.21;大棚蔬菜参评样品为542个,平均值为1.48g/kg,最大值为2.5g/kg,最小值为0.87g/kg,标准偏差为0.23;果园参评样品147个,平均值为1.12g/kg,最大值为1.77g/kg,最小值为0.42g/kg,标准偏差为0.23。不同种植方式土壤全氮各级别面积见表4-8。

表4-8 土壤全氮各级别面积

种植方式	级别	1	2	3	4	5	6	7
	范围(g/kg)	>1.5	1.2～1.5	1.0～1.2	0.75～1.0	0.5～0.75	0.3～0.5	<0.3
大田	面积(hm²)		14762.89	13706.64	11839.79	1719.47	270.20	24.56
	占总耕地(%)		31.12	28.89	24.96	3.62	0.57	0.05

续表

种植方式	级 别	1	2	3	4	5	6	7
	范围(g/kg)	>1.5	1.2～1.5	1.0～1.2	0.75～1.0	0.5～0.75	0.3～0.5	<0.3
大棚蔬菜	面积(hm^2)	1803.01	1856.04	386.36	60.60			
	占总耕地(%)	3.80	3.91	0.81	0.13			
果园	面积(hm^2)			723.45	227.37	48.23	13.78	
	占总耕地(%)			1.52	0.48	0.10	0.03	
合计	面积(hm^2)	1803.01	16618.93	14816.45	12127.76	1767.70	283.98	24.56
	占总耕地(%)	3.8	35.03	31.22	25.57	3.72	0.60	0.05

二、土壤碱解氮

土壤中易溶于水的有机态氮以及铵态氮和硝态氮统称速效氮，常用碱解法测定其含量，故又称“碱解氮”。它的含量水平常作为衡量供氮强度的指标，碱解氮含量与全氮含量有一定的相关性，但受人为施肥的影响较大。碱解氮参评样品为 843 个，平均含量为 97mg/kg，处于分级评价标准的三级水平，较 1984 年第二次土壤普查平均提高 32mg/kg，含量变化范围 25～210mg/kg，标准偏差为 27.57。地域间差异较大，67.4%的样品碱解氮含量为 75～120mg/kg，处于分级评价标准的 3～4 级水平。其中，大田参评样品为 565 个，平均含量为 94mg/kg，变化范围为 20～2210mg/kg，标准偏差为 27.65。大田耕层土壤碱解氮分为 8 级。各级别面积见表 4-9。

表 4-9 大田土壤碱解氮各级别面积

级 别	1	2	3	4	5	6	7	8
范围(mg/kg)	>150	120～150	90～120	75～90	60～75	45～60	30～45	≤30
面积(hm^2)	1423.27	3595.63	18502.51	10037.80	5842.90	1722.90	898.91	299.64
占总耕地比例(%)	3.0	7.58	39.0	21.16	12.32	3.63	1.89	0.63

大棚蔬菜土壤碱解氮含量分为 6 级，参评样品为 225 个，平均含量为 104mg/kg，变化范围为 30～184mg/kg，标准偏差为 27.40。处于菜地分级评价标准的 4 级水平，菜地虽然氮肥施用量远高于大田，由于浇水次数多，导致碱解氮含量偏低。各级别面积见表 4-10。

表 4-10 大棚蔬菜土壤碱解氮各级别面积

级 别	1	2	3	4	5	6
范围(mg/kg)	>200	150～200	120～150	90～120	50～90	≤50
面积(hm^2)	0	237.24	693.46	1934.39	1113.18	127.74
占总耕地(%)	0	0.5	1.46	4.08	2.35	0.27

全县共有果园1012hm^2，有苹果、梨、葡萄、杏、桃。苹果主要分布在陈集、铜城、刘集、大桥等；葡萄集中在姚寨、铜城；梨树分布在刘集、大桥、新城；杏、桃主要集中在铜城、新城。果园土壤碱解氮含量分为5级，参评样品为53个，平均含量为101mg/kg，变化范围为52～156mg/kg，标准偏差为20.41。处于果园分级评价标准的2级水平。各级别面积见表4-11。

表4-11 果园土壤碱解氮各级别面积

级　别	1	2	3	4	5
范围(mg/kg)	>110	95～110	75～95	50～75	≤50
面积(hm^2)	305.76	343.98	229.32	133.77	0
占总耕地(%)	0.64	0.72	0.48	0.28	0

三、土壤铵态氮、硝态氮含量

根据分级评价标准分为7级，参评样品为306个，铵态氮总体均值为15mg/kg，变化范围为1～113mg/kg；标准偏差为10.23；硝态氮总体均值为24mg/kg，变化范围为3～64mg/kg，标准偏差为10.28。不同种植方式的铵态氮、硝态氮含量见表4-12。

表4-12 不同种植方式土壤碱解氮、铵态氮、硝态氮含量统计表

耕作类型	项　目	平均值	标准偏差	最大值	最小值
大田	碱解氮	94	27.6	210	25
	铵态氮	15	9.6	108	4
	硝态氮	23	10.1	64	3
果园	碱解氮	101	20.4	156	52
	铵态氮	15	7.2	30	0.6
	硝态氮	25	11.1	62	12
大棚蔬菜	碱解氮	105	26.9	184	41
	铵态氮	17	16.86	113	1
	硝态氮	26	10.22	49	8

四、有效磷

(一)耕层土壤有效磷含量及分级

土壤中的磷一般以无机态磷和有机态磷形式存在，通常有机态磷占全磷量的35%左右，无机态磷占全磷量的65%左右。无机态磷中易溶性磷酸盐和土壤胶体中吸附的磷酸根离子以及有机形态磷中易矿化的部分，被视为有效磷，约占土壤总含量的10%。有效磷含量是衡量土壤养分含量和供应强度的重要指标。这次地力评价，有效磷选择参评样

品为2412个，其中大田样品为1723个，将其含量分为9级，平均含量为18.7mg/kg，处于分级评价标准的6级水平，较1984年第二次土壤普查结果提高了12.2mg/kg，变化范围为3～29.9mg/kg，标准偏差为7.2。近二十年来，由于注重了磷肥特别是磷酸二铵的施用，加大了磷肥在施肥中的比例，土壤有效磷含量显著增加。尽管如此，目前仍有一部分地块土壤有效磷不能满足作物高产的需要。大田有效磷各级别面积见表4-13。

表4-13　大田耕层土壤有效磷各级别面积

级　别	1	2	3	4	5	6	7	8	9
范围(mg/kg)	>120	80～120	50～80	30～50	20～30	15～20	10～15	5～10	<5
面积(hm^2)	0	0	0	0	19561.9	8218.5	9055.1	4527.5	1033.5
占总耕地(%)	0	0	0	0	41.23	17.32	19.09	9.54	2.18

大棚蔬菜土壤有效磷分为6级，参评样品为542个，平均含量为102.2mg/kg，处于分级评价标准的4级水平，变化范围为9.0～396.5mg/kg，标准偏差为56.21。各级别面积见表4-14。

表4-14　大棚蔬菜耕层土壤有效磷各级别面积

级　别	1	2	3	4	5	6
范围(mg/kg)	>200	150～200	120～150	80～120	50～80	≤50
面积(hm^2)	196.97	545.45	606.05	1151.50	871.20	734.84
占总耕地比例(%)	0.42	1.15	1.28	2.43	1.84	1.55

果园耕层土壤有效磷分为5级，参评样品为147个，平均含量为45.3mg/kg，处于果园有效磷分级评价标准的2级水平，变化范围为20.0～55.8mg/kg，标准偏差为5.58。分级别面积见表4-15。

表4-15　果园耕层土壤有效磷各级别面积

级　别	1	2	3	4	5
范围(mg/kg)	>50	40～50	20～40	10～20	≤10
面积(hm^2)	179.14	785.46	41.34	6.89	0
占总耕地比例(%)	0.38	1.66	0.09	0.014	0

(二)土壤磷素有效性的影响因素

1. 有机质

有机质含量高有利于磷素的转化和有效磷的储存。土壤中难溶性磷素需要在磷细菌的作用下，逐渐转化成有效磷，供作物吸收利用。土壤有机质有利于微生物的繁殖和微生物活性的提高，增强磷素转化速度。同时有效性的磷素与有机物质结合，减弱了土壤磷素的矿化作用，有利于有效磷储存积累。近几年大力推广秸秆还田、增施有机肥，提高了土壤有效磷含量。

2. pH

在土壤中，难溶性磷酸盐与生物呼吸作用产生的二氧化碳、有机肥料分解时产生的有机酸作用，可逐渐转变成为弱酸溶性或水溶性磷酸盐，因此，土壤中 pH 的高低与土壤磷素的有效性有密切关系。低 pH 环境下有利于土壤有效磷含量的提高，反之则降低。东阿县土壤 pH 在 7.8 以上是造成粮田土壤有效磷含量不高的原因之一。

3. 氧化还原状况

土壤的氧化还原状况也影响磷的有效性，土壤处于还原状态时磷有效性高于氧化状态。当旱田改为水田时，土壤的还原电位降低，磷酸盐转化是向着有效方向进行，而水田改为旱田时则相反，磷酸盐向着有效性降低的方向转化。

4. 耕作深度

亚耕层土壤有效磷含量与耕作层深度有直接关系，加深耕作层可大大提高亚层土壤有效磷含量，有利于提高作物对磷素的吸收利用率。

五、钾素

耕层土壤缓效钾含量分为 6 级，参评样品为 779 个，平均含量为 864mg/kg，处于分级评价标准的 3 级水平。其中，大田平均含量为 847mg/kg，变化范围为 280～1400mg/kg，标准偏差为 195.88；大棚蔬菜含量平均为 889mg/kg，变化范围为 160～1560mg/kg，标准偏差为 182.01；果园平均含量为 924mg/kg，变化范围为 400～1400mg/kg，标准偏差为 185.41。不同种植方式耕层土壤缓效钾各级别面积见表 4-16。

表 4-16　不同种植方式耕层土壤缓效钾各级别面积

种植方式	级　别	1	2	3	4	5	6
	范围(mg/kg)	1200	900～1200	750～900	500～750	300～500	<300
大田	面积(hm^2)	327.38	19070.20	10967.41	8921.25	3028.31	81.85
	占总耕地(%)	0.69	40.20	23.12	18.80	6.38	0.17
大棚蔬菜	面积(hm^2)	20.33	2459.54	955.36	508.17	142.29	20.33
	占总耕地(%)	0.04	5.18	2.01	1.07	0.3	0.04
果园	面积(hm^2)	68.67	635.16	154.50	103.0	51.50	0
	占总耕地(%)	0.14	1.34	0.32	0.22	0.11	0

耕层土壤速效钾含量：参评样品 2412 个，其中大田参评样品 1723，分为 8 级，平均含量为 147mg/kg，较 1984 年第二次土壤普查时的 132mg/kg，提高了 15mg/kg，处于分级评价标准的 4 级水平，变化范围为 60～198mg/kg，标准偏差为 33.56。各级别面积分布见表 4-17。

表 4-17　　大田耕层土壤速效钾各级别面积

级　别	1	2	3	4	5	6	7	8
范围(mg/kg)	>300	200～300	150～200	120～150	100～120	75～100	50～75	<50
面积(hm^2)	0	0	24532.33	6619.05	6348.39	2731.28	2165.34	0
占总耕地比例(%)	0	0	51.71	13.95	13.38	5.76	4.56	0

大棚蔬菜耕层土壤速效钾含量分为6级，参评样品为542个，平均含量为311mg/kg，处于菜地分级评价标准的3级水平，变化范围为93～1080mg/kg，标准偏差为92.35。各级别面积见表4-18。

表 4-18　　大棚蔬菜耕层土壤速效钾各级别面积

级　别	1	2	3	4	5	6
范围(mg/kg)	>500	400～500	300～400	200～300	100～200	≤100
面积(hm^2)	111.14	325.75	1265.14	2159.06	227.27	15.15
占总耕地比例(%)	0.23	0.69	2.67	4.55	0.48	0.03

果园耕层土壤速效钾含量分为5级，参评样品为147个，平均含量为162mg/kg，处于果园速效钾分级评价标准的1级水平，变化范围为60～270mg/kg，标准偏差为38.8。各级别面积见表4-19。

表 4-19　　果园耕层土壤速效钾各级别面积

级　别	1	2	3	4	5
范围(mg/kg)	>150	100～150	80～100	50～80	≤50
面积(hm^2)	689.0	241.15	62.01	20.67	0
占总耕地比例(%)	1.45	0.51	0.13	0.04	0

第三节　土壤中量元素状况

一、土壤交换性钙

土壤中的钙以多种形态存在，主要以碳酸盐形式为主，其含量高低与土壤的酸碱性、盐基饱和度、土壤结构、土壤交换性能、各种养分的有效性有密切关系，是划分土壤类型的重要指标之一，在生产实际中有重要作用。通常用交换性钙作为土壤钙有效性的划分标准。

土壤交换性钙含量与酸碱度有密切的关系，pH值低、酸化严重的土壤有效钙含量一般较低。

钙是作物生长必需的营养元素之一，能促进根和叶子发育，形成细胞壁的化合物，加固植物结构，还有助于减少植物中的硝酸盐。从土壤交换性钙含量看，不存在缺钙土壤。钙不仅能影响代谢作用，而且能中和代谢过程中所产生的有机酸，起到调节体内 pH 的功能。它能消除某些离子过多所产生的毒害。对酸性土，它能减少土壤中氢离子、铝离子的毒害；对碱性土它能减少钠离子过多的毒害。

土壤交换性钙对磷素和微量元素的有效性以及存在形态有很大影响，在石灰性土壤上，磷以磷酸钙盐为主，其含量一般占无机磷总量的 50%以上，并且土壤交换性盐含量愈高，磷酸钙盐含量也高，无机磷总量也高。在富含交换性钙的土壤里，磷酸钙盐中磷素养分被固定量也就愈大。所以在富含交换性钙的土壤上，应采取穴施或沟施磷肥，以减少磷素养分的固定，在磷肥的品种上也宜施用偏酸性品种。土壤交换性钙含量增加可使土壤 pH 提高，除了可以提高钼的有效性，其他微量元素都降低了有效性。另一方面，交换性盐含量增加，土壤中的铁、锰、锌、铜都可以和交换性钙结合，生成难溶性的交换性盐，降低了它们的有效性。钙对硼的影响，除了生成溶解度很小的含钙的硼酸盐，更重要的是钙的存在促进了其他元素对硼的固定。

耕层土壤交换性钙分为 9 级，参评样品为 656 个，其中大田样品为 448 个，平均含量为 1253mg/kg，处在分级评价标准的 7 级水平，变化范围为 224～2311mg/kg，标准偏差为 417.2；大棚蔬菜参评样品为 172 个，平均含量为 1267mg/kg，含量范围为 383～2288mg/kg，标准偏差为 390.43；果园参评样品为 36 个，平均含量为 1306mg/kg，含量范围为 617～2163mg/kg，标准偏差为 386.7。不同种植方式各级别面积见表 4-20。

表 4-20　　不同种植方式耕层土壤交换性钙各级别面积

种植方式	级别	1	2	3	4	5	6	7	8	9
	范围(mg/kg)	>6000	4000～6000	3000～4000	2500～3000	2000～2500	1500～2000	1000～1500	500～1000	≤500
大田	面积(hm^2)					1700.50	10297.47	17666.31	11997.97	661.30
	占总耕地(%)					3.58	21.70	37.24	25.29	1.39
大棚蔬菜	面积(hm^2)					143.23	978.76	1933.64	978.76	71.62
	占总耕地(%)					0.30	2.06	4.08	2.06	0.15
果园	面积(hm^2)					28.13	281.34	478.28	225.07	
	占总耕地(%)					0.06	0.59	1.01	0.47	

二、土壤交换性镁

镁是一切绿色植物所不可缺少的元素，因为它是叶绿素的组成成分。叶绿素 α 和叶绿素 β 中均含有镁。可见，镁对光合作用有重要作用。镁是许多酶的活化剂，能加强酶促反应，因此有利于促进碳水化合物的代谢和植物的呼吸作用。镁在磷酸盐代谢、植物呼吸和几种酶系统的活化中也有辅助作用。

钾肥使用过量会影响植物对镁的吸收，同时施用大量的石灰和铵态氮肥也会影响镁的吸收，缺镁首先表现出叶绿素减少，叶片失绿，而且最先表现在老叶上，症状为黄色、青铜色、红色。此外，钾肥的施用，增加了对镁的需求。经济作物也需要较多的镁。

耕层土壤交换性镁分为7级，参评样品为656个，其中大田样品为448个，平均含量为278mg/kg，处于分级评价标准的4级水平，含量范围为134～587mg/kg，标准偏差为79.6；大棚蔬菜参评样品为172个，平均含量为295mg/kg，含量范围为131～1240mg/kg，标准偏差为113.5；果园参评样品为36个，平均含量为275mg/kg，含量范围为153～400mg/kg，标准偏差为61.2。不同种植方式交换性镁各级别面积见表4-21。

表4-21　不同种植方式耕层土壤交换性镁各级别面积

种植方式	级别	1	2	3	4	5	6	7
	范围(mg/kg)	>600	400～600	300～400	250～300	200～2505	150～200	≤150
大田	面积(hm^2)		4062.30	9069.33	10864.31	14643.20	2739.69	944.72
	占总耕地(%)		8.56	19.12	22.90	30.86	5.77	1.99
大棚蔬菜	面积(hm^2)	47.74	429.70	1050.37	1098.12	1098.12	334.21	47.74
	占总耕地(%)	0.10	0.90	2.21	2.31	2.31	0.70	0.10
果园	面积(hm^2)		28.13	309.48	196.94	422.01	56.27	
	占总耕地(%)		0.06	0.65	0.42	0.89	0.12	

三、土壤有效硫

硫是构成蛋白质和酶不可缺少的成分，在植物体内许多蛋白质都含有硫。在蛋白质合成中，硫和氮有密切关系。硫参与植物细胞内所进行的氧化还原过程和生产调节的生理作用，并可调整土壤的碱度和盐度。缺硫时，蛋白质形成受阻，而非蛋白态氮会累积，从而影响作物的产量和产品中蛋白质含量。硫有助于酶和维生素的形成。硫能促进豆科植物上的根瘤形成，并有助于籽粒生产。

缺硫植株呈淡绿色，一般先呈现在较幼嫩的叶片上。随着缺硫严重，叶片渐趋皱缩。植株虽然在幼苗阶段可能死亡，但叶片只在极度缺硫情况下才死亡。在有机质含量低的砂质土壤上，降雨量中等到高的地区缺硫最常见。植株可能于生育初期特别当天气寒冷潮湿时在许多土壤上表现出淡绿色的缺硫外观。

土壤硫主要通过降雨携带的来自大气的二氧化硫得到补充，也通过含硫肥料和杀虫剂补充。

耕层土壤硫分为7级，参评样品为724个，平均含量为27.8mg/kg，处于分级评价标准的6级水平。其中大田样品为523个，平均含量为20.4mg/kg，含量范围为5～191.2mg/kg，标准偏差为24.79；大棚蔬菜参评样品为161个，平均含量为27.4mg/kg，含量范围为5～312.5mg/kg，标准偏差为4304；果园参评样品为40个，平均含量为17.3mg/kg，含量范围为5～51.7mg/kg，标准偏差为10.6。不同种植方式耕层土壤有效硫各级别面积见表4-22。

表 4-22 耕层土壤有效硫各级别面积

种植方式	级别	1	2	3	4	5	6	7
	范围(mg/kg)	＞100	75～100	60～75	45～60	30～45	15～30	＜15
大田	面积(hm^2)	1132.94	728.32	485.55	1052.02	2670.51	12867.01	23387.21
	占总耕地(%)	2.39	1.54	1.02	2.22	5.63	27.12	49.30
大棚蔬菜	面积(hm^2)	204.02	25.50	51.01	76.51	331.54	1530.19	1887.23
	占总耕地(%)	0.43	0.05	0.11	0.16	0.70	3.22	3.98
果园	面积(hm^2)	0	0	0	50.64	50.64	405.13	506.42
	占总耕地(%)	0	0	0	0.11	0.11	0.85	1.07

第四节　土壤微量元素及土壤盐分状况

一、大田土壤微量元素含量情况

(一)土壤有效铁、锰、铜、硼

铁是叶绿素合成和保持所必需的元素,并参与光合作用,是许多酶的必要成分。铁在植物体内不易移动。锰是形成叶绿素和维持叶绿素结构所必需的元素,也是许多酶的活化剂,在光合作用中有很重要功能,并参与呼吸过程。硼影响某些酶的活性,促进糖分在植物体内的运输,对蛋白质合成和细胞分裂是不可少的,能促进花粉的成活率,萌发花粉管生长。

(二)微量元素硅、锌

硅是植物重要的营养元素,它有利于提高作物的光合作用、抗倒伏、抗干旱、抗逆性、使作物体内通气性增强,增强作物对病虫害的抵抗力,减少病虫危害。

锌参与生长素的合成和核酸、蛋白质的合成,是有些酶的组成部分,与光合作用中二氧化碳的供应有关。从农田土壤有效锌测试结果看,土壤有效锌平均为1.13mg/kg,处于适宜水平。低于临界值的样本比例远低于第二次土壤普查结果。这可能与小麦需锌量较高,对锌较为敏感有关。

土壤中锌、硼、铜、铁、锰、钼等微量元素,是作物生长必需的营养元素,对耕地地力和环境质量起着重要的作用,此次调查对其耕层含量及分布规律进行了调查分析。

土壤有效铁、锰、铜、锌、硼、钼分别平均为7.32mg/kg、7.72mg/kg、1.74mg/kg、1.13mg/kg、0.62mg/kg、0.32mg/kg,分别属于分级标准5、5、4、4、5、3级水平,见表4-23。

表 4-23　　大田土壤微量元素含量情况表

项　目	平均值	标准偏差	最大值	最小值
有效铁(mg/kg)	7.68	4.18	41.58	0.37
有效锰(mg/kg)	7.97	4.40	27.26	0.24
有效铜(mg/kg)	1.88	2.48	17.53	0.04
有效锌(mg/kg)	1.29	1.33	13.73	0.1
有效硼(mg/kg)	0.61	0.20	1.81	0.01
有效钼(mg/kg)	0.27	0.29	1.96	0.003
有效硅(mg/kg)	588.47	119.44	902.06	197.48

有效锰分为5级，大田参评样品为1662个，平均含量为7.97mg/kg，处于分级评价标准的3级水平。含量处于3级水平的26993.36hm^2，占总耕地的56.90%，4级水平的12197.94hm^2，占总耕地的25.71%总体处于比较适宜的含量范围。

有效铜分为5级，大田参评样品为1662个，平均含量为1.88mg/kg，总体处于分级评价标准的1级水平，含量丰富。1级水平16246.95hm^2，占总耕地的34.24%，2级16578.00hm^2，占总耕地的34.94%，3级9320.35hm^2，占总耕地面积的19.64%，4级和5级只有178.26hm^2，占总耕地的0.38%。

有效锌分为5级，大田参评样品为1662个，平均含量为1.29mg/kg，总体处于分级评价标准的2级水平，含量适宜。75%的耕地在3级以上，其中1级3208.64hm^2，占总耕地的6.76%，2级16323.35hm^2，占总耕地的34.41%，3级12147.01hm^2，占总耕地的25.60%，4级和5级地共计占耕地面积的22.44%。

有效硼分为5级，大田参评样品为774个，平均含量为0.61mg/kg，总体处于分级评价标准的3级水平，含量偏低，达1级水平的没有，2级只有1531.08hm^2，占总耕地面积的3.23%，3级地28215.71hm^2，占总耕地的59.47%，有26.51%的耕地处于4级以下。

有效钼分为5级，大田参评样品为538个，平均含量为0.27mg/kg. 总体处于分级评价标准的2级水平。含量总体偏低，但各个级别都有分布，4级、5级占总耕地的34.49%。1级地10698.89hm^2，占总耕地的22.55%，2级9361.53hm^2，占总耕地面积的19.73%，3级地5900.12hm^2，占总耕地面积的12.44%。

有效硅分为7级，大田参评样品为341个，平均含量为588.47mg/kg，总体处于分级评价标准的2级水平，含量较为丰富。1级水平19237.98hm^2，占总耕地的40.55%，2级水平14769.80hm^2，占总耕地的31.13%，3级以下8315.77hm^2，占17.53%。

有效铁、锰、铜、锌、硼含量处于中等偏低水平，有效铁小于4.5mg/kg的样品449个，占参评样品总量的27.02%，4.5～10mg/kg的占48.25%，10～20mg/kg的占23.71%，20mg/kg以上的占1.02%。有效锰含量小于1.0mg/kg的占1.32%，98.68%的样品有效锰含量为1.0～30mg/kg，1.0～5.0mg/kg的占28.82%，5.0～15.0mg/kg的占63.78%，15.0～30.0mg/kg的占6.08%。有效铜含量小于0.2mg/kg的有5个样品占0.42%，大于1.8mg/kg的样品占38.39%，有61.19%的样品含量在为0.2～1.8mg/kg，

0.2～1.0mg/kg 的占 22.02%，1.0～1.8mg/kg 的占 39.17%。有效锌含量小于 0.30mg/kg 的有 111 个样品占参评样品总量的 11.73%，0.30～0.50mg/kg 的占 11.42%，0.5～1.0mg/kg 的 322 个样品占 34.04%，1.0～2.0mg/kg 的有 288 个样品占 30.44%。有效硼含量小于 0.5mg/kg 的样品有 112 个占参评样品量的 28.50%，有 69.21%的样含量为 0.5～1.0mg/kg，没有一个样品含量超过 1.5mg/kg。有效钼含量严重缺乏，有 82.35%的样品有效钼含量低于 0.30mg/kg，有 54.41%的样品含量低于 0.15mg/kg。有效硅含量丰富，95.83%的样品有效硅含量在 400mg/kg 以上，有 37.5%的样品有效硅含量大于 600mg/kg。各级别面积见表 4-24、表 4-25。

表 4-24　　土壤微量元素含量分级及面积

养分种类	级　别	1	2	3	4	5
有效铁(mg/kg)	标准	>20	10～20	4.5～10	2.5～4.5	<2.5
	大田(hm^2)	432.91	10033.38	20423.28	7384.98	4049.00
	大棚(hm^2)	15.46	641.80	2018.21	757.79	672.74
	果园(hm^2)	13.97	237.49	461.01	265.43	34.92
	小计(hm^2)	462.34	10912.67	22902.50	8408.20	4756.66
	占总耕地比例(%)	0.97	23.00	48.27	17.72	10.03
有效锰(mg/kg)	级别	1	2	3	4	5
	标准	>30	15～30	5～15	1～5	<1
	大田(hm^2)	0	2572.01	26993.36	12197.52	560.24
	大棚(hm^2)	0	309.30	2312.05	1438.26	46.40
	果园(hm^2)	0	69.85	642.62	293.37	6.98
	小计(hm^2)	0	2951.16	29948.03	13929.15	613.62
	占总耕地比例(%)	0	6.22	63.12	29.36	1.29
有效铜(mg/kg)	级别	1	2	3	4	5
	标准	>1.8	1.0～1.8	0.2～1.0	0.1～0.2	<0.1
	大田(hm^2)	16246.95	16578	9320.35	101.86	25.46
	大棚(hm^2)	1925.42	1623.84	549.01	0	7.73
	果园(hm^2)	405.13	426.09	188.6	6.98	0
	小计(hm^2)	18577.50	18627.93	10057.96	108.84	33.19
	占总耕地比例(%)	39.16	39.26	21.20	0.23	0.07

续表

养分种类	级　别	1	2	3	4	5
有效锌(mg/kg)	级别	1	2	3	4	5
	标准	>3.0	1.0～3.0	0.5～1.0	0.3～0.5	<0.3
	大田(hm^2)	3208.64	16323.35	12147.01	4583.78	6060.77
	大棚(hm^2)	301.57	1956.35	866.05	417.56	564.48
	果园(hm^2)	69.85	433.07	237.49	97.79	174.62
	小计(hm^2)	3580.06	18712.77	13250.55	5099.13	6799.87
	占总耕地比例(%)	7.55	39.44	27.93	10.75	14.33
有效硼(mg/kg)	级别	1	2	3	4	5
	标准	>2.0	1.0～2.0	0.5～1.0	0.2～0.5	<0.2
	大田(hm^2)	0	1531.08	28215.71	12248.68	328.09
	大棚(hm^2)	0	86.26	2932.86	1069.63	17.25
	果园(hm^2)	0	0	759.62	253.21	0
	小计(hm^2)	0	1617.34	31908.19	13571.52	345.34
	占总耕地比例(%)	0	3.41	67.26	28.61	0.73
有效钼(mg/kg)	级别	1	2	3	4	5
	标准	>0.3	0.2～0.3	0.15～0.2	0.1～0.15	<0.1
	大田(hm^2)	10698.89	9361.53	5900.12	7473.49	8889.52
	大棚(hm^2)	1139.24	712.02	545.88	806.96	901.90
	果园(hm^2)	138.11	161.13	92.08	299.24	322.26
	小计(hm^2)	11976.24	10234.68	6538.08	8579.69	10113.68
	占总耕地比例(%)	25.24	21.57	13.78	18.08	21.32

表 4-25　　土壤有效硅各级别面积

级别	1	2	3	4	5	6	7
含量范围	>600	500～600	400～500	300～400	200～300	100～200	≤100
大田(hm^2)	19237.98	14769.80	5709.34	1737.62	744.70	124.12	0.00
大棚(hm^2)	2243.49	1312.23	380.97	84.66	84.66	0.00	0.00
果园(hm^2)	348.16	348.16	189.90	126.60	0.00	0.00	0.00
合计(hm^2)	21829.63	16430.19	6280.21	1948.88	829.36	124.12	0.00
占总耕地比例(%)	46.01	34.63	13.24	4.11	1.75	0.26	0.00

二、大棚土壤微量元素含量情况

土壤有效铁、锰、铜、锌、硼、钼、硅分别平均为6.56mg/kg、7.40mg/kg、1.90mg/kg、1.41mg/kg、0.62mg/kg、0.23mg/kg、627.01mg/kg，分别属于分级标准5、5、3、4、5、5、1级水平，见表4-26。

表4-26 大棚土壤微量元素含量情况表

项　目	平均值	标准偏差	最大值	最小值
有效铁(mg/kg)	6.56	3.86	23.98	0.15
有效锰(mg/kg)	7.40	4.25	23.20	0.28
有效铜(mg/kg)	1.90	0.95	8.03	0.08
有效锌(mg/kg)	1.41	1.26	11.70	0.05
有效硼(mg/kg)	0.62	0.18	1.67	0.20
有效钼(mg/kg)	0.23	0.17	0.86	0.02
有效硅(mg/kg)	627.01	130.50	902.06	277.31

三、果园微量元素含量情况

土壤有效铁、锰、铜、锌、硼、钼、硅分别平均为8.01mg/kg、8.06mg/kg、1.77mg/kg、1.21mg/kg、0.59mg/kg、0.16mg/kg、566.34mg/kg，分别属于分级标准3、5、4、2、3、6、2级水平，见表4-27。

表4-27 果园土壤微量元素含量情况表

项　目	平均数	标准偏差	最大数	最小数
有效铁(mg/kg)	8.01	4.38	27.91	1.24
有效锰(mg/kg)	8.06	4.30	19.49	0.57
有效铜(mg/kg)	1.77	1.34	13.86	0.19
有效锌(mg/kg)	1.21	1.03	6.31	0.01
有效硼(mg/kg)	0.59	0.16	0.99	0.23
有效钼(mg/kg)	0.16	0.09	0.37	0.02
有效硅(mg/kg)	566.34	135.65	902.06	340.34

四、微肥的使用与推广

在土壤含量较低或对微量元素敏感的作物上施用微肥具有较明显的提高产量和改善品质的效果。这次调查结果表明，全县大田部分土壤锌钼不足，其次是硼，重点应施用在固定风沙土和脱潮土上。东阿县从1987年开始大力推广在小麦、玉米、果树上施用锌肥，通过试验示范，增产幅度为8%～12%。锌肥可防治玉米白苗病，苹果、梨、桃树小叶病，并能改善作物生长状况，提高品质。硼肥在苹果、蔬菜等作物上施用面积较大，特别对防治苹果、番茄等作物"花而不实"，取得了很好的效果，增产幅度一般为8%～15%。铁肥主要施用在果树上，用来防治果树黄叶病，效果较为明显。土壤有效铜、锰基本不缺乏，不需专门使用。钼肥一般在固定风沙土地区的敏感作物，即豆科作物上推广应用。

目前，常用的锌、锰、铜、铁、钼肥主要是硫酸盐和铵盐类化合物，硼肥则以硼砂、硼酸为主，以及由其配制的各种冲施肥、叶面肥。硫酸盐类和铵盐类化合物、硼砂、硼酸可用来基施、追施、浸种、蘸根和叶面喷施，以基肥效果最佳，简便易行，每公顷用量一般为硫酸锌、硫酸锰、硫酸铜15～20kg，硼砂、硼酸5～10kg，钼酸铵1～2kg。叶面肥在果树和蔬菜上喷施效果较好，浓度应控制在0.2%左右。含微量元素的复混肥、冲施肥多用于基施或追施，施用量根据其成分组成而定。果树施铁肥数量较大，施用方法主要是叶面喷施。在有效铁含量很低的土壤上，采用挖沟、穴灌2%的硫酸亚铁溶液或将有机肥与铁肥按比例混合施入，可有效地补充土壤铁素不足，且肥效长，效果明显。

五、土壤盐分变化状况

为摸清全县的盐化潮土的现状，明确土壤类型分布，完善耕地地力评价工作，我们在春季返盐高峰期积极开展土壤盐分样品的采集工作，科学布点，分层采集土样，取样深度分别为0～5cm和5～20cm，经过分析数据结果，更新了全县土壤类型的状况，为农业生产指导奠定依据基础。

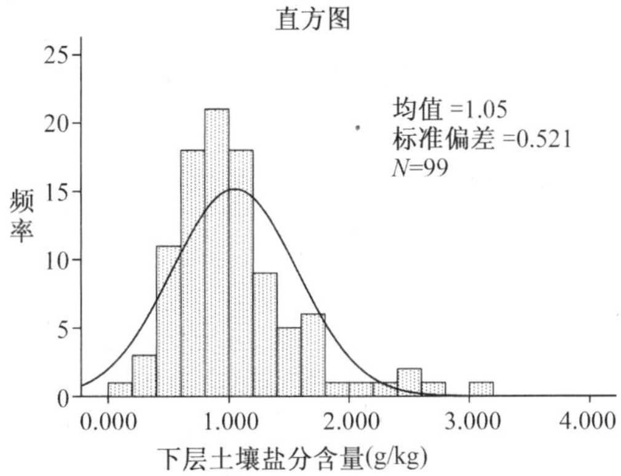

图4-1　5～20cm土壤盐分分析图

此次水溶性全盐含量测定结果显示全县下层盐分含量均值为1.047g/kg，最高值为3.010g/kg、最低值为0.130g/kg、标准差为0.521，如图4-1所示众数为1.000g/kg。说明大部分土壤均已脱盐渍化。如表4-28、表4-29、图4-2所示，经过F检验全县土壤盐分含量极显著低于1984年土壤普查时土壤下层的全盐含量。

主体间效应的检验

表 4-28　因变量:含量

源	Ⅲ型平方和	df	均方	F	Sig.
校正模型	35.456[a]	1	35.456	26.088	0
截距	349.351	1	349.351	257.047	0
年份	35.456	1	35.456	26.088	0
误差	212.019	156	1.359		
总计	562.967	158			
校正的总计	247.475	157			

a. R^2=0.143(调整 R^2=0.138)。

上层统计量

表 4-29　VAR00003

N	有效	101
	缺失	0
均值		2.83426
均值的标准误差		0.138373
中值		2.49000
众数		1.310[a]
标准差		1.390632
方差		1.934
全矩		6.650
极小值		0.510
极大值		7.160

a. 存在多个众数,显示最小值。

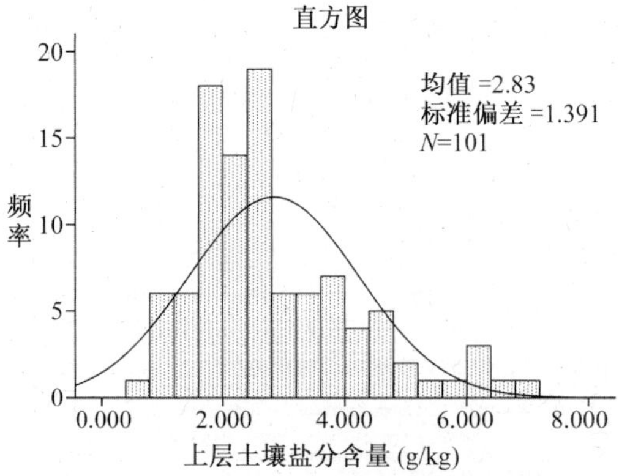

图 4-2　0～5cm 土壤盐分分析图

此次水溶性全盐含量测定结果显示全县上层盐分含量均值为 2.834g/kg，最高值为 7.160g/kg、最低值为 0.510g/kg、标准差为 1.391，如图 4-2 所示众数为 1.310g/kg。说明大部分土壤盐分含量大幅下降。如表 4-30 所示，经过 F 检验全县土壤盐分含量极显著低于 1984 年土壤普查时土壤下层的全盐含量。上层土壤盐分含量明显高于下层土壤盐分含量。

表 4-30　主体间效应的检验

因变量：盐分含量

源	Ⅲ型平方和	df	均方	F	Sig.
校正模型	294.434[a]	1	294.434	23.016	0
截矩	2599.466	1	2599.466	203.202	0
年份	294.434	1	294.434	23.016	0
误差	1970.051	154	12.793		
总计	4574.463	156			
校正的总计	2264.485	155			

a $R^2=1.30$（调整 $R^2=0.124$）。

土壤盐分变化有以下三个原因：

1. 地下水补给少

黄河给水已出现季节性现象，与 1984 年相比断流时间增长，从而导致河流侧渗作用减弱，进而减少地下水的补给，据资料显示，全县潜水埋深最大已达 8m 深。

2. 地下水开采量大

近十几年来，全县工业发展迅速，工业用水量大幅度增加，工业用水大部分采自地下水。水源输出较多，供给聊城、茌平两地生活用水也增加了地下水采量。

综上两条原因，造成地下水位下降较大，从而减轻了土壤盐渍化程度。

3. 土壤改良

1984 年，土壤普查以后，全县就通过开挖排碱沟淡水洗盐、广积农家肥、渗松浅翻、兴修水利等措施实施盐碱地改良工程，近十几年来，更是大力发展玉米秸秆还田、小麦高留茬等耕作技术，养殖业发展也为农业生产提供了大量的有机肥源，农户科学种田意识大幅提高，有机肥料的施用不仅改善了土壤性状，降低了土壤盐分含量，还活化了土壤，提高了土壤的生产力。

第五节　大田不同质地耕层土壤养分状况

全县筛选大田参评样品为 1723 个，覆盖耕地为 42073.13hm²，其中砂壤为 5843.70hm²，轻壤为 20947.04hm²，中壤为 8062.91hm²，重壤为 7219.48hm²。

一、不同质地耕层土壤有机质

砂壤参评样品238个，有机质含量为2.73～22.90g/kg，平均为14.34g/kg，标准偏差为3.37，以2级地面积最大，占该质地的42.86%，1级地和7级地面积最小，各占2.52%；轻壤参评样品为897个，有机质含量为2.9～26.0g/kg，平均为15.31g/kg，标准偏差为3.4204；中壤参评样品为318个，有机质含量为4.54～24.50g/kg，平均为15.50g/kg，标准偏差为3.38；重壤参评样品为270个，有机质含量为2.3～24.3g/kg，平均为15.52g/kg，标准偏差为3.58。总的趋势是砂壤质地土壤有机质含量低于其他质地类型，1级地和2级地所占比例以重壤质地最高。不同质地耕层有机质含量各级别面积统计见表4-31。

表4-31　　大田不同质地土壤有机质各级别面积统计

质地	级　别	1	2	3	4	5	6	7
	范围(g/kg)	>20	15～20	12～15	10～12	8～10	6～8	≤6
砂壤	面积(hm^2)	147.32	2504.44	2013.38	589.28	270.09	171.87	147.32
	占该质地比例(%)	2.52	42.86	34.45	10.08	4.62	2.94	2.52
轻壤	面积(hm^2)	1331.08	10251.67	6421.89	1424.49	770.63	490.40	256.88
	占该质地比例(%)	6.35	48.94	30.66	6.80	3.68	2.34	1.23
中壤	面积(hm^2)	532.46	3980.74	2383.38	608.52	329.62	126.78	101.42
	占该质地比例(%)	6.60	49.37	29.56	7.55	4.09	1.57	1.26
重壤	面积(hm^2)	614.99	3796.91	1604.33	748.69	240.65	80.22	133.69
	占该质地比例(%)	8.52	52.59	22.22	10.37	3.33	1.11	1.85

二、大田不同质地耕层土壤pH

大田土壤耕层pH筛选参评样品1720个，砂壤参评样品为238个，pH变化范围为6.5～9.0，众数为8.4，标准偏差为0.29；轻壤参评样品为895个，pH变化范围为6.5～9.0，众数为8.6，标准偏差为0.26；中壤参评样品为318个，pH为7.5～9.0，众数为8.4，标准偏差为0.22；重壤参评样品为270个，pH为7.5～9.0，众数为8.3，标准偏差为0.20。不同质地pH各级别面积及所占比例见表4-32。

表4-32　　大田不同质地土壤pH各级别面积统计

质地	级　别	1	2	3	4	5	6	7
	范围	>9.0	8.5～9.0	7.5～8.5	6.5～7.5	5.5～6.5	4.5～5.5	≤4.5
砂壤	面积(hm^2)	0	1528.73	4290.31	24.66	0	0	0
	占该质地面积(%)	0	26.16	73.42	0.42	0	0	0

续表

质地	级　别	1	2	3	4	5	6	7
	范围	>9.0	8.5～9.0	7.5～8.5	6.5～7.5	5.5～6.5	4.5～5.5	≤4.5
轻壤	面积(hm^2)	0	5593.68	15306.55	46.81	0	0	0
	占该质地面积(%)	0	26.70	73.07	0.22	0	0	0
中壤	面积(hm^2)	0	1546.66	6516.25	0	0	0	0
	占该质地面积(%)	0	19.18	80.82	0	0	0	0
重壤	面积(hm^2)	0	1149.77	6069.71	0	0	0	0
	占该质地面积(%)	0	15.92	84.07	0	0	0	0

三、大田不同质地耕层土壤全氮

耕层土壤全氮分 7 个等级，大田参评样品 1723 个，全氮含量均在 2～6 级。其中砂壤参评样品 238 个，全氮含量为 0.3～1.58g/kg，均值为 1.03g/kg，标准偏差为 0.20，以4 级最多，占该质地的 38.24%，以 6 级最少，占 0.84%；轻壤参评样品 897 个，均值为 1.10g/kg，标准偏差为 0.21，以 2 级最多，占该质地的 34.0%，以 6 级最少占 0.67%；中壤参评样品 318 个，均值为 1.12g/kg，标准偏差为 0.21，以 2 级最多，占该质地的 37.74%，以 6 级最少，仅占 0.31%；重壤参评样品为 270 个，均值为 1.148g/kg，标准偏差为 0.21562，2 级占该质地的 44.81%，6 级占 1.11%。不同质地的全氮含量各级别面积及所占比例见表 4-33。

表 4-33　　大田不同质地土壤全氮各级别面积统计

质地	级　别	1	2	3	4	5	6	7
	范围(g/kg)	>1.5	1.2～1.5	1.0～1.2	0.75～1.0	0.5～0.75	0.3～0.5	≤0.3
砂壤	面积(hm^2)	0	1350.43	1841.50	2234.36	368.30	49.11	0
	占该质地面积(%)	0	23.11	31.51	38.24	6.30	0.84	0
轻壤	面积(hm^2)	0	7122.46	7005.70	5814.73	864.04	140.11	23.35
	占该质地面积(%)	0	34.00	33.44	27.76	4.12	0.67	0.11
中壤	面积(hm^2)	0	3042.61	2687.64	2053.76	253.55	25.36	0
	占该质地面积(%)	0	37.74	33.33	25.47	3.14	0.31	0
重壤	面积(hm^2)	0	3235.40	2058.89	1631.07	213.91	80.22	0
	占该质地面积(%)	0	44.81	28.52	22.59	2.96	1.11	0

四、大田不同质地耕层土壤碱解氮

耕层土壤碱解氮含量分 8 个等级，大田参评样品 565 个，其中砂壤参评样品 74 个，总体均值为 9.6mg/kg，标准偏差为 34.5，以 3、4 级所占比例最高，占该质地的 59.46%；轻壤参评样品为 299 个，碱解氮含量平均为 92mg/kg，标准偏差为 28.9，3、4 级占该质地的 63.88%，8 级占该质地的 1.34%；中壤参评样品为 91 个，平均含量为 97mk/kg，标准偏差为 23.3，含量范围分布在 1～6 级，仅 3 级就占到该质地的 50.55%；重壤参评样品为 101 个，平均含量为 94mg/kg，标准偏差为 20.4，3 级占该质地的 51.48%。不同质地的碱解氮含量各级别面积及所占比例见表 4-34。

表 4-34 大田不同质地土壤碱解氮各级别面积统计

质地	级 别	1	2	3	4	5	6	7	8
	范围(mg/kg)	>150	120～150	90～120	75～90	60～75	45～60	30～45	≤30
砂壤	面积(hm^2)	315.88	552.78	1895.25	1579.38	1105.56	315.88	78.97	0
	占该质地面积(%)	5.40	9.46	32.43	27.03	18.92	5.40	1.35	0
轻壤	面积(hm^2)	840.68	1681.37	8757.12	4623.76	3012.45	1120.91	630.51	280.23
	占该质地面积(%)	4.01	8.03	41.81	22.07	14.38	5.35	3.01	1.34
中壤	面积(hm^2)	88.60	886.03	4075.76	2037.88	974.64	0	0	0
	占该质地面积(%)	1.10	10.99	50.55	25.27	12.09	0	0	0
重壤	面积(hm^2)	142.96	500.36	3716.96	1787.00	714.80	214.44	142.96	0
	占该质地面积(%)	1.98	6.93	51.48	24.75	9.90	2.97	1.98	0

五、大田不同质地耕层土壤有效磷

耕层土壤有效磷含量分 9 个等级，大田参评样品 1723 个，含量范围为 5～30mg/kg，均在 5～9 级。其中，砂壤参评样品为 238 个，平均含量为 18.8mg/kg，标准偏差为 6.82，5 级占该质地的 43.28%；轻壤参评样品为 897 个，平均含量为 18.8mg/kg，标准偏差为 7.37，5 级占该质地的 47.83%；中壤参评样品为 270 个，平均含量为 18.8mg/kg，标准偏差为 6.75，5 级占该质地 45.60%；重壤参评样品为 318 个，平均含量为 18.4mg/kg，标准偏差为 7.18，5 级占该质地的 43.70%。不同质地耕层有效磷含量各级别面积及所占比例见表 4-35。

表 4-35 大田不同质地土壤有效磷各级别面积统计

质地	级别	1	2	3	4	5	6	7	8	9
	范围(mg/kg)	>120	80～120	50～80	30～50	20～30	15～20	40831	40673	<5
砂壤	面积(hm^2)	0	0	0	0	2529	1276.77	1276.77	687.49	73.66
	占该质地(%)	0	0	0	0	43.28	21.85	21.85	11.76	1.26
轻壤	面积(hm^2)	0	0	0	0	10018.15	3946.54	4133.36	2125.06	723.92
	占该质地(%)	0	0	0	0	47.83	18.84	19.73	10.14	3.46

续表

质地	级　别	1	2	3	4	5	6	7	8	9
	范围(mg/kg)	>120	80～120	50～80	30～50	20～30	15～20	40831	40673	<5
中壤	面积(hm²)	0	0	0	0	3676.48	1470.59	1724.14	1064.14	126.78
	占该质地(%)	0	0	0	0	45.6	18.24	21.38	13.21	1.57
重壤	面积(hm²)	0	0	0	0	3155.18	1470.63	1898.46	614.99	72.92
	占该质地(%)	0	0	0	0	43.7	20.37	26.3	8.52	1.01

六、大田不同质地耕层土壤速效钾

耕层土壤速效钾含量分 8 个等级，大田参评样品为 1723 个，含量在 50～200mg/kg，均处在 3～7 级水平，其中砂壤参评样品为 238 个，平均含量为 137mg/kg，标准偏差为 36.6，3 级占该质地为 43.7%。；轻壤参评样品为 897 个，平均含量为 145mg/kg，标准偏差为 33.6，3 及占该质地的 55.18%；中壤参评样品为 270 个，平均含量为 157mg/kg，标准偏差为 30.7，3 级占该质地的 64.46%；重壤参评样品为 318 个，平均含量为 154mg/kg，标准偏差为 29.8，3 级占该质地的 71.48%。不同质地的速效钾含量各级别面积及所占比例见表 4-36。

表 4-36　　大田不同质地土壤速效钾含量各级

质地	级　别	1	2	3	4	5	6	7	8
	范围(mg/kg)	>300	200～300	150～200	120～150	100～120	25～100	50～75	≤50
砂壤	面积(hm²)	0	0	2553.6	1031.24	1154.08	638.39	466.51	0
	占该质地(%)	0	0	43.7	17.65	19.75	10.92	7.98	0
轻壤	面积(hm²)	0	0	11559	3456.14	3316.03	1401.1	1214.3	0
	占该质地(%)	0	0	55.18	16.5	15.83	6.69	5.8	0
中壤	面积(hm²)	0	0	5197.8	1293.11	992.53	380.32	202.84	0
	占该质地(%)	0	0	64.46	16.04	12.26	4.72	2.52	0
重壤	面积(hm²)	0	0	5160.6	748.69	802.16	267.39	240.65	0
	占该质地(%)	0	0	71.48	10.37	11.11	3.7	3.33	0

七、大田不同质地耕层土壤有效铜、锌、铁、锰

耕层土壤微量元素含量分 5 个等级，大田参评样品 1662 个。

有效铜：砂壤参评样品为 231 个，平均含量为 1.97mg/kg，标准偏差为 1.77，1 级占该质地的 45.02%；轻壤参评样品为 866 个，平均含量为 1.91mg/kg，标准偏差为 1.87，1 级占该质地的 38.80%；重壤参评样品为 306 个，平均含量为 1.94mg/kg，标准偏差为 4.55，1 级占该质地的 36.60%；重壤参评样品为 259 个，平均含量为 1.62mg/kg，标准偏差为

0.68，1 级占 33.2%。

有效锌：砂壤参评样品为 231 个，平均含量为 1.25mg/kg，标准偏差为 1.03，1 级占该质地的 8.22%；轻壤参评样品为 866 个，平均含量为 1.36mg/kg，标准偏差为 1.39，1 级占该质地的 9.01%；中壤参评样品为 306 个，平均含量为 1.14mg/kg，标准偏差为 1.24，1 级占该质地的 5.88%；重壤参评样品为 259 个，平均含量为 1.28mg/kg，标准偏差为 1.4006，1 级占该质地的 4.25%。

有效铁：砂壤参评样品为 231 个，平均含量为 8.16mg/kg，标准偏差为 3.42，3 级占该质地的 54.11%；轻壤参评样品为 866 个，平均含量为 8.10mg/kg，标准偏差为 4.23，3 级占该质地的 48.84%；中壤参评样品为 259 个，平均含量为 6.84mg/kg，标准偏差为 4.26，3 级占该质地的 46.8%；重壤参评样品为 306 个，平均含量为 6.84mg/kg，标准偏差为 4.20，3 级占该质地的 43.63%。

有效锰：砂壤参评样品 231 个，平均含量为 8.17mg/kg，标准偏差为 4.14，3 级占该质地的 71.43%；轻壤参评样品为 866 个，平均含量为 8.34mg/kg，标准偏差为 4.26，3 级占该质地的 67.78%；中壤参评样品为 306 个，平均含量为 7.31mg/kg，标准偏差为 4.32，3 级占该质地 55.90%，重壤参评样品为 259 个，平均含量为 7.32mg/kg，标准偏差为 4.95，3 级占该质地的 54.05%。

有效铜、锌、铁、锰不同质地耕层含量各级统计面积及所占比例见表 4-37。

表 4-37 大田不同质地有效铜、锌、铁、锰耕含量各级面积统计

	质地	级别	1	2	3	4	5
		范围(mg/kg)	>1.8	1.0～1.8	0.2～1.0	0.1～0.2	<0.1
有效铜	沙壤	面积(hm^2)	2631	1821	1290.2	50.59	50.59
		占该质地(%)	45.02	31.17	22.08	0.86	0.86
	轻壤	面积(hm^2)	8127	7982	4789.3	48.38	0
		占该质地(%)	38.8	38.11	22.86	0.23	0
	中壤	面积(hm^2)	2951	3267	1818.1	0	26.35
		占该质地(%)	36.6	40.52	22.55	0	0.33
	重壤	面积(hm^2)	2397	3484	1338	0	0
		占该质地(%)	33.2	48.26	18.53	0	0

续表

	质地	级　别	1	2	3	4	5
有效锌	质地	范围(mg/kg)	＞3.0	1.0～3.0	0.5～1.0	0.3～0.5	＜0.3
	沙壤	面积(hm^2)	480.7	2251	1644.3	556.54	910.6
		占该质地(%)	8.22	38.53	28.14	9.52	15.58
	轻壤	面积(hm^2)	1887	8151	5708.4	2273.7	2926.78
		占该质地(%)	9.01	38.91	27.25	10.85	13.97
	中壤	面积(hm^2)	474.3	2609	2503.2	1053.98	1422.87
		占该质地(%)	5.88	32.35	31.04	13.07	17.65
	重壤	面积(hm^2)	306.6	3233	2257.8	668.99	752.61
		占该质地(%)	4.25	44.79	31.27	9.27	10.42
有效铁	质地	级别(hm^2)	1	2	3	4	5
		范围(mg/kg)	＞20	40836	4.5～10	2.5～4.5	≤2.5
	沙壤	面积(hm^2)	25.3	1670	3162.2	758.92	227.68
		占该质地(%)	0.43	28.57	54.11	12.99	3.9
	轻壤	面积(hm^2)	241.9	5612	10232	3507.3	1354.54
		占该质地(%)	1.15	26.79	48.84	16.74	6.47
	中壤	面积(hm^2)	105.4	1265	3715.3	1739.06	1238.42
		占该质地(%)	1.31	15.69	46.8	21.57	15.36
	重壤	面积(hm^2)	55.75	1338	3149.8	1365.85	1310.1
		占该质地(%)	0.77	18.53	43.63	18.92	18.15
有效锰	质地	级　别	1	2	3	4	5
		范围(mg/kg)	＞30.0	15～30	5.0～15	1.0～5.0	≤1.0
	沙壤	面积(hm^2)	0	278.3	4174.1	1290.17	101.19
		占该质地(%)	0	4.76	71.43	22.08	1.73
	轻壤	面积(hm^2)	0	1282	14199	5273.04	193.51
		占该质地(%)	0	6.12	67.78	25.17	0.92
	中壤	面积(hm^2)	0	553.3	4462.7	2924.78	158.1
		占该质地(%)	0	6.86	54.9	36.27	1.96
	重壤	面积(hm^2)	0	446	3902.4	2759.57	111.5
		占该质地(%)	0	6.18	54.05	38.22	1.54

第六节　土壤物理性状分析

土壤物理性状是作物生长的重要环境因素之一，它直接影响土壤的水、肥、气、热，是决定耕地地力的重要因素，反映农业生产的综合性能。它主要包括土壤质地、耕层厚度、土体构型、土壤容重、总孔隙度、田间持水量等方面。此次调查分析了土壤质地、土壤容重、土体构型、孔隙度等项目。

一、土壤质地

全县土壤质地分为紧砂、砂壤、轻壤、中壤、重壤五个类型，见表 4-38。

表 4-38　　不同质地土壤面积统计表

质地类型	紧砂	砂壤	轻壤	中壤	重壤	合计
面积(hm^2)	37.17	7990.57	27585.65	12212.82	14150.24	61976.45
占总可利用面积比例(%)	0.06	12.89	44.51	19.71	22.83	100

土壤质地的主要分布：

紧砂：其粒径及粒间孔隙大，通透性强，保水保肥差，主要分布在刘集镇葫芦头。

砂壤：质地疏松，易耕作，通透性较好，出苗率高，土壤肥力差，主要见于河滩高地和沉沙池区，在全县各乡镇(街道办事处)均有分布。

具体分布在高集镇：范庄、秦庄、辛庄、程王庄、徐庄至丘庄，王庄至丘杭子；牛角店镇张庄南部，牛角店镇东北部，大李管区的陈庄、大窑、刘营、范营、李营、付岸；姚寨镇：魏庄、孙庄、吴海子、北张、宋楼、刘集庄；大桥镇王洼至小生庄、大麻庄、郭口、张山、滑口；陈集乡老王集、小西王集、朱庄、东王集；顾官屯镇华集、董囤、柿子园、高囤、果子王、于才；铜城街道办事处王海子、卜庄，黄屯管区的孙道口、汝道口；鱼山镇安平店、赵洼、韩庄西南部；姜楼镇司岗南部及沉沙池区；刘集镇双庙至葫芦头、大林崔、姚洼、狮子宋、西张庄、大赵庄、刘口及孙清。面积最大的有刘集镇、姜楼镇、鱼山镇。

轻壤：土壤耕作良好，通透性强，但保水保肥差，各乡镇(街道办事处)均有分布，主要分布在高集镇：北至潘赵庄，西至大候庄，东至旦镇，南至赵庄；牛角店镇于海、郭桃、前申至葛庄、王楼至牛庄，大李管区大窑至东唐、黄起元至双庙、烈庄、夏沟；姚寨镇小街子、魏堂、蔡楼、王丰于、三官庙至庞庄；陈集乡周庄至张楼、东唐子；工业园区张汉吴、王凤轩；铜城街道办事处宋楼、郑于、大秦、贺庄至王道口、芦庄、朱集；新城街道办事处沈庄、刘明吴；顾官屯镇前秦西至贾庄、西北至西程铺，东北至邢庄；大桥镇秦姚、毕庄、后朝庄、鱼山镇王坡、范坡、鱼山；姜楼镇卢集北，王小楼至前王营双庙，归德铺、东杨、刘集镇李家堂北至坡里庄南至张广庄、西至罗辛庄，位山，前油坊至堤上。面积最大的有顾官屯镇、刘集镇、高集镇、陈集乡。

中壤：土壤适耕期长，不砂不黏，水、肥、气、热协调，潜在肥力高，有利农作物生长，各乡镇(街道办事处)均有分布，主要分布在高集镇老赵庄，朱家场、蒋庄；牛角店镇韩寨北部、孟庄、草寺、吕家楼至尹海子；姚寨镇后八里庄，刘海杨、前河、大窑、田庄至周庄、孙海；工业园区朱旺山、郭前、郭北；大桥镇北关，小马庄、杨庄、大生庄；新城街道办事处贺庄东部、张八庄至西刘庄、申庄；铜城街道办事处王庙子、李家堂、王宗汤；顾官屯镇扒棍刘至辛庄；鱼山镇张半仙至魏庄、林马庄、刘楼；刘集镇东张庄、田马庄、新位山西至程庄，面积最大的有新城街道办事处、姚寨镇、牛店镇大李管区。

重壤：土壤偏黏，耕性差，但肥力强，有后劲，全县多有分布，主要分布在牛角店镇垛庄至袁庄，胡坑南部；姚寨镇路庄、郑庄至郎坊、黄圈、东新庄至王井；陈集乡任集东部；铜城街道办事处周庄北至夏庄、西北至西八里堂子、东北至郑屯；姜楼镇广粮门、南杨、柳林屯至魏庄；鱼山镇候庄至田庄、后曲至东周井、宋集至于庄、刘集镇四合屯至辛庄，面积最大的有姚寨镇、姜楼镇、陈集乡、铜城街道办事处。

二、土壤容重

土壤容重是指在自然状态下单位体积干土重，以 g/cm^3 表示。土壤容重大小反映土壤结构、透气性、透水性能以及保水能力的高低，土壤容重大小与土壤质地、结构、有机含量、土壤紧实度及耕作措施有关。此次调查全县 100 个大田耕层土壤容重平均为 $1.38g/cm^3$，变幅为 $1.17\sim1.59g/cm^3$。全县不同质地土壤容重情况见表 4-39。

我们对全县大田土壤养分监测点的土壤进行了不同层次容重测定，详见表 4-40。据测定分析可知，0～20cm 耕层土壤容重平均为 $1.41g/cm^3$，变幅为 $1.26\sim1.59g/cm^3$；20～40cm 土壤容重平均为 $1.48g/cm^3$，变幅为 $1.3\sim1.61g/cm^3$。一般来说，容重与土壤质地关系密切，同一地块土壤容重也受其他外部因素，如降水、灌水、施肥、秸秆还田量等的影响而经常变化。同一地块不同层次也受土壤质地、犁底层、浇水、深耕等影响。

表 4-39　不同质地土壤容重情况

土壤质地	黏土	黏壤	粉壤	粉土	砂粉	平均
容重(g/cm)	1.29	1.33	1.44	1.47	1.41	1.38
容重范围	1.26～1.37	1.33～1.40	1.30～1.52	1.31～1.52	1.36～1.59	

注：由于目前采用旋耕犁，耕层深度为 12cm 左右，采取容重土样时犁底层被取入环刀中，因此所得容重值可能偏高。

表 4-40　东阿县大田监测点土壤不同层次容重　单位：g/cm^3

点位编号	地点	0～20cm	20～40cm
DJ01	高集张集二组杨运旺	1.42	1.51
DJ02	高集马海马庆亭	1.49	1.57
DJ03	牛店镇西张张召春	1.52	1.54
DJ04	牛店镇红布刘刘善科	1.52	1.51
DJ05	姚寨镇杨北刘玉泗	1.44	1.48
DJ06	姚寨东庙张承昌	1.34	1.43

续表

点位编号	地点	0～20cm	20～40cm
DJ07	陈集白庄董宪军	1.26	1.39
DJ08	陈集王凤轩孙长生	1.49	1.52
DJ09	新城茄李秦道荣	1.36	1.43
DJ10	铜城大秦秦序运	1.30	1.49
DJ11	姜楼马鞍马庆喜	1.35	1.52
DJ12	姜楼柳林屯杨克军	1.53	1.57
DJ13	铜城肖屯肖维杰	1.44	1.53
DJ14	大桥张山孙运江	1.46	1.51
DJ15	鱼山黄胡孟凡敏	1.47	1.49
DJ16	鱼山沙沃史立祥	1.36	1.45
DJ17	顾官屯镇兴隆村李培江	1.31	1.37
DJ18	刘集镇查庄查明功	1.34	1.38
DJ19	刘集镇北崔张占富	1.59	1.61
DJ20	顾官屯镇陈庄陈万俊	1.27	1.31
平均值		1.41	1.48

三、土体构型

土体构型是土壤分类的重要指标，影响土壤通透性和保肥、保水能力。土壤在自然和人为因素的影响下，剖面中常呈现一定顺序排列的土壤发生层，各发生层的质地厚度等特征常不一致，按照一定顺序排列不同厚度，不同质地的发生层的构成形态为之土体构型。由于土体构型的不一致，常常对农作物的生长，及水肥运行、地上地下盐分的升降等产生的一定影响。

全县十座残丘大部分为秃山，并为村庄环绕，只有香山、曲山存有厚层土壤被耕作利用，其构型上下较为一致，大部分为砂壤，由于淋溶作用使心土层有不同程度的黏化，淀积黏化层质地为中壤。土体构型为砂壤质薄壤腰褐土。

由于黄河冲积，形成潮土、盐土、风沙土三个土类。全县土壤层次排列，质地厚薄不等，复杂多样，根据土壤调查及土壤类型的归并，确定全县土体构型共为22个，按土体构型的障碍层次分为砂均质、壤均质、黏均质、夹砂、夹黏5个类型。按出现层次夹砂型分为：厚砂心、厚砂腰两种类型。夹黏型分为：薄黏心、厚黏心、薄黏腰、厚黏腰四个类型。

砂均质型：是构型较差的一种类型，通体都是砂质土，保水、保肥的能力极差。易发小苗，但产量不高，需要肥较多，易耕作。施肥时应注意少吃多餐。该类型极易引起返盐。应特别注意潜水的运行情况，避免返盐。砂质质型褐土化潮土亚类分布在古赵王河流经地带，大部分为河滩高地，以刘集镇、铜城街道办事处、顾官屯镇居多，面积为1.0×

$10^4 hm^2$。

壤均质型:即通体为两合土(轻壤)或小红土(中壤)。其特点介于砂均质和壤均质之间,具有砂黏的优点,无砂黏的缺点,是比较理想,比较丰产的一个类型。壤均质型主要分布在古黄河故道的两侧。褐土化潮土、潮土、盐化潮土、盐土内部分布有该类型。壤均质毛细管作用强烈。在潜水位高的地方易返盐,应注意次生盐渍化的威胁,其面积为 $1.06\times10^4 hm^2$,占总面积的 17.1%。

黏均质型通体都是重壤和黏土,质地黏重,耕作困难,通气性差。极不易下扎,发苗晚,但是土壤养分含量高。如若耕种得当,适时管理是理想的获得粮食丰产的土壤,该类型在全县所占面积比较大,主要分布在沿黄浅平洼地上,面积为 $0.98\times10^4 hm^2$,占总土壤面积的 15.8%。

夹黏型:分壤盖黏型和砂盖黏型,该类型群众俗称"蒙金地"。表层土质疏松易耕作,适耕期长,通气、透水性好、地温高、出苗快,心土层为黏质或中壤,保水、保肥,能耐旱,潜在肥力高,后劲大,有利于作物的生长。是一种水肥状况理化性质良好的土壤。该类型在全县褐土化潮土、潮土、盐化潮土等类型都有出现。各乡镇(街道办事处)都有分布,面积为 $2.23\times10^4 hm^2$,占全县总土壤面积的 36.23%,是全县农作物丰产的基础。

夹沙型:其表层质地为壤质和黏质,耕层下通体无黏质土,保水保肥力差,潜水埋深较小的地域易返碱,俗称为"鬼脸地",主要分布在铜城街道办事处、姜楼镇、顾官屯镇、姚寨镇、高集镇、牛角店镇等地,以姜楼镇西寺至南杨一带较典型,面积为 $2\times10^4 hm^2$,其中厚砂心型 $1.13\times10^4 hm^2$,厚沙腰型 $0.87\times10^4 hm^2$。

四、土壤孔隙度

土壤的通透性能,主要通过土壤孔隙度来衡量。对作物生长来讲,较适宜的土壤总孔隙度一般在 50%~55%之间。总孔隙度包括非毛管孔隙和毛管孔隙度。这次调查共测定样点 100 个,耕层土壤总孔隙度平均为 50.4%,变幅为 43.5%~58.7%。测定结果,较为适宜的占 66.5%,其余 33.5%。毛管孔隙度平均为 38.6%,变幅为 32.9%~46.4%。非毛管孔隙度平均为 12.4%,变幅为 4.1%~17.9%。土壤孔隙状况与土壤质地关系密切,从砂壤、轻壤到中壤随着质地变黏总孔隙度和毛管孔隙度依次变大,砂壤土壤非毛管孔隙度最大,通气状况最好,见表 4-41。

表 4-41 主要质地土壤通气性

土壤质地	总孔隙度(%)		毛管孔隙度(%)		非毛管孔隙度(%)	
	平均	范围	平均	范围	平均	范围
中壤	50.4	48.2~57.9	38.5	35.2~43.4	12.4	8.0~15.2
轻壤	50.2	43.5~56.4	40.2	33.9~46.2	10.1	4.1~14.9
砂壤	49.8	45.8~56.7	38.6	32.9~46.4	12.8	4.5~17.9

第五章　耕地地力评价

耕地是土地的精华，是农业生产不可替代的重要生产资料，是保持社会和国民经济可持续发展的重要资源。保护耕地是我们的基本国策之一，因此，及时掌握耕地资源的数量、质量及其变化对于合理规划和利用耕地，切实保护耕地有十分重要的意义。在全面的野外调查和室内化验分析，获取大量耕地地力相关信息的基础上，我们进行了东阿县耕地地力的综合评价，评价结果对于摸清全县耕地地力的现状及问题，为耕地资源的高效和可持续利用提供了重要的科学依据。

第一节　耕地地力评价方法

一、评价原则依据

(一)评价的原则

耕地地力就是耕地的生产能力，是在一定区域内一定的土壤类型上，耕地的土壤理化性状、所处自然环境条件、农田基础设施及耕作施肥管理水平等因素的总和。根据评价的目的要求，在东阿县耕地地力评价中，我们遵循的基本原则是：

1. 综合因素研究与主导因素分析相结合原则

土地是一个自然经济综合体，是人们利用的对象，对土地质量的鉴定涉及自然和社会经济多个方面，耕地地力也是各类要素的综合体现。所谓综合因素研究是指对地形地貌、土壤理化性状、相关社会经济因素之总体进行全面的研究、分析与评价，以全面了解耕地地力状况。主导因素是指对耕地地力起决定作用的、相对稳定的因子，在评价中要着重对其进行研究分析。因此，把综合因素与主导因素结合起来进行评价则可以对耕地地力作出科学准确的评定。

2. 共性评价与专题研究相结合原则

东阿县耕地利用存在水浇地、旱地等多种类型，土壤理化性状、环境条件、管理水平等不一，因此耕地地力水平有较大的差异。考虑区域内耕地地力的系统性、可比性，针对不同的耕地利用等状况，应选用统一的共同的评价指标和标准，即耕地地力的评价不针对某一特定的利用类型。另外，为了解不同利用类型的耕地地力状况及其内部的差异情况，对有代表性的主要类型进行专题的深入研究。这样，共性的评价与专题研究相结合，使整个的评价和研究具有更大的应用价值。

3. 定量和定性相结合的原则

土地系统是一个复杂的灰色系统，定量和定性要素共存，相互作用，相互影响。因此，为了保证评价结果的客观合理，宜采用定量和定性评价相结合的方法。在总体上，为了保证评价结果的客观合理，尽量采用定量评价方法，对可定量化的评价因子如有机质等养分含量、土层厚度等按其数值参与计算，对非量化的定性因子如土壤表层质地、土体构型等则进行量化处理，确定其相应的指数，并建立评价数据库，以计算机进行运算和处理，尽力避免人为随意性因素影响。在评价因素筛选、权重确定、评价标准、等级确定等评价过程中，尽量采用定量化的数学模型，在此基础上充分运用人工智能和专家知识，对评价的中间过程和评价结果进行必要的定性调整，定量与定性相结合，从而保证了评价结果的准确合理。

4. 采用 GIS 支持的自动化评价方法原则

自动化、定量化的土地评价技术方法是当前土地评价的重要方向之一。近年来，随着计算机技术，特别是 GIS 技术在土地评价中的不断应用和发展，基于 GIS 的自动化评价方法已不断成熟，使土地评价的精度和效率大大提高。本次耕地地力评价工作将通过数据库建立、评价模型及其与 GIS 空间叠加等分析模型的结合，实现了全数字化、自动化的评价流程，在一定的程度上代表了当前土地评价的最新技术方法。

（二）评价的依据

耕地地力是耕地本身的生产能力，因此耕地地力的评价则依据与此相关的各类自然和社会经济要素，具体包括三个方面：

1. 耕地地力的自然环境要素

耕地地力的自然环境要素包括耕地所处的地形地貌条件、水文地质条件、成土母质条件以及土地利用状况等。

2. 耕地地力的土壤理化要素

耕地地力的土壤理化要素包括土壤剖面与土体构型、耕层厚度、质地、容重等物理性状，有机质、氮、磷、钾等主要养分、微量元素、pH、交换量等化学性状等。

3. 耕地地力的农田基础设施条件

耕地地力的农田基础设施条件包括耕地的灌排条件、水土保持工程建设、培肥管理条件等。

二、评价流程

整个评价可分为三个方面的主要内容，按先后的次序分别为：

（1）资料工具准备及数据库建立。即根据评价的目的、任务、范围、方法，收集准备与评价有关的各类自然及社会经济资料，进行资料的分析处理。选择适宜的计算机硬件和 GIS 等分析软件，建立耕地地力评价基础数据库。

（2）耕地地力评价。划分评价单元，提取影响地力的关键因素并确定权重，选择相应评价方法，制订评价标准，确定耕地地力等级。

（3）评价结果分析。依据评价结果，量算各等级耕地面积，编制耕地地力分布图。分析耕地地力问题，提出耕地资源可持续利用的措施建议。

评价的工作流程如图 5-1 所示。

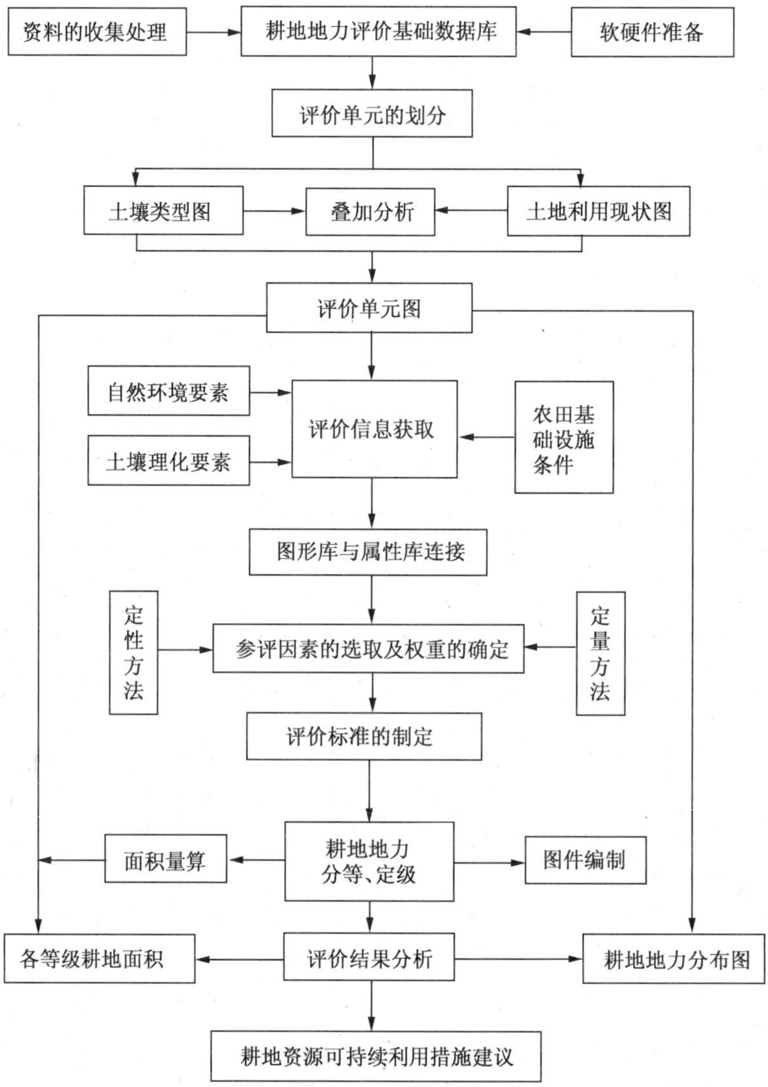

图 5-1　东阿县耕地地力评价流程图

三、软硬件准备

(一)硬件准备

主要包括高档微机、A0 幅面数字化仪、A0 幅面扫描仪、喷墨绘图仪等。微机主要用于数据和图件的处理分析,数字化仪、扫描仪用于图件的输入,喷墨绘图仪用于成果图的输出。

(二)软件准备

一是 Windows 操作系统软件,其次是 FOXPRO 数据库管理、SPSS 数据统计分析 AC-

CESS 数据管理系统等应用软件，再次是 MAPGIS、ARCVIEW、ARCMAP 等 GIS 软件。

四、资料收集处理

(一)资料的收集

耕地地力评价是以耕地的各性状要素为基础，因此必须广泛地收集与评价有关的各类自然和社会经济因素资料，为评价工作做好数据的准备。本次耕地地力评价我们收集获取的资料主要包括以下几个方面：

1. 野外调查资料

按野外调查点获取，主要包括地形地貌、土壤母质、水文、土层厚度、表层质地、耕地利用现状、灌排条件、作物长势产量、管理措施水平等。

2. 室内化验分析资料

包括有机质、全氮、速效氮、全磷、速效磷、速效钾等大量养分含量，交换性钙、镁等中量养分含量，有效锌、硼、钼等微量养分含量，以及 pH、土壤污染元素含量等。

3. 社会经济统计资料

以行政区划为基本单位的人口、土地面积、作物及蔬菜瓜果面积，以及各类投入产出等社会经济指标数据。

4. 基础及专题图件资料

1∶50000 比例尺地形图、行政区划图、土地利用现状图、地貌图、土壤图等。

(二)资料的处理

获取的评价资料可以分为定量和定性资料两大部分，为了采用定量化的评价方法和自动化的评价手段，减少人为因素的影响，需要对其中的定性因素进行定量化处理，根据因素的级别状况赋予其相应的分值或数值。除此，对于各类养分等按调查点获取的数据，则需要进行插值处理，生成各类养分图。

1. 定性因素的量化处理

土壤表层质地：考虑不同质地类型的土壤肥力特征，以及与植物生长发育的关系，赋予不同质地类别以相应的分值，见表 5-1。

表 5-1　土壤表层质地的量化处理

质地类别	中壤	轻壤	重壤	砂壤	砂土
分值	100	95	80	70	55

土体构型：首先以土层质地类别和其在土体中的部位对各类土体构型进行归纳，根据不同的土体构型对植物生长发育的影响，赋予不同土体构型以相应的分值，见表 5-2。

表 5-2　土体构型的量化处理

土体构型	壤均质	壤质黏心	黏质壤心	砂质壤心	黏均质	砂质黏心	壤质砂心	砂均质
分值	100	90	87	80	77	70	65	58

地貌类型:根据不同的地貌类型对耕地地力及作物生长的影响,赋予其相应的分值,见表 5-3。

表 5-3　　地貌类型的量化处理

地貌类型	缓平坡地	湖沼平原	岗地	洼地	滨海平地
分值	100	89	80	78	70

矿化度:根据不同的矿化度程度对耕地地力及作物生长的影响,赋予其相应的分值,见表 5-4。

表 5-4　　矿化度的量化处理

矿化度	<0.5	0.5～2	2～5	>5
分值	100	90	65	40

盐渍化程度:考虑到东阿县的土壤分布中存在不同的盐渍化程度,将其盐渍化程度划分为不同的等级,并据其对耕地地力的影响程度进行量化处理,见表 5-5。

表 5-5　　土壤盐渍化程度的量化处理

盐渍化	无	轻度	中度	重度	盐土
分值	100	85	70	50	30

2. 各类养分专题图层的生成

对于土壤有机质、氮、磷、钾、锌、硼、钼等养分数据,我们首先按照野外实际调查点进行整理,建立了以各养分为字段,以调查点为记录的数据库。之后,进行了土壤采样样点图与分析数据库的连接,在此基础上插值生成各养分专题图层。

我们对比了分别在 MAPGIS 和 ARCVIEW 环境中的插值结果,发现 ARCVIEW 环境中的插值结果线条更为自然圆滑,符合实际。因此,本研究中所有养分采样点数据均在 ARCVIEW 环境下操作,利用其空间分析模块功能对各养分数据进行自动的插值处理,经编辑处理,自动生成各土壤养分专题栅格图层。后续的耕地地力评价也以栅格形式进行,与矢量形式相比,能够将各评价要素信息精确到栅格(像元)水平,保证了评价结果的准确。在 ARCVIEW 下插值生成的东阿县土壤有机质、碱解氮含量分布栅格图如图 5-2、5-3 所示。

图 5-2　东阿县土壤有机质含量栅格图

图 5-3　东阿县土壤碱解氮含量栅格图

五、基础数据库的建立

(一)基础属性数据库的建地

为更好的对数据进行管理和为后续工作提供方便，将采样点基本情况信息、农业生产情况信息、土壤理化性状化验分析数据、土壤污染元素化验分析数据等信息以调查点为基本数据库记录进行属性数据库的建立，作为后续耕地地力评价工作的基础。

(二)基础专题图图形库的建立

将扫描矢量化及插值等处理生成的各类专题图件，在 ARCVIEW 和 MAPGIS 软件的支持下，分别以栅格形式和点、线、区文件的形式进行存储和管理，同时将所有图件统一转换到相同的地理坐标系统下，以进行图件的叠加等空间操作，各专题图图斑属性信息通过键盘交互式输入或通过与属性库挂接读取，构成基本专题图图形数据库。图形库与基础属性库之间通过调查点相互连接。

六、评价单元的划分

评价单元是由对土地质量具有关键影响的各土地要素组成的空间实体，是土地评价的最基本单位、对象和基础图斑。同一评价单元内的土地自然基本条件、土地的个体属性和经济属性基本一致，不同土地评价单元之间，既有差异性，又有可比性。耕地地力评价就是要通过对每个评价单元的评价，确定其地力级别，把评价结果落实到实地和编绘的土地资源图上。因此，土地评价单元划分的合理与否，直接关系到土地评价的结果以及工作量的大小。

目前，对土地评价单元的划分尚无统一的方法，有以土壤类型、以土地利用类型、以行政区划单位、以方里网等多种方法。本次东阿县耕地地力评价土地评价单元的划分采用土壤图、土地利用现状图的叠置划分法，相同土壤单元及土地利用现状类型的地块组成一个评价单元，即“土地利用现状类型—土壤类型”的格式。其中，土壤类型划分到土种，土地利用现状类型划分到二级利用类型，制图区界以东阿县最新土地利用现状图为准。为了保证土地利用现状的现势性，基于野外的实地调查对耕地利用现状进行了修正。同一评价单元内的土壤类型相同，利用方式相同，交通、水利、经营管理方式等基本一致，用这种方法划分评价单元既可以反映单元之间的空间差异性，既使土地利用类型有了土壤基本性质的均一性，又使土壤类型有了确定的地域边界线，使评价结果更具综合性、客观性，可以较容易地将评价结果落实到实地。

通过图件的叠置和检索，将东阿县耕地地力划分为 2891 个评价单元。

七、评价信息的提取

影响耕地地力的因子非常多，并且它们在计算机中的存储方式也不相同，因此如何准确地获取各评价单元评价信息是评价中的重要一环，鉴于此，我们舍弃直接从键盘输入参评因子值的传统方式，采取将评价单元与各专题图件叠加采集各参评因素的信息。具体的做法是：①按唯一标识原则为评价单元编号；②在 ARCVIEW 环境下生成评价信息空间库和属性数据库；③在 ARCMAP 环境下从图形库中调出各化学性状评价因子的专题图，与评价单元图进行叠加计算出各因子的均值；④保持评价单元几何形状不变，在耕地资源管理信息系统中直接对叠加后形成的图形的属性库进行“属性提取”操作，以评价单元为基本统计单位，按面积加权平均汇总评价单元立地条件评价因子的分值。

由此，得到图形与属性相连的，以评价单元为基本单位的评价信息，为后续耕地地力的评价奠定了基础。

第二节　参评因素的选取及其权重确定

正确地进行参评因素的选取并确定其权重，是科学地评价耕地地力的前提，直接关系到评价结果的正确性、科学性和社会可接受性。

一、参评因素的选取

参评因素是指参与评定耕地地力等级的耕地的诸属性。影响耕地地力的因素很多，在本次东阿县耕地地力评价中根据东阿县的区域特点遵循主导因素原则、差异性原则、稳定性原则、敏感性原则，采用定量和定性方法结合，进行了参评因素的选取。

(一)系统聚类方法

系统聚类方法用于筛选影响耕地地力的理化性质等定量指标，通过聚类将类似的指标进行归并，辅助选取相对独立的主导因子。我们利用 SPSS 统计软件进行了土壤养分等化学性状的系统聚类，结果如下：

从图 5-4 中可以看出，氯离子、全盐、硝态氮、全氮、交换性钙、有效硅、交换性镁、有效硼、有效钼、有效铁、有效锰、有效锌、有效铜、有效硫聚为一组，有效磷、速效钾、碱解氮、缓效钾聚为一组，有机质为一组，pH 为一组。

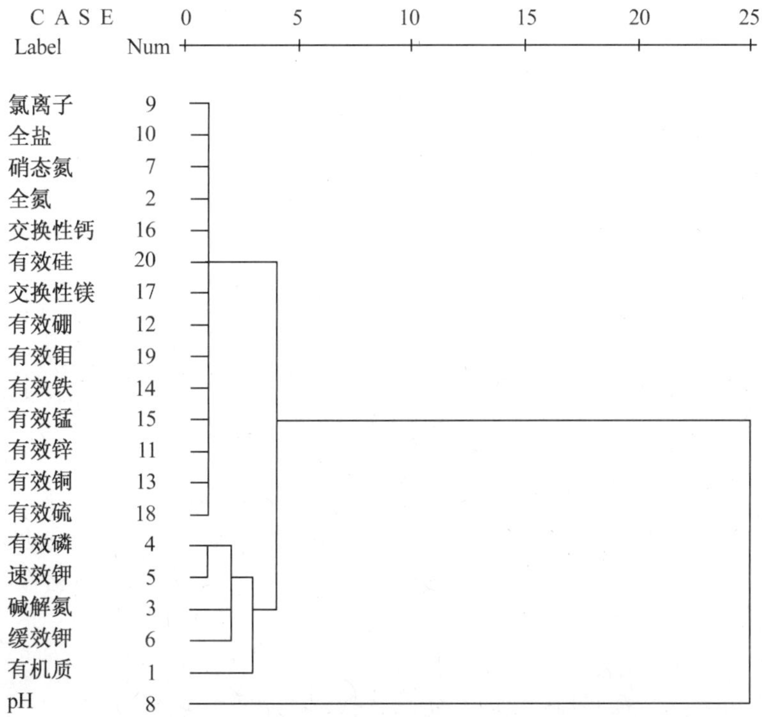

图 5-4　土壤养分等化学性状的聚类分析

（二）DELPHI 法

用 DELPHI 法进行了影响耕地地力的立地条件、物理性状等定性指标的筛选。我们确定了由土壤农业化学学者、专家及县土肥站业务人员组成的专家组，首先对指标进行分类，在此基础上进行指标的选取，并讨论确定最终的选择方案。

综合以上两种方法，在定量因素中根据各因素对耕地地力影响的稳定性，以及营养元素的全面性，在聚类分析第一组中选取有效磷、有效锌为参评因素，第二组中选取有效硼为参评因素，第三组是速效钾，第四组是有机质。结合专家组选择结果，最后确定灌溉保证率、矿化度、地貌类型、耕层质地、土体构型、盐渍化程度、有机质、大量元素（速效钾、有效磷）、微量元素（有效锌、有效硼）等 11 项因素作为耕地地力评价的参评指标。

二、权重的确定

在耕地地力评价中，需要根据各参评因素对耕地地力的贡献确定权重，确定权重的方法很多，本评价中采用层次分析法（AHP）来确定各参评因素的权重。

层次分析法（AHP）是在定性方法基础上发展起来的定量确定参评因素权重的一种系统分析方法，这种方法可将人们的经验思维数量化，用以检验决策者判断的一致性，有利于实现定量化评价。AHP 法确定参评因素的步骤如下：

（1）建立层次结构：耕地地力为目标层（G 层），影响耕地地力的立地条件、物理性状、化学性状为准则层（C 层），再把影响准则层中各元素的项目作为指标层（A 层），其结构关系如图所示，如图 5-5 所示。

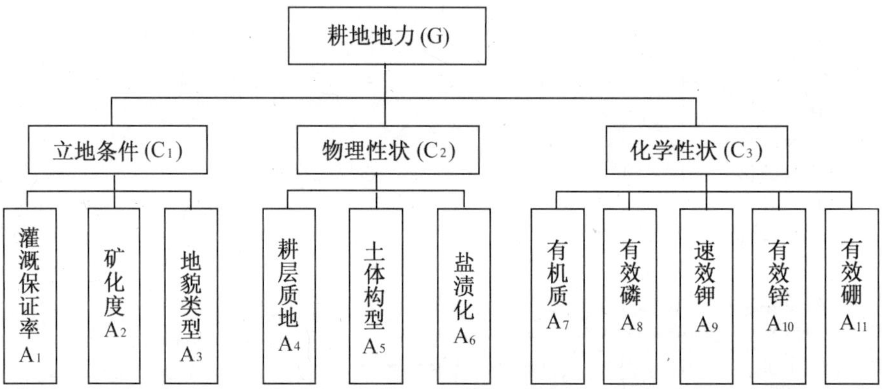

图 5-5　耕地地力影响因素层次结构

（2）构造判断矩阵：根据专家经验，确定 C 层对 G 层以及 A 层对 C 层的相对重要程度，构成 A、C_1、C_2、C_3 共 4 个判断矩阵。例如，耕层质地、土体构型、盐渍化程度对耕地物理性状的判断矩阵表示为：

$$C_2=\begin{pmatrix}a_{11} & a_{12} & a_{13}\\ a_{21} & a_{22} & a_{23}\\ a_{31} & a_{32} & a_{33}\end{pmatrix}=\begin{pmatrix}1 & 5 & 3\\ 0.20 & 1 & 0.33\\ 0.33 & 3 & 1\end{pmatrix}$$

其中，a_{ij}（i 为矩阵的行号，j 为矩阵的列号）表示对 C_2 而言，a_i 对 a_j 的相对重要性的数值。

(3)层次单排序及一致性检验:即求取 A 层对 C 层的权数值,可归结为计算判断矩阵的最大特征根对应的特征向量。利用 SPSS 等统计软件,得到的各权数值及一致性检验的结果见表 5-6。

表 5-6　权数值及一致性检验结果

矩　阵	特征向量					C_I	C_R
矩阵 A		0.3202	0.1226	0.5571		0.009148	0.01577204<0.1
矩阵 C_1		0.6329	0.1058	0.2613		0.020017	0.03451165<0.1
矩阵 C_2		0.6333	0.1061	0.2606		0.019410	0.03346558<0.1
矩阵 C_3	0.5036	0.2307	0.1526	0.0638	0.0492	0.044324	0.03957510<0.1

从表中可以看出,$C_R<0.1$,具有很好的一致性。

(4)层次总排序及一致性检验:经层次总排序,并进行一致性检验,结果为 $C_I=0$,$C_R=0$,具有满意的一致性,最后计算 A 层对 G 层的组合权数值,得到各因子的权重见表 5-7。

表 5-7　各因子的权重

因　子	权　重	因　子	权　重	因　子	权　重	因　子	权　重
灌溉保证率	0.2027	耕层质地	0.0777	有机质	0.2806	有效锌	0.0355
矿化度	0.0339	土体构型	0.0130	有效磷	0.1286	有效硼	0.0274
地貌类型	0.0836	盐渍化	0.0320	速效钾	0.0850		

第三节　耕地地力等级的确定

土地是一个灰色系统,系统内部各要素之间与耕地的生产能力之间关系十分复杂,此外,评价中也存在着许多不严格、模糊性的概念。因此,在评价中引入了模糊数学方法,采用模糊评价方法来进行耕地地力等级的确定。

一、参评因素隶属函数的建立

用 DELPHI 法根据一组分布均匀的实测值评估出对应的一组隶属度,然后在计算机中绘制这两组数值的散点图,再根据散点图进行曲线模拟,寻求参评因素实际值与隶属度关系方程从而建立起隶属函数。各参评因素的分级及其相应的专家赋值和隶属度见表 5-8。

表 5-8　参评因素的分级及其分值

参评因素		分级及分值				
地貌类型	分级	缓平坡地	湖沼平原	岗地	洼地	滨海平地
	分值	100	89	80	78	70
	隶属度	1.00	0.89	0.80	0.78	0.70

续表

参评因素		分级及分值											
灌溉保证率	分级	80	70	60	50	30	10	0					
	分值	100	90	80	65	40	10	0					
	隶属度	1.00	0.90	0.80	0.65	0.40	0.10	0.00					
矿化度	分级	＜0.5	0.5～2	2～5	＞5								
	分值	100	90	65	40								
	隶属度	1.00	0.90	0.65	0.40								
有机质	分级	2.0	1.8	1.6	1.4	1.2	1.0	0.8	0.6				
	分值	100	98	95	90	84	78	65	50				
	隶属度	1.00	0.98	0.95	0.90	0.84	0.78	0.65	0.50				
有效磷	分级	400	300	200	110	80	60	40	30	20	15	10	5
	分值	70	80	90	100	98	96	92	90	85	80	60	40
	隶属度	0.70	0.80	0.90	1.00	0.98	0.96	0.92	0.90	0.85	0.80	0.60	0.40
速效钾	分级	400	320	240	160	120	100	80	60				
	分值	100	98	93	85	82	78	70	50				
	隶属度	1.00	0.98	0.93	0.85	0.82	0.78	0.70	0.50				
有效锌	分级	2.0	1.5	1.2	1.0	0.8	0.5	0.3					
	分值	100	92	87	85	80	70	55					
	隶属度	1.00	0.92	0.87	0.85	0.80	0.70	0.55					
有效硼	分级	1.8	1.5	1.2	1.0	0.8	0.5	0.2					
	分值	100	95	87	85	80	70	55					
	隶属度	1.00	0.95	0.87	0.85	0.80	0.70	0.55					
耕层质地	分级	中壤	轻壤	重壤	砂壤	砂土							
	分值	100	95	80	70	55							
	隶属度	1.00	0.95	0.80	0.70	0.55							
土体构型	分级	壤均质	壤质黏心	黏质壤心	砂质壤心	黏均质	砂质黏心	壤质砂心	黏质砂心	砂均质			
	分值	100	90	87	80	77	70	65	63	58			
	隶属度	1.00	0.90	0.87	0.80	0.77	0.70	0.65	0.63	0.58			
盐渍化	分级	无	轻度	中度	重度	盐土							
	分值	100	85	70	50	30							
	隶属度	1.00	0.85	0.70	0.50	0.30							

通过模拟共得到正直线型和戒上型两种类型的隶属函数，其中有机质、速效钾等属于戒上型隶属函数，土体构型、耕层质地、盐渍化、矿化度等属于正直线型隶属函数，然后根据隶属函数计算各参评因素的单因素评价评语。以有机质为例绘制的散点图和模拟曲线如图 5-6、5-7 所示。

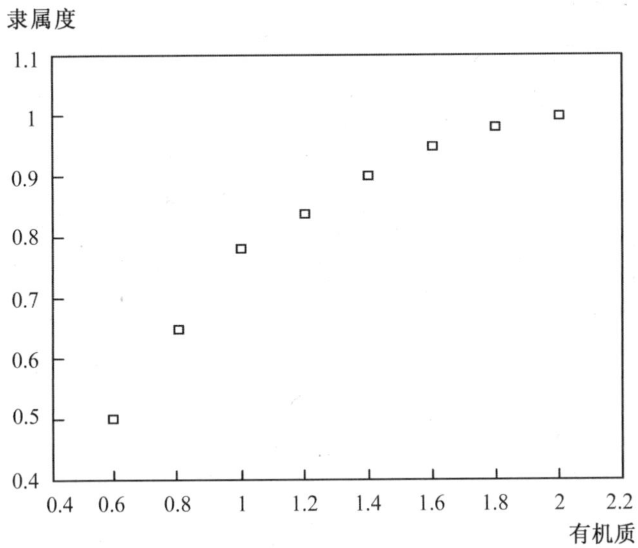

图 5-6　有机质与隶属度关系散点图

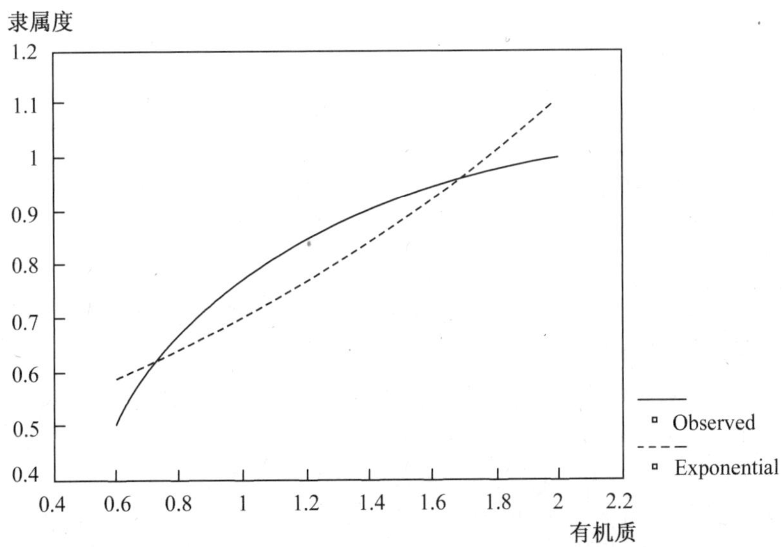

图 5-7　有机质与隶属度关系曲线

其隶属函数为戒上型，形式为：

$$y=\begin{cases}0 & (x\leqslant x_t)\\ 1/[1+A\times(x-C)^2] & (x_t<x<C)\\ 1 & (C\leqslant x)\end{cases}$$

各参评因素类型及其隶属函数表 5-9 所示。

表 5-9　　参评因素类型及其隶属函数

函数类型	参评因素	隶属函数	A	C	U_t
戒上型	有机质(g/kg)	$y=1/[1+A\times(x-C)^2]$	0.543	1.822	0.35
戒上型<110 戒下型>110	有效磷(mg/kg)	$y=1/[1+A\times(x-C)^2]$	0.0000992 0.00000742	80.159 111.967	3 450
戒上型	速效钾(mg/kg)	$y=1/[1+A\times(x-C)^2]$	0.00000760	327.836	15
戒上型	有效锌(mg/kg)	$y=1/[1+A\times(x-C)^2]$	0.245	1.924	0.1
戒上型	有效硼(mg/kg)	$y=1/[1+A\times(x-C)^2]$	0.251	1.879	0.1
正直线型	灌溉保证率(分值)	$y=A\times x$	0.01	100	0
正直线型	矿化度(分值)	$y=A\times x$	0.01	100	0
正直线型	土体构型(分值)	$y=A\times x$	0.01	100	0
正直线型	耕层质地(分值)	$y=A\times x$	0.01	100	0
正直线型	盐渍化(分值)	$y=A\times x$	0.01	100	0
正直线型	地貌类型(分值)	$y=A\times x$	0.01	100	0

二、耕地地力等级的确定

(一)计算耕地地力综合指数

用指数和法来确定耕地的综合指数，公式为：

$$\text{IFI}=\sum F_i\times C_i$$

其中：IFI(Integrated Fertility Index)代表耕地地力综合指数；F_i 代表第 i 个因素评语；C_i 代表第 i 个因素的组合权重。

具体操作过程：在县域耕地资源管理信息系统中，在“专题评价”模块中编辑立地条件、物理性状和化学性状的层次分析模型以及各评价因子的隶属函数模型，然后选择“耕地生产潜力评价”功能进行耕地地力综合指数的计算。

(二)确定最佳的耕地地力等级数目

计算耕地地力综合指数之后，在耕地资源管理系统中我们选择累积曲线分级法进行评价，根据曲线斜率的突变点(拐点)来确定等级的数目和划分综合指数的临界点，将东阿县耕地地力共划分为六级，各等级耕地地力综合指数如表 5-10 所示。

表 5-10 在平县耕地地力等级综合指数

IFI	>0.915	0.885～0.915	0.856～0.885	0.823～0.856	0.780～0.823	<0.780
耕地地力等级	1 级	2 级	3 级	4 级	5 级	6 级

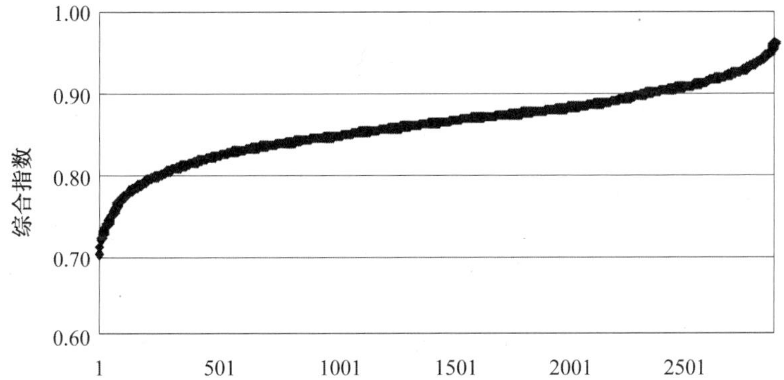

图 5-8 东阿县综合指数分布图

三、图件的编制

为了提高制图的效率和准确性，在地理信息系统软件 MAPGIS 的支持下，进行东阿县耕地地力评价图及相关图件的自动编绘处理，其步骤大致分以下几步：扫描矢量化各基础图件→编辑点、线→点、线校正处理→统一坐标系→区编辑并对其赋属性→根据属性赋颜色→根据属性加注记→图幅整饰输出。此外还充分利用了 ARCVIEW 和 ARCGIS 强大的空间分析功能，将评价图与其他图件进行叠加，从而生成其他专题图件；将评价图与行政区划图叠加，进而计算各行政区划单位内的耕地地力等级面积等。

(一)专题图地理要素底图的编制

专题地图的地理要素内容是专题图的重要组成部分，用于反映专题内容的地理分布，并作为图幅叠加处理等的分析依据。地理要素的选择应与专题内容相协调，考虑图面的负载量和清晰度，应选择基本的、主要的地理要素。

我们以东阿县最新的土地利用现状图为基础，对此图进行了制图综合处理，选取主要的居民点、交通道路、水系、境界线等及其相应的注记，进而编辑生成 1∶50000 各专题图地理要素底图。

(二)耕地地力评价图的编制

以耕地地力评价单元为基础，根据各单元的耕地地力评价等级结果，对相同等级的相临评价单元进行归并处理，得到各耕地地力等级图斑。在此基础上，分 2 个层次进行图面耕地地力等级的表示：一是颜色表示，即赋予不同耕地地力等级以相应的颜色。二是代号，用罗马数字Ⅰ、Ⅱ、Ⅲ、Ⅳ、Ⅴ、Ⅵ表示不同的耕地地力等级，并在评价图相应的耕地地力图斑上注明。将评价专题图与以上的地理要素图复合，整饰得东阿县 1∶50000 耕地地力评价图。

（三）其他专题图的编制

对于有机质含量、速效钾、有效磷、有效锌等其他专题要素地图，则按照各要素的分级分别赋予相应的颜色，同时标注相应的代号，生成专题图层。之后与地理要素图复合，编辑处理生成专题图件，并进行图幅的整饰处理，得出最终专题图。

四、面积量算

面积的量算可通过与专题图相对应的属性库的操作直接完成。对耕地地力等级面积的量算，则可在 FOXPRO 数据库的支持下，对图件属性库进行操作，检索相同等级的面积，然后汇总得各类耕地地力等级的面积，根据东阿县图幅理论面积进行平差，得到准确的面积数值。对于不同行政区划单位内部、不同的耕地利用类型等的耕地地力等级面积的统计，则通过耕地地力评价图与相应的专题图进行叠加分析，由其相应属性库统计获得。

第六章　东阿县耕地地力评价分析

本次耕地地力分析，按照农业部耕地质量调查和评价的规程及相关标准，结合当地实际情况，选取了对耕地地力影响较大，区域内变化明显，在时间序列上具有相对稳定性，与农业生产有密切关系的11个因素，建立评价指标体系。以土壤图与土地利用现状图叠加形成评价单元，应用模糊综合评判方法，通过综合分析，将全区耕地共划分为6个等级，根据评价结果进行耕地地力的系统分析。

第一节　耕地地力等级及分布

一、耕地地力等级面积

利用MAPGIS软件，对评价图属性库进行操作，检索统计耕地各等级的面积和图幅总面积。以2008年东阿县耕地总面积47442.4hm^2为基准，按面积比例平差，计算出各耕地地力等级面积。

东阿县耕地总面积为47442.4hm^2，其中1级地和2级地占总耕地面积的28.42%；3级地和4级地占耕地总面积的54.88%；5级地和6级地占耕地总面积的16.70%。见表6-1。

表6-1　　东阿县耕地地力评价结果面积统计

等　级	1级地	2级地	3级地	4级地	5级地	6级地	总计
面积(hm^2)	4454.84	9028.29	14569.56	11466.82	5963.561	195937	47442.4
百分比(%)	9.39	19.03	30.71	24.17	12.57	4.13	100
产量水平(kg)	1190	1100	1010	950	910	870	

二、耕地地力空间分布分析

(一)耕地地力等级分布

1级地和2级地主要分布于东阿县东部地区，主要包括牛角店镇、姚寨镇、大桥镇、陈集乡和铜城街道办事处的东北部地区。区域内农业基础设施均配套成型，灌溉保证率高。测土配方施肥工程也首先在这一区域展开。3级地是面积最大的等级地，呈带状分布，主要集中在东阿县北部和西侧边界地区，属于只要加大资金投入，完善基础设施，改善生产条件，产量就能大幅提高的中产田类型，有一定的开发潜力。4级地分布比较零散，处于3级地内侧，其中姜楼镇和高集镇面积较大。5级地和6级地主要分布在鱼山镇，另外牛角店镇和铜城街道办事处也有片点分布。这部分耕地肥力低，还有部分未利用土地，属于低产田类型。

从等级的分布地域特征可以看出，等级的高低与地貌类型、土壤类型及海拔高度之间存在着密切的关系，呈现明显的地域分布规律：随着耕地地力等级的提高，地貌类型沿着平坦洪积平原—河漫滩—河流低阶地—古河道洼地变化。土壤类型由壤质潮土—砂质褐土化潮土—壤质盐化潮土到砂质盐潮土转化。

（二）耕地地力等级的行政区域划分

将全县耕地地力等级分布图与东阿县行政区划图进行叠置分析，从耕地地力等级行政区域分布数据库中，按权属字段检索出各等级的记录，统计出1～6级地在各乡镇（街道办事处）的分布状况。见表6-2。

从表中可以看出，高等级1、2级耕地所占比例较高的为姚寨镇、大桥镇、牛角店镇以及陈集乡东部地区、铜城街道办事处东北部等地区；中等地力的3、4级耕地面积较大，主要分布在高集镇、刘集镇、顾官屯镇、姜楼镇以及牛角店镇北部、新城街道办事处西部等地区；较低等级5、6级耕地主要分布在鱼山乡、牛角店镇，铜城街道办事处也有一定比例的分布。

表6-2　　东阿县耕地地力等级行政区域分布

乡镇（街道办事处）		1	2	3	4	5	6	合计
高集镇	面积（hm^2）	0	400.22	3263.6	1752.43	132.97	0	5549.21
	百分比	0	7.21	58.81	31.58	2.40	0	100
牛角店镇	面积（hm^2）	1283.24	1411.03	1360.02	185.65	677.38	341.85	5259.17
	百分比	24.4	26.83	25.86	3.53	12.88	6.5	100
姚寨镇	面积（hm^2）	1340.15	2772.06	1132.99	452.01	0	0	5697.22
	百分比	23.52	48.66	19.89	7.93	0	0	100
陈集乡	面积（hm^2）	510.41	952.43	590.07	81.78	0	0	2134.68
	百分比	23.91	44.62	27.64	3.83	0	0	100
新城街道办事处	面积（hm^2）	0	137.96	1049.46	1531.28	433.66	29.28	3181.65
	百分比	0	4.34	32.98	48.13	13.63	0.92	100
顾官屯镇	面积（hm^2）	0	355.84	2919.96	1507.44	410.69	0	5193.93
	百分比（%）	0	6.85	56.22	29.02	7.91	0	100
大桥镇	面积（hm^2）	304.24	1827.45	172.17	15.79	7.71	128.3	2455.65
	百分比（%）	12.39	74.42	7.01	0.64	0.31	5.22	100
铜城街道办事处	面积（hm^2）	669.2	387.38	326.27	1442.31	1383.85	45.58	4254.58
	百分比（%）	15.73	9.11	7.67	33.9	32.53	1.07	100

续表

乡镇（街道办事处）		1	2	3	4	5	6	合计
姜楼镇	面积(hm²)	0	158.42	799.16	1231.25	376.38	177.85	2743.07
	百分比(%)	0	5.78	29.13	44.89	13.72	6.48	100
刘集镇	面积(hm²)	0	442.98	3054.37	3345.6	633.81	395.97	7872.72
	百分比(%)	0	5.63	38.8	42.5	8.05	5.03	100
鱼山乡	面积(hm²)	0	0	12.47	399.89	1900.61	787.56	3100.53
	百分比(%)	0	0	0.4	12.9	61.3	25.4	100

第二节　耕地地力等级分述

一、1 级地

(一)面积与分布

1 级地，综合评价指数大于 0.915，耕地面积为 4454.84hm²，占总耕地面积的 9.39%，为东阿县最好的的等级地。其中大田 3391.87hm²，占 1 级地面积为 75.69%，菜地 1015.75hm²，占 1 级地面积的 22.79%，果园 47.22hm²，占 1 级地面积的 1.06%，见表 6-3。

1 级地主要分布于牛角店镇、姚寨镇和铜城街道办事处中北部，大桥镇和陈集乡也有片点分布。通过实地勘查和入户调查，综合评价上述区域近三年来的产量水平，结果表明 1 级地范围和面积符合实际生产情况。

表 6-3　　各利用类型 1 级地面积

利用类型	评价单元(个)	面积(hm²)	占总耕地面积(%)	占 1 级地面积(%)
大田	267	3391.87	8.69	75.69
菜地	17	1015.75	0.6	22.79
果园	6	47.22	0.1	1.06
合计	290	4674.71	9.39	100

(二)主要属性分析

1 级地主要位于洪积冲积扇形地边缘和平地，土种以轻壤均质洪冲积褐土、轻壤均质脱潮土为主。地貌类型以缓平坡地为主，地势平坦，土层厚，无盐碱危害，土壤理化性状良好，可耕性强，灌溉配套齐全，灌溉保证率 75%以上，排水能力较强。土壤养分含量较高，见表 6-4。

表 6-4　　1 级地主要养分含量

项　目	有机质(g/kg)	有效磷(mg/kg)	速效钾(mg/kg)	有效锌(mg/kg)	有效硼(mg/kg)
平均值	18.0	29.4	201	1.52	0.62
范围值	14.8～22.3	14.70～59.52	112～361	0.31～3.88	0.37～1.23
含量水平	中偏上	中偏上	中偏上	中偏上	中等

(三)存在问题

1 级地存在问题:一是该地区属全县经济较发达地区,农业投入比例明显低于二、三产业投入,同时经济的发展而占用耕地得面积逐年增加;二是虽然本区农田各类设施比较完备,但土壤肥力与高产高效农业的需求还有一定差距;三是施肥、用药种类与比例不合理,缺乏针对性,盲目性较大;四是由于经济发达,各类企业较多,点源污染程度有所加重。

(四)合理利用

1 级地是全县综合性能最好的耕地,各项评价指标均属良好型。土层厚,排灌性好,易于耕作,养分含量高,保肥、保水,适耕期长,适于各种作物生长。利用方向是发展高产、优质、高效农业,如无公害蔬菜基地、日光温室、反季节瓜果栽培等。应加强一级耕地的保护,严格控制建设用地的占用,做到用地养地,持续利用。为此,应搞好以下工作:

(1)农业部门应结合科技入户、配方施肥等工程,加大宣传力度,转变观念,提高认识,加大农业投入,提升农业综合生产能力。

(2)增施有机肥,增加土壤有机质含量;实施平衡施肥,防止土壤污染,适量补施微肥,提高耕地质量。

(3)加大检测力度,确保农业灌溉、施肥、用药安全,搞好无公害生产。

二、2 级地

(一)面积与分布

2 级地,综合评价指数为 0.856～0.885,耕地面积为 9023.54hm^2,占全县总耕地面积 19.02%。其中大田 7940.72hm^2,占全县总耕地面积的 88.0%;菜地 1040.41hm^2,占2 级耕地面积的 11.53%;果园 42.41hm^2,占 2 级耕地面积的 0.47%,见表 6-5。

2 级耕地主要分布在姚寨镇、陈集乡和大桥镇,此外牛角店镇和铜城街道办事处面积分布也较大。通过实地勘查和入户调查,综合评价上述区域近三年来的产量水平,结果表明 2 级地范围和面积符合实际生产情况。

表 6-5　　各利用类型 2 级地面积

利用类型	评价单元(个)	面积(hm^2)	占总耕地面积(%)	占 2 级地面积(%)
大田	435	7940.12	16.74	88
菜地	83	1040.41	2.19	11.53
果园	6	42.41	0.09	0.47
合计	524	9023.54	19.02	100

（二）主要属性分析

2 级地地形较平缓，土壤类型以轻壤均质潮土、砂壤均质潮土、轻壤均质褐潮土为主。微地貌类型以河间浅平洼地、河滩高低和缓平坡地为主。地势平坦，土层厚，土壤理化性状较好，可耕性较强，灌排条件优良。土壤养分含量均比较理想，见表 6-6。

表 6-6　　2 级地主要养分含量

项　目	有机质(g/kg)	有效磷(mg/kg)	速效钾(mg/kg)	有效锌(mg/kg)	有效硼(mg/kg)
平均值	16.3	23.05	189	1.48	0.6
范围值	13.6～22.2	12.64～59.30	109～431	0.33～4.66	0.39～0.89
含量水平	中偏上	中偏上	中偏上	中偏上	中等

（三）存在问题

2 级地主要存在问题是部分耕地环境质量欠佳，姚寨镇、牛角店镇和大桥镇的 2 级地地下水位较高，有盐碱化威胁，土壤存有漏水漏肥现象。

（四）合理利用

合理利用的措施：应以培肥地力为主，继续搞好秸秆还田技术，增施有机肥，推广配方施肥。加深耕作层，提高土壤通气孔隙度，降低容重。2 级地的合理利用应以粮、棉为主，发展蔬菜，同时进一步完善农田基本设施建设。

三、3 级地

（一）面积与分布

3 级地是全县面积最大的等级地，综合评价指数为 0.856～0.885，耕地面积为 14569.56hm^2，占全县总耕地面积的 30.71%。其中大田 13336.98hm^2，占 3 级耕地面积的 91.54%；菜地 1169.94hm^2，占 3 级耕地面积的 8.03%，见表 6-7。

3 级耕地主要分布高集镇、刘集镇、顾官屯镇、牛角店镇北部、姚寨镇和新城街道办事处西部地区，其他乡镇也有零星分布。通过实地勘察和入户调查，综合评价上述区域近三年来的产量水平，结果表明 3 级地范围和面积符合实际生产情况。

表 6-7　　各利用类型 3 级地面积

利用类型	评价单元(个)	面积(hm^2)	占总耕地面积(%)	占 3 级地面积(%)
大田	760	13336.98	28.11	91.54
菜地	91	1169.94	2.47	8.03
果园	7	62.64	0.13	0.43
合计	858	14569.56	30.71	100

（二）主要属性分析

3 级地自然条件较好，地势平坦宽阔，典型土种为轻壤均质潮土和重壤均质潮土，耕层土壤质地为中壤、轻壤和重壤居多，微地貌类型以缓平坡地、河滩高地为主。地势平坦，土层厚,土壤理化性质较好,可耕性较强,土灌溉保证率60%以上。土壤养分除速效钾含量低点,养分含量均相差不大。见表6-8。

表6-8 3级地主要养分含量

项　目	有机质(g/kg)	有效磷(mg/kg)	速效钾(mg/kg)	有效锌(mg/kg)	有效硼(mg/kg)
平均值	15.7	20.12	181	1.16	0.63
范围值	11.8～20.9	11.43～76.6	74～330	0.23～5.86	0.30～0.98
含量水平	中等	中偏上	中等	中等	中等

(三)存在问题

3级地所处的位置,排水条件一般,夏季雨量过于集中的年份,易发生涝渍,应重点疏通排水渠道,防止次生盐渍化的出现。3级地地力一般,加强地力培肥措施,实行秸秆还田,配方施肥,协调氮、磷、钾以及微量元素比例。

(四)合理利用

合理利用措施为:一是大搞农田基本建设,维护和建设水利设施,大力推广节水灌溉,提高灌溉保证率;二是平田整地,深翻改土,加深耕层厚度,改善土壤物理性状;三是增施有机肥料和微肥。改良利用的重点放在农田基本建设、提高排涝功能、增施有机肥、提高土壤环境质量上。

四、4级地

(一)面积与分布

4级地,综合评价指数为0.823～0.856,耕地面积为1466.83hm²,占全县总耕地面积的24.17%。其中大田10474.95hm²,占4级耕地面积的91.35%,菜地921.93hm²,占4级耕地面积的8.04%;可以说4级地主要是大田,此外,还有少量果园。见表6-9。

4级地主要分布高集镇、刘集镇、新城街道办事处中部、姜楼镇东北部、铜城街道办事处西南部等地区,顾官屯镇、鱼山镇也有少片分布。通过实地勘查和入户调查,综合评价上述区域近三年来的产量水平,结果表明4级地范围和面积符合实际生产情况。

表6-9 各利用类型4级地面积

利用类型	评价单元(个)	面积(hm²)	占总耕地面积(%)	占4级地面积(%)
大田	627	10474.95	22.08	91.35
菜地	86	921.93	1.94	8.04
果园	9	69.94	0.15	0.61
合计	722	11466.83	24.17	100

(二)主要属性分析

4级地主要是河间浅平洼地和缓平坡地,土壤以壤质潮土和砂质褐土为主,有盐碱危害,土壤侵蚀现象为中度或轻度,灌溉能力一般满足,排水能力一般,但4级地土壤养分含量中等或中等偏下。

表 6-10　　4 级地主要养分含量

项　目	有机质(g/kg)	有效磷(mg/kg)	速效钾(mg/kg)	有效锌(mg/kg)	有效硼(mg/kg)
平均值	14.9	19.8	170	1.04	0.62
范围值	11.2～20.5	6.20～49.86	91～326	0.18～3.33	0.37～0.99
含量水平	中偏下	中偏下	中偏下	中偏下	中等

(三)存在问题

4 级地主要分布在浅平洼地、砂质河槽地边沿,多为盐化潮土,理化性状较差。排水不畅,易造成盐碱危害。此外,4 级地土壤养分含量较低。

(四)改良利用

4 级地区一般地形较低洼,排水不畅,易造成盐碱危害,所以主要改良措施是解决盐碱危害问题。一是要搞好排水系统,确保雨季不发生涝渍;二是加大秸秆还田量,此处多为粮田,要在玉米收割时采用秸秆还田收割机,小麦收获时采用联合收割机,使小麦秸秆直接还田;三是种植部分抗盐碱作物;四是多发展速生林木,增加有机物还田量;五是如果适合灌溉,可以多用井灌,尽量杜绝引黄漫灌,靠井灌降低地下水位,增加地下库容水量,以防止雨季渍涝;六是增加化肥投入量,酌情施用锌、硼微肥,提高土地的产出水平。

五、5 级地

(一)面积与分布

5 级地,综合评价指数为综合评价指数为 0.780～0.823,耕地面积为 5963.51hm²,占全县总耕地面积的 12.57%,其中大田 5304.54m²,占 5 级耕地面积的 88.95%,菜地 593.37hm²,占 5 级耕地面积的 9.95%,此外,还有少量果园。见表 6-11。

5 级地主要分布在鱼山镇和牛角店镇西部等地区,新城街道办事处和铜城街道办事处也有片块分布。通过实地勘查和入户调查,综合评价上述区域近三年来的产量水平,结果表明 5 级地范围和面积符合实际生产情况。

表 6-11　　各利用类型 5 级地面积

利用类型	评价单元(个)	面积(hm²)	占总耕地面积(%)	占 5 级地面积(%)
大田	324	5304.54	11.18	88.95
菜地	40	593.37	1.25	9.95
果园	8	65.6	0.14	1.11
合计	372	5963.51	12.57	100

(二)主要属性分析

5 级地土壤类型为壤质潮土和砂质褐土化潮土,地貌类型为河槽洼地和浅平洼地。耕层质地差,有盐碱化现象,土壤侵蚀现象明显,土壤养分含量中偏下,灌溉条件一般。见

表 6-12。

表 6-12　　5 级地主要养分含量

项　目	有机质(g/kg)	有效磷(mg/kg)	速效钾(mg/kg)	有效锌(mg/kg)	有效硼(mg/kg)
平均值	13.7	18.1	159	1.05	0.61
范围值	10.4～21.3	7.76～50.28	90～260	0.38～3.32	0.37～1.01
含量水平	中偏下	中偏下	中等	中偏下	中等

(三)存在问题

5 级地的主要问题:一是引黄河水灌溉不方便;二是质地松,易随风流动;三是漏水、漏肥,土壤养分含量低。

(四)改良利用

针对 5 级地存在的问题,进一步整平地面,健全引黄灌溉工程,起到引黄压沙作用,增加土壤黏土成分,改良质地。重点发展林业和果园,防风固沙,通过林木的落叶增加土壤有机物,提高土壤有机质含量,重施有机肥或多施其他作物秸秆,增加土壤有机胶体,形成土壤团粒结构,改善物理性状,起到保水保肥作用。增施氮、磷、钾肥,协调土壤养分含量。

六、6 级地

(一)面积与分布

6 级地,综合评价指数小于 0.78,耕地面积为 1959.37hm^2,占全县总耕地面积 4.13%,其中大田 1426.03hm^2,占 6 级耕地面积的 72.78%,菜地 522.17hm^2,占 6 级耕地面积的 26.65%,此外,还有少量果园和灌溉水田分布。见表 6-13。

6 级地主要分布在鱼山镇和牛角店镇东部等地区,刘集镇和铜城街道办事处也有片块分布。通过实地勘查和入户调查,综合评价上述区域近三年来的产量水平,结果表明 6 级地范围和面积符合实际生产情况。

表 6-13　　各利用类型 6 级地面积

利用类型	评价单元(个)	面积(hm^2)	占总耕地面积(%)	占 6 级地面积(%)
灌溉水田	1	9.51	0.02	0.48
大田	84	1426.03	3.01	72.78
菜地	39	522.17	1.10	26.65
果园	1	1.66	0	0.09
合计	125	1959.37	4.13	100

(二)主要属性分析

6 级地土壤类型为盐化潮土和潮壤土,地貌类型以河流低阶地为主,此外还有少量古河道洼地地貌。耕层质地差,盐碱化现象和土壤侵蚀现象明显,土壤养分含量中偏下,灌溉条件一般。见表 6-14。

表 6-14 6 级地主要养分含量

项 目	有机质(g/kg)	有效磷(mg/kg)	速效钾(mg/kg)	有效锌(mg/kg)	有效硼(mg/kg)
平均值	12.6	15.3	147	1.01	0.59
范围值	10.3～15.9	10.49～33.10	108～214	0.31～3.01	0.38～1.07
含量水平	中偏下	中偏下	中偏下	中偏上	中偏下

(三)存在问题

这一区域主要在沿黄及地势低洼一带,盐碱地有零星分布,漏水漏肥,肥力低下,宜农条件差,灌溉设施不齐全,灌溉保证率不高。

(四)改良利用

合理利用措施:一是有盐碱危害的耕地,推广平衡施肥,秸秆还田技术,因地制宜,抑制盐分上升。二是搞好农田基本建设,提高土壤保墒能力。

第七章 耕地资源合理利用与改良

目前，由于缺乏全面规划和统一布局，掠夺式生产经营，以及不合理的施肥造成了严重土壤养分失衡、土地污染和水土流失等一系列问题，严重影响了作物的产量和品质，阻碍了现代农业的发展进程。

耕地资源合理利用就是根据土壤资源的特点，合理规划，科学施肥，使现有的耕地资源充分发挥作用；耕地资源的改良就是在合理利用的基础上，努力保护耕地资源，改善耕地的生产条件和生态环境，提高耕地的利用率，改良中低产田，因地制宜，开发利用耕地资源，挖掘耕地资源的生产潜力，加强耕地资源管理，实现耕地资源的合理利用。

第一节 利用与改良的耕地资源的现状与特征

东阿县地势西南高、东北低，境内地势平坦、土壤肥沃，适宜农业生产。地处暖温带，属温带季风大陆性气候，境内气候无明显差异。气候特征是雨、热同季，大陆性强，寒暑交替，四季分明。春季为3～5月，气温回暖快，降水少，风速大，气候干燥。夏季为6～8月，气温高，湿度大，降水集中，气候湿热。秋季为9～11月，气温急降，雨量骤减，天高气爽。冬季为12～2月，雨雪稀少，寒冷干燥。

全县土地总面积为79928.53hm^2，耕地面积为47442.4hm^2，占土地总面积的59.4%，农业人口人均耕地0.1266hm^2，按总人口人均耕地仅0.11hm^2。耕地地类构成以水浇地为主，面积为41841.1hm^2，占耕地面积的88.91%；旱地面积为4743.58hm^2，约占耕地面积的10%。东阿县地处黄河冲积平原，成土母质为黄河冲积物，土壤形成系黄河改道及多次决口泛滥携带大量泥沙沉积而成，加之人类长期耕种、管理使土壤逐步向有利于生产的方向发展。根据全国第二次普查的土壤分类系统，东阿县土壤共分为4个土类，7个亚类，13个土属，72个土种。

东阿水资源丰富，年地表径流量为$5.1\times10^7 m^3$，地下蕴藏量在$2.33\times10^9 m^3$以上，水土资源优越，适宜多种作物生长，农业生产潜力大。东阿县是农业县，种植作物主要以小麦、玉米、蔬菜、果树为主，种植制度以一年两熟为主，典型的种植制度是小麦—玉米，小麦—棉花。近年来，由于国家加大了对三农的政策扶持力度和资金投入，提高了农民的生产积极性，使耕地利用日趋合理。主要表现在以下几个方面：一是耕地产出率高，2008年全县粮食总产达到46.17万吨，瓜菜类总产达到30万吨；二是耕地利用率高，随着新科技、新品种的不断推广，间作套种等耕作方式的合理利用，蔬菜大棚及果树生产的快速发展，耕地复种指数不断提高。2008年，农作物总播种面积为75875.2hm^2（年鉴统计资料)，复种指数为160%；三是产业结构日趋合理，目前粮经作物面积比例达到7∶3；四是基础设施进一步改善，全县机井保有量达8004眼，实现有效灌溉43890hm^2，其中保浇水一水区为916hm^2，占总耕地面积的1.93%；二水区为9201hm^2，占总耕地面积的19.4%；三水区为20883hm^2，占总耕地面积的44.1%；四水区为12890hm^2，占总耕地面积的27.2%；不能浇水区为232hm^2，占总耕地面积的0.49%。全县的耕地资源在管理和利用中，还存在如下问题：

(一)耕地面积相对稳定，人均耕地面积逐年下降

耕地是农业最基本的生产资料，是决定农业发展潜力的重要因素。

通过对全县多年来耕地面积的统计可以看出，县耕地面积呈下降趋势，但由于不断开荒补地，减幅不大；而随着人口的不断增加，导致人均耕地急剧减少。城市外延伸展占用耕地，且大多是粗放型利用，村镇建设速度加快，使耕地面积逐年减少。由于土地利用尚缺少周密计划，盲目、滥用土地的现象日益严重，非农业建设用地和乡村企事业用地尤为突出；二是农业内部用地不合理，粮食种植面积逐年减少，种植业挤占粮田，经济作物挤占种植业用地。

(二)土壤存在障碍因素

渗、漏、涝、裂为东阿县耕地存在的主要障碍因素。

1. 渗

金堤与黄河堤之间地带，主要包括大桥镇、鱼山镇、牛店镇、铜城街道办事处等，由于黄河河床高于地面，常年地下径流强烈，侧渗严重，常年潜水位高、潜水埋深在1m左右，旱时潮湿，水分多，土壤孔隙少，涝时湿度大影响植物根部呼吸，作物难以生长。

2. 漏

东沉沙池、西沉沙池、刘集镇与聊城市东昌府区相邻处，地貌类型为砂质河槽地，缓平坡地和河滩高地，土壤类型多为砂均质型潮土和半固定风沙土，漏水漏肥，造成土壤养分含量低。

3. 涝

在浅平洼地上分布着大量黏质土，地势地平，每年雨季排水困难，雨水下渗缓慢，土壤易饱和，地面易积水，根部呼吸困难，养分难于吸收，作物生长困难。该耕地主要分布在大桥镇、陈集乡、姚寨镇、高集镇。

4. 裂

土壤表层质地黏重，雨后特别是浇水后，天气干旱土壤易龟裂，既易失水又易断根，是影响作物产量的一大障碍因素。且土壤适耕期短，物理性状差，中耕困难。这种耕地主要分布于姚寨镇、铜城街道办事处、姜楼镇。

(三)耕作层变浅，犁底层坚硬

随着农业生产的发展，现在大多数农民都采用农机旋耕，耕作深度一般在15cm左右，而造成耕作层逐年变浅，犁底层逐年变硬。耕层以下的土壤物理性状逐渐变差，如土壤容重增大，总孔隙度减小，土壤通透性差，土壤结构坚实，土壤的蓄水保水能力降低，不利于作物根系下扎和生长发育。同时，耕层以下土层普遍硬紧实，养分含量仅为耕层的70%，底层养分含量更少。因此出现了好多地块作物前期生长好，后期长势差，出现脱肥

早衰，对作物产量影响很大。

(四)土壤 pH 较高

耕地土壤 pH 众数为 8.3，变化范围为 7.5～8.5，在偏碱性的土壤中，施用铵态氮肥和酰胺态氮肥 NH_4^+ 在土壤中易转变成氨气挥发损失，磷肥也易被固定为作物难以吸收利用的难溶性磷酸盐，从而降低肥效。在农业生产中要注意增施有机肥，施用生理酸性肥料，不宜施用碱性肥料。

第二节　耕地资源合理利用的对策

一、土壤资源的保护

土壤是农业最主要的自然资源。东阿县历来注重农田基本建设，大兴农田水利建设、轮作换茬、精耕细作、用地养地相结合，几千年的农业生产，保持了肥力不衰，养育了世世代代人民而繁衍昌盛，这是主流。另一方面也必须看到，全县农业生态还存在一些严重不平衡的因素，如人口不断增加，耕地不断减少，水土流失严重，物质投入量少、质低，土壤养分贫瘠，旱涝威胁不止，以致使部分农区生态失调，土壤衰退严重。这是一个极为不利的趋势。我们必须从现在起，围绕土壤肥力这一核心，抓住土壤资源的三大保护。

(一)珍惜每一寸土地，切实保护耕地。

土地是宝贵而有限的资源，是农业最基本的生产资料，珍惜和节约每寸土地是我国的重要国策，是人民之美德。展望未来，农村、城市建设还要不断扩大，全县人口仍要不断增多。从现在起，如果不尽快解决乱占耕地的问题，人多地少的矛盾将会越来越突出。为此，在今后的建设中，必须采取强有力的措施，坚持田、林、水、路、村镇统筹安排，全面规划。对各项建设用地，应严格掌握不占用或少占用耕地，有薄地不占用好地，并注重节约。

(二)下决心采取有力措施，搞好沉沙池区改良。

耕地是农业之本，土壤沙化、碱化一直以来都是我国面临的重大问题。引黄济津工程在东阿县西南部的位山灌区开始流经刘集、顾官屯、姜楼三个乡镇，故而有东西两个引黄沉沙池区，共涉及 47 个行政村，沙化、泛碱化耕地面积以达 2238.4hm^2。所以沉沙池区耕地改良尤为重要。为此，应进一步贯彻“防治并重，治管结合，因地制宜，全面规划，综合治理，除害兴利”的方针。采取有力的措施：①加强防风固沙林系的建设，以改善生态环境；②兴修水利，建设涝能排、旱能浇的高标准粮田；③增施有机肥、实施测土配方施肥技术以增加土壤肥力与生产力，并加强土壤的养分监测，及时平衡土壤养分；④根据土壤具体情况，实行种养结合的区域化种植，以增加农民的经济效益。

(三)培肥土壤，提高有机质含量

努力保护土壤有机质、千方百计增加有机质，扭转有机质含量递减的严重趋势，是培肥土壤改善生态平衡，提高土壤肥力的治本性战略措施。

农业生态系统，是开放性的物质循环，人类不断地从系统中索取大量的粮油肥料饲料和燃料等物质，而向系统输入种种技术能量，以提高系统生产力。据化验统计，目前本县土壤有机质含量虽然比 1984 年土壤普查时有所增长，但土壤的肥力并没有太大增长，长期依赖于无机化肥的大量投入，使土壤结构恶化，导致肥料利用率不高，全县土壤以砂壤、轻壤土居多，有漏水漏肥现象，所以欲达到农业产量的高产稳产，则必须积极而适度的增加土壤有机质。因为，只有大量使用有机肥料，提高土壤有机质含量才能增强土壤生理机制，产生优良的有机—无机—微生物—酶复合胶体，发挥其多功能的主动调节能力：即能大量的储藏水分和养分，遇旱能抗，遇涝能渗，适耕性好，稳温性强，有利于农作物的生长发育，以达到高产、稳产。反之，土壤有机质减少，土壤生理机制失调，作物生长发育受阻，产量低而不稳。为此，增施有机肥料，将是东阿县发展农业生产的一条基本技术政策。

二、耕地改良利用对策

（一）增施有机肥，提高土壤肥力

土壤有机质多少，是衡量土壤肥力的重要标志之一。它的作用是能直接提供植物生长所需要的矿质营养（氮、磷、钾、钙、镁、硫及其他微量元素，以及各种简单的有机化合物和土壤微生物能源和营养）。它还能间接地促进团粒结构的形成，协调水、气、热状况，改善土壤耕性，增强土壤保肥供肥能力和持水抗逆性能。东阿县地少人多，复种指数高，提高土壤肥力和作物产量，关键在于提高土壤中有机质的含量。

大力推广秸秆还田技术。秸秆还田是增加土壤有机质，改善土壤结构，培肥地力，改良土壤理化性状的最好途径。东阿县为种植粮食的农业大县，主要种植小麦、玉米两种粮食作物，秸秆常年产量在83.21万吨（仅指小麦、玉米秸秆），其中小麦秸秆还田面积占收获面积（$5.27\times10^{4}hm^{2}$）的95%，玉米秸秆还田面积占收获面积（$4.87\times10^{4}hm^{2}$）的90%，每年秸秆还田总量为66.77万吨，每公顷耕地每年平均还田秸秆6590kg。

管理利用好农家肥，倡导并督促、指导农民利用秸秆、人粪尿土等沤制优质有机肥，增加有机肥的施用量。

（二）合理施用化肥，促进土壤养分平衡

改变原有的施肥观念，大力推广测土配方施肥技术，做到各养分比例适当、施肥数量、施肥方法、施肥时间科学合理，促进土壤养分平衡。尤其是利用本次耕地地力评价成果，有针对性的增加硼肥等中微量元素的使用。

（三）加深耕层，破除障碍、平整土地、熟化土壤

深耕深翻打破犁底层，能够熟化土壤加厚活土层，提高土壤通透性和蓄水性；深耕，尤其是配合增施有机肥，有利于好气性微生物活动，促进团粒结构形成，提高土壤肥力，扩大作物根系吸收利用的营养面积；深翻结合整平地面，有利于合理用水，提高灌水质量，防止土壤的侵蚀。深翻不要打乱土层，深耕要逐年加深，一般每次加深1寸为宜。但对于厚砂心的漏砂地，不易深耕，否则犁底层被打破后造成水、肥大量渗漏，降低了土壤保水保肥的能力，更不利于作物生长。

（四）因土制宜、优化种植结构

目前，本县多是小麦—玉米一年两作种植模式，土地得不到休闲和换茬，造成土壤养分各方面的吸收消耗和病虫害的加重。通过合理轮作、科学间套种等措施，增加复种指数，努力提高耕地资源的利用率；注重多物种、多层次、多时序、多级质能、多种产业的有机结合，农、林、牧、副、渔并举，建立生态型可持续农业系统，达到经济、生态和社会效益的高

度统一。做到因土种植,优化种植业结构,合理利用土地资源,提高生产力,造福于民。

(五)增加农业投入,完善基础设施建设

水是作物生长的必要条件,灌排条件与耕地的基础地力有着密切的关系。通过采取健全灌溉工程,改善灌区输水、配水设备,加强灌溉作业管理,改进地面灌溉技术,采用增产、增值的节水灌溉方法和灌溉技术等措施,改善区域农田的土壤水分状况,推广节水灌溉技术,改善和扩大灌溉面积。力争使全县耕地能够达到旱能灌、涝能排,确保农业生产丰产丰收。

第八章 耕地资源管理信息系统数据库建设

第一节 概 述

一、项目来源及目的意义

东阿县耕地资源信息系统数据库建设工作，是农业部“沃土工程，科学施用化肥”即耕地地力评价工作的重要组成部分，是国家实现农业科学种田，促进粮食稳定生产，实现农业科学施肥经常化、普及化的重要工作，是实现农业耕地地力评价成果资料统一化、标准化的重要计划，是实现综合农业信息资料共享的技术手段。东阿县耕地资源信息系统数据库建设工作是对最新的土地利用现状调查成果，第二次土壤普查的土壤、地貌等成果，本次耕地地力评价工作采集的土壤化学分析等成果进行汇总，建立一个集空间数据库和属性数据库的存储、管理、查询、分析、显示为一体的数据库，为科学种田及施肥、农业的可持续发展，深化农业科学管理工作服务。

二、建库单位组成

为加快东阿县耕地资源信息系统数据库建设工作，依据农业部县域耕地资源信息系统数据库建设工作要求，由多年来一直从事农业平衡施肥研究、耕地地力评价、数据库建设工作有一定经验的单位组成联合工作组：

山东省土壤肥料总站：负责评价及建库工作组织、协调、标准制定、土壤图成果资料的归属核查处理等；

山东农业大学资源与环境学院：负责耕地地力评价图、土壤化学微量元素系列图及研究报告编制等。

山东天地亚太国土遥感有限公司：负责土地、土壤、矿化度、地貌、灌溉分区等图件扫描矢量化及几何校正处理等编图工作，耕地地力评价所有建库资料统一化、标准化处理，空间数据库和属性数据库建设，耕地地力评价成果图件修改编辑及图件输出、数据库建设报告编制等工作。

三、建库工作的软硬件环境

(一)主要硬件

P4 3.0 计算机 10 台，HP5000 和 HP3500 绘图仪各一台。

（二）软件

MAPGIS 6.7 软件 10 套，ARCGIS 9.2 软件 2 套，县域耕地资源信息系统软件 2 套，ENVI 4.6 遥感图像处理与分析软件 1 套。

第二节　建库内容及建库工作中主要问题的处理

一、建库内容

依据农业部耕地地力评价工作数据库建设的要求，东阿县耕地资源信息系统数据库建设工作包括空间数据库和属性数据库两部分内容。属性数据库严格按照县域耕地资源信息系统数据字典及建库县提供的有关数据编制。空间数据库包括土地利用现状图、土壤图、矿化度含量分布图、灌溉分区图、地貌图、耕地地力调查点点位图、耕地地力评价等级图、土壤化学微量元素系列图等。

二、建库工作中的主要问题

东阿县耕地资源信息系统数据库建设工作由于涉及的内容多，加之部分资料为第二次土壤普查的资料，与县域耕地资源信息系统数据字典的要求对比存在以下问题：

（1）第二次土壤普查的成果均为纸介质图，因图纸折叠和自然伸缩的影响，图件变形大，形成较大的误差。

（2）土地利用现状图为 2006 年以前的现状，近年来交通用地和蔬菜地等出现变化等。

（3）东阿县土壤图中的土种名称和编码与山东省土种归属要求、全国土种标准名称与编码等不一致。

（4）东阿县的地貌图为微地貌图，与县域耕地资源信息系统数据字典中地貌划分的名称不能一一对应。

（5）同一个县已有资料坐标系不统一问题，如第二次土壤普查图件为 1954 年北京坐标系，土地利用现状图或行政区划图为 1980 年西安坐标系等。

三、建库工作中有关问题的处理

（1）依据 1∶50000 标准分幅地形图，对所有建库的纸介质成果图全部进行几何校正处理，以消除纸介质成果图的误差。

（2）依据较新的航天卫星资料对近年来变化的公路、铁路等进行了修改补充。

（3）为使东阿县土种的名称及代码与省标和国标相对应，在耕地资源信息系统数据库建设前，首先对土壤图中所有图斑内容进行了检查统计、对错漏问题，交项目县修改及编制土种归属表，最后由省土肥站进行土种归属复查处理。在此基础上编制了国标、省标、县土壤名称及代码对比表。为方便县域土壤图的利用和对比，建库后的图中仍保留了原县域土壤图的土种代码，属性挂接为国标代码。

（4）由于县域耕地资源信息系统数据字典中的划分的地貌名称少，其地貌名称不能一一对应，在建库时尽量选择与数据字典中相近的地貌名称进行编码，为方便地貌图的利用和对比，在地貌图中保留了原地貌图的名称和代码，图例中增加了建库数据字典中规定的地貌名称、代码与县原地貌名称、代码的对比表，属性挂接为数据字典中规定的地貌名称和代码。

(5)对同一个县已有资料坐标系不统一问题，依据数据库建设要求，所有成果全部统一到高斯—克吕格投影，6 度分带，1954 年北京坐标系中。

第三节　数据库标准化

一、标准引用

县域耕地资源信息系统数据字典中规定的国标及行业有关技术标准：

(1)GB/T 2260-2002　《中华人民共和国行政区划代码》
(2)NY/T 309-1996　《全国耕地类型区、耕地地力等级划分标准》
(3)NY/T 310-1996　《全国中低产田类型划分与改良技术规范》
(4)GB/T 17296-2000　《中国土壤分类与代码》
(5)全国农业区划委员会　《土地利用现状调查技术规程》
(6)国土资源部　《土地利用现状变更调查技术规程》
(7)GB/T 13989-1992　《国家基本比例尺地形图分幅与编号》
(8)GB/T 13923-1992　《国土基础信息数据分类与代码》
(9)GB/T 17798-1999　《地球空间数据交换格式》
(10)GB/T 3100-1993　《国际单位制及其应用》
(11)GB/T 16831-1997　《地理点位置的纬度、经度和高程表示方法》
(12)GB/T 10113-2003　《分类编码通用术语》
(13)GB/T 10114-2003　《县以下行政区划代码编制规则》
(14)GB/T 9648-1988　《中国际单位制代码》
(15)农业部　《全国耕地地力调查与评价技术规程》
(16)农业部　《测土配方施肥技术规范(试行)》
(17)农业部　《测土配方施肥专家咨询系统编制规范(试行)》
(18)山东省县域土种归属标准
(19)山东省县域耕地地力评价标准等

二、空间坐标系及建库平台

(一)空间数据坐标系

投影：高斯—克吕格，6 度分带。1954 年北京坐标系，1956 年黄海高程系。比例尺为1∶50000。

(二)数据库采集模板和数据库文件格式

为使所有建库资料达到统一化和标准化，以及满足所有成果图件的输出和耕地资源地力评价工作的需要，对建库资料的扫描矢量化和几何校正处理工作均采用 MAPGIS 平台，数据库的文件格式为 MAPGIS 的点、线、面文件。待数据库成果评审验收和修改后，将 MAPGIS 的点、线、面格式转换为 shape 格式，由 ARCGIS 平台进行数据库规范化处理，最后将数据库资料导入县域耕地资源信息管理系统。

第四节　数据库结构

一、空间数据库图层划分

空间数据库图层划分是严格按照县域耕地资源信息系统数据字典要求分层的，每层只反映属性相同的内容。东阿县耕地资源信息系统数据库建设包括土地利用现状图、第二次土壤普查成果和耕地地力评价等三部分内容，其全省空间数据库图层划分情况详见表 8-1。

表 8-1　耕地资源信息系统空间数据库分层表

序号	图层代码	图层名称	序号	图层代码	图层名称
1	AD101	行政区划图	18	SP103	耕层土壤有效磷等值线图
2	AD102	县乡村位置图	19	SP104	耕层土壤速效钾等值线图
3	AD103	行政界线图	20	SP105	耕层土壤缓效钾等值线图
4	AD201	辖区边界图	21	SP106	耕层土壤有效锌等值线图
5	AD202	装饰边界图	22	SP108	耕层土壤有效钼等值线图
6	GE103	面状水系图	23	SP109	耕层土壤有效铜等值线图
7	GE104	线状水系图	24	SP110	耕层土壤有效硅等值线图
8	GE105	道路图	25	SP111	耕层土壤有效锰等值线图
9	GE201	坡度图	26	SP112	耕层土壤有效铁等值线图
10	GE203	地貌类型分区图	27	SP201	耕层土壤 pH 等值线图
11	LM102	灌溉分区图	28	SP113	耕层土壤交换性钙等值线图
12	LU101	土地利用现状图	29	SP114	耕层土壤交换性镁等值线图
13	SB101	土壤图	30		耕层土壤有效硫等值线图
14	SB203	地下水矿化度等值线图	31		耕层土壤水解性氮等值线图
15	SB302	耕地地力调查点点位图	32		耕地地力评价等级图
16	SP101	耕层土壤有机质等值线图	33		耕层土壤有效硼等值线图
17	SP102	耕层土壤全氮等值线图			

注：本表为山东省统一的分层情况，东阿县为部分图件。

二、属性数据库结构

属性数据结构内容严格按县域耕地资源管理信息系统数据字典及建库县提供的资料编制。属性数据库结构详见表 8-2。

表 8-2 耕地资源信息系统属性数据库结构表

图名	属性数据结构	字段类型
行政区划图	内部标识码:系统内部 ID 号	长整型,9
	实体类型:point,polyline,polygon	文本型,8
	实体面积:系统内部自带	双精度,19,2
	实体长度:系统内部自带	长整型,10
	县内行政码:根据国家统计局"统计上使用的县以下行政区划代码编制规则"编制	长整型,6
县乡村位置图	内部标识码:系统内部 ID 号	长整型,9
	实体类型:point,polyline,polygon	文本型,8
	X 坐标:无,Y 坐标:无	双精度,19,2
	县内行政码:根据国家统计局"统计上使用的县以下行政区划代码编制规则"编制	长整型,6
	标注类型:村标注,乡标注,县标注	字符串,6
行政界线图	内部标识码:系统内部 ID 号	长整型,9
	实体类型:point,polyline,polygon	文本型,8
	实体长度:系统内部自带	长整型,10
	界线类型:根据国家基础信息标准(GB13923-92)填写	文本型,40
辖区边界图	内部标识码:系统内部 ID 号	长整型,9
	实体类型:point,polyline,polygon	文本型,8
	实体面积:系统内部自带	双精度,19,2
	实体长度:系统内部自带	长整型,10
	要素代码:依据《国家基础地理信息数据分类与代码》编制要素代码	长整型,5
	要素名称:依据《国家基础地理信息数据分类与代码》编制要素名称	文本型,40
	行政单位名称:单位的实际名称填写	文本型,20
装饰边界图	内部标识码:系统内部 ID 号	长整型,9
面状水系图	内部标识码:系统内部 ID 号	长整型,9
	实体类型:point,polyline,polygon	文本型,8
	实体面积:系统内部自带	双精度,19,2
	实体长度:系统内部自带	长整型,10
	要素代码:依据《国家基础地理信息数据分类与代码》编制要素代码	长整型,5
	要素名称:依据《国家基础地理信息数据分类与代码》编制要素名称	文本型,40
	面状水系码:自定义编码	字符串,5
	面状水系名称:依据 2006 年 10 月版山东省地图册编制	字符串,20
	湖泊储水量:依据 1∶50000 地形图	字符串,8
线状水系图	内部标识码:系统内部 ID 号	长整型,9
	实体类型:point,polyline,polygon	文本型,8
	实体长度:系统内部自带	长整型,10
	要素代码:依据《国家基础地理信息数据分类与代码》编制要素代码	长整型,5
	要素名称:依据《国家基础地理信息数据分类与代码》编制要素名称	文本型,40
	线状水系码:自定义编码	长整型,4
	线状水系名称:依据 2006 年 10 月版山东省地图册编制	文本型,20
	河流流量:无	长整型,6

续表

图名	属性数据结构	字段类型
道路图	内部标识码:系统内部 ID 号 实体类型:point,polyline,polygon 实体长度:系统内部自带 要素代码:依据《国家基础地理信息数据分类与代码》编制要素代码 要素名称:依据《国家基础地理信息数据分类与代码》编制要素名称 公路代码:根据国家标准《公路路线命名编号和编码规则命名与编号规则》编制 公路名称:根据国家标准《公路路线命名编号和编码规则命名与编号规则》编制	长整型,9 文本型,8 长整型,10 长整型,5 文本型,40 文本型,11 文本型 20
地貌类型分区图	内部标识码:系统内部 ID 号 实体类型:point,polyline,polygon 实体面积:系统内部自带 实体长度:系统内部自带 地貌类型:数据引用自"中国科学院生物多样性委员会　地貌类型代码库"(四类码)	长整型,9 文本型,8 双精度,19,2 长整型,10 文本型,18
灌溉分区图	内部标识码:系统内部 ID 号 实体类型:point,polyline,polygon 实体面积:系统内部自带 实体长度:系统内部自带 灌溉水源:县局提供数据 灌溉水质:无 灌溉方法:县局提供数据 年灌溉次数:县局提供数据 灌溉条件:无 灌溉保证率:无 灌溉模数:无 抗旱能力:无	长整型,9 文本型,8 双精度,19,2 长整型,10 文本型,10 文本型,4 文本型,18 文本型,2 文本型,4 长整型,3 双精度,5,2 长整型,3
土地利用现状图	内部标识码:系统内部 ID 号 实体类型:point,polyline,polygon 实体面积:系统内部自带 实体长度:系统内部自带 地类号:国土资源部发布的《全国土地分类》三级类编码 平差面积:无	长整型,9 文本型,8 双精度,19,2 长整型,10 长整型,3 双精度,7,2
土壤图	内部标识码:系统内部 ID 号 实体类型:point,polyline,polygon 实体面积:系统内部自带 实体长度:系统内部自带 土壤国标码:土壤类型国标分类系统编码	长整型,9 文本型,8 双精度,19,2 长整型,10 长整型,8
地下水矿化度等值线图	内部标识码:系统内部 ID 号 实体类型:point,polyline,polygon 实体长度:系统内部自带 地下水矿化度:依据县级矿化度图实际数据填写	长整型,9 文本型,8 长整型,10 双精度,5,1

续表

图名	属性数据结构	字段类型
耕地地力调查点点位图	内部标识码:系统内部 ID 号 实体类型:point,polyline,polygon X 坐标:北京 54 坐标系 Y 坐标:北京 54 坐标系 点县内编号 AP310102:自定义编号	长整型,9 文本型,8 双精度,19,2 双精度,19,2 长整型,8
行政区基本情况数据表	县内行政码 SH110102:根据国家统计局"统计上使用的县以下行政区划代码编制规则"编制 省名称:山东省 县名称:××市,××区,××县 乡名称:××乡,××镇,××街道 村名称:××村,××委员会 行政单位名称:××市,××区,××县,××乡,××镇,××街道,××村,××委员会 总人口:无 农业人口:无 非农业人口:无 国民生产总值 GNP:无	长整型,6 字符串,6 字符串,8 字符串,18 字符串,18 字符串,20 字符串,7 字符串,7 字符串,7 双精度,11,2 字符串,20
县级行政区划代码表	行政单位名称:××市,××区,××县,××乡××镇××街道××村××委员会 县内行政码 SH110102:根据国家统计局"统计上使用的县以下行政区划代码编制规则"编制	长整型,6 长整型 9
土地利用现状地块数据表	内部标识码:系统内部 ID 号 地类号:国土资源部发布的《全国土地分类》三级类编码 地类名称:国土资源部发布的《全国土地分类》三级类名称 计算面积:无 地类面积:无 平差面积:无 报告日期:无	长整型 9 字符串,3 字符串,20 双精度,7,2 双精度,7,2 双精度,7,2 日期型,10
土壤类型代码表	土壤国标码:土壤类型国标分类系统编码 土壤国标名:土壤类型国标分类系统名称	字符串,8 字符串,20
耕地地力调查点基本情况及化验结果数据表	灌溉水源:县提供数据 灌溉方法:县提供数据 调查点国内统一编号:自定义编号 调查点县内编号:自定义编号 调查点自定义编号 AP310103:自定义编号 调查点类型:耕地地力调查点 户主联系电话:区号-本地电话号码 调查人联系电话:区号-本地电话号码 调查人姓名:××× 调查日期:采集当天日期 ≥0℃积温:无	字符串,10 字符串,18 字符串,14 字符串,8 字符串,40 字符串,20 字符串,13 字符串,13 字符串,8 日期型,10 字符串,5

续表

图名	属性数据结构	字段类型
耕地地力调查点基本情况及化验结果数据表	≥10℃积温:无	字符串,5
	年降水量:县提供数据	字符串,4
	全年日照时数:无	字符串,4
	光能辐射总量:无	字符串,4
	无霜期:县提供数据	字符串,3
	干燥度 CW210107:无	双精度,4,2
	东经:县提供数据	双精度,9,5
	北纬:县提供数据	双精度,8,5
	坡度:地形坡度海拔:海拔高度	双精度,6,1
	坡向:缺少数据	双精度,4,1
	地形部位:数据引用自《全国耕地类型区、耕地地力等级划分》(NY/T 309-1996)和《全国中低产田类型划分与改良技术规范》(NY/T 310-1996)	字符串,4
	田面坡度:依据田面实际坡度	字符串,50
	灌溉保证率:无	双精度,4,1
	排涝能力:无	字符串,3
	梯田类型:无	字符串,2
	梯田熟化年限:无	字符串,10
	保护块面积:无	字符串,3
	土壤侵蚀类型:无	双精度,7,2
	土壤侵蚀程度:无明显侵蚀,轻度侵蚀	字符串,8
	污染源企业名称:无	字符串,20
	污染源企业地址:无	字符串,50
	液体污染物排放量:无	字符串,50
	粉尘污染物排放量:无	双精度,6,1
	污染面积 LE220105:无	双精度,6,1
	污染物类型:无	双精度,9,2
	污染范围:无	字符串,20
	污染造成的损害:无	字符串,40
	距污染源距离:无	字符串,30
	污染物形态:无	字符串,5
	污染造成的经济损失:无	字符串,4
	省名称:山东省	字符串,9
	县名称:××市,××区,××县	字符串,8
	乡名称:××乡,××镇,××街道	字符串,18
	村名称:××村,××委员会	字符串,18
	户主姓名:×××	字符串,8
	土壤类型代码(国标):根据县提供数据填写	字符串,8
	土类名称(县级):县提供数据	字符串,20
	亚类名称(县级):县提供数据	字符串,20
	土属名称(县级):县提供数据	字符串,20
	土种名称(县级):县提供数据	字符串,20
	剖面构型:土层符号代码表、土层后缀符号代码表、剖面构型数据	字符串,10
	编码表是根据《中国土种志》整理	字符串,8
	质地构型:无	字符串,2
	耕层厚度:县提供数据	字符串,10
	障碍层类型:无	字符串,3

续表

图名	属性数据结构	字段类型
耕地地力调查点基本情况及化验结果数据表	障碍层出现位置:无	字符串,3
	障碍层厚度:无	字符串,30
	成土母质:数据引用于《土壤调查与制图》(第二版),农业出版社	字符串,6
	质地:中壤土,重壤土,砂壤土	双精度,4,2
	容重:县提供数据	字符串,2
	田间持水量:县提供数据	双精度,4,1
	pH:依据土壤化学分析 pH 耕地地力等级评价成果填写	双精度,4,1
	CEC:依据土壤化学分析 CEC 值耕地地力等级评价成果填写	双精度,5,1
	有机质:依据土壤化学分析有机质值耕地地力等级评价成果填写	双精度,6,3
	全氮:依据土壤化学分析全氮值耕地地力等级评价成果填写	字符串,5
	全磷:依据土壤化学分析全磷值耕地地力等级评价成果填写	双精度,5,1
	有效磷:依据土壤化学分析有效磷值耕地地力等级评价成果填写	字符串,4
	缓效钾:依据土壤化学分析缓效钾值耕地地力等级评价成果填写	字符串,3
	速效钾:依据土壤化学分析速效钾值耕地地力等级评价成果填写	双精度,5,2
	有效锌:依据土壤化学分析有效锌值耕地地力等级评价成果填写	双精度,4,2
	水溶态硼:依据土壤化学分析水溶态硼值耕地地力等级评价成果填写	双精度,6,2
	有效硅:依据土壤化学分析有效硅值耕地地力等级评价成果填写	双精度,4,2
	有效钼:依据土壤化学分析有效钼值耕地地力等级评价成果填写	双精度,5,2
	有效铜:依据土壤化学分析有效铜值耕地地力等级评价成果填写	双精度,5,1
	有效锰:依据土壤化学分析有效锰值耕地地力等级评价成果填写	双精度,6,1
	有效铁:依据土壤化学分析有效铁值耕地地力等级评价成果填写	双精度,6,1
	交换性钙:依据土壤化学分析交换性钙值耕地地力等级评价成果填写	双精度,5,1
	交换性镁:依据土壤化学分析交换性镁值耕地地力等级评价成果填写	双精度,5,1
	有效硫:依据土壤化学分析有效硫值耕地地力等级评价成果填写	双精度,5,1
	盐化类型:无	字符串,20
	1m 土层含盐量:无	双精度,5,1
	耕层土壤含盐量:无	双精度,5,1
	水解性氮:依据土壤化学分析水解性氮值耕地地力等级评价成果填写	双精度,5,3
	旱季地下水位:无	字符串,3
	采样深度:县提供数据	字符串,7
耕层土壤有机质等值线图	内部标识码:系统内部 ID 号	长整型,9
	实体类型:point,polyline,polygon	文本型,10
	实体长度:系统内部自带	长整型,10
	有机质:依据土壤化学分析有机质值耕地地力等级评价成果填写	双精度,5,1
耕层土壤全氮等值线图	内部标识码:系统内部 ID 号	长整型,9
	实体类型:point,polyline,polygon	文本型,10
	实体长度:系统内部自带	长整型,10
	全氮:依据土壤化学分析全氮值耕地地力等级评价成果填写	双精度,4,2

续表

图名	属性数据结构	字段类型
耕层土壤有效磷等值线图	内部标识码:系统内部 ID 号 实体类型:point,polyline,polygon 实体长度:系统内部自带 有效磷:依据土壤化学分析有效磷值耕地地力等级评价成果填写	长整型,9 文本型,10 长整型,10 双精度,5,1
耕层土壤速效钾等值线图	内部标识码:系统内部 ID 号 实体类型:point,polyline,polygon 实体长度:系统内部自带 速效钾:依据土壤化学分析速效钾值耕地地力等级评价成果填写	长整型,9 文本型,10 长整型,10 长整型,3
耕层土壤缓效钾等值线图	内部标识码:系统内部 ID 号 实体类型:point,polyline,polygon 实体长度:系统内部自带 缓效钾:依据土壤化学分析缓效钾值耕地地力等级评价成果填写	长整型,9 文本型,10 长整型,10 长整型,4
耕层土壤有效锌等值线图	内部标识码:系统内部 ID 号 实体类型:point,polyline,polygon 实体长度:系统内部自带 有效锌:依据土壤化学分析有效锌值耕地地力等级评价成果填写	长整型,9 文本型,10 长整型,10 双精度,5,2
耕层土壤有效钼等值线图	内部标识码:系统内部 ID 号 实体类型:point,polyline,polygon 实体长度:系统内部自带 有效钼:依据土壤化学分析有效钼值耕地地力等级评价成果填写	长整型,9 文本型,10 长整型,10 双精度,4,2
耕层土壤有效铜等值线图	内部标识码:系统内部 ID 号 实体类型:point,polyline,polygon 实体长度:系统内部自带 有效铜:依据土壤化学分析有效铜值耕地地力等级评价成果填写	长整型,9 文本型,10 长整型,10 双精度,5,2
耕层土壤有效硅等值线图	内部标识码:系统内部 ID 号 实体类型:point,polyline,polygon 实体长度:系统内部自带 有效硅:依据土壤化学分析有效硅值耕地地力等级评价成果填写	长整型,9 文本型,10 长整型,10 双精度,6,2
耕层土壤有效锰等值线图	内部标识码:系统内部 ID 号 实体类型:point,polyline,polygon 实体长度:系统内部自带 有效锰:依据土壤化学分析有效锰值耕地地力等级评价成果填写	长整型,9 文本型,10 长整型,10 双精度,5,1
耕层土壤有效铁等值线图	内部标识码:系统内部 ID 号 实体类型:point,polyline,polygon 实体长度:系统内部自带 有效铁:依据土壤化学分析有效铁值耕地地力等级评价成果填写	长整型,9 文本型,10 长整型,10 双精度,5,1

续表

图名	属性数据结构	字段类型
耕层土壤pH等值线图	内部标识码:系统内部ID号 实体类型:point,polyline,polygon 实体长度:系统内部自带 pH:依据土壤化学分析pH耕地地力等级评价成果填写	长整型,9 文本型,10 长整型,10 双精度,4,1
耕层土壤交换性钙等值线图	内部标识码:系统内部ID号 实体类型:point,polyline,polygon 实体长度:系统内部自带 交换性钙:依据土壤化学分析交换性钙值耕地地力等级评价成果填写	长整型,9 文本型,10 长整型,10 双精度,6,1
耕层土壤交换性镁等值线图	内部标识码:系统内部ID号 实体类型:point,polyline,polygon 实体长度:系统内部自带 交换性镁:依据土壤化学分析交换性镁值耕地地力等级评价成果填写	长整型,9 文本型,10 长整型,10 双精度,5,1
耕层土壤有效硫等值线图	内部标识码:系统内部ID号 实体类型:point,polyline,polygon 实体长度:系统内部自带 有效硫:依据土壤化学分析有效硫值耕地地力等级评价成果填写	长整型,9 文本型,10 长整型,10 双精度,5,1
耕层土壤水解性氮等值线图	内部标识码:系统内部ID号 实体类型:point,polyline,polygon 实体长度:系统内部自带 水解性氮:依据土壤化学分析水解性氮值耕地地力等级评价成果填写	长整型,9 文本型,10 长整型,10 双精度,5,3
耕地地力评价等级图	内部标识码:系统内部ID号 实体类型:point,polyline,polygon 实体面积:系统内部自带 等级(县内):120	长整型,9 文本型,10 双精度,19,2 文本型,2
耕层土壤有效硼等值线图	内部标识码:系统内部ID号 实体类型:point,polyline,polygon 实体长度:系统内部自带 有效硼:依据土壤化学分析有效硼值耕地地力等级评价成果填写	长整型,9 文本型,10 长整型,10 双精度,4,2
土壤全盐含量分布图	内部标识码:系统内部ID号 实体类型:point,polyline,polygon 实体长度:系统内部自带 全盐:依据土壤化学分析全盐值耕地地力等级评价成果填写	长整型,9 文本型,10 长整型,10 双精度,4,1
耕层土壤有效镁等值线图	内部标识码:系统内部ID号 实体类型:point,polyline,polygon 实体长度:系统内部自带 有效镁:依据土壤化学分析有效镁值耕地地力等级评价成果填写	长整型,9 文本型,10 长整型,10 长整型,2
耕层土壤有效钙等值线图	内部标识码:系统内部ID号 实体类型:point,polyline,polygon 实体长度:系统内部自带 有效钙:依据土壤化学分析有效钙值耕地地力等级评价成果填写	长整型,9 文本型,10 长整型,10 长整型,2

第五节　建库工作方法

一、数据库质量控制

数据库质量涉及三个方面的工作：一要满足耕地地力评价工作的需要；二要满足耕地资源信息系统数据库建设的需要；三要满足建库所有成果图件输出的需要。为满足以上三个方面的要求，在数据库建设工作开展前，首先在有关国标、部标和行业标准的基础上，制定了统一的工作平台、工作方法和流程，成果图件图名、图例和色彩编制要求，成果质量检查工作方法，对耕地地力评价基础性图件首先在建库单位初步检查后，交项目县进行全面检查和修改补充错漏内容，返回建库单位对所有成果图件安排专人进行全面检查和修改，从而保证了数据库的成果质量。

二、建库工作有关规定

为保证建库工作的按时及保质完成，成立了建库项目组：

建库项目组：设立技术负责一人，全面负责建库工作有关规程的学习，日常建库工作安排、工作进度、质量检查、建库数据库资料汇总、MAPGIS 格式建库成果经 ARCGIS 规范化处理，导入县域耕地资源信息系统等工作。

质量检查组：安排具有工作经验的人员成立检查组，负责所有建库资料的质量检查及修改工作。

制定了建库工作标准：在建库工作前，首先对建库图形子图的大小、线的粗细及线型、面的色彩搭配，图件分层，工作方法和流程下发到每一个建库工作人员手中，统一了建库图形扫描矢量化的技术要求。

最终成果检查：所有成果图待评审验收后，依据专家意见，由建库组和耕地地力评价组依据专家和甲方意见进行成果图和数据库修改补充，最后输出成果图件和导入县域耕地资源信息系统。

三、建库资料精度及建库工作流程

(一)建库资料精度

为保证建库资料的数学精度，首先形成大于东阿县范围的 1∶50000 标准图幅理论图框，拼接形成县域的 1∶50000 理论图框，以 1∶50000 标准分幅地形图为基础，在地形图和县域土地利用现状图上选择同名地点(主要为农村道路交叉点等)为几何校正点，为保证县域图件的精度，东阿县不少于 30 个几何校正点，每一个几何校正点选择地形图附近的四个公里网交叉点，将其校正到县域的理论图框上，形成满足 1∶50000 精度要求的县域地理底图。以该图为基础，将所有建库成果图件校正到县域地理底图上。

(二)建库工作流程

第一步：首先按照建库工作的基本要求对土地利用现状、土壤、矿化度、灌溉分区、地貌、采样点位等图件进行扫描矢量化和几何校正处理、建库组错漏自查和交甲方进行错漏检查、返回建库组修改及编辑，拓扑检查，属性挂接处理等。第二步：将以上成果交耕地地力评价组进行耕地地力评价工作。第三步：耕地地力评价组将其评价成果资料再返回建库组，由建库组按照县域耕地资源信息系统数据库建设要求，对所有建库成果资料进行全面的质量检查及编辑处理、拓扑处理、属性挂接，最后由 MAPGIS—ARCGIS—县域耕地资源信息系统及输出成果图件。

（三）主要空间数据库说明

行政区划图（地理底图）：以土地利用现状图为背景，分别提取乡镇、村庄、主要工矿企业建设用地，主要道路、河流、境界、行政区划等内容。参考地图或 1：50000 地形图，对主要道路、双线河流等地物进行连接并加注地物注记。依据卫星影像等资料，对近年来增加的主要道路进行更新。

土壤图：依据土壤调查研究报告、土壤志、山东省土壤分类归属标准，编制土种归属对比表和国标、省标、县三级对比表图例。在土壤图上保留土壤图原始代码，属性挂接为国标代码，可满足部、省、县各级政府工作的需要。

地貌图：由于地貌图为微地貌图，为满足部、省、县各级政府使用及建库工作的需要，在地貌图中保留了原地貌代码，其属性尽量对应到数据字典中的名称及代码，在图例中增加了对比表，满足了各项工作的需要。

（四）属性库编制方法

严格按照建库数据字典中的要求及建库单位提供的资料编制各种成果图属性代码。

第六节 建库成果

东阿县耕地资源信息系统数据库建设成果包括农业部规定格式的数据库和 MAPGIS 格式的成果共计 21 幅图，详见表 8-3。

表 8-3 东阿县耕地资源信息系统数据库建设成果表

序号	成果图名称	备注
1	东阿县土地利用现状图	
2	东阿县地貌图	
3	东阿县土壤图	
4	东阿县地理底图	
5	东阿县矿化度含量分布图	
6	东阿县耕地地力调查点点位图	
7	东阿县灌溉分区图	
8	东阿县土壤 pH 分布图	
9	东阿县耕地地力评价等级图	
10	东阿县土壤缓效钾含量分布图	

续表

序号	成果图名称	备注
11	东阿县土壤碱解氮含量分布图	
12	东阿县土壤全氮含量分布图	
13	东阿县土壤速效钾含量分布图	
14	东阿县土壤有机质含量分布图	
15	东阿县土壤有效磷含量分布图	
16	东阿县土壤有效硫含量分布图	
17	东阿县土壤有效锰含量分布图	
18	东阿县土壤有效硼含量分布图	
19	东阿县土壤有效铁含量分布图	
20	东阿县土壤有效铜含量分布图	
21	东阿县土壤有效锌含量分布图	

东阿县耕地资源管理信息系统数据库建设包括空间数据库和属性数据库二部分内容，空间数据库全部是按照县域耕地资源管理信息系统数据字典要求进行的。属性数据库由于部分资料难以收集到(如土地平差面积等)，属性数据仅按照县域耕地资源管理信息系统数据字典要求编制了部分内容。再者，耕地地力评价土壤采样点位图，利用 GPS 坐标展绘到地理底图上点与实际点位误差较大，达不到精度要求，所以耕地地力评价土壤调查采样点位图是依据野外采样点位图经扫描矢量化后形成，属性挂接为 GPS 定点的坐标。

在数据库建设工作中，项目组虽然为了提高建库工作质量制定了相关的工作方法和技术要求，由于建库人员水平不一，难免有不准确之处。

第九章　东阿县耕地地力评价专题报告

专题报告一　东阿县耕地改良利用分区专题研究报告

耕地是农业生产和农业可持续发展的重要基础。耕地维持着作物生产力，影响着环境的质量和动物、植物甚至人类的健康。自1979～1985年，第二次土壤普查以来，随着农村经营体制、耕作制度、作物品种、种植结构、产量水平和肥料使用等方面的显著变化，耕地利用状况也发生了明显改变。近年来，虽然对部分耕地实施了地力监测，但至今对区域中低产耕地状况及其障碍因素等缺乏系统性、实用性的调查分析，使耕地利用与改良难于适应新形势农业生产发展的要求。因此，开展区域耕地地力调查评价，摸清区域中低产耕地状况及其障碍因素，有的放矢地开展中低产耕地的科学改良利用，挖掘区域耕地的生产潜力，对于东阿县耕地资源的可持续利用具有十分重要的意义。

第一节　东阿县耕地资源的现状与特征

东阿县地处暖温带，属温带季风大陆性气候，境内气候无明显差异。年平均气温14.2℃，年平均相对湿度66%，年平均降水量580.6mm，年平均日照2429.6小时，年平均无霜期236天。春季干旱，冬季干燥，夏季湿热多雨，秋季天高气爽，昼夜温差大。耕地面积为47442.4hm^2，占土地总面积的59.4%。耕地地类构成以水浇地为主，面积为41841.1hm^2，占耕地面积的88.91%；旱地面积为4743.58hm^2，约占耕地面积的10%。东阿县地处黄河冲积平原，成土母质为黄河冲积物。东阿县土壤共分为4个土类，7个亚类，13个土属，72个土种。

一、土壤存在障碍因素

渗、漏、涝为东阿县耕地存在的主要障碍因素。

(一)渗

金堤与黄河堤之间地带，主要包括大桥镇、鱼山镇、牛店镇、铜城街道办事处等，由于黄河河床高于地面，常年地下径流强烈，侧渗严重，常年潜水位高、潜水埋深在1m左右，旱时潮湿，水分多，土壤孔隙少，涝时湿度大影响植物根部呼吸，作物难以生长。

(二)漏

东沉沙池、西沉沙池、刘集镇与东昌府相邻处，地貌类型为砂质河槽地，缓平坡地和河滩高地，土壤类型多为砂均质型潮土和半固定风沙土，漏水漏肥，造成土壤养分含量低。

(三)涝

东阿县分布在浅平洼地上的大量黏质土，地势地平，每年雨季排水困难，雨水下渗缓慢，土壤易饱和，地面易积水，根部呼吸困难，养分难于吸收，作物生长困难。该耕地主要分布在大桥镇、陈集乡、姚寨镇、高集镇。

随着农业生产的发展，现在大多数农民都采用农机旋耕，耕作深度一般在15cm左右，而造成耕作层逐年变浅，犁底层逐年变硬。耕层以下的土壤物理性状逐渐变差，如土壤容重增大，总孔隙度减小，土壤通透性差，土壤结构坚实，土壤的蓄水保水能力降低，不利于作物根系下扎和生长发育。同时，耕层以下土层普遍硬紧实，养分含量仅为耕层的70%，底层养分含量更少。因此出现了好多地块作物前期生长好，后期长势差，发生脱肥早衰，对作物产量影响很大。

第二节　土壤养分现状与分析

一、土壤有机质

土壤有机质是土壤的重要组成成分，与土壤的演变、土壤肥力水平和许多土壤的其他属性有密切的关系。土壤有机质含有作物生长所需的多种营养元素，分解后可直接为作物生长提供营养元素。有机质具有改善土壤理化性状，影响和制约土壤结构形成及通气性、渗透性、缓冲性、交换性能和保水保肥性能，是评价耕地地力的重要指标。对耕作土壤来说，培肥的中心环节就是增施各种有机肥，实行秸秆还田，保持和提高土壤有机质含量。

(一)粮田土壤有机质

全县筛选参评样品1723个，平均15.24g/kg，比第二次土壤普查时的9.31g/kg增加了5.93g/kg，含量变化范围由第二次土壤普查时的2.3～15.3g/kg变为2.3～26.0g/kg，变幅较大，标准偏差3.45。如图9-1所示，总的看来，全县粮田土壤有机质含量处于分级评价标准的3级和2级水平，占耕地面积的56.00%，而且乡镇(街道办事处)之间存在比较突出的不平衡性。有机质含量较高的主要分布在牛角店镇、姚寨镇、铜城(街道办事处、新城)办事处、姜楼镇、大桥镇，其均值与含量范围分别为15.6g/kg、3.93～26.0g/kg；15.0g/kg、4.7～25.7g/kg；15.8g/kg、2.9～24.5g/kg；15.8g/kg、2.9～25.0g/kg；15.3g/kg、3.2～24.3g/kg；15.1g/kg、2.3～22.9g/kg。东阿县耕地土壤有机质较高，源于20世纪90年代后期就开始推广的小麦收获高留茬，近年玉米秸秆还田面积逐渐增大。

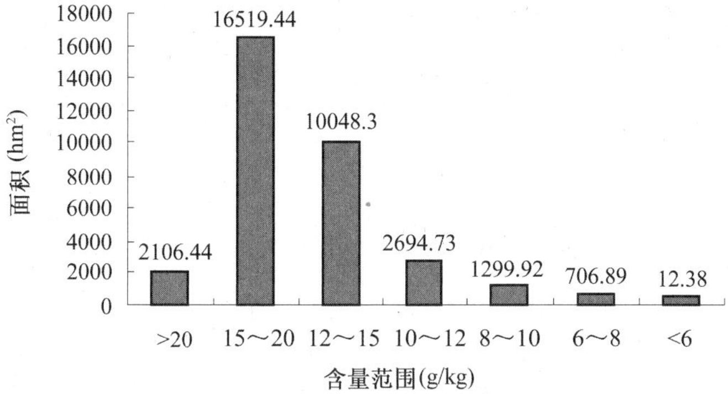

图 9-1　大田土壤有机质含量状况

(二)菜地土壤有机质

分大棚黄瓜、番茄、拱棚西瓜。东阿县菜地土壤有机质含量处于分级评价标准的 1～2 级水平,按照东阿县蔬菜土壤养分分级评价标准为 3～4 级水平,见图 9-2、表 9-1。

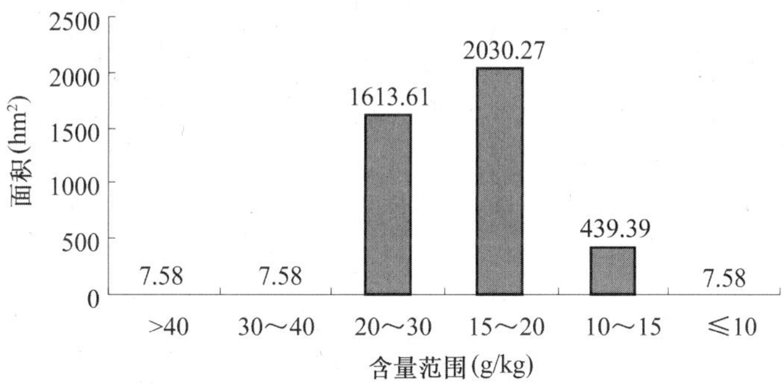

图 9-2　大棚菜地有机质含量分布状况

表 9-1　东阿县菜地土壤有机质含量统计表

种植模式	平均值(g/kg)	标准偏差	最大值(g/kg)	最小值(g/kg)
拱棚西瓜	18.8	3.4	29.5	11.4
黄瓜	19.8	3.7	37.6	10.5
番茄	19.2	3.6	41.7	9.8

(三)果园土壤有机质

通过对果园土样进行统计,东阿县果园土壤有机质含量处于分级评价标准的 1～3 级水平,按东阿县果园土壤养分分级评价为适宜水平,见图 9-3、表 9-2。

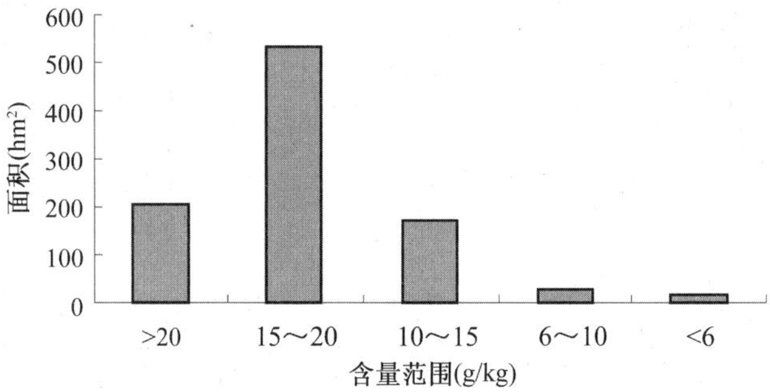

图 9-3 果园有机质含量分布状况

表 9-2 东阿县果园土壤有机质含量统计表

平均值(g/kg)	标准偏差	最大值(g/kg)	最小值(g/kg)
17.4	3.5	26.8	3.2

(四)增加土壤有机质含量的途径

土壤有机质的含量取决于其年生产量和矿化量的相对大小,当生产量大于矿化量时,有机质含量逐步减少。土壤有机质矿化量主要受土壤温度、湿度、通气状况、有机质含量等因素影响。一般说来土壤温度低、通气性差、湿度大时,土壤有机质矿化量较低;相反,土壤温度高、通气性好、湿度适中时则有利于土壤有机质的矿化。农业生产中应注意创造条件,减少土壤有机质的矿化量。日光温室、塑料大棚等保护地栽培条件下,虽然土壤长期处于高温多湿的条件下有机质易矿化,含量提高较慢,但设施蔬菜地有机肥施入量较高,据我们调查,其施入量为30000～15000kg/hm^2,有机质投入量远大于矿化量,因此设施菜地有机质比大田高。增加有机肥的施用量是人为增加土壤有机质含量的主要途径,其方法主要有秸秆还田、增施有机肥、施用有机无机复合肥等。

二、土壤 pH

土壤 pH 不仅影响作物的生长,还影响土壤微生物的活性、营养元素的形态和转化,是较为重要的土壤属性。东阿县土壤 pH 参评样品 2412 个,处于省分级评价标准的 3 级水平,见表 9-3。东阿县位于黄河北岸,东南边境沿线附近耕地面积大约 2838.25hm^2,占总面积的 3.57%,其中滩涂面积大约 584.13hm^2,因为现在黄河这一带基本上为地上河,河水外渗,潜水位较多,导致土壤 pH 较高。其中以大田 pH 最高,众数为 8.3,设施保护地 pH 略低众数为 8.2,设施保护地肥料用量远大于大田有关,具有关研究,施用化肥较多易造成土壤酸化。

表 9-3　　东阿县不同种植方式土壤 pH 统计表

种植模式	众数	标准偏差	最大值	最小值
大田	8.30	0.25	8.90	7.4
大棚黄瓜	8.20	0.19	8.80	7.60
大棚番茄	8.20	0.23	8.80	7.50
拱棚西瓜	8.20	0.22	8.80	7.60
果园	8.0	0.26	8.70	7.40

二、大田土壤大量元素状况

(一)全氮

大田耕层土壤全氮统计样品 1723 个,变化范围为 0.22～1.49g/kg,平均值为 1.10g/kg,较 1984 年土壤普查提高 0.31g/kg,标准偏差 0.21。处于分级评价标准的 3 级水平,60.11%的样品处于 2～3 级水平,各含量级别面积见图 9-4。

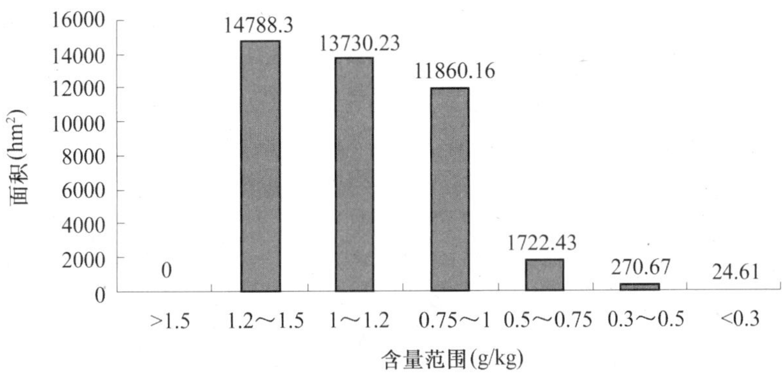

图 9-4　大田土壤全氮含量状况

(二)碱解氮

土壤中易溶于水的有机态氮以及铵态氮和硝态氮统称速效氮,常用碱解法测定其含量,故又称"碱解氮"。它的含量水平常作为衡量供氮强度的指标,耕地土壤碱解氮含量与全氮含量有一定的相关性,但受人为施肥的影响较大。碱解氮参评统计样品 565 个,含量变化范围为 15～247mg/kg,平均值为 94mg/kg,处于分级评价标准的 3 级水平,较 1984 年土壤普查提高 29mg/kg,标准偏差为 27.65。耕层土壤碱解氮含量地域间差异较大,67.4%的样品含量在 75～120 之间,处于分级标准的 3～4 级水平。耕层土壤碱解氮分为 8 级,各含量级别面积见图 9-5、表 9-4。

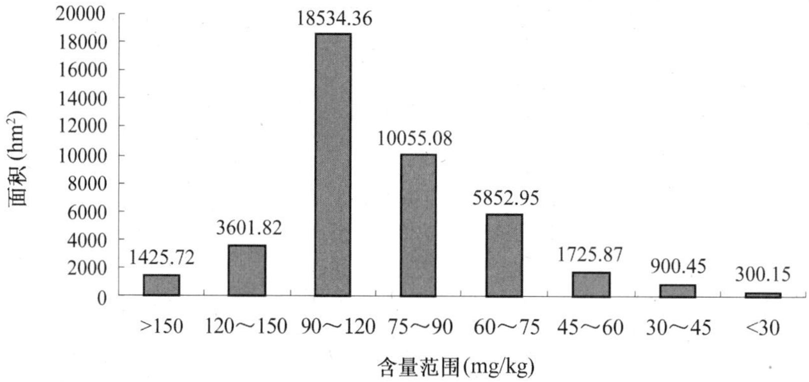

图 9-5 大田土壤碱解氮含量状况

表 9-4 耕层土壤碱解氮、铵态氮、硝态氮含量统计表

项	目	平均值(mg/kg)	标准偏差	最大值(mg/kg)	最小值(mg/kg)
大田	碱解氮	94	27.6	247	15
	铵态氮	15	9.6	108	4
	硝态氮	23	10.1	64	3
果园	碱解氮	101	20.4	156	52
	铵态氮	15	7.2	30	0.6
	硝态氮	25	11.1	62	12
大棚黄瓜	碱解氮	105	26.9	184	41
	铵态氮	19	17.5	113	5
	硝态氮	25	9.4	49	8
大棚番茄	碱解氮	102	27.4	159	30
	铵态氮	17	5.9	27	6
	硝态氮	23	7.9	41	13
拱棚西瓜	碱解氮	104	28.4	176	31
	铵态氮	15	6.1	27	1
	硝态氮	28	11.8	47	13

(三)有效磷

1. 耕层土壤有效磷含量及分级

土壤中的磷一般以无机态磷和有机态磷形式存在,通常有机态磷占全磷量的 35%左右,无机态磷占全磷量的 65%左右。无机态磷中易溶性磷酸盐和土壤胶体中吸附的磷酸根离子以及有机形态磷中易矿化的部分,被视为有效磷,约占土壤总含量的 10%。有效磷含量是衡量土壤养分含量和供应强度的重要指标。根据这次调查,统计样品 1723 个,

全县耕层土壤有效磷含量变化范围为1.6～29.9mg/kg，平均值为18.7mg/kg，处于分级评价标准的6级水平，标准偏差为7.2，平均含量较1984年土壤普查提高12.2mg/kg。近二十年由于注重了磷肥特别是磷酸二铵的施用，加大了磷素在施肥中的比例，土壤速效磷含量显著增加。尽管如此，目前仍有一部分地块土壤速效磷含量不能满足农作物高产的需要。耕层土壤有效磷划分为9级，各级别面积见图9-6、表9-5。

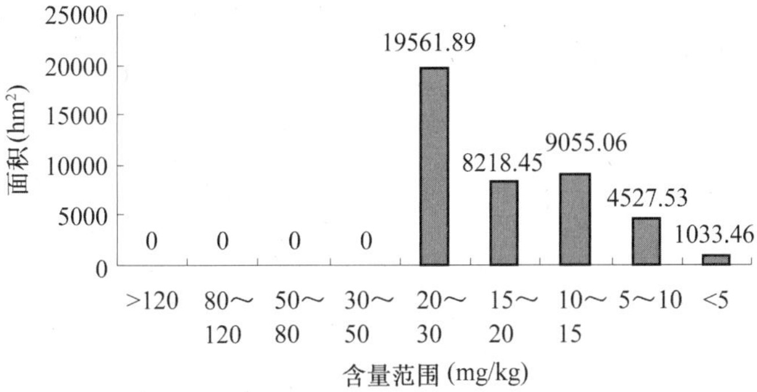

图9-6　大田土壤有效磷含量分布状况

表9-5　东阿县不同耕作方式土壤有效磷含量统计表

耕作方式	平均值(mg/kg)	标准偏差	最大值(mg/kg)	最小值(mg/kg)
大田	18.7	7.2	29.9	1.6
果园	45.3	5.6	55.8	20.0
大棚黄瓜	104.8	56.7	375.2	9.8
大棚番茄	86.7	56.9	396.5	9.0
拱棚西瓜	114.7	55.8	250.9	14.9

2. 土壤磷素有效性的影响因素

(1)有机质。有机质含量高有利于磷素的转化和有效磷的储存。土壤中难溶性磷素需要在磷细菌的作用下，逐渐转化成有效磷，供作物吸收利用。土壤有机质有利于微生物的繁殖和微生物活性的提高，增强磷素转化速度。同时有效性的磷素与有机物质结合，减弱了土壤磷素的矿化作用，有利于有效磷储存积累。近几年，大力推广秸秆还田、增施有机肥，提高了土壤有效磷含量。

(2)pH。在土壤中，难溶性磷酸盐与生物呼吸作用产生的二氧化碳、有机肥料分解时产生的有机酸作用，可逐渐转变成为弱酸溶性或水溶性磷酸盐，因此，土壤中pH的高低与土壤磷素的有效性有密切关系。低pH环境下有利于土壤有效磷含量的提高，反之则降低。东阿县土壤pH多在7.5以上是造成粮田土壤有效磷含量较低的原因之一。

(3)氧化还原状况。土壤的氧化还原状况也影响磷的有效性，土壤处于还原状态时磷有效性高于氧化状态。当旱田改为水田时，土壤的还原电位降低，磷酸盐转化是向着有效方向进行，而水田改为旱田时则相反，磷酸盐向着有效性降低的方向转化。

(4)耕作深度。亚耕层土壤有效磷含量与耕作层深度有直接关系，加深耕作层可大大提高亚层土壤有效磷含量，有利于提高作物对磷素的吸收利用率。

(四)钾素

1. 大田耕层缓效钾

统计样品 518 个，平均含量为 847mg/kg，处于分级评价标准的 3 级水平，变化范围 280～1400mg/kg，标准偏差为 195.9。耕层土壤缓效钾含量不同级别面积分布如图 9-7、表 9-6。

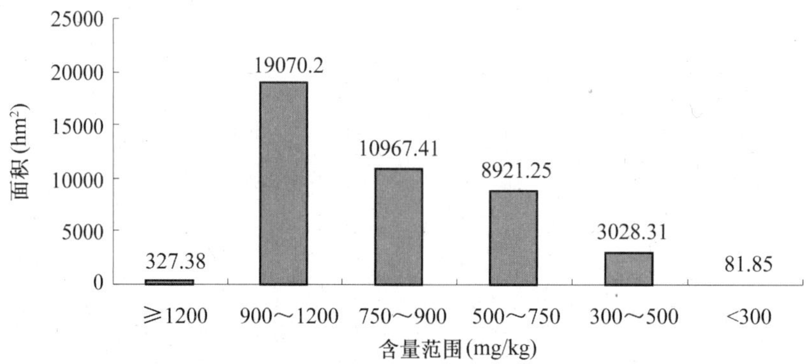

图 9-7 大田土壤缓效钾含量分布状况

表 9-6 东阿县不同耕作方式土壤缓效钾含量统计表

耕作方式	平均值(mg/kg)	标准偏差	最大值(mg/kg)	最小值(mg/kg)
大田	847	196	1400	280
果园	924	185	1400	400
大棚黄瓜	843	210	1560	160
大棚番茄	931	133	1193	440
拱棚西瓜	916	164	1168	370

2. 大田耕层土壤速效钾含量与面积分布

统计样品 1723 个，全县耕层土壤速效钾含量变化范围为 60～198mg/kg，平均值为 147mg/kg，较 1984 年土壤普查增加了 15mg/kg，处于分级评价标准的 4 级水平，有 51.71%的大田处于 3 级水平，标准偏差为 33.6。耕层土壤速效钾含量分为 8 级，各级别面积分布如图 9-8、表 9-7。

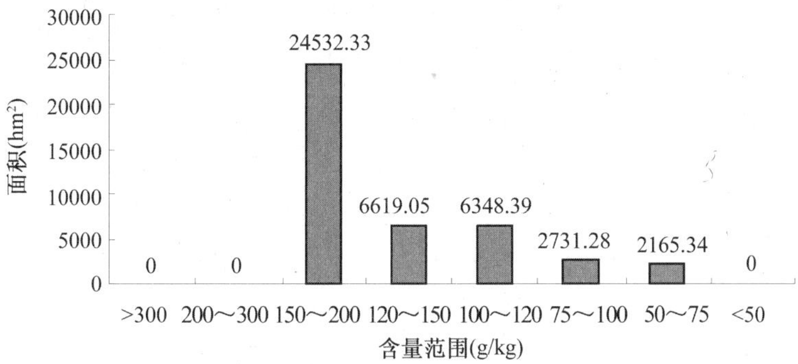

图 9-8 大田速效钾含量分布状况

表 9-7 东阿县不同耕作方式土壤速效钾含量统计表

耕作方式	平均值(mg/kg)	标准偏差	最大值(mg/kg)	最小值(mg/kg)
大田	147	33.6	198	60
果园	161	38.8	270	60
大棚黄瓜	376	106.8	1080	100
大棚番茄	300	36.8	404	100
拱棚西瓜	243	47.3	342	93

四、土壤阳离子交换量与交换性钙、镁含量状况

不同土壤利用类型，土壤阳离子交换量表现为果园＞大棚番茄＞大田＞大棚黄瓜＞拱棚西瓜，分别为 15.5cmol/kg、14.7cmol/kg、14.0cmol/kg、13.9cmol/kg、13.4cmol/kg。标准偏差以大田最大为 3.1，这说明大田阳离子交换量变异范围相对较大，含量范围为 7.0～21.8cmol/kg。交换性钙以大棚番茄最高为为 1432mg/kg，其次为果园，含量 1422mg/kg，大棚黄瓜为 1390mg/kg，拱棚西瓜为 1362mg/kg，大田交换性钙含量最低为 1284mg/kg。交换性钙样品标准偏差以大田最高为 467.6mg/kg。不同土壤利用类型交换性镁含量表现为大棚番茄＞果园＞大棚黄瓜＞拱棚西瓜，分别为 324mg/kg、299mg/kg、296mg/kg、293mg/kg、282mg/kg。样品标准偏差以大棚番茄最高，含量变化范围为 176～436mg/kg。由此可见，全县不同土壤利用类型阳离子交换量、交换性钙、交换性镁含量均较低，见表 9-8。

表 9-8 土壤阳离子交换量与交换性钙、镁含量

项　目	耕作方式	平均值	标准偏差	最大值	最小值
阳离子交换量(cmol/kg)	大田	14.0	3.1	21.8	7.0
	果园	15.5	3.0	21.8	10.1
	大棚黄瓜	13.9	2.8	20.4	9.9
	大棚番茄	14.7	1.9	18.7	11.6
	拱棚西瓜	13.4	2.6	19.8	8.8
交换性钙(mg/kg)	大田	1284	467.6	2311	383
	果园	1422	349.1	1926	672
	大棚黄瓜	1390	411.7	2311	383
	大棚番茄	1432	383.4	2162	880
	拱棚西瓜	1362	401.3	2074	663
交换性镁(mg/kg)	大田	293	80.4	523	139
	果园	299	73.9	400	156
	大棚黄瓜	296	74.8	523	178
	大棚番茄	324	76.0	436	176
	拱棚西瓜	282	70.9	520	176

五、大田微量元素含量状况

土壤中锌、硼、铜、铁、锰、钼等微量元素，是作物生长必需的营养元素，对耕地地力和环境质量起着重要的作用，此次调查对其耕层含量及分布规律进行了调查分析。

土壤有效铁、锰、铜、锌、硼、钼分别平均为 7.32mg/kg、7.72mg/kg、1.74mg/kg、1.13mg/kg、0.62mg/kg、0.32mg/kg，分别属于分级标准 5、5、4、4、5、3 级水平，见表 9-9。

表 9-9 大田土壤微量元素含量情况表

项　目	平均值	标准偏差	最大值	最小值
有效铁(mg/kg)	7.32	3.82	41.58	0.37
有效锰(mg/kg)	7.72	4.07	25.06	0.43
有效铜(mg/kg)	1.74	1.48	17.53	0.1
有效锌(mg/kg)	1.13	0.92	7.8	0.10
有效硼(mg/kg)	0.62	0.18	1.35	0.20
有效钼(mg/kg)	0.32	0.45	1.93	0.06
有效硅(mg/kg)	574.07	98.47	759.80	369.30

有效铁、锰、铜、锌、硼含量处于中等偏低水平，有效铁小于4.5mg/kg的样品273个，占参评样品总量的28.86%，4.5～10mg/kg的占49.47%，10～20mg/kg的占21.35%，20mg/kg以上的占0.32%。有效锰含量小于1.0mg/kg的占1.58%，98.42%的样品有效锰含量在1.0～30mg/kg之间，1.0～5.0mg/kg的占27.48%，5.0～15.0mg/kg的占66.91%，15.0～30.0mg/kg的占4.02%。有效铜含量小于0.2mg/kg的有5个样品占0.53%，大于3.4mg/kg的有3个样品占0.32%，有87.95%的样品含量在0.2～2.6mg/kg之间，0.2～1.0mg/kg的占24.74%，1.0～1.8mg/kg的占38.05%，含量1.8～2.6mg/kg的占25.16%，2.6～3.4mg/kg的占7.93%。有效锌含量小于0.30mg/kg的有111个样品占参评样品总量的11.73%，0.30～0.50mg/kg的占11.42%，0.5～1.0mg/kg的322个样品占34.04%，1.0～2.0mg/kg的有288个样品占30.44%。有效硼含量小于0.5mg/kg的样品有112个占参评样品量的28.50%，有69.21%的样含量在0.5～1.0mg/kg之间，没有一个样品含量超过1.5mg/kg。有效钼含量严重缺乏，有82.35%的样品有效钼含量低于0.30mg/kg，有54.41%的样品含量低于0.15mg/kg。有效硅含量丰富，95.83%的样品有效硅含量在400mg/kg以上，有37.5%的样品有效硅含量大于600mg/kg。

六、大棚土壤微量元素含量情况

土壤有效铁、锰、铜、锌、硼、钼、硅分别平均为6.22mg/kg、7.27mg/kg、1.92mg/kg、1.38mg/kg、0.62mg/kg、0.19mg/kg、668.74mg/kg，分别属于分级标准5、5、3、4、5、5、1级水平，见表9-10。

表9-10　大棚土壤微量元素含量情况表

项　目	平均值	标准偏差	最大值	最小值
有效铁(mg/kg)	6.22	3.65	20.40	0.15
有效锰(mg/kg)	7.27	4.06	23.20	0.28
有效铜(mg/kg)	1.92	0.96	8.03	0.08
有效锌(mg/kg)	1.38	1.05	7.32	0.05
有效硼(mg/kg)	0.62	0.15	1.20	0.29
有效钼(mg/kg)	0.19	0.16	0.57	0.02
有效硅(mg/kg)	668.74	115.84	897.1	511.4

七、土壤微量元素含量分布状况

有效铁含量较为适宜，处于2级水平的耕地有9165.74hm^2，占总耕地面积的19.32%，3级水平耕地有23075.72hm^2，占总耕地面积的48.64%。

有效锰含量处于3级水平的30434.14hm^2，占总耕地的64.15%，4级水平的14103.62hm^2，占总耕地的29.73%，总体处于比较适宜的含量范围。

有效铜含量丰富，1 级水平 18989.88hm^2，占总耕地的 40.03%，2 级 18279.37hm^2，占总耕地的 38.53%，3 级 9947.08hm^2，占总耕地面积的 20.97%，4 级和 5 级只有 226.07hm^2，占总耕地的 0.48%。

有效锌含量适宜，75%的耕地在 3 级以上，其中 1 级 2549.62hm^2，占总耕地的 5.37%，2 级 19719.26hm^2，占总耕地的 41.56%，3 级 14264.99hm^2，占总耕地的 30.07%，4 级和 5 级地共计占耕地面积的 22.99%。

有效硼含量偏低，达 1 级水平的没有一个样品，2 级只有 762.74hm^2，占总耕地面积的 1.61%，3 级地 34094.46hm^2，占总耕地的 71.86%，有 26.53%的耕地处于 4 级以下。

有效钼含量总体偏低，但各个级别都有分布，4 级、5 级占总耕地的 56.59%。1 级地 8862.88hm^2，占总耕地的 18.68%，2 级 6256.14hm^2，占总耕地面积的 13.19%，3 级地 5474.12hm^2，占总耕地面积的 11.54%。

第三节　耕地改良利用分区原则与分区系统

一、耕地改良利用分区原则与分区系统

（一）耕地改良利用分区的原则

耕地改良利用区划的基本原则是：从耕地自然条件出发，主导性、综合性、实用性和可操作性相结合。按照因地制宜、因土适用、合理利用和配置耕地资源，充分发挥各类耕地的生产潜力，坚持用地与养地相结合，近期与长远相结合的原则进行。以土壤组合类型、肥力水平、改良方向和主要改良措施的一致性为主要依据，同时考虑地貌、气候、水文和生态等条件以及植被类型，参照历史与现状等因素综合考虑进行分区。

（二）耕地改良利用分区系统

根据耕地改良利用原则，将影响耕地利用的各类限制因素归纳为耕地自然环境要素、耕地土壤养分要素和耕地土壤物理要素，将全县耕地改良利用划分为 3 个改良利用类型区，即耕地自然环境条件改良利用区、耕地土壤培肥改良利用区、耕地土体整治改良利用区，并分别用大写字母 E、N 和 P 表示。各改良利用类型区内，再根据相应的限制性主导因子，续分为相应的改良利用亚类。

二、耕地改良利用分区方法

（一）耕地改良利用分区因子的确定

耕地改良利用分区因子是指参与评定改良利用分区类型的耕地诸属性。由于影响的因素很多，我们根据耕地地力评价，遵循主导因素原则、差异性原则、稳定性原则、敏感性原则，进行了限制性主导因素的选取。考虑与耕地地力评价中评价因素的一致性，考虑各土壤养分的丰缺状况及其相关要素的变异情况，选取耕地土壤有机质含量、耕地土壤有效磷含量、耕地土壤速效钾含量、耕地土壤有效锌含量和耕地土壤有效硼含量因素作为耕地土壤养分状况的限制性主导因子；选取灌溉保证率、盐渍化水平作为耕地自然环境状况的限制性主导因子；选取耕层质地条件和土体构型条件作为耕地土壤物理状况的限制性主

导因子。

（二）耕地改良利用分区标准

依据农业部《全国中低产田类型划分与改良技术规范》，根据山东省各县区耕地地力评价资料，综合分析目前全省各耕地改良利用因素的现状水平，同时针对影响东阿县耕地利用水平的主要因素，邀请具有土壤管理经验的相关专家进行分析，制定了耕地改良利用各主导因子的分区及其耕地改良利用类型的确定标准。具体分级标准见表 9-11。

表 9-11　　耕地改良利用主导因子分区标准

耕地改良利用区划	限制因子	代号	分区标准
耕地土壤培肥改良利用区（N）	有机质（o，g/kg）	No	＜12
	有效磷（p，mg/kg）	Np	＜15
	速效钾（k，mg/kg）	Nk	＜100
	有效锌（zn，mg/kg）	Nzn	＜0.5
	有效硼（b，mg/kg）	Nb	＜0.5
耕地自然环境条件改良利用区（E）	灌溉保证（i，%）	Ei	灌溉保障率低于 50%
	盐渍化（s）	Es	盐渍化程度轻度以上
耕地土体整治改良利用区（P）	耕层质地（t）	Pt	砂土、砂壤、粗骨土
	土体构型（c）	Pc	土体中有障碍层次

（三）耕地改良利用分区方法

在 GIS 支持下，利用耕地地力评价单元图，根据耕地改良利用各主导因子分区标准在其相应的属性库中进行检索分析，确定各单元相应的耕地改良利用类型，通过图面编辑生成耕地改良利用分区图，并统计各类型面积比例。

三、耕地改良利用分区专题图的生成

（一）耕地土壤培肥改良利用分区图的生成

根据耕地土壤养分限制因素分区标准把东阿县耕地有机质分为两类，即有机质改良利用区和有机质非改良利用区，有机质改良利用区以代号 No 标注；同样，有效磷改良利用区用代号 Np 标注，速效钾改良利用区用代号 Nk 标注，有效锌改良利用区用符号 Nzn 标注，有效硼改良利用区用代号 Nb 表示，编辑生成耕地土壤培肥改良利用分区图。结果见图 9-9。

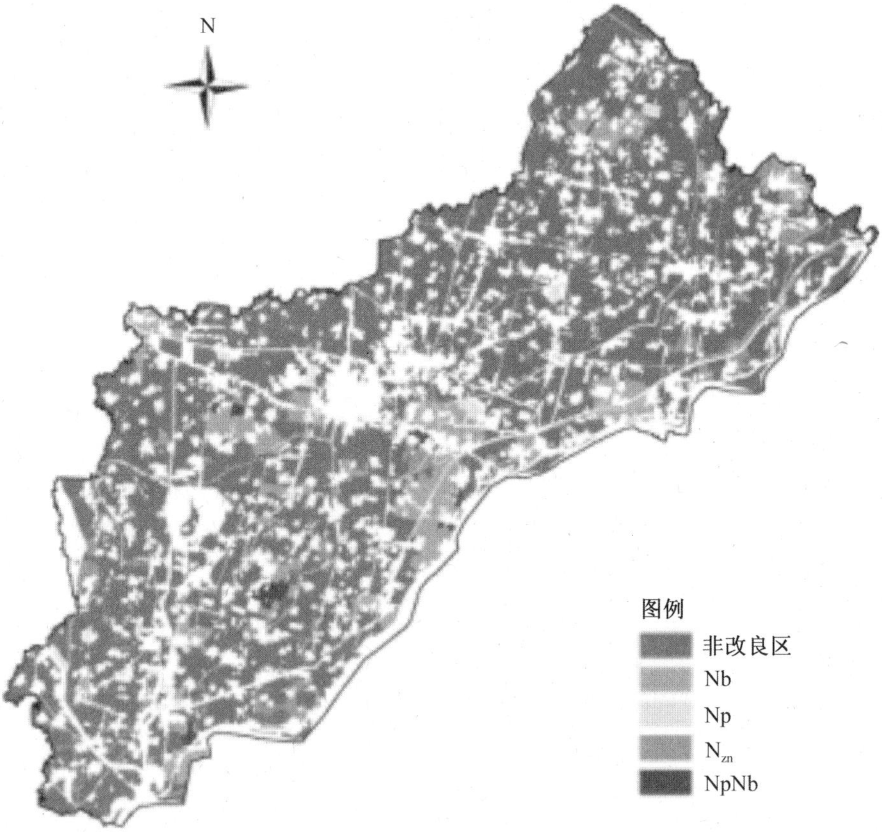

图 9-9 耕地土壤培肥改良利用分区图

(二)耕地自然环境条件改良利用分区图的生成

根据耕地自然环境条件限制因素分区标准进行东阿县耕地改良利用分区。灌溉保证条件分为灌溉保证条件改良利用区和灌溉保证条件非改良利用区,改良利用区用代号 Ei 标注;盐渍化程度分为盐渍化改良利用区和非改良利用区,盐渍化改良利用区以代号 Es 标注。在 GIS 下检索生成耕地土体整治改良利用分区图。结果见图 9-10。

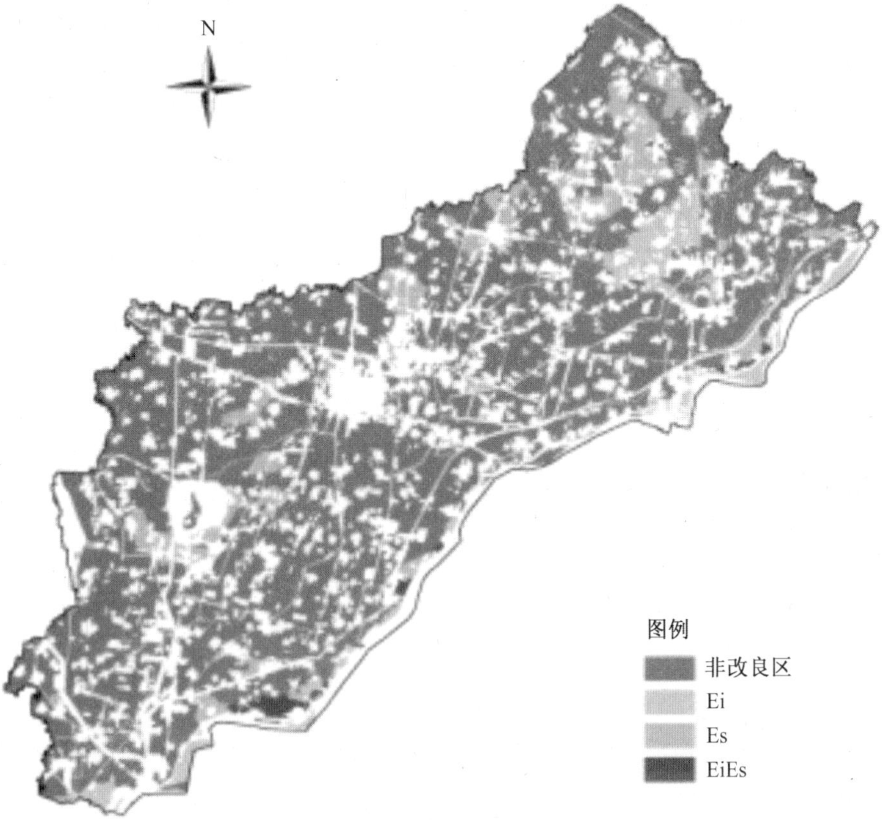

图 9-10　耕地自然环境条件改良利用分区图

（三）耕地土体整治改良利用分区图的生成

根据耕地土地条件限制因素分区标准，耕层质地条件改良利用区用符号 Pt 标注，土体构型改良利用区用符号 Pc 标注。在 GIS 下检索生成耕地土体整治改良利用分区图。结果见图 9-11。

图 9-11 耕地土体整治改良利用分区图

四、耕地改良利用分区结果分析

(一)耕地土壤培肥改良利用分区面积统计及问题分析

东阿县耕地土壤培肥改良利用区各改良利用类型面积及其比例见表 9-12。

表 9-12 东阿县耕地土壤培肥改良利用分区面积统计表

改良利用分区	Np	Nzn	Nb	NpNb	非改良区
面积(hm^2)	733.85	1224.14	4891.41	377.35	42542.19
百分比(%)	1.47	2.46	9.83	0.76	85.48

由图 9-9 和表 9-12 可以看出,东阿县土壤养分状况较好,土壤养分不需培肥改良的耕地占耕地总面积的 85.48%,需要培肥改良的土地在县域内呈小块状分布。基本没有集中分布。其中缺乏磷肥的耕地面积为 733.85hm^2,占耕地总面积的 1.47%;缺少硼肥的耕地面积为 4891.41hm^2,占耕地总面积的 9.83%;缺乏锌肥的耕地面积为 1224.14hm^2,占耕地总面积的 2.46%;缺乏单一养分的耕地面积为 6849.40hm^2,占耕地总

面积的13.76%;缺乏两种养分的耕地面积为377.35hm²,占耕地总面积的0.76%。从各类型面积比例看出,东阿县耕地土壤培肥改良的主要方向为有针对性的增施硼肥、锌肥和磷肥。东阿县土壤中有机质含量较高,不需培肥改良。

(二)耕地自然环境条件改良利用分区面积统计及问题分析

东阿县耕地自然环境条件改良利用区各改良利用类型面积及其比例见表9-13。

表9-13 东阿县耕地自然环境条件改良利用分区面积统计表

改良利用分区	Ei	Es	非改良区
面积(hm^2)	2121.59	4217.07	42939.80
百分比(%)	4.26	8.47	86.28

由图9-10和表9-13可以看出,东阿县耕地自然环境条件较好,地形平坦,灌溉条件较好,不需改良的耕地面积达到42939.80hm²,占耕地总面积的86.28%。需要改良的面积仅占总面积的12.73%,在东阿县境内零星分布。灌溉保证水平都需提高的耕地面积为2121.59hm²,仅占耕地总面积的4.26%;土壤盐渍化需要治理的耕地面积为4217.07hm²,占耕地总面积的8.47%。可见,东阿县耕地自然环境条件改良利用的主要方向为防止土壤的次生盐渍化,辅助改善灌溉方式。

(三)耕地土体整治改良利用分区面积统计及问题分析

东阿县耕地土体整治改良利用区各改良利用类型面积及其比例见表9-14。

表9-14 东阿县耕地土体整治改良利用分区面积统计表

改良利用分区	Pc	Pt	PtPc	非改良区
面积(hm^2)	2462.51	6074.91	6.51	41225.01
百分比(%)	4.95	12.21	0.01	82.83

由图9-11和表9-14可以看出,东阿县耕地土体结构一般,主要是东阿县地处黄河下游冲积平原,耕层以砂土或砂壤为主。需要改良的耕地也主要集中在砂质土壤或土壤中含有夹砂层。质地需要改良的耕地面积为2462.51hm²,占耕地总面积的4.95%。土体构型需要改良的面积占总面积的12.21%。所以,东阿县土体整治的重点应着力改善土壤偏砂的特点,宜采取秸秆还田、增施有机肥料、深耕等措施,改善不良的土体结构及偏砂的土壤表层质地,这将是东阿县耕地土体整治改良的主要方向。

五、耕地改良利用对策及措施

(一)增加经济投入,加大耕地保护力度

农业是既要承担自然风险又有现场风险的弱质产业,保护农业是国民经济发展中面临的重大问题。由于调控体制不健全,受比较利益驱使,各层次资金投入重点向非农业倾斜,资金投入不足已成为农业生产发展的主要制约因素。要达到农业增产的途径就要增加耕地投入,加强中低产田改造,不断提高耕地的质量,从而提高耕地利用的经济效益。

东阿县宜进一步加强对耕地改良利用的投入，通过对耕地的改良逐步消除制约耕地生产力的限制因素，培肥地力，改善农业生产条件和农田生态环境。

（二）平衡施肥，用养结合，增施有机肥料，培肥地力

长期以来，东阿县在耕地开发利用上重利用，轻培肥，重化肥，轻微肥，虽然全县化肥的施用量逐年增加，但微肥投入量却变化不大，且投入的化肥以氮磷肥为主，引起土壤养分特别是有机质含量和微肥含量的下降，导致耕地肥力下降。因此要持续提高中低产耕地的基础地力，为农作物生长创造高产基础，必须将用土与养土妥善结合起来，广辟有机肥源，重视有机肥的施用，提倡冬种绿肥和使用有机—无机复混肥。同时应利用中低产耕地调查评价成果，科学指导化肥的调配，采用科学优化平衡施肥，重视合理增施磷肥及微肥，不断培肥地力，实现中低产耕地资源的持续利用。

（三）加强水利建设，改善灌溉条件，注重盐碱地的改良

水是作物生长的必要条件，灌排条件与耕地的基础地力有着密切的关系，因而可以通过采取以下措施，实现自然降水的空间聚集，改善区域农田的土壤水分状况，推广节水灌溉技术，改善和扩大灌溉面积。

（1）健全灌溉工程，改善灌区输水、配水设备，加强灌溉作业管理，改进地面灌溉技术，采用增产、增值的节水灌溉方法和灌溉技术。加强水利建设，修筑田埂，防止水土冲刷；安排好水利规划，修好水渠，防止渗漏，加强管理，提高引灌水的利用率。

（2）人工富集天然降水，建造大、中、小型蓄水池、塘等蓄水体系，将集纳雨水、拦截径流和蓄水有效结合起来，在作物需水的关键时期进行灌溉，解决作物的需求和降水错位的矛盾，以充分发挥水分的增产效果。

（3）改善土壤结构，增加土壤的蓄水能力，通过对土壤增施有机物料（如施用有机肥、秸秆还田等）和应用土壤改良剂，改良土壤结构，增强土壤结构的稳定性，提高土壤对降水的入渗速率和持水量。

（四）采用农业措施改良土壤质地，改善土体结构

东阿县耕地土壤限制性因素主要为耕层土壤沙化和部分盐渍化，可以采用以肥改沙的方法，一方面增加土壤中养分含量，另一方面增加土壤中的有机胶体，对改良土壤沙化和提高土壤肥力有显著的作用。此外选择适宜性的抗盐碱作物种植，改善土壤质地，必须加强改盐措施，多施有机肥，完善排水设施，严防渍涝发生，降低地下水位。以井灌为主，不要大水漫灌。

（五）集约化利用耕地资源，发展生态型可持续农业，改善生态环境

耕地生态环境质量的高低是保证农作物持续稳产、高产、优产、高效的重要前提。根据东阿县资源优势以及生态环境的特点，因地制宜地利用耕地资源，通过合理轮作、科学间套种等措施，增加复种指数，努力提高耕地资源的利用率；注重多物种、多层次、多时序、多级质能、多种产业的有机结合，农、林、牧、副、渔并举，建立生态型可持续农业系统，达到经济、生态和社会效益的高度统一。此外，应重新审视耕地承包到户政策所致的耕地经营权分散在新形势下出现的不利耕地资源规模集约经营的缺点，努力探讨建立“公司＋农户”或各种专业化合作组织等耕地规模集约经营模式，提高全县耕地资源的集约经营和经济效益。

专题报告二 东阿县主要大棚蔬菜平衡施肥专题研究报告

一、东阿县大棚蔬菜施肥存在的问题

东阿县大棚蔬菜以冬暖大棚黄瓜、冬暖大棚番茄和大拱棚西瓜为主，其中冬暖黄瓜 1420hm^2，主要分布在姚寨镇、牛角店镇、铜城街道办事处等；冬暖番茄 1213hm^2，主要分布在铜城街道办事处、大桥镇、新城街道办事处等；冬暖大拱棚西瓜 1473hm^2，主要分布在新城街道办事处、鱼山镇、顾官屯镇、刘集镇、姜楼镇、牛店镇、大桥镇。经调查，大棚户习惯施肥存在严重误区，主要表现以下几个方面：

(一)肥料投入结构不合理

(1)主要是氮磷钾大量元素之间的比例失衡，盲目施肥现象严重，施肥量偏大，且比例不平衡，两极分化现象明显，化肥利用率逐年降低。

(2)一般瓜菜施肥超量 50%～100%，复合肥料(15-15-15)和磷酸二铵施用比例很大，达到 60%～90%。保护地蔬菜中长期过量的施用磷肥，造成表层土壤中磷的大量富积。

(3)缺肥猛上。如果缺钾，次次上高钾的冲施肥，袋上标着腐殖酸钾含量高达 80%；说进口硝酸钾、磷酸二氢钾好，次次上；说某生物肥好，每次追肥都带点。还有的过分夸大生物菌肥的作用；这个叶面肥好，每次喷药都加点；说土壤缺微量元素，就年年上，次次喷。

(二)有机肥及中微量元素的施用偏少

中微量元素肥料是作物生长必不可少的，对微量元素尤其敏感，多则有害，少则生长不良。但全县广大农民对中微量元素的应用未引起足够重视，蔬菜缺锌，缺硼、缺钙等生理病害时常发生。另外，蔬菜地有机质平均含量为 19.32g/kg，超过 20g/kg 的占 39.48%，说明有机肥施用还偏少。

保护地过量施肥造成土壤次生盐渍化，有害生物滋生，每年约近千亩大棚因此不能持续正常生产，肥害事故经常发生。

大棚菜地中施肥灌水量大，大量盐基离子未被吸收而残留在土壤耕层中，增加了土壤的含盐量，其中保护地是一个封闭或半封闭的系统，缺少降雨，而且灌溉水深度也仅限于耕层，土壤水分无法将多余的盐分的淋洗出根层，大量盐分累积于土表，导致土壤次生盐渍化。菜农为追求高产和争取更多的经济收益，在生产中往往投入大量肥料和进行大水漫灌，使菜地土壤养分大量累积，尤其是种植时间较长的大棚菜地。

在农户选购、施用上存在凭经验、随大溜、贪便宜、过于迷信广告、人情肥等不当行为，近几年化肥价格的大幅波动，必然改变农民的施肥习惯，假冒伪劣现象将更加突出，假冒伪劣肥料还充斥市场。

二、调查方法与内容

(一)野外样品采集

(1)前期准备。主要包括资料收集、技术培训、物资和设备购置等。

(2)土样采集。采集人员由县农业局及各乡镇农技站技术人员共同组成，每乡镇 4～

5 人。为了尽量避免施肥对样品的影响，统一在冬春保护地蔬菜收获后的 7 月进行。选取具有代表性的一家农户，在同一棚内或田块采取土样，采样深度耕层 0～30cm，采用 S 法、X 法或棋盘法，均匀随机采取 15 个采样点，充分混合后，用四分法留土 1kg。一袋土样填写两张标签，内外各备一张，标签主要内容是：野外编号、采样深度、采样地点、经纬度、采样时间、采样人等。采样工具用不锈钢土钻。共采集大棚蔬菜土样 542 个。

（二）野外资料调查

野外调查与取样同时进行，填写《采样点基本情况表》和《采样点农户调查表》两张表格。《基本情况表》主要填写内容：立地条件、土壤类型、农田基本建设、耕作管理和生产能力。《采样点农户调查表》主要填写：调查取样农户的作物面积、种植制度、当季与上季作物面积、产量、产值、成本、效益等情况。

三、室内分析方法和分析项目

（一）测试项目

土壤有机质、土壤全氮、土壤碱解氮、土壤有效磷、

土壤速效钾、pH、土壤交换性钙镁、土壤有效铁、锰、铜、锌、硼、钼、硫、硅，土壤阳离子交换量。

（二）测试方法

土壤有机质：油浴加热重铬酸钾氧化容量法测定。

土壤全氮：凯氏蒸馏法测定。

土壤水解性氮：碱解扩散法测定。

土壤有效磷：碳酸氢钠浸提—钼锑抗比色法测定。

土壤缓效钾：硝酸提取—火焰光度计法测定。

土壤速效钾：乙酸铵浸提—火焰光度计法测定。

土壤交换性钙镁：乙醇洗盐—氯化铵乙醇溶液交换—原子吸收分光光度计法

土壤有效硫：氯化钙浸提—硫酸钡比浊法测定。

土壤有效铜、锌、铁、锰：DTPA 浸提—原子吸收分光光度计法或 ICP 法测定。

土壤有效硼：甲亚胺 H 酸比色法。

土壤有效钼：草酸—草酸铵浸提—极谱法测定。

土壤 pH：土液比 1∶2.5，电位法测定。

土壤阳离子交换量：EDTA-乙酸铵盐交换法测定。

四、蔬菜地土壤有机质及各营养元素含量分析与评价

1. 经对冬暖大棚黄瓜、番茄、拱棚西瓜蔬菜作物取土化验，结果分析见表 9-15。

表 9-15　　蔬菜地土壤养分分级评价标准

项　目	养分分级标准					
	1	2	3	4	5	6
有机质(g/kg)	>40	30～40	20～30	15～20	10～15	≤10
碱解氮(mg/kg)	>200	150～200	120～150	90～120	50～90	≤50
有效磷(mg/kg)	>200	150～200	120～150	80～120	50～80	≤50
速效钾(mg/kg)	>500	400～500	300～400	200～300	100～200	≤100

(一)土壤 pH

大棚土壤 PH 众数为 8.30,其标准偏差为 0.21,最大值为 8.80,最小值为 7.5,不存在大棚蔬菜土壤酸化问题,见表 9-16。

表 9-16　　蔬菜地土壤 pH 统计表

众数	标准偏差	样品个数	最大数	最小数
8.30	0.21	542	8.80	7.5

(二)土壤有机质

东阿县菜地土壤有机质含量处于省分级评价标准的 2 级水平,按照东阿县蔬菜土壤养分分级评价标准为 3～4 级水平。

全县化验大棚样品 542 个,平均 19.32g/kg,为省分级评价标准 2 级水平,其标准偏差为 3.58,最大值为 41.70g/kg,最小值为 9.80g/kg。按照东阿县蔬菜土壤养分分级评价标准为 3～4 级水平。含量小于 10.0g/kg 样品有 1 个,占样品总数的 0.18%;在 10.0～20.0g/kg 的样品有 326 个,占样品总数的 60.15%,在 20.0～40.0g/kg 的样品有 214 个,占样品总数的 39.48%,大于 40.0g/kg 样品有 1 个,占样品总数的 0.18%。总的看来,县蔬菜土壤有机质含量处于较低的 3～4 级水平,且呈现区域不平衡性,见表 9-17、9-18。

表 9-17　　大棚蔬菜地土壤有机质各级别面积

级　别	1	2	3	4	5	6
范围(g/kg)	>40	30～40	20～30	15～20	10～15	≤10
样本个数	1	1	213	268	58	1
面积(hm^2)	7.58	7.58	1613.61	2030.27	439.39	7.58
占总耕地比例(%)	0.016	0.016	3.40	4.28	0.93	0.016

表 9-18　　菜地土壤有机质含量统计表

种植模式	平均数	标准偏差	最大数	最小数
西瓜	18.81	3.34	29.50	11.40
黄瓜	19.78	3.70	37.60	10.50
番茄	19.24	3.58	41.70	9.80

(三)菜地土壤大量元素状况

菜地统计,结果显示,氮磷钾含量水平明显高于大田,除缓效钾。总的看,除个别新建大棚土壤有效磷含量较低,大多数大棚土壤有效磷含量较高。全氮、碱解氮含量不高,速效钾除姚寨个别样品超高,均含量适中,见表 9-19。

表 9-19　　不同种类蔬菜土壤大量元素含量情况表

项　目	蔬菜种类	平均数	标准偏差	最大数	最小数	养分水平
全氮(g/kg)	西瓜	1.45	0.213	2.13	0.98	2
	黄瓜	1.51	0.237	2.65	0.91	1
	番茄	1.48	0.23	2.92	0.87	2
碱解氮(mg/kg)	西瓜	104	28.41	176	31	4
	黄瓜	105	26.91	184	41	4
	番茄	102	27.42	159	30	4
有效磷(mg/kg)	西瓜	114.8	55.77	250.88	14.87	4
	黄瓜	104.8	56.70	375.2	9.8	4
	番茄	86.7	56.96	396.5	9.0	4
缓效钾(mg/kg)	西瓜	916	163.97	1168	370	2
	黄瓜	843	209.94	1560	160	3
	番茄	931	132.76	1193	440	2
有效钾(mg/kg)	西瓜	243	47.33	342	93	4
	黄瓜	376	106.78	1080	100	3
	番茄	300	36.85	404	100	3

注:养分水平系按本县蔬菜地分级标准。

(四)菜地土壤中量元素状况

西瓜、黄瓜、番茄分别统计。土壤交换性钙、镁均属较丰富级别,均大于 1 级。有效硫大棚统计样品 238 个,变化范围为 8.89～160.15mg/kg,平均值为 67.45mg/kg,处于分级评价标准的 3 级水平,标准偏差为 28.41,见表 9-20、9-21、9-22。

表 9-20　　蔬菜地中量元素含量情况表

项　目	蔬菜种类	平均数	标准偏差	最大数	最小数
阳离子交换量	西瓜	13.4	2.63	19.8	8.8
	黄瓜	13.9	2.77	20.5	9.9
	番茄	14.7	1.87	18.7	11.6
交换性钙(mg/kg)	西瓜	1362	401.33	2074	663
	黄瓜	1390	411.71	2311	383
	番茄	1432	383.40	2162	880
交换性镁(mg/kg)	西瓜	283	70.94	520	176
	黄瓜	296	74.76	523	178
	番茄	324	76.0	436	176
有效硫(mg/kg)	西瓜	32.5	72.87	312.5	3.2
	黄瓜	13.2	7.31	33.9	4.0
	番茄	28.1	38.16	146.4	4.8

表 9-21　　蔬菜地有效硫分级情况表

级　别		1	2	3	4	5	6	7
标准(mg/kg)		＞100	75～100	60～75	45～60	30～45	15～30	＜15
样本数	西瓜	1				1	4	10
	黄瓜					1	7	10
	番茄	1		1			3	8

表 9-22　　土壤有效硫分级情况表

级　别		1	2	3	4	5	6	7
标准(mg/kg)		100	75～100	60～75	45～60	30～45	15～30	＜15
样本个数	大棚	27	66	44	50	26	22	3
	粮菜间作	0	1	0	4	22	0	0
	合计	27	68	44	58	168	395	76

（五）菜地土壤微量元素含量状况（见表9-23）

表9-23 蔬菜土壤微量元素含量状况

项　目	蔬菜种类	平均数	标准偏差	样品个数	最大数	最小数
有效铁(mg/kg)	西瓜	7.11	3.78	131	20.40	0.15
	黄瓜	5.49	3.1	170	16.37	0.18
	番茄	6.26	4.07	109	17.19	0.94
有效锰(mg/kg)	西瓜	7.29	4.14	131	23.20	1.13
	黄瓜	6.63	3.85	170	17.37	0.28
	番茄	8.20	4.05	109	19.50	0.80
有效铜(mg/kg)	西瓜	1.67	0.80	131	5.73	0.08
	黄瓜	2.06	1.00	169	7.90	0.31
	番茄	1.99	1.03	109	8.03	0.39
有效锌(mg/kg)	西瓜	1.42	1.09	131	5.9	0.10
	黄瓜	1.39	1.06	170	7.32	0.05
	番茄	1.34	1.05	109	5.48	0.08
有效硼(mg/kg)	西瓜	0.64	0.16	54	1.20	0.31
	黄瓜	0.60	0.13	76	0.96	0.35
	番茄	0.63	0.15	50	1.00	0.29
有效钼(mg/kg)	西瓜	0.18	0.14	13	0.55	0.02
	黄瓜	0.20	0.16	11	0.57	0.02
	番茄	0.22	0.18	11	0.52	0.02

表9-23各微量元素含量表明，东阿县蔬菜地有效硼、有效钼含量在5级水平以下，其他含量尚可。

五、蔬菜需肥规律及平衡施肥方法

（一）土壤条件对蔬菜的需肥影响及吸收养分特性

科学施肥是提高蔬菜产量和改善品质的重要技术措施，而科学施肥必须根据蔬菜营养特性、土壤供肥能力、肥料特性及气候条件等因素进行，即常说的测土配方施肥。土壤条件对蔬菜吸收养分的影响主要有以下四个方面：

1. 土壤温度

温度一方面能促进土壤有机质的矿化，供给蔬菜养分；另一方面也能促进蔬菜的新陈代谢，增强蔬菜的呼吸，有利于蔬菜对养分的吸收。温度过低过高，对蔬菜生长均有不良影响。在一定的温度范围内，蔬菜根部吸收养分随土壤温度的提高而加快，这是因为适温有利于蔬菜根系生长发育和土壤中养分的转化与移动。在低温时蔬菜容易出现缺磷，应注意磷肥使用。

2. 土壤通气性

土壤通气好坏直接影响到蔬菜根部生长与养分吸收。蔬菜根系的正常生命活动，要求土壤空气中含氧量大于10%，当含氧量低于10%时，生长量就急剧下降，养分吸收也受到影响。

土壤空气中含氧量不足对养分吸收的影响因营养元素而异，其影响大小的顺序为：钾＞钙＞镁＞氮＞磷。因此，当土壤通气不良时，容易出现缺钾症状，应重视钾肥使用。

3. 土壤酸碱度

不同品种的蔬菜对土壤酸碱度要求差别较大，多数蔬菜适宜在微酸至中性土壤，豆科蔬菜、大白菜等不适宜酸性土壤，土壤偏酸容易发生根肿病。在碱性土壤上，马铃薯容易发生疮痂病。调节蔬菜生长的适宜土壤环境是蔬菜正常生长发育最基本的要求，酸性土壤应施石灰，碱性土壤或石灰性土壤需施石膏或硫黄加以改良。

土壤酸碱度不仅影响蔬菜生长，还影响土壤微生物活性及土壤养分。土壤中有效氮以中性时含量最多。磷在pH 5.0～6.5时含量为高，pH大于7.0或低于5.0时，土壤中磷就会与钙、铁、铝离子结合形成磷酸钙或磷酸铁、铝的沉淀，使磷的有效性降低。钙、镁的含量在pH 6.0以上时增高，硫在酸性条件下常感不足。微量元素铁、锰、锌、铜则以酸性土壤居多。钼在酸性条件下有效性低，硼在pH 4.5～6.7时有效性最高。

4. 土壤水分

呈溶性状态的养分才能通过质流或扩散到蔬菜根系表面为蔬菜吸收，水分不足会影响土壤中养分的扩散速率。但土壤水分过多，容易引起养分流失。土壤含水量为田间持水量60%～80%时，蔬菜根系可正常生长，养分的吸收也可顺利地进行。

（二）蔬菜作物的需肥特点

1. 蔬菜是喜肥作物

蔬菜不仅生物量大，而且养分含量高、养分移出量大。

2. 蔬菜是喜硝态氮作物

由于蔬菜对土壤酸化敏感以及PH降低影响蔬菜对Ca^{2+}吸收；同时蔬菜耐氨性差导致蔬菜对硝态氮特别偏爱。

3. 蔬菜是嗜钙作物

与一般大田作物相比，蔬菜是需钙多的作物。据测定，萝卜的吸钙量比小麦高11倍，当蔬菜缺钙时，引起生长点萎缩。番茄、青椒易患脐腐病，甘蓝、白菜易得干烧心病。

4. 蔬菜作物需硼量高

根菜类蔬菜含硼量高，蔬菜作物体内难溶性硼含量高，再利用率低，易产生缺硼症。如芹菜茎裂病、甘蓝褐腐病、萝卜褐心病等生理性病害。

5. 对钾的需求量大

蔬菜籽实或可食器官中钾含量是粮食作物的6.5～7.5倍，蔬菜对钾的需求量较大，在蔬菜上应注意增施钾肥。

6. 黄瓜需肥特性点

黄瓜是需肥较多的蔬菜。黄瓜吸肥速率受多种因素影响，黄瓜植株对各种元素的吸收量与光照强度成正比，晴天植株对氮和钾的吸收速率随辐射强度增加而增加。阴天时，氮、钾吸收速率明显降低。磷的吸收速率受日照强度的影响较少，受温度影响大，温度高时磷的吸收速率高。

黄瓜在不同生育时期的营养特性不同，营养状况对黄瓜苗的质量有明显的影响。黄瓜苗期对氮、磷营养敏感，黄瓜是喜硝态氮作物，缺硝态氮影响钙和镁的吸收。黄瓜幼苗要求磷供给量高，但初期对磷的吸收量较少，适宜浓度范围较广，一直到果实膨大和采收期才增多。如果此期磷不足不仅不利于果实的膨大，而且光泽不良，成畸形果。钾素有利于雄花的形成，黄瓜的吸钾量从生育初期到采收末期一直呈直线增加，而且分配在果实中的钾素占总吸收量的60%，钾素不足，黄瓜出现大肚瓜，多氮、多钾、缺钙、缺硼易出现蜂腰瓜。土壤盐分过高时，出现尖嘴瓜。从根瓜坐住后至果实收获，植株的茎叶和果实生长量达到高峰期，为了满足营养生长和生殖生长的需求，必须经常供给充足的水分和养分。开花结果期是黄瓜丰产的关键时期，因此在施足基肥的前提下，防止植株脱肥早衰，必须及时追施速效性肥料。黄瓜在收瓜期间对养分的吸收量以钾为最多，氮次之，再其次为钙、磷，以镁为最少。同时它们的吸收量都是在收获开始时显著地减少，收获期间大为增加，到了收获终了，增长量又复变小，这和果实吸收量以及植物生育的过程是完全一致的。黄瓜对营养元素的需求较多，生产1000kg黄瓜需要氮2.8～4.5kg，P_2O_5 0.9～1.2kg，K_2O 3.6～5.5kg。如果大棚内二氧化碳含量增至0.15%～0.2%以上时，黄瓜叶的同化量便会大大提高。由此可见空气中二氧化碳的含量远远不能满足黄瓜光合使用的需要，应该设法加以补充。

7. 番茄需肥特点

番茄比较耐肥，在生长过程中需要供应充足的氮、磷养分。氮、磷不足时，不仅会导致花芽分化推迟，而且会影响花的发育。进入生殖生长期后对磷的需要量剧增，而对氮的需要量略减。充足的钾可使番茄的光合作用旺盛，促进果实膨大。番茄生育后期缺钾，往往形成棱形果和空心果，从而降低商品质量。

番茄是喜钙的作物，缺钙是引起番茄和甜椒脐腐病的原因。据研究，在坐果期喷施0.5%氯化钙溶液可防治脐腐病，并可提高果实硬度，延长果实储藏期。

番茄对缺铁、缺锰和缺锌都比较敏感，如果出现黄化叶、花斑叶或小叶病时应及早喷施多元微肥，以防治生理病害。

每生产1000kg番茄，需吸收氮(N)2.6～4.6kg(平均3.5kg)、磷(P_2O_5)0.5～1.3kg(平均1.0kg)、钾(K_2O)3.3～5.1kg(平均4.2kg)。

8. 西瓜需肥特点

西瓜对钾的吸收最多，氮次之，磷最少。在其不同的生长发育时期，对氮、磷、钾营养元素的吸收数量与比例有很大差异，芽期吸收量较少，幼苗期吸收量占总量的0.5%左右；伸蔓期吸收量占总量的6%；果实膨大期吸收量占总量的85%以上。在西瓜的营养生长旺盛时期，吸收氮多，钾次之，而坐果后对钾的吸收多，氮次之。磷能促进西瓜幼苗根系发育，提高其抗寒能力，提高果实含糖量和产品质量；钾可提高植株抗病能力，利于糖分的运输、积累，西瓜的果实特别需要钾。西瓜叶片缺镁或钙、钾含量过高，易发生叶枯病。在温室或大棚中种植西瓜，当多肥或缺钙时，易产生扁圆瓜。生产1000kg西瓜需吸收氮

(N)2.52kg，磷(P_2O_5)0.81kg，钾(K_2O)2.86kg，见表9-24。

表 9-24　　肥料利用率参考值

作物类型	有机肥		化肥	
菜地	N	10%～20%	N	10%～30%
	P_2O_5	5%～10%	P_2O_5	8%～12%
	K_2O	20%～30%	K_2O	20%～50%

冬暖式蔬菜大棚生产发展早、规模大、效益高，而且生长期多数处在冬季寒冷季节，具有复种指数高、对肥料依赖性大等特点。为更好地分析、评价好保护地蔬菜土壤养分含量现状，我们在采用山东省土壤养分分级标准进行评价分析的基础上，结合东阿县实际，只对有机质及氮磷钾指标制定了《东阿县蔬菜土壤养分分级评价标准》(见表9-25)，并据此作相应评价，仅作参考，其他指标仍执行省标准。

表 9-25　　土壤养分利用率参考值

	碱解氮		速效磷		速效钾	
	含量(mg/kg)	利用率(%)	含量(mg/kg)	利用率(%)	含量(mg/kg)	利用率(%)
瓜菜田	>160	40	>80	30	>300	30
	120～160	45	40～80	40	200～300	35
	80～120	50	20～40	50	150～200	40
	<80	60	<20	60	<150	50

六、冬暖大棚黄瓜、番茄、大拱棚西瓜平衡施肥方案

根据黄瓜、番茄、西瓜的需肥规律，结合本县该作物土壤肥力，采用目标产量平衡施肥法，提出了冬暖大棚黄瓜、番茄，大拱棚西瓜平衡施肥技术，将其在多点示范试验验证，并补充修改，形成了“主要设施蔬菜平衡施肥技术规程”。经多个示范点试验，农民目前施肥量减少30%以上，蔬菜产量可增产20%～30%。

(一)冬暖大棚黄瓜平衡施肥技术规程

1. 目标产量：每亩6000～8000kg。有机肥：亩施7～8m^3，全部作基肥。化肥：每亩氮60kg、五氧化二磷50kg、氧化钾50kg、多元微肥0.2～0.3kg。

方案1：每亩尿素87kg、磷酸二铵110kg、硫酸钾85kg、多元螯合微肥0.3kg。施用方法：定植前每亩基施磷酸二铵60kg、硫酸钾25kg。追施：11月至翌年2月，每4～5周冲施1次，每次每亩施尿素5～7kg、磷酸二铵3～5kg、硫酸钾3～5kg。3～5月每2～3周冲施1次，每次每亩施尿素12～14kg、磷酸二铵6～8kg、氯化钾8～10kg。分别在苗期、开花期和盛果期叶面喷施0.1%多元螯合微肥。

方案2：每亩施氮磷钾复合肥330kg、尿素22kg、多元微肥0.2～0.3kg。施用方法：定

植前每亩基施复合肥 100～150kg。追施:11 月至翌年 2 月每 4～5 周冲施 1 次,每次每亩施复合肥 9～10kg。3～5 月每 2～3 周冲施 1 次,每次每亩施复合肥 30～35kg、尿素 3～5kg。分别在苗期、开花期和盛果期叶面喷施 0.1%螯合铁肥。

2. 目标产量:每亩 10000～12000kg。有机肥:每亩施 3～5m³,全部作基肥。化肥:亩施氮 50kg、五氧化二磷 30kg、氧化钾 60kg。

方案 1:每亩施尿素 83kg、磷酸二铵 65kg、硫酸钾 100kg。

施用方法:定植前亩基施磷酸二铵 30kg、硫酸钾 40kg。追施:11 月至翌年 2 月,每 4～5 周冲施 1 次,每次亩施尿素 4～6kg,磷酸二铵 1～2kg、硫酸钾 3～5kg。3～5 月每 2～3 周冲施 1 次,每次亩施尿素 11～13kg、磷酸二铵 5～7kg、硫酸钾 8～10kg。

方案 2:每亩施氮磷钾复合肥 200kg、尿素 43kg、硫酸钾 50kg。

施用方法:定植前亩基施复合肥 100kg。追施:11 月至翌年 2 月每 4～5 周冲施 1 次,每次亩施复合肥 10～11kg。3～5 月每 2～3 周冲施 1 次,每次亩复合肥 12～14kg、尿素 7～10kg、氯化钾 9～10kg。

(二)冬暖大棚番茄平衡施肥技术规程

目标产量:每亩 6000～8000kg。有机肥:每亩施 3～5m³,全部作基肥。化肥:每亩施氮 50kg、五氧化二磷 30kg、氧化钾 60kg。

方案 1:每亩施尿素 83kg、磷酸二铵 65kg、硫酸钾 100kg。

施用方法:定植前每亩基施磷酸二铵 30kg、硫酸钾 40kg。催果肥:在第 1 穗果开始膨大时结合浇水追施肥料,一般亩施尿素 15～20kg、磷酸二铵 5～10kg、硫酸钾 10kg。连续喷施 3～4 次钙肥,一般喷 0.1%硝酸钙或螯合钙肥。

盛果期追肥:当番茄进入盛果期,在第 1 穗果发白,第 2、3 穗果迅速膨大时期进行连续追肥 2 次,每次每亩追施尿素 30～35kg、磷酸二铵 10～15kg、硫酸钾 25kg。在盛果后期还可进行叶面喷肥,采用 0.3%～0.5%尿素、0.5%～1%磷酸二氢钾混合液喷洒。

方案 2:每亩施氮磷钾复合肥 200kg、尿素 33kg、硫酸钾 50kg。

施用方法:定植前亩基施复合肥 80～100kg。

催果肥:在第 1 穗果开始膨大时结合浇水追施肥料,一般每亩施复合肥 30～40kg、尿素 5～10kg、硫酸钾 5～10kg,连续喷施 3～4 次钙肥,一般喷 0.1%硝酸钙或螯合钙肥。

盛果期追肥:当番茄进入盛果期,在第 1 穗果发白,第 2,3 穗果迅速膨大时期进行连续追肥 2 次,每次每亩追施复合肥 35～40kg、尿素 10～15kg、硫酸钾 20～25kg,在盛果后期还可进行叶面喷肥,采用 0.3%～0.5%尿素、0.5%～1%磷酸二氢钾混合液喷洒。

(三)大拱棚西瓜平衡施肥技术规程

目标产量:每亩 4000～6000kg。优质圈肥:亩施 3～5m³,全部作基肥。腐熟的饼肥 30～50kg,在瓜秧开始爬蔓时追施。化肥:每亩施氮 30kg、五氧化二磷 20kg、氧化钾 40kg。

方案 1:每亩尿素 48kg、磷酸二铵 43kg、硫酸钾 80kg。

施用方法:定植前每亩施磷酸二铵 25kg、硫酸钾 10～20kg。在瓜秧开始爬蔓时进行第 1 次追肥,每亩施尿素 15～20kg、磷酸二铵 23kg、硫酸钾 20～25kg。在果实膨大期进行第 2 次追肥,亩施尿素 30～32kg、硫酸钾 40～45kg。

方案 2:每亩施氮磷钾复合肥 133kg、尿素 22kg、硫酸钾 40kg。

施用方法:定植前亩施复合肥 50～60kg。在瓜秧开始爬蔓时进行第 1 次追肥,亩复合肥 30～40kg、硫酸钾 10kg。在果实膨大期进行第 2 次追肥,亩施尿素 22kg、硫酸钾 30kg、复合肥 40～45kg。

专题报告三 东阿县沉沙池区沙化、碱化的改良利用专题

东阿县地处黄河中下游冲积平原,其地形地貌受黄河改道和决口泛滥的影响,黄河故道自西南向东北蜿蜒蛇形伸展,形成波状起伏的高岗、缓坡、洼地。20 世纪 60 年代在境内西南部位山建立引黄闸,担负着聊城市县的黄灌与向天津输水的任务,70 年代在境内人工开挖两大沉沙池,年均引用黄河水 $2.74\times10^8m^3$,累计沉沙 $8.84\times10^8m^3$。由于特定的地理、地貌特点,沉沙池区内生态系统失调,风、沙、旱、涝等自然灾害频发,给农业生产和人民生活带来了严重威胁,自 20 世纪 80 年代开始,东阿县就着手进行沉沙池区土壤的治理与开发,经过多年的治理,全县的沉沙池区土壤改良及土壤碱化改良取得了较好效果。治理过程中也积累了很多经验,特别是沉沙区土壤综合开发治理有着重要的示范和推广意义。在新形势下,继续挖掘东阿县池区粮食的增产潜力和经济高效作物的发展也面临着新的问题,需要进一步探索研究。

一、治理前沉沙池区的基本概况

(一)基本情况

沉沙池区位于黄河引水源头,源头在位山引黄闸,闸内分成两个黄河渠道,其中西引黄沉沙池区流经刘集、顾官屯 2 个乡镇,沿线 20km 以上。东引黄沿河池区流经刘集、姜楼、顾官屯 3 个乡镇,沿线长达 30km 以上。由于黄河在引黄济津工程的源头。每年都有大量的流沙随黄河水进入东阿县境内沉沙池区,引黄渠道两岸的淤沙堆积如山,引黄渠沉沙池底也在逐年增高。因此而成了地上河道。由于常年持续不断的引水,也促使池区两岸的地下水位提高,耕地泛碱化程度严重。河道沉沙池区的淤沙每年都要清理两次。清理的细沙,一方面逐年占压两岸耕地的面积增加,另一方面每逢冬、春干旱风季裸露的地表,河浪滚滚,尘土飞扬,因此这种季相分明的风沙地应尽快进行治理和综合利用,使之尽快给沿池区人民带来好的种植效益和生活环境。

(二)分布

东阿县境内的两路引黄渠道,西沉沙地区,流经路线长达 20km,涉及村庄 17 个,流经村庄郎营、油坊、查庄、高村、南杨、南耿、罗辛、小冯、西崔、陈庄、葫芦头、陶庄、路庄、万庄、官庄、梁庄、赵寺。17 个行政村,土地面积为 $2618.25hm^2$。其中泛碱化耕地面积为 $1284.93hm^2$。东沉沙池区,沿线流长 30km 有余,流经位山、前关山、后关山、孙清、四合屯、前苫山、西苫山、张广、狮子宋、邢庄、南双庙、刘集、大林崔、后张、前王营、陈店、张集、陶楼、胡庄、孙楼、刘庄、归德铺、西辛、赵陶、闫庄、兴隆村、西程铺、胥寺、姜楼等 30 个行政村,土地总面积为 $4238.45hm^2$。其中泛碱化耕地面积为 $2238.4hm^2$。

(三)土地治理前的土壤养分状况

东阿县引黄沉沙池区治理前的河道清理出的淤沙,由于常年得不到根本的治理,两岸农民也没有统一的治理措施,形成流沙常年飞扬。淤沙外的耕地,由于地下水位的增高,泛碱化严重,土壤养分含量少。据1984年第二次土壤普查调查化验:0~20cm耕层土壤的有机质平均含量为8.2g/kg,全氮一般平均为0.59g/kg,碱解氮一般平均为63mg/kg,有效磷一般平均为5.8mg/kg,速效钾一般平均为96mg/kg。总之当时的土壤贫瘠,土壤养分含量低下,农作物产量低而不稳。

进入2000年以来,东阿县县委、县政府对引黄沉沙池区的沙化和泛碱化的现象非常重视,制定各种优惠政策向沉沙地区倾斜,特别是积极引导涉农各职能部门,积极争取上级农业、水利、土管开发项目,支援沉沙池区的改造、治理。2006~2010年更是利用农业测土配方施肥开发项目,增加沉沙池地区测土取样布点,摸清沉沙池地区农田的土壤养分含量状况,制定改造改良沉沙池区沙化、土壤泛碱化的措施和技术路线。据化验,在东沉沙池区土壤有机质总平均值为11.6g/kg,其中91.11%的化验数据集中在8~13g/kg之间。由此可见,土壤质地正在逐渐改良。pH平均为8.38,有97.8%的化验数据集中在7.5~9.0之间,说明土壤盐碱程度仍然较高。全氮含量为0.88g/kg,低于全县平均0.22g/kg。土壤碱解氮平均为73mg/kg,比全县平均值低20mg/kg。土壤有效磷平均值为12.0mg/kg,比全县平均值低6.7mg/kg。土壤速效钾平均值为98mg/kg,比平均值低49mg/kg。

西沉沙池区土壤有机质含量为10.5g/kg,比平均值低5.6g/kg,pH平均为8.4,比平均值高0.4,全氮含量为0.87g/kg,比全县平均值低0.23g/kg,碱解氮平均为78mg/kg,低于平均值15mg/kg,有效磷平均为11.0mg/kg,低于全县平均值7.7mg/kg,速效钾平均值为97mg/kg,低于平均值50mg/kg。

总之,沉沙池区的土壤养分大大低于全县的平均水平。特别是pH较高,严重影响作物对中、微量元素的吸收。因此,加大土地改良、治理力度,因地势,因土质制宜,实行综合改良治理,使沉沙池区的地力水平等于或高于全县平均水平,是我们这次重点改良治理的目的,见表9-26。

表9-26　东阿县沉沙池区综合养分含量表

	有机质(g/kg)	pH	全氮(g/kg)	碱解氮(mg/kg)	有效磷(mg/kg)	速效钾(mg/kg)
东区	11.6	8.38	0.88	73	12.0	98
西区	10.5	8.40	0.87	78	11.0	97
平均	11.1	8.39	0.88	76	11.5	98

二、治理、改良、开发的措施

2006~2007年,东阿县从长远考虑,以技术支撑为出发点,邀请国土资源部、中国农业大学资环学院和农业部农技推广中心的有关专家、教授齐聚东阿,共同商讨制定沉沙池区中长期治理方案，改良规划和措施，讨论的重点共分两大块：一是沿灌渠两岸沙丘沙化的综合治理与利用，二是沿灌渠两岸村庄耕地泛碱化的改良。走持续治理、改良的发展道路。

（一）沿河两岸沙化的综合治理与利用

防风固沙林系的建设　这是治理风沙化的一项基本生态工程。建设两个树木林化带，一是速生杨树带，以培杨104、107为主，紧靠河道栽植6～7行。二是靠河道外缘，以栽培经济林为主，如山楂、核桃、杏树等其他果木。树下种植中草药，如生地、甘草等（东阿阿胶每年都需要大量的此种药材）。或者种植饲草类作物，如苜蓿草等。

（二）沿河两岸耕地泛碱化的改良

1. 兴修水利，建设成涝能排、旱能浇、排灌方便的标准化良田

沉沙池区地下水位高，是沿灌渠两岸耕地土壤泛碱化的主要原因，围绕这个中心议题，确定采取切断渠渗、降低地下水位是阻止土壤泛碱化的重要措施。一是开挖防渗沟，要求沟深3～3.5m，主要隔断地上灌渠的渗水。二是在较大面积的低洼区域挖建5～6m深的养鱼池，增加养殖项目的收益。三是采用软管输水方式，短挖浅灌，减少和控制灌水量，控制地下水位。四是建设完善排灌系统，排灌配置，做到涝能排、旱能灌。

2. 改良土壤，增加土壤养分含量

沉沙地区土壤养分低下，氮磷钾及中微量元素比例失衡，是限制农作物产量的主要原因，如何增加土壤养分，提高养分含量，是灌渠两岸耕地、提高农作物产量的主要措施。一是增施有机肥，实行秸秆还田，增加土壤有机质，这是改良土壤的长久之计。二是根据土壤化验结果，采取土壤缺什么就补什么，缺多少就补多少的原则，实现配方平衡施肥技术。三是加强土壤养分监测，及时更改肥料配方，以平衡土壤养分的有效供给。

3. 实行种养结合的区域化种植

根据不同的土壤质地来划分区域种植不同的作物。比如，沙性大的土壤种植如红薯、花生、土豆等作物。盐碱地种植棉花及耐盐碱性作物等进行区域化种植，再根据不同作物的需肥规律进行配方施肥，目的是在有限的土地上，根据不同的土壤养分含量，种植不同的作物，配以适合该作物的配方肥料，而获得最大的经济效益。

三、改良、治理的效率及效益

经过几年的综合改良与治理，东阿县沉沙池区灌渠沿线的风沙河土得到基本控制，土地基本上得到了充分的利用与治理，改变历史上的“风沙蔽日，土地荒芜”的状况，农田基础设施日臻完备，生产条件得到根本性的改善，人们的生活环境及生态环境得到了根本的改观，取得巨大的社会效益、经济效益和生态效益。

（一）地形地貌方面

原来的沉沙池区由于连年清淤，沿渠两岸高低不平、凹凸不齐的沙丘经过统一的大规模的机械平整，填缺补漏，基本形成了一个小区域性的平整土地，形成一个中长期梯田性区域，高产稳产的方块。逐步建设成一个产量比较稳定，治理、改良比较规范，土壤养分较高，肥水条件较为优越的稳定田地。

（二）土壤养分方面

治理、改良前的沉沙池区，高岗沙丘地带及耕地，土地贫瘠，有机质和氮、磷、钾含量少。且养分丰缺不均，经过几年的改良与治理，土壤养分丰缺指标将得到明显改善。各项养分指标得到明显提高。具体见表 9-27。

表 9-27　东阿县沉沙池区土地改良治理前后养分对比表

指　标	有机质 (g/kg)	全氮 (g/kg)	有效磷 (mg/kg)	速效钾 (mg/kg)	碱解氮 (mg/kg)	pH
治理前	9	0.85	15.6	96	85	8.5
治理后	13	1.2	20	130	100	7.5

土壤养分状况的提高，加上生产过程中农技、植保技术的发展，沉沙池区所涉及的村庄农作物产量将会有较大幅度的提高，粮食从全年产 1050kg/hm^2 提高到 12750kg/hm^2，棉花产量由原来的 1050kg/hm^2 提高到 1500kg/hm^2，农民的经济收入由原来 2000 元左右增加到 3000 元左右。比如，西沉沙地区的西崔、陈庄、葫芦头、陶庄，东沉沙地区的归德铺、西辛、赵陶，这些以砂质土为主的区域。棉花通过地膜覆盖，增施有机肥，实行氮、磷、钾大量元素配方施肥，中微量元素补施的方法，以满足高产棉花对肥料的需求，并给予适宜的化控与催熟，以提高棉花的霜前皮棉产量，按配套技术栽培皮棉产量达 1500kg/hm^2 以上。在粮田方面以西沉沙区的郎营、油坊，东沉沙区的前苫山、后苫山、后张为代表。泛碱区域重点实行配方施肥，缺什么补什么的施肥原则，增施中、微量元素肥料，小麦高产可达 67500kg/hm^2 以上，玉米产量可达 7500kg/hm^2 左右。

（三）生态方面

通过采取农田防护林网、固沙林、经济林、农林间作、经济作物的发展种植措施，使治理改良区内的森里覆盖率由治理前的 28％增加到了 62％，生态环境得到了改善。经过治理“无风三尺土，有风沙满天，吃饭捂着碗，春播耩三遍”的恶劣环境不见了。粮食耕作区的玉米、小麦单产将会超过全县平均产量水平，人们的生活水平将会有较大的改观。

（四）农田基础设施方面

第一，防护林体系完备，形成了带、网、间、片、点有机结合的集合防护体系，基本遏制了风沙危害。第二，实现了农田方田化。第三，交通条件便利，田间道路四通八达。第四，灌排体系健全。第五，电力设施齐全，完全能满足农业生产需要。

（五）社会效益方面

（1）通过治理，使公路畅通，林果、蔬菜销售点及专业户增多，产品直接销往聊城、济南、北京等地。通过市场转换，增加销售额，沟通外部信息，从而提高了农民的市场观念和商品意识。

（2）通过治理，新挖和整治沟渠，改善和扩大了灌溉面积 1700hm^2 以上，每年减少引水量 $1.0\times10^6m^3$。

（3）健全了县、乡、村水土保持监督检查网络，制定具有地方特色的村民管理公约，从以政府方面的组织管理、控制节水灌溉、防渗压碱的统一规划与建设，到防风固沙林及林网化的构成，树木的砍伐与栽植、耕地的培肥地力与配方施肥的有机结合，以及水土保持设施的管理与养护，落实到段、养护到人，并制定奖罚措施，公布于众，建立监督、有奖机制。通过这些有力的措施切实保障了治理成果的巩固和发展。

(六)经济效益方面

通过治理，改善了生产条件，低产田变成高产田；土地潜在的资源得到了利用，沙荒、盐碱变良田。中低产田变高中产田，普遍提高一个农业生产档次，从而使得粮、棉产量大幅度增加，而且以后效益逐年增加。东、西两个沉沙地区耕地总面积为3523.27hm^2，年粮食增产按3000kg/hm^2计算，年增加产值2113.96万元，扣除生产成本后增加纯收益1321.23万元，整个沉沙池区林业、园地、粮田可创年产值4298.16万元，扣除生产成本后，增加纯收益可达2325.43万元。

四、面临的新问题

东阿县沉沙池区通过以上综合措施的改良与治理，经济效果与生态效果将会得到圆满体现，但随着社会经济的发展，同时又面临着新的问题，也会遇着若干的制约因素。

(1)粮棉种植区域，传统的耕作方式土地利用不尽合理，特别是棉田，冬、春季风最大的时候，植被砍伐，若不及时补栽，沙化的状况又会重现，隔渗沟的不清淤，地下水位又会升高，将会持续原先的恶性循环。

(2)人为或自然灾害因素，部分地区护林网退化，存在残次林，甚至退林还耕，防护林体系出现薄弱点。

(3)沙化土地的林果产业优势明显，但原先的果树品种不一定适合当前需要，再说随着高科技成果的推广应用，原来的技术管理形成的产量低，农民缺乏管理技术，使水果产量不能获得应有效益。

(4)灌溉方式传统，几乎全部的灌溉方式都是自流灌溉式大水满灌，不仅浪费了大量珍贵的水源，抬高了地下水位，也使部分地区出现了土壤板结现象。

(5)施肥方式不尽理，特别是配方平衡施肥的配方如不及时更改，有可能会出现某种元素的过量，造成另一种元素的缺失。

(6)病虫害综合防治能力弱，过量的使用高毒农药，不仅不符合无公害农产品的生产要求，还存在农药残留，污染土壤。特别是除草剂的不合理使用，将会影响下茬作物。

五、继续发展的方向及做法

(一)继续发展沙区造林

针对防护林薄弱点，构建沙区生态林防护体系优化配置技术。根据不同的土地条件和地貌类型，对沙丘地有林地段进行林分结构优化做到乔、灌、草有机结合，最大限度地增加地被植物。对平沙地无林地段，选择性的种植经济作物，搞好合理配置。采用地膜覆盖，节水灌溉等先进手段，进行高效丰产栽培。

(二)推广节水灌溉技术

改革灌水方法，实施节水灌溉。风沙化土地微地貌变化多样，采用喷灌形式较好。宜固定和半固定两种方式相结合，平原耕地采用软管输水灌溉方式，既节水，又减少泛碱化的几率。

(三)推广无公害农产品的生产施肥技术

针对沉沙池区粮食、林果、草药的发展的基本现状,应大力推广无公害农产品的施肥技术,以不断提高农产品品质。施肥坚持有机肥为主,应用测土配方施肥技术,根据需要限量使用尿素、碳酸氢铵、硫酸铵、复合肥等化肥,禁止使用硝态氮肥,限量使用含氯化肥。以达到节约生产成本,增产、提质的目的。

(四)推广病虫害综合防治技术

采用人工防治、物理防治、检疫措施、农业栽培措施等综合防治措施,采用生物防治及化学防治相结合的综合防治技术,把病虫害控制在接近受害水平之下,达到高产、稳产、优质、无公害的目的。主要抓好生物与化学防治相结合,充分利用自然界捕食性或寄生性天敌如黑缘瓢虫、深点食螨瓢虫等益虫,达到病虫害综合防治,减少土壤农药污染的目的。

(五)大力推广新品种、新技术

针对沉沙池区林、果、粮等多种作物发展现象,配套使用除草膜、营养穴两项技术配合应用,达到"穴储肥水、地膜覆盖和除草"三种技术效应,以进行老耕作田的丰产改造。同时,引进更新一个高产优质的品种,并配合先进实用技术,增加土壤养分,促进根系生长,防治杂草生长,减少病虫害发生等作用。

(六)调整种植结构,提高设施农业覆盖率

针对传统种植方式容易造成品种换代,技术落后的问题,一方面调整种植结构,扩大小麦等越冬作物的种植规模,另一方面鼓励增加设施农业,不仅提高农业效益,以减少冬季地表裸露率。避免土壤冬、春两季的风蚀和耕地泛碱化几率。

(七)加大宣传力度,提高爱护耕地的意识

通过举办知识讲座、发放宣传资料、张贴标语等办法,宣传国家土地管理政策,提高群众爱护耕地资源的意识。

第二篇　测土配方施肥技术

第十章　东阿县小麦测土配方施肥技术

第一节　概述

小麦是世界各国的重要粮食作物之一，是人们的主要食粮。小麦籽粒营养丰富，其中碳水化合物含量约为60％～80％，蛋白质8％～15％，脂肪1.5％～2.0％，矿物质1.5％～2.0％，以及各种维生素等。报导表明，目前各种矿泉水中的矿物质含量太微，不能被人体吸收利用，还得靠食物来补充。麦麸是优良的精饲料，麦秆是编织造纸的好原料。

一、小麦的一生

小麦的一生是指从种子萌发到产生新的成熟种子的整个过程，小麦一生的时间长短，受生态条件和栽培条件的影响很大，本县冬小麦生育期为230～270天。小麦的一生中，在形态特征、生理特性等方面发生一系列变化，人们根据这些变化将小麦的一生划分为播种、出苗、分蘖、越冬、返青、起身、拔节、挑旗、抽穗、开花、灌浆、成熟12个生育时期。

(1)播种期：播种的日子，在10月上旬。

(2)出苗期：全田50％籽粒第一片真叶露出胚芽鞘长出地面2cm时，在10月中下旬。

(3)分蘖期：全田50％植株第一个分蘖伸出叶鞘1.5～2cm时，在11月。

(4)越冬期：日平均气温降到2℃左右，小麦植株基本停止生长的日期，在11月底至12月初。

(5)返青期：第二年春天，随着气温的回升，小麦开始生长，50％植株年后新长出的叶片(多为冬春交接叶)伸出叶鞘1～2cm，且大田由暗绿变为青绿色时，在2月下旬至3月上旬。

(6)起身期(生物学拔节)：麦苗由原来匍匐生长开始向上生长，年后第一叶伸长，叶鞘显著伸长，其第一伸长叶的叶耳与年前最后一片叶的叶耳距达1.5cm，基部第一节间微微伸长，我县在3月中、下旬。

(7)拔节期(农艺拔节)：小麦的主茎第一节间离地面1.5～2cm，用手指捏小麦基部易碎发响，在 4 月上中旬。

(8)挑旗(孕穗期)：植株旗叶(最后一片叶)完全伸出(叶耳可见)，在 4 月下旬。

(9)抽穗：穗子顶端或一侧(不是指芒)，由旗叶鞘伸出穗长度的一半时，在 4 月下旬至 5 月上旬。

(10)开花：全田有 50%植株第一朵花开放，开花顺序中下→上部→下部。在 5 月上中旬。

(11)灌浆：籽粒外形已基本完成，长度达最大值的 3/4，厚度增长甚微。在 5 月中旬开始灌浆。

(12)成熟期：①蜡熟期：籽粒大小、颜色接近正常，内部呈蜡状，籽粒含水 22%，茎生叶基本变干，蜡熟末期籽粒干重达最大值，是适宜的收获期。②完熟期：籽粒已具备品种正常大小和颜色，内部变硬，含水率降至 20%以下，干物质积累停止。一般在 6 月上旬收获。

二、小麦经济产量的形成过程

小麦产量的形成过程分为三个相互联系的阶段。

(一)营养生长阶段：从出苗到返青

(1)生长中心：根、叶、蘖的生长。

(2)营养特点：光合产物主要用于营养体的形成，为形成产品器官打基础，此阶段需肥水较少，生长较慢。

(3)与产量形成的关系：决定穗数的时期。

(4)主攻方向：培育壮苗、苗齐、均壮。

(二)营养生长与生殖生长并进阶段：从起身到抽穗

(1)生长中心：根、叶、蘖生长和茎伸长，穗分化发育。

(2)营养特点：光合产物用于营养体及生殖器官的生长发育，生长逐渐加快，需肥水逐渐达到高峰。

(3)与产量形成的关系：巩固和决定穗数，决定小穗数，小花数和穗粒数的时期，奠定粒重基础的时期。

(4)主攻方向：调节群体合理发展，营养生长与生殖生长协调。

(三)生殖生长阶段：抽穗到成熟

(1)生长中心：生殖器官的生长。

(2)营养特点：光合产物主要用于生殖器官的生长和充实，形成收获产品，营养生长基本停止，需肥水逐渐减少。

(3)与产量的关系：决定粒重的关键时期。

(4)主攻方向：防止营养器官早衰，维持一定强度的光合生产率(干物质 $g/d \cdot m^2$)，保证有足够的营养物质运输到生殖器官。

三、小麦的阶段发育

(一)阶段发育的概念

小麦的一生，必须经过几个顺序渐进的质变阶段，才能由营养生长转向生殖生长，完成生活周期，这种阶段性质变发育过程称为阶段发育。

（二）阶段发育的特性

（1）每个发育阶段需要一定的综合的外界条件，如水、温、光、养分等，而其中有一两个因素起主导作用。

（2）每个发育阶段有着不可逆性，条件不适宜时，停止但不能倒行。

（3）顺序性。当前一阶段没有结束以前，即使条件适宜后一阶段的生长，也不能进入后一阶段。

（三）春化阶段（感温阶段）

小麦种子萌发后，必须经过一定时间的低温阶段才能开花结实的时期，此时期起主导作用的是适宜的温度条件，不同的小麦品种对温度及所需天数要求不同。小麦阶段发育特性详见表 10-1。

表 10-1

品种类型		春化要求		光照要求		
据春化分		温度条件	需要天数	据光照反应分	光照条件	需要天数
春性品种	南方秋播	0℃～12℃	5～15 天未春化春播能抽穗	反应迟钝	每天 8～12 小时光照	16 天以上，如墨西哥小麦
	北方春播	5℃～20℃				
半(弱)冬性品种		0℃～7℃	15～35 天未春化春播迟或不抽穗	反应中等	每天 8 小时不能，需 12 小时	24 天以上，如太 1、鲁 1、辐 63
冬性品种		0℃～3℃	30 天以上未春化春播不抽穗	反应敏感	8～12 小时不能，需 12 小时以上	30～40 天，如蚰包、鲁 5

（四）光照阶段（感光阶段）

小麦通过春化阶段以后，在适宜的外界环境条件下，就进入第二发育阶段，即光照阶段，此阶段主导因素是光照、温度也起很大作用，高于 25℃或低于 10℃都会延缓光照发育的进行，低于 4℃则光照阶段不能进行。

（五）阶段发育与器官形成的关系

（1）春化阶段：是小麦分化叶原基、分蘖原基、次生根及原始茎节的时期，春化和分蘖同时进行，春化阶段长分化的叶片及分蘖原基的数量就多，进入光照阶段后数量不再增加。春化阶段茎生长锥处于未伸长期，顶端分生组织不转入幼穗的分化。本县 10 月下旬日平均气温 5℃以下，半冬性小麦品种开始进入春化阶段，同时开始分蘖；11 月中下旬 0℃～5℃冬小麦进入春化，同时进入分蘖盛期，12 月上旬 0℃进入越冬。

（2）光照阶段是分化小穗小花的时期，延长光照阶段有利于增加小穗数和小花数，从而形成穗大粒多。第二年春天气温回升到 4℃以上时，茎生长点开始伸长，穗分化开始，标志着进入光照阶段（3 月上旬），到穗分化到♀、♂原基形成（顶端小穗形成）时（植株开始拔节），光照阶段结束（4 月上、中旬）。

(六)阶段发育理论的实践意义

(1)有助于正确引种 南→北,年前过早进入光照阶段,易受冻害;北→南,年前可能通不过春化阶段,造成不结实或延迟成熟。

(2)有助于决定不同品种的播期、密度 小麦进入光照阶段以后,生理上发生一系列变化,代谢强度提高,吸收矿质元素的能力增强、抗寒力减弱;冬性品种春化阶段较长,分蘖力强,因此秋播时应先播冬性品种,后播半冬性,春性品种,冬性品种应适当稀播。

(3)加速育种世代 对通过春化以后的小麦,可增加光照,提高温度加速光照阶段的进行,缩短生育期,提前收获。

第二节 小麦生产与土肥水的关系

小麦的产量取决于品种特性(内因)和环境条件(外因),后者是栽培管理的主要内容:水、肥、气、热、光等,其中水、肥、气是人工可以控制的。

一、小麦对土壤的要求

作物吸收的养分主要是由土壤本身提供的,占作物总需肥量的50%～70%,另外30%～50%由施肥补充,因此土壤肥力的高低直接影响作物产量。

(一)耕层深厚,结构良好

(1)耕作层20cm以上,(根系60%～70%集中在此,是小麦养分和水分的主要供给层),上层耕性好,下层质地少重(有利于保水保肥,有利于协调供肥,提高抗旱能力)。

(2)结构良好,土壤容重1.1～1.2g/cm^3,(孔隙度50%～55%),有机质含量较高,有丰富的水稳性团粒结构。

(二)土壤肥沃,供肥能力强

N、P、K含量高且协调,400kg以上的田块要求播前有机质1%以上,全氮0.06%～0.08%,速氮30～40mg/kg,速磷20～40mg/kg,速钾60～80mg/kg。

(三)适宜的土壤质地和化学成分

黏土、砂土都不宜种小麦,最适宜的是壤土,含盐量高于0.25%受抑,高于0.4%死亡。

(四)土地平整,能排能灌

地面坡度,应控制在0.1%～0.3%。

二、小麦对水分的要求

东阿县小麦生育期降水量只占总降雨量的1/4～1/3,只能满足小麦生育期耗水量的1/5～1/3。

(一)冬小麦灌溉的一般原则

1. 根据需水规律

“麦收八、十、三(即阴历八月、十月、三月)场雨”,“灌浆有墒,子饱穗方”,这些农谚都是十分宝贵的种麦经验,也是对小麦需水关键时期的科学概括。小麦灌水分为底墒、冬、返青(起身)、拔节、挑旗(孕穗)、灌浆、麦黄水,但不是都浇,视情况而定,麦黄水如果后期不套种的话可以不浇。

2. 根据土壤墒情

确定适宜的土壤水指标见表10-2。

3. 根据气候条件

气温下降至0℃时不能冬灌，以免冻害。

4. 根据苗情

冬前没分蘖的麦苗，不浇冬水，主要看群体大小和单株生长健壮与否。

表10-2 冬小麦各生育期适宜的土壤水分(占田间最大持水量的百分数)

生育阶段	播种一出苗	分蘖一越冬	返青一拔节	拔节一抽穗	抽穗一灌浆	灌浆一成熟
适宜范围	75～80	60～80	70～85	70～90	75～90	70～85
灌水指标	60以下	55以下	60以下	65以下	70以下	65以下

三、小麦对土壤养分的要求

小麦必需的营养元素有C、H、O(90%)、N、P、K(5%)、S、Ca、Mg，微量元素有Fe、B、Zn、Cu、Mo、Mn等。

N、P、K等元素对小麦生长发育的作用：

(一)氮

小麦一生中都需要氮，是蛋白质、叶绿素、激素、核酸的组成成分。

(1)作用。前期促根、叶、蘖生长，增加绿叶面积，中期增加小穗、小花数，提高结实率，后期提高千粒重。

(2)缺氮症状。单株分蘖少，叶片黄瘦而稍硬，根数少，穗数少且小，粒重偏低，成熟偏早。

(二)磷

是小麦核蛋白等物质的主要成分。

(1)作用。前期能提高氮肥利用率和吸收速度(以磷增氮)；促进麦田早分蘖、生根，根系发育健壮，提高小麦抗旱、抗寒能力。中后期：促进糖分和蛋白质的代谢，有利于物质运转，加快灌浆过程，提早成熟。

(2)缺磷症状。苗期分蘖少，叶色暗绿(叶鞘)发紫，无光泽，根系发育不良，呈“鸡爪根”不伸展，变成小老苗，发苗慢，抽穗开花延迟，千粒重下降。

(三)钾

钾是三要素之一。

(1)作用。促进CH_2O的形成与转化，使叶片中糖分向正在生长的器官输送，能提高小麦抗病，抗旱及抗冻能力，促进维管束发育，茎秆粗壮坚韧，抗倒伏。

(2)缺钾症状。生长延迟茎秆矮、易倒伏，叶片尖端发生褐斑，逐渐向下蔓延，下部叶片早期干枯，根系生长不良，抽穗和成熟提早，落黄差，穗小，粒轻，品质劣。

(四)微量元素

微量元素是小麦生长过程中的调节者，各有其独特的生理功能，都不能缺乏。缺铁时则发生失绿现象，脉纹中间的叶肉组织呈黄色，而脉纹为绿色；缺Mg时，叶子起皱或卷起，生育期推迟；缺钙时，根系发育停止；缺锰时叶面有不规则的灰色、浅黄色、或浅褐色的斑点；缺锌、铜、钼时植株都表现矮小，白化或死亡，缺硼还导致雄性器官发育受阻，花粉败育，不能结实。

第三节　小麦冬前及冬季的麦田管理技术

冬前：出苗——越冬　　冬季：越冬——返青
春季：返青——抽穗　　后期：抽穗——成熟

一、冬前及冬季管理的主要任务

(1)生育特点：是营养生长时期，长根、叶、分蘖，进入和完成春化阶段发育，营养物质供幼苗生长和储备。

(2)主攻方向：苗全、匀、齐、壮、安全越冬，达到计划苗数和冬前蘖数。

二、小麦单产发展的三个阶段

(一)低产变中产(150～250kg/667m^2)

(1)主要矛盾 麦田土、肥、水条件与小麦生长发育的需要不相适应。

(2)主要措施 深耕整地、增施肥料(有机肥力氮、磷肥)，扩大水浇面积，选用良种，适当增加基本苗，依靠主茎成穗。

(二)中产变高产(250～500kg/667m^2)

(1)主要矛盾 群体与个体的矛盾。

(2)主要措施 保证每亩穗数足够，控制群体发展，力促个体健壮。

(三)高产更高产(500kg/667m^2 以上)

(1)主要矛盾 植株个体内部的一些生理矛盾。

(2)主要措施 通过降低基本苗，控制无效分蘖和合理施用肥水，调控养分的分配和积累运转，协调地上部和地下部，营养和生殖生长之间的矛盾。

三、冬前及冬季管理的主要措施(第一阶段)

(一)寒露(10 月上旬)至立冬(11 月上旬)

(1)查苗补种，三寸无苗为缺苗，五寸无苗为断垄。补种时用浸过一夜的种子，在小麦1～2 叶期补种。

(2)疏苗。使苗匀，消除疙瘩苗，在 4 叶期进行为好。

(3)补栽。疏密补稀，注意浇水，踩紧。

(4)划锄。浅划松土，防土壤板结。

(二)立冬——小雪(11 月下旬)

(1)浇好冬水：注意方法，一定要浇。

①冬水增产的原因：

a. 可以平抑地温的变化，保暖防冻，防治或减轻冻害(当气温低于 0℃，0～10cm 地温浇水高于不浇地，浇冬水的日较差较小）。

b. 满足越冬及返青期的需水，可延迟返青期的灌水时间，提高地温促根壮蘖。

c. 对盐碱地有压碱改土的作用（早灌）。

②冬灌的时间：日平均气温 7℃～8℃时开始，3℃～5℃夜冻昼融时结束，山东省一般在立冬—小雪。

③冬灌顺序：早播脱肥麦田（群体不大），应在适期内早浇，涝洼黏地需浇水的应早浇；适期播种的壮苗，群体正常应晚浇；肥力一般，群体过大（早播、大播量所致）麦苗较旺，应先疏苗和深耘控制群体，再追肥浇水（中期进行）；土壤肥沃，群体大，如果墒情适宜可不浇；晚茬麦不宜浇水，不分蘖的不灌。

（2）追施冬肥，冬肥不仅可以满足冬季需肥，而且可冬肥春用，巩固年前分蘖，延迟春季肥水时间，便于控制春季分蘖；对弱苗可使其转壮，一般冬前肥占总追肥量 20%～30%，高产田占 20%，已施足底化肥，或土壤肥力较高，群体正常，麦苗生长健壮的麦田，可不追冬肥。

（3）划锄，深耘，镇压。

①划锄：弥补裂缝，破除板结、通气，保墒。

②深耘：改善群体结构，协调群体与个体的矛盾，深耘增产的原因：第一，可断老根，喷新根，深扎根，扩大根系的吸收面积（先抑后促）；第二，对地上部（分蘖等）有先控后促的作用，控制旺长，减少无效分蘖，促进有效蘖生长，提高成穗率；第三，有松土、透气，增加土根微生物的活动，有利于养分转化。深耘时间：冬前、返青、起身，深耘只能用于壮苗，过旺苗，群体不足田不能深耘，深耘深度 10cm，深耘后要埋实，并结合浇水。

③镇压：防苗过旺，生长过旺，群体过大的麦田，可在越冬前采用镇压措施，抑制分蘖生长，镇压应在午后进行，以免早晨有霜冻镇压伤麦苗。

（4）浇灌人粪尿，封冻——返青期，对缺肥麦田，可每亩开 5000 个穴，灌溉人粪尿 1000kg，碱地或下雪后不宜浇。

（5）禁止放牧啃青（可减产 4.04%～51.7%），减少光合面积，延迟穗发育和成熟。

四、诊断冬前苗情的生物学指标

（1）分蘖增长趋势：分蘖日增量为 $1.0\times(10^4\sim10^8)667m^2$，亩蘖数为计划穗数的 1.2～1.5 倍，一般用 1.5～1.8 倍。

（2）叶面积系数：11 月中叶面系数 1 左右，0.6 以下不足，1.2 以上群体过大。

（3）个体长相："三大二小五个蘖，十条根子七片叶（主茎），麦叶宽短颜色深，铺在地上不起身"。

五、小麦冻害

小麦最易冻死是在返青前期，这是越过冬天，麦苗消耗养分较多，糖的含量降低所致。因此，切勿过早浇返青水。

防治方法：主要是培育壮苗，增加体内特别是分蘖节细胞的糖含量。

第四节　麦田的春季管理

春季管理是小麦生长发育的重要环节，可以弥补冬前的不足，或控制冬前的过旺。

春季管理是指返青—抽穗一段时间的田间管理，此期根、茎、叶、穗并进，肥水较多，肥占50%，水占40%，是争取穗大、足，壮秆不倒的关键时期。该期的主要管理任务可概括为“三促、二防”：促早返青、早生长、培育壮苗，促进增穗、提高成穗率，促穗大、壮秆；防晚霜、防病虫害。

一、返青期

（一）生育特点和主攻方向

此期植株生长缓慢，分蘖继续增生，根系继续生长、幼穗开始分化（伸长、单棱期）。

主攻方向：以协调地上部与根系生长的关系，促进根系生长为中心环节；高产田：促根控蘖，提高成穗率；中产田：促根、适当促花、保证穗数；低产田：促根、促花、增穗。

（二）管理措施

（1）镇压、划锄、深耘：镇压可以粉碎坷垃、弥补裂缝、提高上层土壤的含水量（对于旺长麦田还有防倒作用），增加次生根（1.9～2.6条）和单株分蘖数（1.8个），划锄可松土、保墒，提高地温。

（2）返青肥的效应：增加春季分蘖，巩固年前分蘖，相应增加苗穗数；促进中部叶片增大和基部节间拉长。合理施肥：此肥对弱苗转壮，增加亩穗数有利，因此晚茬、弱苗及旱薄地应抓住土壤返浆的良好时机趁墒追肥，对高产田一般不施此肥，以免造成群体过大，郁蔽倒伏。

（3）返青水：应根据土壤墒情、地力、温度、苗情等确定浇否，土壤保水力强、墒情好，春季气温较低，浇此水减产，相反则增产。

返青水始浇于0.5cm地温稳定在5℃时，如果墒情很差（<55%），而当地春寒危害小，可以适当提前到4℃时浇，浇水顺序：先浇土质松散渗水性好，地势高，墒性较差，苗情较好的麦田；后浇低涝、黏重、墒情较好、苗情较差的麦田，如遇寒潮要立即停浇，特别不要浇在冻头上（寒潮刚来时）。

二、起身—抽穗期（起身—拔节—挑穗—抽穗）

（一）生育特点及主攻方向

植物生长量迅速增加，春季分蘖接近结束，相继开始两极分化，茎节开始伸长（由匍匐生长变为直立生长）；植株的生长发育中心发生变化：分蘖之间由相互交流到相互独立，养分运输中心逐渐由根转到茎、秆和穗上，是决定群体结构的重要时期。对水、光、温、营养等要求较高。

主攻方向：协调群体与个体之间的关系，在争取穗足的基础上，主攻壮秆大穗、提高成穗率。

（二）管理措施

1.起身期肥水管理

①肥水效应。作用在分蘖高峰后（分蘖高峰在起身前后），一般不增分蘖数，但能促进

分蘖成穗，提高成穗率；促进四、五叶（倒二、三叶）及旗叶增大，促二、三、四节间伸长，促小穗、小花分化。

②肥水管理。丰产田壮苗，冬前群体适当，肥水较足的麦田，改返青水为起身水较好。起身肥水要因地因苗合理施用，地差有脱肥趋势的地块（中产田）应早施（二棱初）提高成穗率；肥地具有旺长趋势的麦田（高产田）应晚施（二棱中、后期）以免穗数过多，中、上部叶片过大，基部节间过长，过早封垄而导致倒伏。

2.拔节期肥水管理

①肥水效应。延长旗叶和其他叶片的功能期，减少不育小穗、小花数、提高穗粒数；促进第五节间（穗下节）伸长、对旗叶略有促进作用。

②肥水管理。群体较小，叶色黄、叶片小，生长较弱的麦田，早施拔节肥水；群体适中，叶片出现正常的退淡过程，麦苗较蹲实，可在第一节间接近定长、第二节间开始伸长时施肥浇水；叶色浓绿，群体大，叶片大而下垂，要推倒第二节间显着伸长，旗叶伸出展开时浇水施肥。

3.挑旗期的肥水管理

①肥水效应。延长灌浆期绿叶时间，提高光合强度，增加千粒重；促进花粉粒的正常发育，减少小花退化数，提高结实率和穗粒数。

②肥水管理。些期是水分临界期，遇旱一定要浇水，一般大田此期不施肥，有缺肥表现的麦田，可补施少量氮肥。

总之，春季管理是麦田管理的重要时期，此期是产量形成的基础，穗数的多少，穗头的大小，粒数多少，都在该期形成确定，在生产实践中，应根据不同麦田苗情，重点抓好春季管理。

高产田：应以稳住穗数减少无效分蘖，防止群体过大，改善光照条件，争取穗大、多、重为主攻方向，肥水重点放在起身—拔节期间。①总分蘖偏多，轻起身、重拔节；②总分蘖适中，二者并重；③总分蘖少，重起身，轻拔节，并适当注意冬肥和补挑旗水。

一般大田：以争取达到足够的亩穗数为主，兼顾促穗大、追肥重点在返青后—起身前，适当抓冬肥补拔节、挑旗肥水。

低产田：应主要抓穗数，追肥重点放在返青期。

第五节　小麦籽粒的生长发育与后期管理

一、籽粒的形成和提高粒重的途径

（一）开花

抽穗后2～5天开始开花，持续3～6天（单穗）或6～7天（大田）。一天内有两个开花高峰上午9～11时，下午3～6时，一般主茎先开花，一穗上先中部后上部和下部，一个小穗上，由下部次第向上开。

开花期新陈代谢最旺盛，需消耗大量的能量和营养物质，是一生中耗水量最大的时期，对水的敏感程度仅次于四分体期，开花以后，地上和地下部营养器官停止生长，开始衰老，茎叶干物质开始降低。

（二）籽粒形成灌浆和成熟

从开花受精到籽粒成熟经历 30～38 天时间，其光合产物形成，调运聚积，固化的过程包含着复杂的生理生化过程，主要是提高抽穗后期绿叶部分的完合产物。

（三）提高粒重的途径

1. 增加籽粒干物质的来源（增加源）。

2. 扩大籽粒容积（扩大库）：籽粒容积（长、宽、厚）与籽粒形成过程中胚乳发育有密切关系。注意保持适宜的氮和水供应。

3. 合理施用肥水，促进 CH_2O 的合成和运转，提高灌浆强度，延长灌浆时间，后期喷 KH_2PO_4 能提高粒重，抗干热风。

4. 提高抗御自然灾害的能力，防早衰，干热风和倒伏及收获不适当造成的损失，防病虫灾害。

5. 减少干物质消耗，蜡熟期收获最好，过晚干物质不再增加而呼吸作用仍很旺盛。

小麦粒重的形成过程见表 10-3。

表 10-3 小麦粒重的形成过程

形成阶段特点	籽粒形成过程	灌浆过程		成熟过程	
		乳熟期	面团期	蜡熟期	完熟期
经历天数	受精后 10～15 天	12～18 天	3 天	3～7 天	4 天
籽粒长相	“坐脐”→“多半仁”长度达 3/4，宽度增长很少，具有发芽力	“多半仁”→长度最大，宽厚明显增加，20～24 天，达最大称“顶满仓”	体积缩减，长度不明显，主要是宽厚缩减	初具品种特点	体积缩小，籽粒变硬
含水率	70%以上（上升阶段）	降至 45%左右	降至 40%～38%	降至 22%～20%	降至 20%以上
千粒日增重	0.4～0.6g	1.0～1.5～2.0g	灌浆接近停止	籽粒千重达最大	干物质停止积累
籽粒颜色	灰白→灰绿	灰绿→鲜绿→绿黄	绿黄→黄绿	黄绿→黄色	品种正常颜色
胚乳	清水→清乳	清乳→乳状	面筋状	面筋→蜡质状	变硬，指甲掐不断
生育条件及特点	高温、干旱、连阴雨，锈病重，基部和顶端小穗的上部籽粒停止发育	灌浆速度慢（多半仁前）→快（顶满仓）→慢（顶满仓以后），是决定粒重的关键时期，此时粒鲜重达最大，注意防倒	灌浆过程是决定粒重的关键时期，灌浆时间的长短和灌浆速度的快慢都直接影响粒重的高低	籽粒干物质积累达到高峰，生理上成熟是收获的适宜时期	呼吸消耗大，籽粒干重降低，易断穗落粒，造成损失

二、麦田的后期管理:(抽穗—成熟5月上中旬至6月上中旬)

(一)生育特点

开花以后亩穗数,穗粒数固定,营养生长达到高峰,而开始衰退,根系生活力下降,绿色面积日益减少,体内营养物质迅速地向籽粒输送,籽粒重逐渐增加,生长中心,转移到籽粒上来,是形成籽粒产量的重要时期。

(二)主要管理措施

可概况为二保三防:保根、保叶、防止早衰(促进有机营养的制造积累,粒多,粒饱、粒重)防止病虫害和防止倒伏。

(1)合理浇水。此期水分不能太多,也不能太少,田间持水量应在65%~85%,浇水时间、次数视土壤墒情、质地、苗情而定。

有水浇条件、土壤保水力一般可浇三水。

①抽穗:减少籽粒退化;②开花后5~6天浇:保证灌浆期间用水;③开花后20天浇:灌浆高峰用水。

有水浇条件、土壤保水力强,只浇两水时。

①抽穗;②开花后10多天

只能浇一水的地块,在开花后10天左右浇为好。

麦黄水:小麦在灌浆后期,将转入蜡熟阶段的灌水,对防干热风,套种下茬作物有利。

(2)根外喷肥。施好冬肥和返青肥,重施起身拔节肥,偏挑旗肥,根下追肥终止于挑旗期,后期采用根外喷肥。

(3)加强病虫害防治。

(4)防止倒伏:有风不浇水。

(5)麦田套种玉米,麦收前7~15天套种;套种花生麦收前15~20天。

(6)适时收获,收后晾晒 蜡熟末期收获产量最高,收获后晾晒一段时间再脱粒可提高千粒重0.5~2.8g。

第六节　麦田病虫草害综合防治技术

一、麦田主要害虫发生及其化学防治

东阿县小麦田害虫发生种类主要有:小麦蚜虫、红蜘蛛、地下害虫、小麦吸浆虫、黏虫等。

1. 蚜虫

小麦田发生的蚜虫种类有三种:分别是麦长管蚜、麦二叉蚜和禾缢管蚜。其主要发生期4月中下旬至5月上旬,由叶部到穗部持续危害,以危害穗部和旗叶为主。

(1)化学防治。防治苗蚜:种子包衣或吡虫啉拌种,可兼治灰飞虱、红蜘蛛。小麦良种补贴项目的实施,对科学有效地实施种子包衣技术具有积极的推动作用。

(2)生长期喷雾防治。喷雾防治麦蚜的杀虫剂种类较多,但要根据麦蚜发生特点选择药剂，一般来说，内吸性杀虫剂防治效果较好，因为内吸性药剂对发生密度大、隐蔽性强的刺吸式害虫防效较高，麦蚜隐蔽性较强，如基部叶片发生的部分麦蚜、穗部危害的麦蚜，有时喷雾难以喷洒在蚜虫体上。

(3)常用的防治麦蚜杀虫剂有。吡虫啉(一遍净、蚜虱净、康福多)、啶虫脒、抗蚜威(辟蚜雾)及其复配制剂等。麦蚜防治次数和时间要看发生量的大小，大发生年份，防治次数达3次，一般发生年份1～2次。要求喷雾均匀周到。

2. 地下害虫

本县麦田地下害虫主要有金针虫、蛴螬和蝼蛄，是小麦播种期和苗期的主要害虫。化学防治主要采用播种前土壤处理、拌种和苗期茎基部喷药。

(1)土壤处理：每亩用5%甲基异柳磷颗粒剂1.5～2kg，或3%辛硫磷颗粒剂2～2.5kg于犁地前均匀洒施地面，随犁翻入土中。也可用加40%甲基异柳磷乳油或50%辛硫磷乳油，每亩用量250mL，兑水1～2kg，拌细土20～25kg配成毒土施用。

(2)拌种：药剂拌种防治地下害虫也是常用的方法。40%甲基异柳磷乳油按1∶100∶1000(农药∶水∶种子)拌种，50%辛硫磷乳油按1∶50∶500拌种。拌种时先将农药按要求比例兑水稀释成药液，再与种子混合拌匀，堆闷5～6h，摊晾后即可播种。

另外，采用上述药剂在小麦苗期茎基部喷雾或将含有上述药剂的种衣剂包衣均可。

3. 红蜘蛛

红蜘蛛主要危害小麦叶片，不同年份红蜘蛛发生差异较大。麦红蜘蛛因个体小，活动、危害隐蔽，不易引起人们的注意。危害时，成虫、若虫群集叶背刺吸汁液，使叶片正面出现白色小点，后变为黄色，危害严重时，麦株矮小，叶片枯黄，甚至造成一片片死苗。常用药剂有：达螨酮、阿维菌素、三氯杀螨醇等。

4. 小麦吸浆虫

小麦吸浆虫在山东每年发生一代。以幼虫在土壤中结茧越冬。翌年春，在小麦返青期至拔节期，幼虫破茧上移，随气温的逐渐升高，至4月中旬多数休眠幼虫上移到0～7cm表土层中准备化蛹。在温湿度适宜时，幼虫直接化为裸蛹，土壤湿度过大，幼虫常可爬出地面，而后回土内结茧化蛹，天气干旱，部分幼虫又可下移继续休眠，从而造成隔年或多年羽化现象。小麦吸浆虫以幼虫在小麦扬花期侵入麦壳，吸食刚发育的麦粒汁液，造成秕粒空壳，降低小麦产量和品质，甚至绝产。

防治小麦吸浆虫应贯彻“蛹期和成虫期防治并重，蛹期防治为主”的指导思想。防治适期以蛹期4月中下旬为主。40%甲基异柳磷乳油、50%辛硫磷乳油150～200mL，兑细砂或细沙土30～40kg撒施地面并划锄，施后浇水防治效果更佳。成虫期：小麦70%左右抽穗时，用50%辛硫磷乳油或2.5%溴氰菊酯乳油喷雾防治。

二、麦田主要病害及其化学防治

小麦病害可分为叶部病害、根茎部病害和穗期病害。叶部病害主要有锈病、白粉病，根茎部病害主要有纹枯病、根腐病和全蚀病，穗期病害主要有小麦黑穗病、赤霉病等。

1. 小麦叶部病害

(1)锈病。小麦锈病分条锈病、叶锈病和秆锈病三种，是我国小麦上发生面积广，危害最重的一类病害。条锈病主要危害小麦。叶锈病一般只侵染小麦。秆锈病小麦变种除侵染小麦，还侵染大麦和一些禾本科杂草。

小麦条锈病。发病部位主要是叶片，叶鞘、茎秆和穗部也可发病。初期在病部出现褪绿斑点，以后形成鲜黄色的粉疤，即夏孢子堆。夏孢子堆较小，长椭圆形，与叶脉平行排列成条状。后期长出黑色、狭长形、埋伏于表皮下的条状孢斑，即冬孢子堆。

小麦叶锈病。发病初期出现褪绿斑。以后出现红褐色粉疱（夏孢子堆）。夏孢子堆较小，橙褐色，在叶片上不规则散生。后期在叶背面和茎秆上长出黑色阔椭圆形至长椭圆形、埋于表皮下的冬孢子堆，其有依麦秆纵向排列的趋向。

小麦秆锈病。危害部位以茎秆和叶鞘为主，也危害叶片和穗部。夏孢子堆较大，长椭圆形至狭长形，红褐色，不规则散生，长全成大斑，孢子堆周围表皮撕裂翻起，夏孢子可穿透叶片。后期病部长出黑色椭圆形至狭长形、散生、突破表皮、呈粉疱状的冬孢子堆。

三种锈病症状可根据其夏孢子堆和冬孢子堆的形状、大小、颜色着生部位和排列来区分。群众形象地区分三种锈病说："条锈成行，叶锈乱，秆锈成个大红斑。"

（2）白粉病。小麦被白粉病病菌浸染后，叶片正面症状最为显著。发病较重时，叶鞘、茎和穗部都被危害。病菌菌丝体在叶面形成绒絮状霉斑，霉斑最初为白色，以后逐渐变为灰色到灰褐色，并能相互连合形成一个较大的霉斑，甚至可遮盖全叶，厚度可达 2mm。病叶易早枯，茎叶叶鞘被危害后植株易倒伏。发病后叶片光合作用严重降低，从而影响产量的形成。

防治适期：条锈病，当外来菌源使田间发病率达 1%，越冬后当地菌源形成发病中心时即开始防治；叶锈病，一般在抽穗前后防治（病叶率 5%～10%）；秆锈病，在扬花灌浆期（病秆率在 1%～5%）。当白粉病平均病株率达 15%。病叶率达 5%时全田防治。

药剂防治：锈病和白粉病所用药剂可相互兼治，播种时可用 15%的粉锈宁可湿性粉剂拌种，用量为种子重量的 0.1%～0.3%。还可兼治腥黑穗病、散黑穗病、全蚀病等；生长期可用 20%粉锈宁（三唑铜）乳油、25%丙环唑乳油 1000 倍液喷雾。

2.小麦根茎部病害

（1）小麦全蚀病。全蚀病是一种根部病害，只侵染小麦根和茎基部 1～2 节。苗期病株矮小，下部黄叶多，根和地中茎变成灰黑色，严重时造成麦苗连片枯死。拔节期病苗返青迟缓、分蘖少，病株根部大部分变黑，在茎基部及叶鞘内侧出现较明显灰黑色菌丝层。抽穗后田间病株成簇或点片状发生早枯白穗，病根变黑，易于拔起。

药剂防治：提倡用种子重量 0.2%的 2%戊唑醇（立克秀）拌种。也可用 15%三唑醇可湿性粉剂 30g 拌 100kg 种子。小麦播种后 20～30 天，每亩使用 15%三唑酮（粉锈宁）可湿性粉剂 150～200g 兑水 60L，顺垄喷洒，翌年返青期再喷一次，可有效控制全蚀病危害，并可兼治白粉病和锈病。

（2）小麦纹枯病。近年该病已成为我国麦区常发病害。小麦受纹桔菌侵染后，在各生育阶段出现烂芽、病苗枯死、花秆烂茎、枯株自穗等症状。烂芽：芽枯死腐烂，不能出土；病苗枯死：发生在 3～4 叶期，初期仅第一叶鞘出现中间灰色，四周褐色的病斑，后因抽不出新叶而致病苗枯死；花秆烂茎：拔节后在基部叶鞘上形成中间灰色，边缘浅褐色的云纹状病斑，病斑融合后，茎基部呈云纹花秆状；枯株白穗：病斑侵入茎壁后，形成中间灰褐色，四周褐色的近圆形或椭圆形眼斑，造成茎壁失水坏死，最后病株因养分、水分供不应求而枯死，形成枯株白穗。此外，有时该病还可形成病侵交界不明显的褐色病斑。近年，由于品种、栽培制度、肥水条件的改变，病害逐年加重，病区由南向北不断扩大。发病早的减产20%～40%，严重的形成枯株白穗或颗粒无收。

药剂防治：(1)播种前药剂拌种用种子重量0.2%纹霉净（三唑酮加多茵灵）或用种子重量0.03%～0.04%的三唑醇（羟锈宁）或0.03%的三唑酮（粉锈宁）或0.0125%的烯唑醇（速保利）拌种。(2)翌年春季小麦拔节期，用5%井冈霉素水剂、15%三唑醇可湿性粉剂、12.5%烯唑醇可湿性粉剂、20%丙环唑乳油喷雾。

(3)小麦根腐病。小麦的幼芽、幼苗被侵害造成田间缺苗；成株茎、叶受害造成叶片干枯，光合作用下降，籽粒不饱满，降低产量；病株因根部或茎基腐烂而呈“青枯”状死亡，不能结实；穗和籽粒被害，结实率下降，种胚变黑，粒重轻，发芽率低；黑胚率高的小麦磨出的面粉色泽灰暗，品质差，因此根腐病不仅影响产量，而且还降低了小麦的品质和商品价值。

药剂防治：用25%三唑酮或50%福美双或50%异菌脲（扑海因）可湿性粉剂拌种，用量为种子重量的0.2%。重病年及时喷药保护，第一次在小麦扬花期，第二次在小麦乳熟初期，药剂有三唑酮、福美双、丙环唑等。

3. 小麦穗部病害

小麦黑穗病是小麦惺黑穗病、小麦秆黑粉病和小麦散黑穗病的总称。小麦腥黑穗病、小麦秆黑粉病由种子和土壤带菌传播，带蒴种子是小麦散黑穗病传播的唯一途径。小麦黑穗病菌在苗期侵染，并随寄主发育向上生长，最后侵染发病部位。

药剂防治：种子处理是防治小麦黑穗病的主要手段。用2%戊唑醇（立克秀）拌种剂、30%苯醚甲环唑种衣剂以及三唑酮、丙环唑等药剂拌种。

三、麦田杂草防治技术

东阿县小麦田杂草种类较多，且危害严重。主要禾本科杂草有野燕麦、看麦娘、雀麦、节节麦、葛草、硬草等；主要阏叶杂草有荠菜、播娘蒿、繁缕、猪殃殃、麦瓶草、蚤缀、小花糖芥、大巢菜、刺儿菜、田旋花、麦家公、泽漆、小藜等。麦田杂草多为越年生，大量杂草在上年10～11月出土，以根芽或幼苗越冬，第二年随小麦返青时长出新芽危害。

小麦田化学除草有两个施药时期：播后苗前土壤处理和苗后茎叶处理。在我区主要以苗后茎叶处理为主。

1. 播后苗前土壤处理

麦田播后苗前土壤处理主要是防除禾本科杂草，而阔叶杂草的防除则以苗后为主。

此期用药的要点是：①由于小麦播种较浅，用药前务必覆盖好种子层，以免用药时伤害种子；②土壤墒情是药效能否充分发挥的关键，要整平、整细，保持适宜的土壤湿度；③弄清本地杂草发生群落，选择适宜的除草剂单剂或除草剂混用；(4)喷雾应均匀、周到，喷液量600～900kg/hm^2；⑤小麦播种后1～2天用药。

可选用的除草剂如下：

绿麦隆：主要用于防除看麦娘、硬草、棒头草、野燕麦、早熟禾等禾本科杂草，同时可兼治繁缕、猪殃殃、播娘蒿、荠菜等阔叶杂草。用250kg豫麦隆可湿性粉剂3.0～4.5kg/

hm^2，进行土壤处理，特别干旱地区用药量可提高到 7.5～9.0kg/hm^2。

异丙隆：防除看麦娘、野燕麦、黑麦草、早熟禾等禾本科杂草，兼防荠菜、扁蓄、繁缕等阔叶杂草。用20%异丙隆可湿性粉剂 4.5～6.0kg/hm^2。干旱的北方地区，用药量加大到 6.0～9.0kg/hm^2。

扑草净：用于防除看麦娘、马唐、狗尾草、荠菜、繁缕、婆婆纳等杂草。在小麦播后苗前，50%扑草净可湿性粉剂 1.1～1.5kg/hm^2。特别干旱的地区，药后应进行 1～2cm 浅混土。

2. 苗后茎叶处理

小麦田苗后茎叶处理的药剂绝大多数是防除阔叶杂草除草剂，少数防除禾本科杂草。

苗后茎叶处理时要点是：①根据杂草发生规律，提倡早防，在杂草 2～4 叶期防治效果最佳；②冬前用药不宜太迟，春后用药不宜过早，以免低温引起小麦药害，提倡冬前用药；③触杀性除草剂以冬前用药为宜，春天用药应适当加大喷液量；④弄清除草剂防治谱，根据杂草发生群落选用除草剂；⑤喷液量 300～450kg/hm^2。

(1)防除阔叶杂草的除草剂。

①2，4～D 丁酯：在小麦 4 叶期至分蘖末期用药，72%，2，4-D 丁酯乳油用量为 0.45～0.75L/hm^2。在气温高于 18℃的中午前后用药较好。药液中加入硫酸铵、硝酸铵、尿素等(一般为 3.0kg/hm^2，可有利于提高药效。喷洒时应注意临近作物安全性和喷雾器械的清洗，以免其他作物产生药害。

②2 甲 4 氯：在小麦分蘖期用药，20%2 甲 4 氯水剂用药量为 3.0～3.75L/hm^2。加入化肥有利于提高防效。注意事项同 2，4-D 丁酯。

③苯磺隆：可防除小麦田绝大多数阔叶杂草，但对田旋花、泽漆等防效差。在小麦 3 叶期至拔节期用药，75%苯磺隆千悬浮剂用量为 13.5～18.0g/hm^2；10%苯磺隆可湿性粉剂用量为 120～180g/hm^2。

④溴苯腈(伴地农)：在小麦 2 叶期至拔节前期用药，20%溴苯腈乳油 1.5～2.0L/hm^2。可用来防除对 2，4-D 丁酯产生抗性的杂草。

⑤氯氟吡氧乙酸(使它隆)：在小麦 3 叶期至拔节期用药，20%使它隆乳油 0.75～1.0L/hm^2。防除猪殃殃等阔叶杂草效果显著，对小麦安全。

⑥禾草松(苯达松)：在小麦 3 叶期至拔节期用药，48%禾草松水剂用量为 2.0～2.7L/hm^2，对小麦安全性较好。

⑦唑酮草酯(快灭灵)：在小麦 3～5 叶期(安全施药期为小麦 2 叶期至拔节前)、阔叶杂草 2～4 叶期用药。40%快灭灵于悬浮剂的用量为 60～75g/hm^2。为典型的触杀型茎叶处理剂，速效性强。以年前用药为最佳。

上述前 6 种药剂可互相混用，唑酮草酯可与 2 甲 4 氯混用，以扩大杀草范围，提高安全性。

(2)防除禾本科杂草的除草剂。

①高噁唑禾草灵(骠马)：在禾本科杂草 3～4 叶期用药，69%骠马乳油 60～80mL/亩。主要防治野燕麦、看麦娘、硬草、多花黑麦草。

②甲基二磺隆(世玛)：3%世玛乳油对常见的禾本科杂草均具有良好的防效，且对荠

菜、婆婆纳等部分阔叶杂草也具有防效，适宜的用药剂量为 25～30mL/667m²。使用时加专用助剂，以冬前用药为最佳。

②炔草酸(麦极)：在禾本科杂草 2～5 叶期用药，15%麦极可湿性粉剂用量为 25～30g/667m²。主要防治野燕麦、看麦娘、硬草、多花黑麦草。以冬前用药为最佳。

氟唑磺隆(彪虎)：在禾本科杂草 2～5 叶期用药，70%彪虎水分散剂 3～3.5g/667m²。主要防除看麦娘、茼草、早熟禾。使用时加专用助剂，以冬前用药为最佳。

第七节 小麦规范化播种技术

现代小麦生产管理过程简化，重在抓好播种这一环节，奠定苗全苗壮的基础，对夺取小麦丰收至关重要。小麦规范化播种技术包括选用适宜品种，耕作整地，耕翻或旋耕后耙压，适宜墒情、前茬秸秆还田后特别重视浇水造墒或镇压塌实土壤，进行种子包衣或药剂拌种，适期适量播种，保证播种质量，播后镇压等。

一、选用适宜、优良的小麦品种

良种是在原有亲本遗传特性的基础上，于一定自然条件和栽培条件下选育而成的，因而具有一定的适应性。只有当环境条件充分满足或适合品种的生态、生理和遗传特性的需求时，才能充分发挥其优良特性的增产潜力。在生产中应根据当地的气候、土壤、地力、种植制度、产量水平和病虫害情况等，选用最适宜的良种种植。为预防小麦冬春旺长、冻害和后期倒伏、早衰，对近几年小麦冻害和倒伏严重的地块，不要种植春性较强、抗倒伏能力差的品种；在肥水条件良好的高产田，应选用丰产潜力大的耐肥、抗倒品种；麦、棉套种，选择植株较矮、株型紧凑，边行优势强的品种，以充分利用光能，提高光合效率；干热风重的地区，应选用抗早衰、抗青干的品种；锈病感染较重的地区应选用抗(耐)锈病的品种。同时应选择营养品质好，加工品质符合要求，籽粒饱满、容重高、销售价格高的品种。选用良种要经过试验、示范，不可盲目引进。

东阿县以小麦良种推广补贴项目为平台，对小麦品种布局进行了统一规划安排，根据不同乡镇(街道办事处)的地力水平、种植习惯和耕作制度供应不同品种，全县统供品种为济麦 22，同时在现代农业项目区和高产创建示范区，示范种植山农 17、泰农 18、良星 66 等。

二、培肥地力，提高土壤产出能力

近几年来，东阿县不少乡镇(街道办事处)创出亩产 600kg 以上的超高产示范田，分析起来，都是在耕层土壤有机质含量 1.5%以上，氮、磷、钾营养丰富并协调的条件下创出来的。因此，提高土壤有机质含量是小麦高产的关键。

(一)搞好秸秆还田，增施有机肥

目前，东阿县小麦主产区耕层土壤的有机质含量还不高，提高土壤有机质含量的方法一是增施有机肥；二是进行秸秆还田。在有机肥缺乏的条件下，唯一的途径就是秸秆还田。秸秆还田，能优化麦田土壤的综合特性，增强小麦生产的后劲。玉米秸秆还田时应注意两个问题：一是尽量将玉米秸秆粉碎的细一些，一般要用玉米秸秆还田机打两遍，秸秆长度最好在10cm以下。二是无论是通过耕翻还是旋耕掩埋玉米秸秆，均应在还田后灌水造墒，也可在小麦播种后立即浇蒙头水，墒情适宜时搂划破土，辅助出苗。造墒时，每亩灌水40立方米。如果土壤墒情较好不需要浇水造墒，要将粉碎的玉米秸秆耕翻或旋耕之后，用镇压器多遍镇压，小麦播种后再镇压，才能保证小麦出苗后根系正常生长，提高抗旱能力。此外，要在推行玉米联合收获和秸秆还田的基础上，广辟肥源、增施农家肥，努力改善土壤结构，提高土壤耕层的有机质含量。一般亩施有机肥3000kg左右。

(二)测土配方施肥

各地要结合配方施肥项目，因地制宜合理确定化肥基施比例，优化氮磷钾配比，大力推广化肥深施技术。亩产600kg的超高产田一般全生育期亩施纯氮16kg，磷(P_2O_5)7.5～12kg，钾(K_2O)7.5kg，硫酸锌1kg；亩产500kg左右的高产田一般亩施纯氮14kg，磷(P_2O_5)7kg，钾(K_2O)5～7.5kg；亩产300～400kg的中产田一般亩施纯氮12～14kg，磷(P_2O_5)8～10kg。高、中产田应将有机肥全部、氮的50%，全部的磷、钾肥均施作底肥，第二年春季小麦起身拔节期再施50%氮肥。超高产田应将有机肥全部、氮肥的40%～50%，全部的磷、锌肥和50%钾肥施作底肥，第二年春季小麦拔节期再施50%～60%氮肥和50%钾肥。要大力推广化肥深施技术，坚决杜绝地表撒施。

三、精细整地，提高整地质量

耕作整地是小麦播前准备的主要技术环节，与小麦丰产有着密切关系。整地要重点注意以下几点：

(一)因地制宜确定深耕或旋耕

对采用秸秆还田的高产田，尤其是高产创建地块，要增加耕翻深度，努力扩大机械深耕面积。土层深厚的高产田，深耕时耕深要达到25cm左右，中产田23cm左右，对于犁底层较浅的地块，耕深要逐年增加。对于一般地块，不必年年探耕，而应用旋耕，浅耕等。用深松犁深松是一种新的耕作方法，它是用大马力拖拉机牵引深松犁在不打乱土层的情况下，深松犁深入35cm以下的土层中，边震动边松动土层，打破犁底层，深松后的麦田有利于蓄水保墒、根系下扎。

(二)耕翻与耙耢相结合

耕翻后耙耢可使土壤细碎，消灭坷垃，上松下实，底墒充足。因此，各类耕翻地块都要及时耙耢。尤其是采用秸秆还田和旋耕机旋耕地块，由于耕层土壤悬松，容易造成小麦播种过深，形成深播弱苗，影响小麦分蘖的发生，造成穗数不足，降低产量；旋耕地块由于土壤松散，失墒较快。所以必须耕翻后尽快耙耢、镇压2～3遍，以破碎土垡，耙碎土块，疏松表土，平整地面，上松下实，减少蒸发，抗旱保墒；使耕层紧密，播种后种子与土壤紧密接触，保证播种深度一致，出苗整齐健壮。

(三)按规格作畦

畦的大小应因地制宜，水浇条件好的可采用大畦，水浇条件差的可采用小畦。畦宽1.65～3m，畦埂35cm左右。在确定小麦播种行距和畦宽时，要充分考虑农业机械的作业规格要求和下茬作物直播或套种的需求。

四、提高播种质量,确保苗齐苗匀

提高播种质量是保证小麦苗全、苗匀、苗壮,群体合理发展和实现小麦丰产的基础。秋种中应重点抓好以下几个环节:

(一)认真搞好种子处理

提倡用种衣剂进行种子包衣,预防苗期病虫害。没有用种衣剂包衣的种子要用药剂拌种。近几年小麦地下害虫发生严重,特别是金针虫,在苗期咬断麦苗,造成缺苗断垄,应特别重视。一是根病发生较重的地块,可选用2%立克秀按种子量的0 1%~0.15%拌种,或20%粉锈宁按种子量的0.15%拌种。二是地下害虫发生较重的地块,可选用40%甲基异柳磷乳油或35%甲基硫环磷乳油,按种子量的0.2%拌种。三是病、虫混发地块可选用以上药剂(杀菌剂+杀虫剂)混合拌种。由于拌种对小麦出苗有影响,播种量应适当加大10%~15%。

(二)适期播种

温度是决定小麦播种期的主要因素。一般情况下,东阿县小麦的最佳播期的适宜气温为冬性品种18℃~16℃、半冬性品种16℃~14℃。近几年来,随着气候变暖,按常年播期播种,播种期偏早,往往出现小麦冬前旺长,易引发冬季和早春冻害。各地要在试验示范的基础上,适当推迟播期,努力扩大小麦适期播种面积。为应对气候变暖的形势,冬小麦的播种适期比过去认定的适宜播期有所推迟。根据计算和试验,本县为10月5日至15日,其中最佳播期为10月7日至12日。

(三)足墒播种

小麦出苗的适宜土壤湿度为田间持水量的70%~80%。秋种时若墒情适宜,要在秋作物收获后及时耕翻,并整地播种;墒情不足的地块,要注意造墒播种。在适期内,应掌握“宁可适当晚播,也要造足底墒”的原则,做到足墒下种,确保一播全苗。对于玉米秸秆还田的地块,应在还田后灌水造墒;土壤黏重的地块也可在小麦播种后立即浇蒙头水,墒情适宜时搂划破土,辅助出苗。足墒播种,有利于小麦苗全、苗齐、苗壮。造墒时,每亩灌水40立方米。

(四)适量播种

小麦的适宜播量因品种、播期、地力水平等条件而异。在适期播种情况下,成穗率高的中穗型品种,精播高产麦田,每亩基本苗10万~12万,半精播中高产田每亩基本苗13万~16万;成穗率低的大穗型品种适当增加基本苗。早作麦田每亩基本苗15万左右,晚茬麦田根据晚播的天数适当增加基本苗,每亩基本苗20万~30万。

(五)机械匀播,提高播种质量

当前,小麦耕地、整地、播种都是机械化作业,机手的作业技术水平和认真程度是决定播种质量高低的重要因素。生产中存在的问题是,播种机行走太快,造成播量不准,播种深度过深或过浅,麦行间距或小或大,播种机堵塞造成缺苗断垄等。所以,培训农机手非常重要。播种时播种机行走速度为每小时5km,并保证播量准确、深度3~5cm,行距一致,不漏播、不重播。

（六）播后镇压

从近几年的生产经验看，小麦播后镇压是提高小麦苗期抗旱能力和出苗质量的有效措施。因此，今年秋种，各地要选用带镇压装置的小麦播种机械，在小麦播种时随种随压，也可在小麦播种后用镇压器镇压2遍，努力提高镇压效果。尤其是对于秸秆还田地块，如果土壤墒情较好不需要浇水造墒时，要将粉碎的玉米秸秆耕翻或旋耕之后，用镇压器多遍镇压，小麦播种后再镇压，才能保证小麦出苗后根系正常生长，提高抗旱能力。

（七）查苗补种，杜绝缺苗断垄

小麦要高产，苗全、苗匀是关键。因此，小麦出苗后，要及时到地里检查出苗情况，对于有缺苗断垄地块，要尽早进行补种。补种方法：选择与该地块相同品种的种子，进行种子包衣或药剂拌种后，开沟均匀撒种，墒情差的要结合浇水补种。

第八节　东阿县小麦冬春管理技术

在“粮食直补、良种补贴”等惠农政策鼓舞下，加之有利的天气条件，今年全县麦播工作进展顺利，动手早、进度快、种的足，播期集中、墒情适宜，麦播质量全面提高，实现了大面积齐苗、匀苗、全苗，为壮苗越冬奠定了良好基础。但是，2012年麦播仍然存在以下问题。一是整地播种质量差，出苗不整齐；二是部分麦田底墒差、抢墒播种、出苗不齐，造成缺苗断垄。东阿县农业局组织人员，认真调查苗情，分析生产中存在的问题，推广有针对性的冬春管理技术。

一、冬季管理措施

（一）搞好农家肥和麦草覆盖

小麦越冬期间撒施农家肥，既可补充底肥、苗肥的不足。巩固和增加小麦冬前分蘖，促进根系发育，达到根健苗壮、安全越冬的目的，又能保持和稳定小麦根系土壤温度，通过冬季肥料缓慢分解被根系缓慢吸收、积储养分，为小麦返青健长奠定营养基础。对早播、高水肥地、壮苗麦田，每亩用土杂肥3～4m^3，并结合镇压控制地上部分生长，促进地下部分盘根；对晚播、瘦地、弱苗麦田，以人畜粪尿为主，配合洒施土杂肥，亩施人畜粪尿500～750kg、土杂肥1～2m^3，既增温又抗旱，保苗安全越冬，增加来年成穗率；对底肥足、群体大的高产麦田一般以冬季压土护蘖为主，控制冬肥或不追冬肥，以避免春季旺长倒伏。

冬季麦草覆盖既能减少土壤水分蒸发，起到蓄水保墒作用，提高自然降水利用率，又能调节土壤温度，有利于小麦安全越冬和返青成穗，还能增加土壤有机养分，起到改土肥田的作用。麦草覆盖一般可增产15%～20%以上，是一项抗旱效果明显、增产显著的技术措施，特别适用于旱地和扩浇麦田。覆草方法是：在大地封冻、小麦停止生长时，将麦秸铡成20cm左右的短节，顺垄撒于麦田行间，每亩用草量以200～300kg为宜，注意覆草均匀，不留空白，遇到刮风将麦草吹积成堆时，要及时摊匀，翌年春季小麦返青时，边清垄，边将麦草覆盖土中。

（二）浇好越冬水

浇好冬水有利于保苗越冬，有利于年后早春保持较好墒情，以推迟春季第一次肥水。

应于小雪前后浇冬水，11月底12月初结束即可。每亩灌溉$40m^3$。浇过冬水，墒情适宜时要及时划锄。

(三)搞好冬前化学除草

据调查，冬前杂草已出土95%以上，且大都在三叶期前，冬前防治既节省药剂，又利于防治，且对下茬安全。为提高除草效果，应根据杂草种类选择除草剂种类，对以阔叶杂草为主的麦田，应选用杀阔叶杂草的除草剂，而对以单子叶杂草为主的麦田，应选用杀单子叶杂草的除草剂，阔叶和单子叶杂草混生的麦田，应选用以上两种除草剂混合使用。使用时，要严格按照使用浓度和技术操作规程，以免发生药害。

(四)杜绝猪羊度牲畜啃青

2012年气候异常、降水稀少，小麦分蘖少，因此一定要加强麦田管护工作，杜绝牲畜啃青。猪羊及牲畜啃青后，轻者损伤茎叶，影响分蘖节养分的积累，使分蘖外露而遭冻害，重者连根拔出，死株死蘖，造成缺苗断垄。必须纠正“旺麦啃了好”的错误认识，因为旺苗徒长后，已经大量消耗了养分，更怕啃食。如被啃后春季返青迟缓，分蘖再生能力削弱，新生叶片瘦小，致使穗少、穗粒数减少、产量降低。为此，必须采取切实措施，杜绝猪、羊及其他牲畜啃青。

二、早春麦田管理措施

(一)适时划锄镇压，增温保墒

在早春表层土化冻2cm时(顶凌期)进行麦田划锄，以保持土壤墒情、提高地表温度、消灭越冬杂草，为后期麦田管理争得主动。尤其是对群体偏小、个体偏弱的麦田，要将划锄作为早春麦田管理的首要措施来抓。另外，春季浇水或雨后也要适时划锄。划锄时要切实做到划细、划匀、划平、划透，不留坷垃，不压麦苗，不漏杂草，以提高划锄效果。

早春麦田镇压是一项简便易行、节本增效的重要农艺措施。对秋种旋耕地或整地粗放、坷垃多的麦田，早春土壤化冻后进行麦田镇压，可沉实土壤，弥合裂缝，减少水分蒸发和避免冷空气侵入分蘖节附近冻伤麦苗；对没有水浇条件的旱地麦田，早春土壤化冻后进行麦田镇压，以促使土壤下层水分上移，起到提墒、保墒、抗旱作用；对长势过旺麦田在起身期前后镇压，可抑制地上部生长，起到控旺转壮作用。镇压要和划锄结合进行，一般应先压后锄，以达到上松下实、提墒保墒增温的作用。

(二)分类指导，科学施肥浇水

春季管理要因地因时因苗科学施肥浇水。

1.一类麦田的肥水管理

一类麦田的群体一般为每亩60万～80万，多属于壮苗麦田。在管理措施上，应注意促控结合，以提高分蘖成穗率，促穗大粒多。地力水平较高，适期播种(一般10月5日至10日播种)、群体65万～80万的一类麦田。春季第一次肥水过早会促使群体偏大，后期早衰，对这类麦田实施氮肥后移，可以有效地控制无效分蘖过多增生，增加开花后干物质积累，提高生育后期旗叶的光合高值持续期和根系活力，延缓衰老，提高粒重。追肥时间宜在小麦拔节期的中末期(即清明节前后)结合浇水，亩追施尿素15kg或36%～40%高氮类复合肥25～30kg，以获得更高产量；地力水平一般，群体60万～65万的一类麦田，要在小麦拔节初期(即清明节前5～7天)进行肥水管理,一般结合浇水亩追尿素15kg或36～40%高氮类复合肥25～30kg。

2.二类麦田的肥水管理

二类麦田的群体一般为每亩45万～60万,属于弱苗和壮苗之间的过渡类型。春季肥水管理的重点是促进春季分蘖发生,巩固冬前分蘖,提高冬春分蘖的成穗率。地力水平较高,群体50万～60万的二类麦田,在小麦起身以后、拔节以前即3月中下旬追肥浇水;地力水平一般,群体45万～50万的二类麦田,在小麦起身期即3月中旬进行肥水管理。一般结合浇水亩追尿素15kg36%～40%高氮类复合肥25～30kg。

3.三类麦田的肥水管理

三类麦田一般每亩群体小于45万,多属于晚播弱苗。春季肥水管理应以促为主。一般应在返青期至起身期追肥,使肥效作用于分蘖高峰前,以增加春季分蘖,巩固冬前分蘖,增加亩穗数。晚播弱苗群体40万左右的麦田,春季追肥应分两次进行:于返青中期5cm地温5℃左右时开始第一次追肥,施用春季追肥量50%的氮素化肥和适量的磷酸二铵或40%高氮类复合肥,同时浇水,促进分蘖和根系生长,提高分蘖成穗率;剩余的50%氮素化肥待拔节后期作第二次追施,提高穗粒数。对于播种时已增加播量,群体45万左右的麦田,一般在返青至起身期追肥浇水。一般亩追施尿素15kg左右或36%～40%高氮类复合肥25～30kg;对于没有水浇条件的弱苗麦田,应在早春镇压划锄、顶凌耙耱的基础上,在土壤返浆后,用化肥耧或开沟施入氮素化肥,以利增加亩穗数和穗粒数,提高粒重,增加产量。对底肥没施磷肥的最好施用40%高氮类复合肥30kg。

4.过旺麦田的肥水管理

这类麦田一般年前亩茎数达80万以上,植株较高,叶片较长,主茎和低位分蘖的穗分化进程提前,极易发生早春冻害。拔节期以后,容易造成田间郁蔽、光照不良,易倒伏。春季肥水管理应采取以控为主、控促结合的措施。追肥种类应以速效性氮、钾肥为主。同时起身期叶面喷施"麦丰安"、"多效唑"或集防倒、除草于一体的"麦丰"等化控剂适当蹲苗控制,提高抗倒能力。对于年前植株营养体生长过旺,地力消耗过大,有"脱肥"现象的麦田,如果群体不大,早春每亩总茎数在80万以下,可以看苗情在返青后、起身前期追肥浇水。如群体偏大,可在起身期追肥浇水。一般每亩追施36%～40%高氮类复合肥25～30kg,防止过旺苗转弱苗;对于没有出现脱肥现象的过旺麦田,早春不要急于施肥浇水,应注重镇压、划锄和起身期叶面喷施化控剂等措施适当蹲苗控制,避免过多春季分蘖发生。一般应在拔节期或拔节后期施肥浇水。施肥量为36%～40%高氮类复合肥25～30kg;对于没有水浇条件的旺长麦田,应在早春土壤化冻后抓紧进行镇压,以提墒、保墒。在小麦起身至拔节期间降雨后,抓紧借雨追肥。一般亩追36%～40%高氮类复合肥25kg。

三、综合防治病虫害

春季是各种病虫草害多发季节。务必及早备好药剂、药械,搞好病虫草害的综合防治。

对小麦白粉病、锈病,可每亩用20%粉锈宁乳剂50g,或15%可湿性粉剂75克,兑水60～70kg,在发病始期喷雾防治;对小麦全蚀病,可每亩用20%粉锈宁乳油100g,或15%粉锈宁可湿性粉剂150g,兑水50～80kg,在小麦起身期至拔节期顺垄喷浇;对纹枯病,可在小麦拔节初期每亩用5%的井冈霉素水剂100～150mL，兑水50～70kg，喷浇于小麦茎基部。防治麦蚜，可每亩用狂刺微乳剂30g，兑水30～40kg喷雾。防治麦蜘蛛，可每亩用40%氧乐果乳油50mL，兑水30～40kg喷雾防治，可兼治灰飞虱，预防丛矮病。此外，还应注意加强对小麦黄矮病、丛矮病、麦叶蜂和地下害虫的防治。

四、预防早春冻害

早春冻害(倒春寒)是指小麦进入返青拔节这段时期，因寒潮到来降温，地表温度降到0℃以下，发生的霜冻危害。预防早春冻害最有效措施是密切关注天气变化，在降温之前灌水。因水的热容量比空气和土壤热容量大，早春寒流到来之前浇水能使近地层空气中水汽增多，在发生凝结时，放出潜热，以减小地面温度的变幅。同时，灌水后土壤水分增加，土壤导热能力增强，使土壤温度增高。因此，有浇灌条件的地区，在寒潮来前浇水，可以调节近地面层小气候，对防御早春冻害有很好的效果。

若早春一旦发生冻害，要及时追肥进行补救。小麦是具有分蘖特性的作物，遭受早春冻害的麦田不会将全部分蘖冻死，没有冻死的小麦蘖芽仍然可以分蘖成穗。通过加强管理，仍可获得好的收成。

第九节　小麦亩产600kg栽培技术规程

一、产量指标及产量构成因素

1.产量指标：600kg/667m^2。

2.产量构成因素：分蘖成穗率低的大穗型品种，每亩15万～18万基本苗，冬前每亩总茎数为计划穗数的2.3～2.5倍，春季最大总茎数为计划穗数的2.5～3.0倍，每亩穗数30万～33万；每穗粒数45～48粒，千粒重48～52g；分蘖成穗率高的中穗型品种，每亩基本苗10万～12万，冬前总茎数为计划穗数的1.2倍，春季最大总茎数为计划穗数的1.8～2.0倍，每亩穗数45万～52万；每穗粒数33～37粒，千粒重45g左右。

二、土壤条件

土质以重壤或中壤土为宜。土层厚度100cm以上，耕作层25cm以上，总孔隙度50%～55%。耕层容重1.4g/cm^{3}以下，有机质含量1.3%以上，全氮0.09%以上，水解氮70mg/kg以上，速效磷25mg/kg以上，速效钾90mg/kg以上，pH为6.5～7.5。

三、品种要求

选用高产、稳产、抗病、抗到的优良小麦品种。种子纯度要达到98%以上，发芽率在95%以上。

当前生产上可选用济麦22、山农17、泰农18等。

四、播前准备

(1)种子处理：选用经过提纯复壮的种子，播种前用高效低毒的专用种衣剂包衣。

(2)施足基肥:亩施优质有机肥 3000～4000kg,氮(N)16kg,磷(P_2O_5)9～11.5kg,钾(K_2O)7.5～10kg。缺锌地块亩施硫酸锌 1～2kg。上述总施肥量中,全部有机肥、磷肥、硫肥,氮肥的 40%～50%,钾肥的 50%作底肥,翌年春季小麦拔节期再施余下的 50%～60%的氮肥和 50%的钾肥。

(3)精细整地:采用机耕,耕深 20cm 以上,破除犁底层,耕耙配套,耕层土壤不过喧,无明暗坷垃,无架空暗垡,达到上松下实;旋耕麦田应旋耕两年,深耕一年;耕层土壤含水量达到田间持水量的 70%～80%,畦面平整,保证浇水均匀,不冲不淤。播前土壤墒情不足的应造墒,坚持足墒播种。提倡玉米秸秆还田。机耕机耙配套,随耕随耙,耙细、耙匀、耙透、耙平。

五、播种技术

(1)种植规格:一般应适当扩大畦宽,以 2.5～3.0m 为宜,畦埂宽不超过 40cm,以充分利用地力和光能。采用等行距或大小行种植,平均行距为 23～25cm 为宜。

(2)足墒播种:播前土壤含水量为田间最大持水量的 70%～80%。

(3)适期播种:抗寒性强的冬性品种在日平均气温 18℃～16℃时播种,抗寒性一般的半冬性品种在 16℃～14℃时播种。在适宜播种期内应先播冬性强的品种,后播半冬性品种。10 月 3 日至 15 日播种为宜。

(4)适量播种:采用小麦精播机或半精播机播种,精量播种基本苗 8 万～12 万,半精量播种基本苗 12 万～15 万,播深 3cm～5cm。

六、冬前管理

(1)查苗补种:麦苗出土以后,如有缺苗断垄,在 2 叶期前浸种催芽,及时补种。

(2)及时划锄:小麦三叶期至越冬前,每遇降雨或浇水后,都要及时划锄。立冬后,若每亩总蘖数达到计划穗数的 1.5 倍时,要进行镇压或深耘断根,深度 10cm 左右。

(3)适时防治病虫草害:重点做好地下害虫、纹枯病、根病等和化学除草工作。

(4)浇好冬水:于 11 月下旬至 12 月上旬浇冬水,日平均气温 5℃左右开始,夜冻昼消时结束,灌水量每亩 $40m^3$ 左右。在土壤墒情较好的年份可以不浇冬水。

七、春季及后期管理

(1)适时划锄:早春顶凌划锄,提高地温,促苗早发。以后每逢降雨或浇水后,都要及时划锄。

(2)拔节期追肥浇水:施拔节肥、浇拔节水的具体时间要根据品种、地力、墒情和苗情掌握。分蘖成穗率低的大穗型品种,在拔节初期(雌雄蕊原基分化期)追肥浇水。分蘖成穗率高的中穗型品种,地力水平较高时,群体适宜的麦田,宜在拔节初期或中期(药隔期)追肥浇水;地力水平高、群体适宜的麦田,宜在拔节后期(旗叶露尖)追肥浇水,灌水量每亩 $40m^3$ 左右。

(3)喷施化控剂:在小麦起身期前后,每亩用 40mL 壮丰安兑水 40～50kg 左右叶面喷雾,防止麦田后期倒伏。群体偏旺麦田,除喷壮丰安,还要进行镇压。

(4)化学去除杂草:春季3月上中旬小麦返青后及时开展化学除草。对以阔叶杂草为主的麦田可采用5.8%麦喜乳油每亩10mL或20%使它隆乳油每亩50~60mL;对禾本科杂草重的可用3%世玛乳油每亩25~30mL,茎叶喷雾防治;阔叶杂草和禾本科杂草混合发生的可用以上药剂混合使用。

(5)浇好挑旗、灌浆水:小麦挑旗和灌浆时对水分需求量较大,要及时浇水,使田间持水量稳定在70%~80%之间。一般应于开花期进行。如小麦挑旗期墒情较差,可适当提前至挑旗期浇水;如小麦开花期墒情较好,可推迟至灌浆初期浇水,灌水量每亩40m^3左右。

(6)根外追肥:在小麦开花灌浆期间,叶面喷施磷酸二氢钾或"天达-2116"植物细胞膜稳态剂(粮食专用)溶液,以防早衰,促粒重。

(7)综合防治病虫害:小麦生长期间,要搞好预测预报,适时防治病虫害,特别要做好对蚜虫、红蜘蛛、白粉病、锈病、纹枯病等病虫害的防治。

(8)适时收获:蜡熟末期收获,蜡熟末期籽粒的千粒重最高,籽粒的营养品质和加工品质也最优。蜡熟末期的长相为植株茎秆全部黄色,叶片枯黄,茎秆尚有弹性,籽粒含水率22%左右,籽粒颜色接近本品种固有光泽、籽粒较为坚硬。提倡用联合收割机收割,麦秸还田。

第十节 东阿县冬小麦栽培技术月历

东阿县冬小麦栽培技术月历(见表10-4)。

表10-4 东阿县冬小麦栽培技术月历

时间	管理技术	操作要点
9月中下旬	准备良种	高产田可选用济麦22、泰农18等品种为主,中肥水地块应以山农17品种为主
9月下旬到10月上旬	整地施基肥	1.尽量增施有机肥,培肥地力。在玉米收获时实施秸秆机械粉碎还田。一般高产田亩施有机肥3000~4000kg;中低产田亩施有机肥2500~3000kg。每亩施小麦(17-20-8)配方肥50kg,中微量元素500g/667m^2。 2.结合测土配方施肥项目,因地制宜合理确定肥料基追比例,优化氮磷钾配比。高产田一般全生育期亩施纯氮(N)12~14kg,磷(P_2O_5)7.5~12kg,钾(K_2O)7.5kg,锌(Zn)1kg;中产田一般亩施纯氮(N)12~14kg,磷(P_2O_5)6~7.5kg,钾(K_2O)6~7.5kg;低产田一般亩施纯氮12~15kg,磷(P_2O_5)8~10kg。高产田要将全部有机肥、磷肥、钾肥,氮肥的50%作底肥,第二年春季小麦拔节期追施50%的氮肥。中低产田应将全部有机肥、磷肥、钾肥,氮肥的50%~60%作底肥,第二年春季小麦起身拔节期追施50%~40%的氮肥 3.要大力推广化肥深施技术,坚决杜绝地表撒施,以提高肥效。秸秆还田的地块每亩多施尿素5~7.5kg。有机肥和化肥均匀撒于地表,及时深耕25~30cm 4.搞好土壤处理,一般每亩用40%辛硫磷乳油或40%甲基异柳磷乳油0.3kg,对水1~2kg,拌细土25kg制成毒土,耕地前均匀撒施地面,随耕地翻入土中。精耙平整,打好畦田

续表

时间	管理技术	操作要点
10月上旬到下旬	播种	5.适期播种，小麦适宜播期一般在10月3～12日，最佳播期在10月5～10日 6.适量播种。在适宜播种期内，分蘖成穗率低的大穗型品种，每亩基本苗15万～18万；分蘖成穗率高的中穗型品种，每亩基本苗12万～16万。在此范围内，高产田宜少，中产田宜多。晚茬麦根据晚播天数增加基本苗，每亩基本苗25万～30万 7.搞好种子处理，提倡用种衣剂进行种子包衣，预防苗期病虫害。为防止蝼蛄、蛴螬等地下害虫，播前可选用40%甲基异柳磷或35%甲基硫环磷按种子量的0.1%～0.2%拌种。为防苗期病害，可用2.5%适乐时(咯菌腈)或12.5%烯唑醇拌种，用药量为种子量的0.15% 8.足墒播种。墒情不足时，要播前灌水造墒。应掌握"宁可适当晚播，也要造足底墒"的原则，做到足墒下种，确保一播全苗 9.规范化播种。大力推行小麦规范化播种，播种深度在3～5cm，采用宽幅播种时，行距可适当加大，保证下种均匀，深浅一致，行距一致，不漏播，不重播 10.播后镇压。播后镇压是提高小麦苗期抗旱能力和出苗质量的有效措施，播种时随种随压，播种后根据情况再适时镇压，可提高镇压效果
11月下旬至12月上旬	灌溉	根据降雨和土壤墒情浇好越冬水。浇越冬水的时间一般在日平均气温7℃～8℃时开始，3℃～5℃夜冻昼消时结束，尽量以"小白龙"输水入田，提高灌溉水利用率。灌水量控制在40 m^3 左右。一般在"小雪"前后进行，水量以当天渗入为宜。浇水后要注意及时划锄。特别对秸秆还田麦田，一定要浇好越冬水，确保麦苗安全越冬
翌年3月中旬至4月上旬	追肥	一般在起身—拔节期追肥。旺苗徒长田块适当晚追。每亩可追尿素10～15kg左右。建议机械串施，深度7～10 cm并压实
	灌溉	灌起身水50m^3左右。在追肥后及时进行
	田间管理	待地表稍干后，及时划锄，清除杂草，利于保墒，提高地温。杂草较多，劳力不足时，可使用巨星、苯磺隆或2,4-D除草剂化学除草，严格按说明喷雾
翌年4月下旬至收获	防病防虫灌溉	小麦抽穗期重点抓好小麦赤霉病和吸浆虫的防治 1.防治赤霉病在齐穗至始花期施药最好，药剂可用50%多菌灵可湿性粉剂每亩100g，或50%甲基硫菌灵可湿性粉剂40g，兑水50kg进行喷雾。如遇连阴雨天气，要抓住下雨间隙或雨后及时喷药防治，视病情喷药2～3次 2.吸浆虫成虫期是防治的关键时期，在小麦抽穗扬花初期(成虫出土初期)，每亩可用4.5%高效氯氰菊酯乳油或2.5%溴氰菊酯乳油20～25mL，针对小麦穗部进行喷雾，发生严重的地块应喷2～3次 3.视墒情及时浇好孕穗水，浇足灌浆水。遇旱浇水，保持土壤湿润，为预防倒伏浇水时注意天气变化，如遇大风、降雨天气则不能灌溉 4.小麦扬花期至灌浆期搞好"一喷三防"。用"天达2116"粮食专用型(25g/袋)每亩1袋、1.8%阿维菌素(5g/袋)或吡虫啉(10g/袋)每亩用2袋、甲基托布津每亩用75g或三唑酮75g，三种药剂混合后喷雾。建议连喷两次
	收获	进入蜡熟期及时收获。建议留高茬，推广秸秆还田

第十一章　东阿县玉米测土配方施肥技术

第一节　概述

一、玉米特性概述

玉米是重要的粮食作物、也是优良的饲料和工业原料(起源于墨西哥)。玉米是世界上三大作物之一,栽培面积仅次于小麦、水稻居第三位。玉米是高产作物产量居禾谷类作物之首。

目前全世界生产的玉米籽粒有70%～80%作为饲料,10%～15%为人们食用,10%～15%作为发展工业的原料。在国民经济中占有重要地位。

(1)食用。玉米具有良好的食用品质,籽粒中含有丰富的营养成分:含淀粉72.0%,蛋白质9.6%,糖1.58%,纤维素1.92%,矿物质1.56%,脂肪4.9%,高油玉米含脂肪达10%,用玉米为原料可做味美可口的主副食品100多种。

(2)饲用。玉米是发展畜牧业的优良饲料,籽粒消化率高,营养价值高,被誉为“饲料之王”。一般2～3kg籽粒可生产1kg肉,100kg青贮玉米秸相当于20kg精饲料的营养价值。

(3)工业原料。以玉米籽粒及副产品为原料加工的工业产品达500多种,主要有玉米淀粉、玉米果葡糖浆、玉米油(可降血压)、白酒、黄酒、啤酒、酒精、醋酸、丙酮及汽油等。玉米籽粒能“调中和胃”,穗轴能健脾利湿,花丝有利尿清热的作用,在医药上也有重要用途。

山东省是全国玉米主产省之一,面积和总产均居前茅。今后玉米生产发展方向是:稳定面积提高单产、增加总产,以食用为主转为饲用为主,由自给转入商品生产。

玉米增产有两个方面的原因:遗传性改进(品种选育)占20%～35%,非遗传性改进(栽培技术)占65%～80%。

(一)培育适合密植的杂交种

品种发展趋势:矮秆、早熟、紧凑、适于高密的杂交种,东阿县适合选用紧凑大穗型、抗逆性强的优质新品种,如郑单958、农大108、鲁单981、鲁单984、浚单20、金海5号等。如液单4号(中熟),烟单14、15号(早熟)。在玉米生产的发展过程中,通过增加密度提高的产量占21%。

(二)加强田间管理,提高栽培技术

(1)播种时间一般在6月5日至15日,即小麦收获后及时播种。

(2)播种量一般在 30～45kg/hm^2,根据品种特性酌情增减。

(3)播种方式为麦收后抢茬直播,采用等行或大小行足墒机械播种,根据墒情酌情浇水。

(4)合理密植:紧凑型玉米品种留苗 67500～75000 株/hm^2,紧凑大穗型品种留苗 52500～60000 株/hm^2。

(5)提高群体整齐度和玉米花后群体光合高值持续期,3 叶期间苗,5 叶期定苗,及时查苗补苗,及时拔除小弱株,提高群体整齐度,保证植株健壮,改善群体通风透光条件。

(6)加强病虫草害防治。

根据玉米的植物学特性和生物学特性,以及在生产上的利用情况,常按以下两种分类法:

(一)按籽粒形态及结构分类

9 个类型(硬粒、马齿、半马齿、糯质、爆裂、粉质、甜质、有稃、甜粉型)。

(二)按生育期长短分类:早、中、晚熟三类

(1)早熟品种:春播 70～100 天,夏播 70～85 天。植株短小、叶数少(14～17 片)、子料小、千粒重 150～200g。(如掖单 4 号、鲁玉 10 号、鲁玉 14、登海 1 号、郑单 958 等)

(2)中熟品种:春播 100～120 天,夏播 85～95 天。植株性状中等,千粒重 200～300g。产量较高,适宜地区广(如西玉 3 号、掖单 22、掖单 2 号、鲁玉 16、15、鲁单 50、农大 108)。目前推广的品种多属此类。

(3)晚熟品种:春播 120～150 天,夏播 96 天以上,植株高大,叶多(21～25 片),籽粒大,千粒重 300g 左右,产量较高(中晚熟、掖单 12、13 号。)

玉米生育期的长短不是绝对的,随环境不同而改变,一般是日照加长,温度变低,生育期加长;反之则缩短。如同一品种,南北方引种,播期早晚不同,其生育日数亦有差异。

二、玉米的一生

从播种到新的种子成熟为止,叫作玉米的一生。它经过若干生育时期和生育阶段,才能完成其生活周期。

(一)生育期和生育时期

(1)生育期:玉米从播种至成熟的天数,其长短因品种、播种期和温度而异,一般早熟品种、播种晚的和温度高的情况下,生育期短,反之则长。

(2)生育时期 在玉米一生中,由于自身量变和质变的结果及环境变化的影响,不论外部形态特征还是内部生理特性,均发生不同的阶段性变化,这些阶段性变化称为生育时期。(12 个月)

(1)出苗期。幼苗出土高约 2cm 的时期。

(2)三叶期。植株第三片叶露出叶心 2～3cm。

(3)拔节期。植株雄穗伸长,基部茎节总长度达 2～3cm,叶龄指数 30 左右。

(4)小喇叭口期。雌(♀)穗进入伸长期,雄(♂)穗进入小花分化期,叶指 46 左右。

(5)大喇叭口期。♀小花分化期,♂四分体期,叶指 60 左右,♂穗主轴中上部小穗长度达 0.8cm,棒三叶甩开呈喇叭口状。

(6)抽雄期。植株雄穗尖端露出顶叶 3～5cm。

(7)开花期。植株雄穗开始散粉。

(8)抽丝期。植株雌穗的花丝从苞叶中伸出 2cm 左右。

(9)籽粒形成期。植株果穗中部籽粒体积基本建成,胚乳呈清浆状,亦称灌浆期。

(10)乳熟期。植株果穗中部籽粒干重迅速增加并基本建成,胚乳呈乳状后至糊状。

(11)蜡熟期。植株果穗中部籽粒干重接近最大值,胚乳呈蜡状,用指甲可以划破。

(12)完熟期。植株籽粒干硬,籽粒基部出现黑色层,乳线消失,并呈现出品种固有的颜色和色泽。

一般大田或试验田,以全用 50%以上植株进入该生育时期为标志。

(二)生育阶段

在玉米一生中,按形态特征、生育特点和生理特性,可分为 3 个不同的生育阶段,每个阶段又包括不同的生育时期。

1. 苗期阶段(播种—拔节)

(1)生育天数。夏玉米早、中、晚熟品种约 20-25-30 天,套种约 35 天,春播 40 天左右。此阶段生育天数变化较大,决定于品种和播期(温度)。

(2)这一时期玉米耐旱怕涝,主攻目标及措施:促进根系发育、培育壮苗,达到苗早、苗足、苗齐、苗壮的"四苗"要求。

2. 穗期阶段(拔节—抽雄)

(1)生育天数。品种间差异不大,夏直播、早中熟品种 27 天,晚熟种 30 天,是相对稳定的时期。

(2)主攻目标及措施。促叶面积增大(特别是中上部叶)、茎秆粗壮敦实(促叶壮秆);促穗多、穗大;营养生长如果生长过旺,要适当控制,以免倒伏和后期脱肥早衰。

在措施上要巧施肥水,以肥水为主,严防抽雄期缺水("卡脖旱")。拔除小弱株(大口期进行),此外,注意防治玉米螟,每亩 1.5～2.0kg 辛硫磷颗粒剂撒入心叶。

3. 粒期阶段(抽雄—完熟)

(1)生育天数。早、中、晚熟品种约 30-40-50 天,玉米生育期的长短取决于苗期→粒期→穗期。

(2)主攻目标及措施。保护叶片、提高光合强度,延长光合时间,促进粒多、粒重。

在管理措施上,保障供水(是第一位的),不脱肥,补追粒肥,禁止打叶、削顶,适当晚收获。此外,还可拔除雄穗(可增产 5%～10%):在雄穗刚抽出尚未开花授粉时拔掉,数量不超过全田的 1/2,隔行(株)拔,靠地边(头)几行(株)不能拔,拔时不要带顶叶;或剪去雄穗:授精以后花丝凋萎时,全部剪掉。

去雄增产原因:①增加光照(雄穗遮光可达 19%);②节约养分;③减轻玉米螟危害。

第二节 玉米栽培条件及生理特点

一、土壤条件

一般土壤均可种植玉米，但要想玉米丰产必须要具有良好的土壤条件。

(1)熟化土层深厚(20～40cm)，土壤结构良好。熟化土层渗水快，心土层保水性能好，抗涝抗旱能力强。土壤大小孔隙比例适当，湿而不黏，干而不板。水、肥、气、热各因素相互协调，以利于根系垂直和水平生长。

(2)疏松通气 适宜容重为1.2～1.3g/cm^3，土壤容重与玉米产量负相关。玉米对土壤空气缺乏非常敏感，在土壤缺氧条件下，减产明显。通气不良会使根系吸收养分、水分的功能降低，尤其影响对氮和钾的吸收。

(3)耕层有机质和速效养分含量高。玉米需养分的60%～80%来自土壤，吸收肥料只占20%～40%，因此土壤肥沃是高产的基础，一般500kg/667m^2 以上要求有机质1%～2%，全氮0.06%～0.1%，速效磷25～40mg/kg，速效钾100～150mg/kg。pH适宜范围为5～8，6.5～7.0最适。

(4)土壤渗水，保水性能好。

二、营养需求与合理施肥

玉米在生长发育过程中，需要的营养元素很多，其中N、K、P、S、Ca、Mg六种元素，需要量最多，称为“大量元素”，Fe、Mn、Cu、Zn、B、Mo等元素，需要量很少，称为“微量元素”。

吸收量排序：玉米一生对矿质元素吸收最多的是氮素，其他依次为钾、磷、钙、镁、硫、铁、锌等，玉米每生产100kg籽粒需要大量元素的基本数量与比值为：氮∶五氧化二磷∶氧化钾为2.5(kg)∶1.0(kg)∶2.5(kg)。

(一)玉米各生育时期对N、P、K的吸收规律

1. N、P、K累积吸收量总趋势

拔节期占1%～4%，小口期占5%～8%，大口期30%～35%，抽雄期50%～60%，灌浆期62%～65%，蜡熟期100%。因此大口期吸收进入盛期是施肥的关键时期；抽雄以后吸收量还要占总量的40%～50%，后期仍要重视施肥，防止脱肥早衰。

2. 吸收强度

N、P都是大口＞抽雄＞蜡熟，K的吸收强度是抽雄＞大口＞灌浆。

玉米吸收高峰：第一高峰，小口—抽雄，以大口为中心；第二高峰，灌浆—蜡熟，以乳熟为中心。因此穗肥应在大口期施，粒肥应在乳熟前施。

(二)玉米吸收N、P、K的数量与比例

玉米对N、P、K的吸收量，随产量的提高而增多，一般情况下，一生中吸收的养分以N最多，钾次之，磷较少。见表11-1。

表 11-1　　玉米吸收 N、P、K 数量与比例

亩产量(kg)	元素	亩吸收量(kg)	每千克籽粒吸收量(kg)		比例	
			范围	平均	范围	平均
59.0	N	4.54～25.67	1.87～4.23	2.55	1.9～4.5	2.6
	P_2O_5	1.53～10.73	0.50～1.59	0.98	1	1
632.2	K_2O	4.10～29.71	1.41～3.47	2.49	1.6～4.8	2.5

玉米每生产 100kg 籽粒，吸收 N、P、K 数量和比例，可作为计划产量推算需肥量的依据。目前生产上增施 N、P 肥增产效果显著，中低产田一般不需要钾肥，对高产田及缺钾地块补充钾肥增产效果明显。

(三)施肥技术

1. 施肥原则

基肥为主，种肥追肥为辅，有机为主，化肥为辅，P、K 肥早施、追肥分期施，同时要注意全量施、深施、肥水配合，以水调肥。

2. 施肥量

在一定范围内，玉米产量是随着施肥量的增加而提高的。在当前大面积生产上施肥量不足仍是限制玉米产量提高的重要因素。玉米由低产变高产，走高投入、高产出、高效益的路子是行之有效的。

因此，计算玉米合理的施肥量，对指导玉米施肥意义重大。

$$\text{肥料用量}=\frac{\text{计划产量对某种养分需要量}-\text{土壤对某种养分的供应量}}{\text{肥料中某种养分含量}\times\text{肥料利用率}(\%)}$$

以上公式计算起来较复杂，在生产上可以根据当地的特点，确定计算玉米施肥量的经验公式，如山东一些地方的生产经验表明，以玉米的需肥量作为玉米的化肥施用量是可行的。

3. 施肥技术

追肥时期、次数和数量，要根据玉米吸肥规律、产量水平、地力基础、施肥数量、基肥和种肥施用情况来考虑决定。玉米一般基肥亩施有机肥 1000～2000kg，种肥一般亩施尿素 2～3kg，在追肥上玉米应分期施用，常分为苗肥、穗肥和粒肥，见表 11-2。

苗肥：定苗后至拔节期追施的肥，有促根、壮苗和促叶壮秆的作用，为穗多、穗大打好基础。地肥、苗壮、少施、晚施。

穗肥：小口至抽雄前所追的肥，是促进穗大粒多的关键肥。

粒肥：抽雄以后追施的肥料(一般在抽雄至开花期施用)，可促粒多、粒重，是春玉米丰产的重要环节。对夏玉米来说，如前期施肥较多，后期玉米生长正常，可不施粒肥。

表 11-2　　玉米追肥一般原则

追肥时期	适宜时期		追肥量(占总量%)		
	穗分化期	叶指(%)	高产田	中产田	低产田
苗肥	♂未伸长至伸长	30 以下	30(轻)	40	60
穗肥	♀小穗至花丝伸长	53～77	50(重)	60	40
粒肥	抽雄至开花	88～100	20(补)	—	—

农民总结出“头遍追肥一尺高(拔节),二遍追肥正齐腰(大口),三遍追肥出毛毛(抽雄)”,“三看”(看天、地、苗),“三攻”(攻秆、穗、粒)。

此外,在肥量不足时,要一次追下(小口—大口期,瞻前顾后),套种玉米要重施苗肥。播期晚的要早施肥、重视苗肥。

三、需水规律及合理灌溉

(一)需水规律

玉米是需水较多的作物,除苗期应适当控水进行蹲苗,自拔节到成熟都不得缺水。

玉米一生耗水总量,春玉米每亩 170~400m^3,夏玉米 124~296m^3。每生产 1g 干物质所消耗水的克数——蒸腾系数,一般为 240~368,每生产 1kg 籽粒约耗水 600kg 左右,见表 11-3。

表 11-3 玉米各生育期需水及土壤适宜持水量

生育时期	占总需水量(%)	平均每天需水量($m^3/667m^2$)	土壤持水量	
			40%时减产	适宜范围
播种一出苗	3.1~6.1			70%
出苗一拔节	15~17	1.9~2.5	15%	60%
拔节一抽雄	23~29	2.9~3.5	4%	70%~75%
抽雄一灌浆	14~29	3.3~3.4	38%	75%~80%
灌浆一成熟	19~31	2~3	8~12%	70%~75%

由此可以看出:苗期需水较少,适当干旱(蹲苗)有增产作用,一般不需浇水;穗期需水较多,但干旱减产不明显,因为其生殖器官保水能力较强,如干旱靠近抽雄期则减产明显,特别是“卡脖旱”。抽雄—灌浆需水达一生高峰,缺水减产最多(“开花不灌,减产一半”)。灌浆—成熟期、需水逐渐减少,缺水减产的原因是减少了穗粒重,因此后期不应过早停水。

玉米需水临界期,抽雄前 10 天至抽雄后 20 天(大口—灌浆)。

(二)合理灌溉

玉米生长季正值雨季,在降水多且均匀的地区有时不需灌水,但多数情况下降雨少且分布不均,仍需灌水。

(1)播种期灌水。足墒下种,是保证苗全、苗壮的重要措施之一。春玉米冬灌储水,夏玉米浇麦黄水或播后浇蒙头水。

(2)苗期灌水。一般不浇水。但对麦田套种玉米,由于苗弱,若遇旱必须及时浇水。

(3)拔节孕穗期灌水。浇水可缩短♀、♂花出现间隔,利于授粉,减少小花退化,提高结实率。

(4)抽雄开花期灌水。应浇大水,浇透水,以有利受精、增加穗粒数。一般增产 11%~29%。

(5)成熟期灌水。从籽粒形成到乳熟末期仍是玉米需水的重要时期,这个时期干旱对产量的影响,仅次于抽雄期。浇水千粒重增加 18.3～36.7g,增产 3%～25%。

四、对温度的要求

玉米是喜温作物(要求零度以上积温 1800℃～2800℃),整个生育期都需要较高的温度,但各生育期对温度的要求有所不同。

玉米种子一般在 6℃～7℃开始发芽,但易霉烂,10℃～12℃发芽较为适宜,25℃～35℃时发芽最快。生产上把土壤表层 5～10cm 地温稳定在 10℃～12℃时(4 月中下旬)作为春玉米播种的适宜时期。

玉米灌浆成熟期间,适宜的日均温为 20℃～24℃,最适是 22℃～24℃,若超过 25℃的连续高温,灌浆速度下降,出现“高温迫熟”现象,若低于 16℃时,籽粒灌浆速度极慢或停止。

玉米从播种到开花的发育速度主要受温度的影响,其主要作用于茎秆的生长点来控制玉米的生长发育。玉米生长点在营养生长期有一大半时间处于土壤表面之下,在此期间,其生长速度决定于土温,拔节以后,生长点位于叶鞘筒管之中,气温影响其生长发育(在白天生长点温度低于气温 5℃左右,夜间基本相同)。

第三节　玉米栽培与管理

一、整地与播种

(一)整地

(1)春玉米整地。及时灭茬深耕,早春耙耢保墒。

(2)夏玉米整地。麦收后抢时、抢墒整地,浅耕、耙耢;或铁茬播种后再中耕松土。

(二)播种

(1)选用优良杂交种。正确选用良种是高产的重要环节。要选用纯度高,紧凑型的高产杂交种,选种时要因地因时而异。选用紧凑大穗型、抗逆性强的优质新品种,如郑单958、浚单 20、登海 605、先玉 335 等。

(2)精选种子。制种田生育期间和收获时进行去杂去劣,脱粒后精选种子,选大粒饱满的种子作种。对选过的种子还要做发芽试验,一般要求种子纯度 98%以上,发芽率90%以上,净度 98%以上,含水量低于 13%。

(3)种子处理。在播种前为增加种子活力,提高发芽势和发芽率,减轻病虫害,常要进行以下种子处理:

禁止使用含有克百威(呋喃丹)、甲拌磷(3911)等杀虫剂的种衣剂,应选择高效低毒无公害的玉米种衣剂。可用 5.4%吡·戊玉米种衣剂包衣,控制苗期灰飞虱、蚜虫、粗缩病、丝黑穗病和纹枯病等。或采用药剂拌种,用戊唑醇、福美双、粉锈宁等药剂拌种可以减轻玉米丝黑穗病的发生,用辛硫磷、毒死蜱等药剂拌种,防治地老虎、金针虫、蝼蛄、蛴螬等地下害虫。

(4)夏玉米早播技术。早播是关键,防芽涝和后期低温,早种早收。

二、合理密植

(一)密度与产量构成因素的关系

玉米产量是由亩穗数、穗粒数和粒重构成的。玉米要高产穗足是基础、粒多是关键、粒重是保证。

在实际高产栽培经验中,创高产的途径有:①促穗多(紧凑型);②促穗大(平展型);③促穗大、粒大结合。紧凑型玉米品种留苗 67500～75000 株/hm^2,紧凑大穗型品种留苗 52500～60000 株/hm^2。

(二)种植密度与种植方式

1. 种植密度

决定密度的条件,一是品种特性(主要),二是栽培条件(次要)。一般晚熟种、平展型品种、应适当稀些,反之则密些;地力较差,肥水条件差,应稀些,反之则密些。夏播较春播应密些。

2. 种植方式

在密度增大时,配合适当的种植方式,更能发挥密植的增产作用。

(1)等行距种植。一般 60～73cm,株距随密度而定。其特点是植株抽雄前,叶片、根系分布均匀,能充分利用养分和阳光;播种、定苗、中耕、除草和施肥技术等都便于田间操作。但在肥水足密度大时,在生育后期行间郁蔽、光照条件差,群体个体矛盾尖锐,影响产量提高。

(2)宽容行种植。亦称大小垄,大行 83～100cm,窄行 33～50cm,株距根据密度确定。其特点是植株在田间分布不匀,生育前期对光能和地力利用较差,但能调节玉米后期个体与群体间的矛盾,在高密度高肥水条件下,由于大行加宽,有利于中后期通风透光。

(3)条带间作。以玉米为主(中上等肥力),玉米 4～6 行,大豆 2～4 行,以大豆为主(中下等地力),大豆 4～6 行,玉米 2～4 行。

在生产,要因地制宜采用不同种植方式,研究表明,在种植密度相同的条件下,不同种植方式对产量影响不大。

三、田间管理

(一)苗期管理

(1)查苗补苗。补种:在玉米刚出苗时,将种子浸泡 8～12 小时,涝出晾干后,抢时间补种;移栽:结合玉米 3～4 片可见叶间苗时带土挖苗移栽。移栽以早为好,移栽苗应比原地苗多 1～2 片可见叶为宜。不论补种或移栽,均要水分充足,带少量氮肥和追偏肥等管理,以减少小株率。实践证明,在缺苗不太严重的地块,可在缺苗四周留双株或多株补栽。

(2)适时间苗、定苗。间苗要早,一般在 3～4 片可见叶时进行;定苗一般在 5～6 片可见叶进行。夏玉米苗期处在高温多雨季节,幼苗生长快,可在 4 片可见叶时一次定苗,以减少幼苗争光争肥矛盾。定苗时应做到“四去四留”,即去弱苗、留壮苗,去大小苗、留齐苗,去病苗、留健苗,去混杂苗、留纯苗。

(3)中耕除草。一般苗期中耕 2～3 次,耕深 5～10cm。定苗到拔节,再中耕 1～2 次,耕深10cm以上。套种玉米，小麦收获后应立即灭茬深中耕（10～15cm），夏直播玉米苗期正处于雨季，深中耕易蓄水过多，造成“芽涝”，定苗后只宜浅中耕（5cm）。

（4）防治虫害。二代黏虫和玉米蓟马可用50%辛硫磷1000倍液或10%吡虫啉可湿性粉剂1000倍液喷雾防治。

（二）穗期管理

（1）中耕松土。拔节时应进行深中耕，大口前后，结合追肥，适当浅培土。

（2）拔除小弱株。大口期前后拔除不能结果穗的小弱株。

（3）防治玉米螟。用5%辛硫磷颗粒剂，每亩1.5～2.0kg，撒入叶心，或用30%呋喃丹微粒剂等多种药物防治。

（三）花粒期管理

（1）人工去雄和辅助授粉。

（2）后期浅中耕。灌浆后浅中耕1～2次，可破除板结，通风增温，除草保墒。

（3）防治后期虫害，如玉米螟、黏虫、蚜虫等。

（4）禁止打叶、削顶。

（5）适时收获。当苞叶干枯松散，籽粒变硬发亮，乳线消失，基部出现黑色层时，收获产量最高。但是夏玉米往往达不到成熟时就被迫收获，而影响产量。因此，在生产上若不影响正常种麦，玉米应尽量晚收。如果急需腾茬，玉米尚未成熟的地块，亦可带穗收刨，收后丛簇，促其后熟，提高千粒重。

四、施肥技术

（一）施肥原则

（1）前茬冬小麦施足有机肥（40000kg/hm^2）以上的前提下，夏玉米以施用化肥为主。

（2）根据产量确定施肥量，一般高产田按每生产100kg籽粒施用氮（N）3kg，磷（P_2O_5）1kg，钾（K_2O）2kg计算。

（3）平衡氮、硫、磷营养，配方施肥。

（4）在肥料运筹上，轻施苗肥、重施大口肥、补追花粒肥。

（二）施肥量

产量9000kg/hm^2地块，每公顷需施纯氮270～290kg，P_2O_5 90～100kg，K_2O140～160kg（折合尿素587～630kg，标准过磷酸钙640～715kg，硫酸钾280～320kg），高肥地取低限指标，中肥地取高限。另外，每hm^2增施1kg硫酸锌。

（三）施肥时期

分苗肥、穗肥、花粒肥三次施用。苗肥，在玉米拔节期将氮肥总量30%+全部磷、钾、硫、锌肥，沿幼苗一侧开沟深施（15～20cm），以促根壮苗；穗肥，在玉米大喇叭口期（叶龄指数55%～60%，第11～12片叶展开）追施总氮量的50%，深施以促穗大粒多；花粒肥，在籽粒灌浆期追施总氮量的20%，以提高叶片光合能力，增粒重。也可选用含硫玉米缓控释专用肥，苗期一次性施入。

五、灌溉

夏玉米各生育期适宜的土壤水分指标（田间持水量的百分数）分别为：播种期75%左

右，苗期60%～75%，拔节期65%～75%，抽穗期75%～85%，灌浆期67%～75%。玉米生长期降雨与生长需水同步，除苗期，各生育时期田间持水量降到60%以下均应及时浇水。

六、病虫草综合防治

（一）防治原则

按照“预防为主，综合防治”的原则，优先采用农业防治、生物防治、物理防治，合理使用化学防治。

（二）防治技术

1.杂草防治

播种后，亩用50%乙草胺乳油100～120mL或40%乙莠水150～200mL兑水30～50kg喷地面；墒情差时，玉米幼苗3～5叶、杂草2～5叶期喷施4%玉农乐悬浮剂（烟嘧磺隆）1500mL/hm^2，也可在玉米7～8叶期使用灭生性除草剂20%百草枯（克芜踪）水剂定向喷雾处理。

2.主要病虫防治

(1)苗期黏虫、蓟马的防治。黏虫可用灭幼脲、辛硫磷乳油等喷雾防治，蓟马可用5%吡虫啉乳油2000～3000倍液喷雾防治。

(2)玉米螟防治。在小口期（第9～10叶展开），用1.5%辛硫磷颗粒剂0.25kg，掺细砂7.5kg，混匀后撒入心叶，每株1.5～2g。有条件的地方，当田间百株卵块达3～4块时释放松毛虫赤眼蜂，防治玉米螟幼虫。也可以在玉米螟成虫盛发期用黑光灯诱杀。

(3)锈病防治。发病初期用25%粉锈宁可湿性粉剂1000～1500倍液，或者用50%多菌灵可湿性粉剂500～1000倍液喷雾防治。

七、收获措施

（一）适时收获

玉米成熟期即籽粒乳线基本消失、基部黑层出现时收获，收获后及时晾晒。

（二）秸秆还田

玉米收获后，严禁焚烧秸秆，应及时秸秆还田，以培肥地力。适于青贮的品种可以适时收获，秸秆青贮用作饲料。

八、其他灾害应变措施

（一）涝灾

玉米前期怕涝，淹水时间不应超过0.5天。生长后期对涝渍敏感性降低，淹水不得超过1天。

（二）雹灾

苗期遭遇雹灾，应加强肥水管理，可喷施叶面肥，促其恢复，降低产量损失。若拔节后受灾严重，应及时组织科技人员进行田间诊断，视灾害程度酌情采取相应措施。

(三)风灾

小口期前遭遇大风,出现倒伏,可不采取措施,基本不影响产量。小口期后遭遇大风而出现的倒伏,应及时扶正,并浅培土,以促进根下扎,增强抗倒伏能力,降低产量损失。

第四节　夏玉米“一增四改”高产栽培技术

夏玉米“一增四改”高产栽培技术的核心内容是:合理增加种植密度、改种耐密型品种、改套种为直播、改粗放用肥为配方施肥、改人工种植为机械化作业。配套技术包括适当晚收技术,种子包衣技术,秸秆还田技术,病虫草无公害综合防治技术,灾情应对技术等。

一、合理密植要求

一般大田耐密紧凑型玉米品种留苗 4000～4700 株/667m^2,高产田 5000～5500 株/667m^2;大穗型品种留苗 3200～3700 株/667m^2,高产田 3800 株/667m^2 左右。

首要问题是和品种特性相配套,如鲁单 981 就要低一些,大田 3000～3300 株/667m^2,高产田 3300～3500 株/667m^2。其次是要和产量指标相适应,若地力水平和产量指标不高,则不要采用过高密度。

(一)增加密度的主要手段

1. 改种耐密型品种。

2. 改革种植方式。缩小行距至 60cm 左右。高产田等行距 55～60cm。高产攻关田高密度情况下建议采用大小行种植,改善通风透光条件,便于田间管理。高产田大行距 70～80cm,小行距 30～40cm。攻关田大小行种植,相近两行可采用调角留苗。

3. 提高播种质量。防旱涝、防病虫,避免缺苗断垄。提高均匀性、整齐度。

4. 均匀播种,均匀留苗。

(二)增加密度后要特别注意防止倒伏

可选用以下对防倒效果非常明显的六项措施:一是选用穗位和株高较低、抗倒伏能力强的品种(以前的掖单 13、目前的超试 1 号)。二是培育壮苗,套种玉米要缩短小麦与玉米共生期,避免出现瘦弱苗。三是增施磷、钾肥和有机肥,苗期控制氮肥用量。四是苗期控制浇水,出苗水与拔节水间隔 20 天以上,中午玉米叶片卷曲,其他时间能伸展尚可不浇水。五是定苗防止过密,一般大田不要冲击品种的密度上限,示范方也要比攻关田稀一些,只有小面积攻关田可以探索品种的耐密极限。大穗型品种一般不能突破 3800 株/667m^2,中穗型不能突破 5500 株/667m^2,大密度会带来空秆、底部干叶、病害加重、倒伏等一系列问题,导致中后期管理的被动,攻关田、示范方、一般大田密度要有递减梯度。六是定苗后及时中耕,清垄灭茬,促根下扎。其中抗倒品种、增施钾肥、苗期控水和防止过密是关键性的防倒措施。

二、改种耐密型品种

(一)品种的耐密性

包括三方面:

(1)抗倒性。茎秆坚硬、根系发达。

(2)耐阴性。底层叶片光补偿点2500lx。

(3)抗病性。高群体下抗叶斑病。

(二)耐密型品种特征

株型紧凑,叶片上冲,小雄穗,坚茎秆,开叶距,低穗位,根系发达。

生产表现为:密度适应范围大,施肥相应能力强,抗倒伏,空秆少,果穗匀,耐阴性好,不秃顶,灌浆饱满。

(三)玉米主导品种

夏玉米主导品种有郑单958、浚单20、登海605、先玉335等。

三、改套种为直播

(一)套种与直播优势比较

(1)套种。优点是增加积温,躲避芽涝。缺点是不利于机械化作业,整齐度差,病虫害较重。苗弱。

(2)直播。利于苗全、匀、壮,利于机械化作业,整齐度高,病虫害减轻。缺点是低温年份、生长期长的品种积温不足。

(二)为什么推行直播

(1)套种困难增多、优势减少。小麦产量提高,套种不便、共生期缩短积温差别减小。

(2)套种必要性降低。机械化程度提高,农耗时间缩短;地力提高、化肥投入多,加之气候变暖,小麦早播必要性降低,玉米可以晚收。

(3)适应机械化发展需要。

(4)直播利于提高整齐度、减轻病虫害(粗缩病、黏虫等)。

(三)直播技术要点

(1)及时播种。最佳播种时间在6月1日至15日。

(2)足墒播种。播种墒情指标要求土壤相对含水量在75%,可视降水情况借墒或播种玉米后及时浇水,确保出苗整齐。

(3)适量播种。播种量一般在2.5～3.5kg/667m^2,根据品种特性酌情增减。

(4)行距与播深。一般大田等行距为50～65cm;大小行时,大行距为70～80cm,小行距为30～40cm;高产攻关宜采用大小行种植,耐密品种平均行距尽量缩小。播种深度为3～5cm。

(四)直播要与晚收相配套

要在玉米成熟期即籽粒乳线基本消失、基部黑层出现时收获,高产田10月上旬,一般田9月底收获。

9～10月光照充足、昼夜温差大,最有利于玉米灌浆。从苞叶刚开始变黄的蜡熟初期,每迟收1天,千粒重增加5g左右,亩增产10kg左右。适当晚收获可显著增加玉米产量,增加籽粒容重,提高品质。适期播种的玉米对后茬种麦和小麦产量均无不利影响。

晚收要与加强中后期管理及品种特性配套,加大中后期投肥比例(省外有机肥占40%的),开花灌浆期注意防旱,攻关田地皮见干就浇水。

四、改粗放用肥为配方施肥

进行过土壤化验的地块要搞好配方施肥。其他地块也要做到氮、磷、钾、微肥等平衡施肥。

(一)合理确定施肥种类与数量

在前茬冬小麦施足有机肥(2500kg/667m^2 以上)的前提下,夏玉米以施用化肥为主(高产攻关田每亩增施腐熟有机肥 3000～4000kg)。根据产量指标和地力基础确定施肥量,高产田按每生产 100kg 籽粒施用纯氮 2.5～3kg、五氧化二磷 1.5kg、氧化钾 3kg 计算需肥量。

(1)亩产 1000kg 攻关田需肥量:亩产 1000kg 攻关田,每亩需施纯氮 25～30kg,折合尿素 52～62.5kg;五氧化二磷 15kg,折合标准过磷酸钙 94kg;氧化钾 30kg,折合硫酸钾 60kg。亩施硫酸锌 1.5kg、硼砂 0.5kg。岱岳区攻关田的施肥方案:纯氮 28.8kg/亩、五氧化二磷 13.5kg/667m^2、氧化钾 31.5kg/667m^2。

(2)亩产 800kg 示范田需肥量:亩产 800kg 的高产示范田,每亩需施纯氮 20～24kg,折合尿素 42～50kg;五氧化二磷 12kg,折合标准过磷酸钙 75kg;氧化钾 24kg,折合硫酸钾 48kg。亩施硫酸锌 1～1.5kg、硼砂 0.5kg。

(3)亩产 600kg 高产田需肥量:每亩需施纯氮 15～18kg,折合尿素 31～37.5kg;五氧化二磷 9kg,折合标准过磷酸钙 56.3kg;氧化钾 18kg,折合硫酸钾 36kg。缺锌地块每亩增施硫酸锌 1～1.5kg。

(4)亩产 500kg 一般大田需肥量:每亩需施纯氮 12.5～15kg,折合尿素 26～31kg;五氧化二磷 7.5kg,折合标准过磷酸钙 47kg;氧化钾 15kg,折合硫酸钾 30kg。缺锌地块每亩增施硫酸锌 1～1.5kg。

(二)施肥时期

在肥料运筹上,有机肥、磷肥、钾肥、微肥在玉米拔节前用完(可作为基肥、种肥、苗肥施用,尽量早施);氮肥分期施用,轻施苗肥、重施穗肥、补追花粒肥。

(1)苗肥。苗肥在玉米拔节前将氮肥总量的 30%左右,同其他肥料一起,沿幼苗一侧开沟深施(距苗 15～20cm,深施 15cm 左右),以促根壮苗。

(2)穗肥。穗肥在玉米大喇叭口期(叶龄指数 55%～60%,第 11～12 片叶展开)追施总氮量的 40%—50%,以促穗大粒多。

(3)花粒肥。花粒肥在籽粒灌浆期追施总氮量的 15%～20%,以提高叶片光合能力,增粒重。

高产攻关田提高后期用氮肥比例。

五、改人工种植为机械化作业

(一)机械播种

(1)降低小麦留茬高度,为玉米机播提供方便。

(2)播种时间和墒情。在墒情合适的情况下,夏玉米直播越早越好。提倡小麦收获当天播种玉米。若播种时墒情不好,灌区可先播种后灌溉,尽可能避免先灌溉造墒,影响播种机组下地，耽误播种时间。一般播种时田间相对持水量要保持在70%～75%。

(3)开沟施肥深度。玉米播种机械一般开沟施肥在前，开沟深度要一致，一般6～8cm，肥、种隔离。带复合肥每亩10～15kg。种肥一般选用颗粒状复合肥或复混肥；也可施用玉米缓释肥，减少玉米管理人工消耗。

(4)播种深度、行距。玉米播深应深浅一致，一般3～5cm；目前机具行距一般在60～70cm之间可调。

(5)播种量一般在2.5～3.5kg/667m^2。

(6)覆土镇压。玉米播种后，应覆土严密，镇压强度适宜，镇压轮不打滑。

(二)机械化管理

农机农艺积极配合，努力探索机械中耕、施肥等新方法。

(三)机械收获

大力推广玉米机械收获，秸秆粉碎还田，培肥地力，避免焚烧秸秆褥染环境。玉米联合收获机能一次完成割秆、摘穗和切碎茎叶等工序，速度快，效率高。采用联合收获机作业，既提高了收获速度，又达到了秸秆还田培肥地力的目的，要继续大力推广。

不具备联合收获条件的地区，也可采用分段收获，机械仅承担割秆、切碎工序，也有利于提高工效和秸秆还田。

提高机械作业质量。机械收获时要特别注意秸秆粉碎质量问题，防止机手图快不讲质量。要制定秸秆粉碎标准交给农户监督，不用秸秆粉碎质量不达标的机手，秸秆处理不达标不付费，对作业质量差的机手予以限制。

适当晚收。玉米适当晚收是一项不需增加成本的增产措施，必须尽快推广普及。有些农户因为秸秆容易粉碎而提早收获，减产很大。高产田10月上旬，一般田9月底收获。收获后果穗及时晾晒。

第五节　东阿县夏玉米栽培技术月历

东阿县夏玉米栽培技术月历(见表11-4)。

表11-4　　东阿县玉米栽培技术月历

时间	管理技术	操作要点
4月～5月底	准备良种	主导品种有：郑单958、浚单20、登海605、先玉335等
6月上旬	播种	最佳播种期：6月5～15日，最迟应在6月20日前播完。注意：1.足墒播种。2.适量播种。播种量一般应控制在2.5kg/667m^{2}左右，可根据品种特性进行酌情增减。3.开沟施肥。开沟深度要一致，一般6～8cm，种、肥隔离。配方肥每亩10～15kg。种肥选用颗粒状复合肥或复混肥；提倡施用玉米缓释肥，减少玉米管理人工消耗。4.合理增加密度。玉米种植密度要与品种要求相适应，一般大田可按照审定品种介绍中推荐的适宜密度种植，高产田可增加到5000株/667m^{2}左右。5.种子包衣

续表

时间	管理技术	操作要点
6月中下旬	防治病虫草害	1.推行化学除草，墒情好时可在玉米播后芽前，亩用50%乙草胺乳油100～120mL或40%乙莠水150～200mL对水30～50kg喷地面。2.播种期预防的病虫害主要有粗缩病、麦蚜、灰飞虱及地下害虫等。麦蚜、灰飞虱可亩用10%吡虫啉10g喷雾防治，灰飞虱若虫盛期可亩用25%捕虱灵20g防治，同时注意田边、沟边喷药能有效地防治粗缩病。3.种子包衣或药剂拌种
6月下旬至7月下旬	灌溉	提高灌溉水利用率。灌水量控制在50方左右
	间苗定苗	及时间苗定苗、拔除弱株，3叶期间苗，5叶期定苗，提高群体整齐度，改善群体通风透光条件。不得延迟，以防苗荒
	苗肥	在拔节前一般每亩将玉米(28-5-7)配方肥15～20kg或尿素8～12kg、二铵2～3kg、氯化钾2～4kg，同硫酸锌0.5～1kg，沿幼苗一侧开沟深施，距苗15～20cm，深施15cm左右，以促根壮苗
	苗期管理	1.苗期耐旱怕涝，若遇大雨出现积水时要及时排水。2.玉米螟可用3%辛硫磷颗粒剂每亩250g加细砂5kg施于心叶内，可兼治玉米蓟马。二代黏虫和玉米蓟马可用50%辛硫磷1000倍液或10%吡虫啉可湿性粉剂1000倍液喷雾防治。兼治玉米蚜和稀点雪灯蛾。3.二点委夜蛾主要防治措施：一是要清除玉米植株周围麦秸、杂草等覆盖物，铲除隐藏环境。二是要投毒饵。亩用4～5kg炒香的麦麸或粉碎后炒香的棉籽饼，加少量水，加入48%毒死蜱乳油150～200mL或90%晶体敌百虫500g拌成毒饵，于傍晚顺垄撒在玉米苗边。三是要撒颗粒剂或毒土。亩用5%甲基异柳磷颗粒剂1.5～2.0kg，或40%甲基异柳磷150～200mL对细沙土30～40kg，或亩用80%敌敌畏乳油300～500mL拌25kg细土，于早晨顺垄撒在玉米苗边并划锄。四是要药剂喷玉米根茎。用48%毒死蜱乳油1500倍液或4.5%高效氟氯氰菊酯乳油2500倍液或40%甲基异柳磷500～750倍液喷玉米根茎。五是要随浇水灌药。需要浇水的玉米田，可随水灌药，亩用48%毒死蜱乳油500mL，在浇地时灌入田中。苗后使用除草剂的地块，避免使用有机磷农药，以防产生药害
8月上旬	穗肥	大喇叭口期一般每亩应施玉米(28-5-7)配方肥30～40kg或尿素15～23kg、二铵4～6kg、氯化钾5～7kg，以促穗大粒多
	穗期管理	1.大喇叭口期和抽雄期根据土壤墒情各浇一次水，灌水量在$50m^3/667m^2$左右。2.防治锈病可用20%粉锈宁乳油每亩75～100mL喷雾防治。玉米穗虫可用90%敌百虫800倍液滴灌果穗防治。玉米蚜可用50%辟蚜雾每亩8～10g或10%吡虫啉每亩10～15g加水45kg喷雾防治。三代黏虫可用50%辛硫磷1000倍液喷雾防治
8月中下旬	粒肥	用1%～2%的尿素溶液，或3%～5%的过磷酸钙浸出液，或0.1%～0.2%磷酸二氢钾溶液，灌浆期叶面喷施。可延长叶片功能期，提高籽粒千粒重
	灌溉	灌浆期注意防旱，每亩灌水$50m^3$左右。在追肥后及时进行
9月下旬	适时晚收	在不影响小麦种植的情况下，尽量晚收。采取机械收获，搞好秸秆还田

第十二章　东阿县主要果蔬施肥技术

第一节　蔬菜测土配方施肥原则

首先根据不同蔬菜类型和品种、生长发育、产量和测定土壤养分含量情况，确定施肥种类和数量。根据农家肥和化肥的特点，合理搭配施肥。农家肥，肥效长，含养分全面，有微生物活动，可疏松和改善土壤品质，具有明显提高蔬菜产量和改善蔬菜品质的作用，宜做基肥。化肥速效，有效期短，含养分单一，宜作追肥。为了提高有机肥和化肥的利用率，发挥肥效，一般将两种肥料搭配混合使用。根据蔬菜的生长发育情况，需要养分的多少，确定追肥数量、次数和间隔时间。如生长发育很好，生育周期短的蔬菜，少追肥或不追肥；生长发育差，生育期长的蔬菜，应增加追肥次数，多追肥。一般每隔 7～15 天追 1 次，共追 3～5 次。根据不同蔬菜品种和肥料种类，确定施肥方法，见表 12-1。

表 12-1　　不同蔬菜氮磷钾需求数量及比例

蔬菜类型	品种	1000kg 产品养分需要量			养分比例
		N	P_2O_5	K_2O	$N:P_2O_5:K_2O$
瓜类	黄瓜、西葫、南瓜、丝瓜等	4.10	2.30	5.50	1∶0.6∶1.3
茄果类	番茄、茄子、甜椒等	3.18	0.74	4.38	1∶0.2∶1.5
白菜类	甘蓝、白菜、油菜等	0.8～2.6	0.8～1.2	3.2～3.7	1∶0.5∶1.7
绿叶菜	菠菜、莴苣、芹菜等	2.55	1.36	3.67	1∶0.5∶1.4
豆类	芸豆、豆角、毛豆等	9.00	2.25	6.83	1∶0.3∶0.8

(1)多施有机肥。有机肥通过充分发酵，营养丰富，肥效持久，利于吸收，可供蔬菜整个生长发育周期使用，但腐熟的人粪尿，也可作追肥。

(2)科学合理施用化肥。根据测土了解土壤养分含量和各种化肥的性能，确定使用化肥的品种、数量和配比。化肥作基肥最好与农家肥混合使用，因为农家肥有吸附化肥营养元素的能力，可提高肥效。化肥作追肥尽量采取“少量多次”的施肥方法。化肥的养分含量高，用量不宜过多，否则易出现烧种、烧根、烧苗、烧叶等现象，同时造成浪费。根据不同蔬菜类型和品种，确定施用不同化肥。如叶菜类需氮较多，可多施尿素、硝酸铵、硫酸铵等。果菜类需磷钾较多，可多施磷酸二铵、磷酸二氢钾、过磷酸钙、氯化钾等。根茎类需磷钾肥较多，可多施氯化钾、硫酸钾、磷酸二氢钾、多元复合肥等。

(3)配合多种微量元素推广叶面追肥。配合多种微。量元素叶面追肥方便简单，省工省时省事，养分全面，吸收养分快，见效快。多种营养元素配合使用，缺什么施什么，有些肥料可以与中性农药混合使用，起到防虫治病同时施肥的多种效应。

(4)提倡结合深翻施基肥。由于棚室土壤盐分多积聚在土壤表层，使表土板结或形成硬盖。结合深翻施基肥，使土肥充分混合，上下土层混合，把板结土表粉碎并翻到下层，可以大大减轻表土板结和盐害。

(5)地面覆盖。进行地面覆盖，对于抑制表积盐有明显作用。

第二节　东阿县蔬菜地土壤特征

根据近年来对蔬菜地土样进行化验，全县土壤养分状况见表12-2。

表 12-2

养分类型	单位	等级分布						均值
碱解氮	mg/kg	含量	＞200	150～200	100～150	50～100	≤50	223.34
		比例(%)	41.6	18.68	21.28	17.02	1.42	
有效磷	mg/kg	含量	＞150	120～150	70～120	50～70	＜50	174.83
		比例(%)	54.61	10.64	21.04	4.73	8.98	
速效钾	mg/kg	含量	＞450	350～450	250～350	100～250	＜100	514.53
		比例(%)	56.03	10.17	9.23	15.84	8.75	
有机质	g/kg	含量		30－40	20－30	10－20	＜10	17.8
		比例(%)	0.47	2.36	24.35	68.09	4.73	

经对全县部分大棚蔬菜(黄瓜、番茄、樱桃西红柿、辣椒、茄子、西葫芦等)0～25cm土层土壤养分状况的调查统计：有机质含量平均17.80g/kg；碱解氮平均223.34mg/kg，有效磷平均174.83mg/kg，速效钾平均514.53mg/kg。调查表明：蔬菜土壤养分对于需求指标都有大幅度提高，其顺序是：钾＞磷＞氮＞有机质。由于部分种植年限和施肥水平不同以及偏施现象，保护地土壤肥力状况差异很大，土壤积累最多的是钾、磷、氮，有机质则相对偏低，各养分之间不平衡，所以必须通过平衡施肥加以解决。

第三节　主要蔬菜测土配方施肥技术方案

蔬菜的生物学产量高，需肥量要比粮食作物多，对某些养分有特殊需求蔬菜硝酸态氮，对钾、钙要求量大，对硼和钼比较敏感。测试结果保护地土壤肥力状况差异较大，各地的施肥习惯和施肥水平千差万别，在指导农民施肥时，各地应根据土壤养分测试结果，种植作物种类，种植年限，产量水平，施肥习惯等制定科学的施肥方案，现今就全县保护地栽培的一般情况，提出施肥参考意见。

第四节　东阿县主要蔬菜测土配方施肥技术指导

一、番茄

(一)营养特性

番茄，又名“西红柿”，其采收期比较长，需要时边采收，边供给养分，才能满足不断开花结果的需要。具体施肥量应根据土壤供肥能力，养分利用率，蔬菜吸收养分量等参数来确定。据研究，番茄每生产 1000kg 鲜果，需吸收氮 3.18kg、磷 0.74kg、钾 4.83kg、钙 3.35kg、镁 0.62kg。以中等肥力的土壤为例，若目标产量为亩产 6000kg，则需 N 17kg，P_2O_5 9kg，K_2O 11kg。一般亩施高浓度复合肥 90～110kg/667m^2。番茄对钙、镁的需要量也比较大，缺乏易产生脐腐病。这是番茄的生育与营养特点，也是茄果类蔬菜生育与营养的共性。

(二)施肥建议

基肥：番茄产量高，需肥量大，施肥应以基肥为主，亩施优质有机肥 3000～5000kg，配施总养分大于 40%(18-8-14)，40～45kg/667m^2，或(16-8-16)45～50kg。

追肥：在定植后 5～6 天追施一次“催苗肥”，每亩施尿素 5kg 左右；第 1 穗果开始膨大时，追施“催果肥”每亩施总养分大于 40%(18-8-14)，复合肥 10kg 左右；进入盛果期，当第 1 穗果发白，第 2、3 穗果迅速膨大时，应继续追肥 2～3 次(在每次采果后追施)，每次每亩施用总养分大于 40%(18-8-14)或(16-8-16)复合肥 15～20kg；进入盛果期后，根系吸肥能力下降可采用喷施尿素、硝酸钙、硼砂等水溶液，有利于延缓衰老，延长采收期以及改善果实品质。

二、辣椒

(一)营养特性

辣椒耐肥能力强，据研究，每生产 1000kg 辣椒，需吸收氮 3.5～5.5kg、磷 0.7～1.4kg、钾 5.5～7.2kg、钙 2.0～5.0kg、镁 0.7～3.2kg。一般亩施高浓度复合肥 90～120kg/667m^2。辣椒在不同生育阶段对养分吸收不同，其中氮素随生育进展稳步提高，果实产量增加，吸收量增多；磷德吸收量在不同阶段变幅较小；钾的吸收量在生育初期较少，从果实采收初期开始明显增加，一直持续到结束；钙的吸收量也随生长期而增加，在果实发育期供钙不足，易出现脐腐病；镁的吸收高峰在采果盛期。

(二)施肥建议

基肥：每亩施优质有机肥 3000～5000kg，总养分大于 40%(16-8-16)或(14-6-20)复合肥 50kg。

追肥：在初花期以后进行。当第 1 果实直径达 2～3cm 大小时，应追 1～2 次氮肥，每次每亩施尿素 7～10kg。进入采收期后，追肥应重施，每亩施总养分大于 40%(16-8-16)或(14-6-20)复合肥 20～30kg。以后每采收一次，追施适量肥料，有利延长采收期，增加采收次数，提高产量，改善品质。

三、西瓜

（一）营养特性

一般而言，每形成 1000kg 西瓜需要吸收 2.5～3.3kg N 0.8～1.3kg P_2O_5 2.9～3.7kg K_2O N∶P_2O_5∶K_2O 的平均为 1∶0.36∶1.15。不同生育期对养分的吸收量有差异，苗期对磷敏感，开花结瓜后，对钾的需要量很大，采收期也要补充营养。西瓜适于肥沃的砂壤或粘壤土上生长，喜腐熟的农家肥。西瓜栽培时一般每亩施肥量：N 11～13kg，P_2O_5 6.9～8.9kg，K_2O 13～15.5kg。一般亩施高浓度复合肥 75～95kg/667m^2。

（二）施肥建议

基肥：于定植前每亩施优质有机肥 2000～3000kg，化肥施总养分大于 40%(16-8-16)或(14-6-20)，15～20kg/667m^2 作基肥。

追肥：第一次追肥在苗期，点施于株旁 10cm 处，施尿素 3～5kg；第二次追肥在瓜蔓长至 15～25cm 时，施总养分大于 40%(16-8-16)25～30kg/667m^2；第三次追肥在果实膨大期，此时期需钾量大，可施总养分大于 40%(16-8-16)30～35kg/667m^2 或总养分大于 40%(14-6-20)35～40kg/667m^2。西瓜追肥的次数依不同种植方式和不同地区有很大差异，北方追肥次数较少，南方追肥次数较多，旱瓜追肥次数较少，水浇瓜追肥次数较多。

四、大蒜

（一）营养特性

大蒜萌芽所需的各种营养均由种瓣提供，随关幼苗生长，种瓣中储存的营养逐渐耗尽，也称“退母”。退母后的生长完全靠土壤和肥料供应，从花芽分化到蒜薹采收是营养生长和生殖生长并进时期，生长量最大，需肥需水也最多。大蒜对养分的吸收的大致比例 N∶P_2O_5∶K_2O 为 1∶0.25∶0.9。硫是大蒜品质构成元素，适当施用硫(可用硫酸钾)，不仅可使蒜头增重，并可使畸形蒜降低。

（二）施肥建议

基肥：一般应施农家肥 3000～4000kg/667m^2，总养分大于 40%(16-8-16)，40～50kg/667m^2，或总养分大于 45%(15-10-20)，40～50kg/667m^2。在犁地前均匀撒施，然后耕翻耙平，作畦开沟播种。

追肥：可按以下五个时期进行。

(1)催苗肥，一般在出苗后 1 个月左右施用，此时大蒜对氮素要求较高，每亩可施用尿素 5～10kg。

(2)越冬肥，又叫“腊肥”，施用总养分大于 40%(16-8-16)，5～15kg/667m^2。

(3)返青肥，一般在春季气温上升，心叶生长和根系开始伸长时施用，每亩施用尿素 5～10kg。对于施足催苗肥和越冬肥的，返青肥也可不施。

(4)催薹肥，一般在蒜薹开始抽生时施用，由于此时生长量和吸肥量明显加速，需要充足的营养供给，可施用总养分大于 40%(16-8-16)，15～30kg/667m^2，或总养分大于 45%(15-10-20)，15～30kg/667m^2。

(5)催头肥，一般在催薹肥施用后一个月，蒜薹露苞时施用，此时生长和需肥都达到高峰，应重施。施用总养分大于 40%(16-8-16)，25～40kg/667m^2，或总养分大于 45%(15-

10-20)，20～40kg/667m^2。

五、黄瓜

(一)营养特性

黄瓜要求土壤疏松肥沃，富含有机质。黏土发根不良，砂土发根，前期岁旺盛，但易于老化早衰。是与弱酸性至中性土壤，最适 pH 5.7～7.2. 当 pH 在 5.5 以下，植株就发生多种生理障碍，黄化枯死；pH 高于 7.2 时，易烧根死苗，发生盐害。

(二)施肥技术

黄瓜对氮磷钾的吸收是随着生育期富人推进有所变化的，从播种到抽蔓吸收的数量是增加的；进入接瓜期，对个养分吸收的速度加快；到盛瓜期达到最大值，结瓜后期则又减少。

平均每生产 1000kg 产品所需氮 2.6kg，磷 0.8kg，钾 8.9kg，钙 3.1kg，镁 0.7kg。

六、茄子

(一)营养价值

茄子生长期长，喜温怕霜，喜光不耐阴。茄子是喜肥作物，土壤状况和施肥水平对茄子坐果率影响较大。在营养条件好时落花少，营养不良会使短柱花增加，花器发育不良，不易坐果。此外，营养状况还会影响开花的位置，。茄子对氮磷钾的吸收量，随着生育期的延长而增加。苗期氮磷钾吸收仅为总量的 0.05%、0.07%、0.09%。

(二)施肥建议

每生产 1000kg 茄子，吸收各元素量分别为氮 2.7～3.3kg，五氧化二磷 0.7～0.8kg，氧化钾 4.7～5.1kg，氧化钙 1.2kg，氧化镁 0.5kg。若每亩产茄子 4000～5000kg，需纯氮 12.8～16kg，五氧化二磷 3.8～4.7kg，氧化钾 18～22.5kg。

七、芹菜

(一)营养价值

芹菜为喜冷凉蔬菜，在较低的温度下生长较好。生长适温为 15℃～20℃。芹菜属弱光照作物，弱光条件下植株直立生长。芹菜在中性微酸性土壤上生长良好，富含有机质的土壤和黏壤土有利于芹菜生长。

(二)施肥技术

芹菜正常生长发育需要 16 种必需的营养元素，其中，土壤中的氮磷钾钙镁的需要量就较大，其他营养元素的需要量很少。据山东农业大学研究，每形成 1000kg 产品，需从土壤中吸收氮 2.0kg，磷 0.93kg，钾 3.88kg，氮磷钾比例为 1.0：0.465：1.94。若每亩芹菜产量为 4000kg 时，需要氮 7.3kg，磷 2.7kg，钾 16kg，钙 6.0kg，镁 3.2kg。

八、葡萄

(一)营养特性

据研究，一般成年葡萄园每生产 1000kg 果实需吸收氮 6.0kg、磷 3.0kg、钾 7.2kg，其吸收比例为 1：0.5：1.2，钾＞氮＞磷。葡萄对氮的需要量前、中期较大，而磷、钾吸收高峰偏中、后期，尤其是开花、授粉、坐果以及果实膨大对磷、钾的需要量很大。另外，葡萄对微量元素硼的需要量也较多。一般亩施高浓度复合肥 90～100kg/667m^2（以产量 1000kg/m^2 计）。

（二）施肥建议

基肥：以有机肥为主，配施化肥。幼龄树每株施有机肥 20～30kg，成龄果树 50～100kg，每 100kg 有机肥混入总养分大于 45%（15-15-15）复合肥 1～2kg。基肥以葡萄收获后施入为宜，而且越早越好。

追肥：一般 2～3 次。新梢萌芽至开花前进行第一次追肥，一般每株施总养分大于 40%（16-16-8）复合肥 1～1.5kg，开小沟施入。第二次追肥在浆果生长前，每株施总养分大于 40%（16-8-16 或 14-6-20）或总养分大于 45%（15-10-20）复合肥 1kg 左右。第三次在进入浆果生长期，此时果实膨大增重和新的花芽分化，均要消耗大量养分，需肥量大，且以氮、钾养分为主，可施用总养分大于 40%（16-8-16）复合肥，每株 2kg 左右。

第五节　苹果平衡施肥与管理技术

一、科学施肥

（一）苹果树需肥特性

前期（花芽分化以前）以氮素为主，中后期（果实膨大着色期）以钾元素为主，对磷的吸收全年比较平稳。因此，前期以施氮肥为主，中后期以钾肥为主，磷肥随基肥施入，以保证磷的全年供应。

（二）施肥原则

一般土壤瘠薄、产量高、成龄大树、长势较弱等情况下应该加大施肥量，增加有机肥和氮肥比例；为了迅速扩大幼树的树冠和树势衰弱的苹果树，应该加强速效氮肥的使用量，适龄不结果树应该控制氮肥用有量，加大有机肥和钾肥施用量。苹果幼树期需磷较多，磷有利于根系的发育，一般施肥比例为：氮∶磷∶钾＝1∶2∶1；而结果期需氮、钾较多，一般施肥比例为：氮∶磷∶钾＝1.2∶0.5∶1。

（三）施肥量

幼树（1～2 年生）每株每年一般施纯氮适量范围为 0.075～0.25kg。初花结果期（3～4 年生）为 0.25～0.5kg，结果初期（5～6 年生）为 0.5～1.0kg，盛果期（7 年生以后）为 1.0～3.0kg。磷、钾的用量按比例进行计算即可。根据果树根系的生长特点，一年果树一般施 3～4 次肥，即萌芽前追肥（3 月）、花芽分化、幼果生长追肥（6 月）、果实膨大期（7 月）和采果后施基肥（9 月）。氮肥一般基肥施入全年的 1/3，萌芽前期和幼果生长期施入全年的 2/3；磷肥一般随基肥一次性施入即可，也可按施肥次数平均施入；钾肥一般基肥施入全年的 1/3，花芽分化期和果实膨大期施入全年的 2/3。农家自己生产的有机肥必须经过腐熟后作为基肥施入果园，生产厂家生产的生物有机肥可以和复合肥进行混配作为追肥施入，提高肥料的利用率。

（四）施肥方法

基肥的施肥方法，幼树一般用环状沟施或半环状沟施法，即以定植穴位中，在树冠滴水线附近逐年向外扩展，以上一年的环状沟外缘，半环状沟要每年轮换挖沟的方向。成年树一般使用短条状沟或全园撒施肥法，也可以放射状沟施法。采用沟穴状施肥后，应结合浇水稀释肥料，然后覆土。

（五）叶面喷肥

苹果树的叶面喷肥，从开花后期至采收前均可进行，可快速保护叶片、补充树体和果实生长发育所需的养分。根据果友协会各地示范园几年来的经验证明：从花后10天左右，间隔10～15天连续喷果友氨基酸叶面肥3～4次，相对没有喷的叶片表现为叶色深、厚，没有发生缺铁、锌、锰等生理病害；对抵抗早期落叶病效果明显。叶面肥可单独喷施，也可结合病虫害防治的同时，进行混配喷施。

二、采果后的施肥和管理

（一）根外追肥

根外追肥不光适用于生长前期，在生长后期也十分必要。采果后每隔15天在叶背面喷0.5%～0.67%的尿素液加0.2%～0.33%的磷酸二氢钾或0.2%的过磷酸钙，可以提高叶片的光合能力，增加枝条营养。

（二）重施基肥

在10月中下旬晚熟品种采收后立即进行。施肥以含有机质较多的农家肥为主，如堆肥、厩肥、圈肥等。结合施基肥加施磷、钾肥，可进一步加快有机质的分解，充分发挥肥效。施肥用量可根据土壤条件及果树的品种、树龄、树势而定，一般应占全年施肥量的60%～70%，通常幼旺树株施25～30kg，盛果期树株施65～70kg。根据树龄大小适当施些过磷酸钙、尿素等。施肥深度以30～60cm为宜，幼树应浅施。肥料必须与土混施，以防烧根。施肥后应及时浇水，以利于肥料的分解和根系的吸收。

（三）深翻树盘

在采果后进行1次深翻树盘，深度为40～50cm，以切断一些老根，刺激大量吸收根的形成，提高果树根系越冬抗冻能力。同时，针对许多越冬幼虫和蛹有集中在树冠下10cm内的土壤中越冬的习性，深翻树盘后进行人工捡拾可消灭一大批害虫。

（四）冻前灌水

一般在果树的晚秋梢萌发时浇水抗旱。据试验，在初霜前10～12天浇水1次，可提高地表温度2℃以上。

（五）防治病虫害

在树干上涂刷0.5%的波尔多液、喷施0.125%的多菌灵液，可防治秋季病虫害。

第六节 黄金梨种植平衡施肥技术

黄金梨是梨中珍品，外观诱人，品质优良，较耐储运。黄金梨是韩国用新高与20世纪杂交育成的优良新品种。1984年引入我国山东烟台，东阿县种植黄金梨也将近有10年时间，规模逐年扩大，经济效益十分可观，目前种植规模以刘集镇为最大，但农民还是以习惯施肥为主没有做到“因地制宜，科学种植”。黄金梨科学施肥的目的，一是施肥是提高梨园土壤肥力，不断改善土地的理化性状，给梨树生长发育创造良好的条件；二是供给梨树生长发育所必需的营养元素。科学施肥是保证果树早果、丰产、优质的重要措施，黄金梨施肥原则要以有机肥为主，尽可能的少施化肥，尤其不得施用硝态氮类化学肥料。现就常规施肥要点与平衡施肥技术作简要介绍：

一、梨树常规施肥技术要点

(一)幼年果园施肥(第1～3年)

幼树施肥应采用薄施勤施的原则。第一年以氮、磷为主,以增加枝梢生长量,一般定植后在发芽时施第一次肥,以清水粪配合适量尿素及磷肥(株施尿素10g,过磷酸钙20g,清粪水2～5kg。至6月底每月施肥1～2次,用肥量逐渐增加。7～9月底停止施肥,以利于促花,10月上旬施秋肥一次,以有机肥为主,并适当增加用量(株施尿素10克,过磷酸钙50克,禽畜粪水10kg)。第二、三年,由于结合合理的整形技术,植株开花试果,并有一定产量。可在2月中旬、5月中旬、7月中旬、10月上旬施4～6次肥即可。2月中旬重施磷肥,在5月中旬增施钾肥。

(二)结果园盛龄果园施肥(第4年开始)

采用高密度栽培的梨园,第二、三年试果,第四年就进入高产期,因而施肥次数减少,施肥量增大。每年在2月中下旬,5月中旬,8月下旬施三次肥即可。可按每产100kg果实施入尿素1kg,过磷酸钙1.5kg,硫酸钾0.8kg的比例施用。

第一次在2月中旬施春肥:此次施肥主要是促进花器发育,提高座果率,加强新梢生长,为6～8月花芽分化做准备。由于梨树大多以短果枝结果为主,短枝一般在花后15天即停梢,如果春肥施用过迟则使枝梢生长过旺,不能及时停梢而影响果实肥大和花芽分化。故此次施肥宜早不宜迟,在萌芽前10～15天(2月中下旬)施用,以速效氮肥结合有机肥施用,磷肥一次性施入全年用量的60%,氮肥占全年的25%左右,一般亩施尿素15kg,硫酸钾15kg,过磷酸钙40kg,禽畜粪水2000kg。

第二次施肥在5月上中旬施用夏肥(壮果肥):此时正值梨树叶片大量形成期(亮叶期),且幼果开始膨大,并为6～7月份果实迅速膨大和6～8月的花芽分化提供足够养分,施肥量较大,占全年50%左右,一般亩施尿素30kg,硫酸钾30kg。禽畜粪水4000kg左右。

第三次施肥在采果后(中晚熟品种应在采果前施)施用秋肥:主要为保护叶片提高花芽质量,为来年丰产积累养分,施肥量占全年25%左右,一般亩施尿素15kg,过磷酸钙30kg,禽畜粪水3000kg。

第四次多在秋季入冬前,施好基肥。基肥可以结合改土,以施入有机肥料为主,是较长时期供给梨树多种养分的基础肥料。如施入腐殖酸类肥料、堆肥(绿肥、作物稿秆、杂草、枝叶等的堆肥)、厩肥、圈肥、畜禽粪肥、鱼肥、血肥以及复合肥等长效肥,使其逐渐分解,不断地供给果树大量元素和微量元素。施好基肥,加大有机肥的有量,是生产绿色食品(梨)的重要的技术环节。

(三)叶面施肥

每次喷药时结合进行叶面施肥,可加入0.2%尿素和0.2%磷酸二氢钾,花期喷0.1%硼砂等。

(四)施肥方法

梨树施肥的常用方法有:环状沟施肥、条沟施肥和放射沟施肥。环状沟沟宽25cm,深20cm,条沟沟宽30cm、深25～30cm、长1m以上,放射沟深25cm、长50～60cm。幼树常采用环状沟施肥和条沟施肥,成年树可以采用放射沟施肥和条沟施肥。每次施肥与上次施肥的位置应交错,成年树每次施肥位置应对称。

二、平衡施肥(养分平衡法配方施肥)技术要领

平衡施肥是国内外配方施肥中最基本和最重要的方法。此法根据梨树需肥量与土壤供肥量之差来计算实现目标产量(或计划产量)的施肥量,由果树目标产量、果树需肥量、土壤供肥量、肥料利用率和肥料中有效养分含量等五大参数构成平衡法计量施肥公式,可告诉人们施用多少肥料。

露地栽培的梨树吸收的养分来自土壤和肥料。养分平衡法中"平衡"之意在于土壤供应的养分不能满足需要时,就施用肥料补足,如某果园计划亩产果品 1500kg,而土壤只能供应果树 800kg 产量需要的养分,那么有 700kg 产量所需的养分必须通过施肥来解决,施肥量不足,达不到预期产量,施肥量过多就会造成浪费,甚至因肥害而减产。所以养分平衡法采用目标产量需肥量减去土壤供肥量得出施肥量的计算方法(即:某养分元素的合理施用量,等于果树的总吸收量减去土壤供应量,再除以肥料中养分当季利用率)。因此,平衡施肥需掌握关键的"五要素"。即:

(一) 果树作物目标产量

根据树种、品种、树龄、树势、花芽及气候、土壤、栽培管理等综合因素确定当年合理的目标产量。生产优质高档果品,要更新观念,不要盲从追求高产,以中等产量或中上等产量为好。

(二) 梨树作物需肥量

梨树在年周期中需要吸收一定的养分量,以构成自体完整的组织,不同品种每年每 $0.1hm^2$ 生产 1000kg 产量所需的养分量。

(三) 土壤供肥量(天然供给量)

土壤中矿质元素的含量相当丰富,但如果长期不施肥,则果树生长发育不良。这是由于土壤中的矿质元素多为不可给态存在,根系不能吸收利用所致。土壤中三要素天然供给量大致是:氮的天然供量,约为的吸收量的 1/3,磷为吸收量的 1/2,钾为吸收量的 1/2。

(四)肥料利用率

施入土壤中的肥料,由于土壤的吸附,固定作用和随水淋失、分解挥发的结果,因而不能全部被果树吸收利用。梨树对肥料的利用率,由于品种、砧木以及土壤管理制度等而各有不同,梨树肥料的利用率,根据试验结果为:氮约为 50%、磷约为 30%、钾约为 40%。如改进灌溉方式,可提高肥料利用率。例如,灌溉式施肥,氮的利用率为 50%~70%,磷的利用率约为 45%,钾的利用率为 40%~50%;喷灌式施肥,氮的利用率为 95%,磷的利用率约为 54%,钾的利用率约为 80%。

(五) 肥料中的有效养分含量　在养分平衡法配方施肥中,肥料中有效养分含量是一个重要参数。常用矿质肥料的有效养分含量见下表(注:绿色无害化水果生产,不得施用硝酸铵、销酸镁钙、硝酸钙等肥料)。微量元素肥料,硼砂:含硼 11.3%;硫酸锌:含锌 23%~25%;硫酸亚铁:含铁 19%~29%;硫酸锰:含锰 24%~28%:硫酸镁:含镁 16%~20%。

第七节　东阿县果树栽培技术月历

东阿县果树栽培技术月历(见表 12-3、表 12-4)。

表 12-3　　东阿县苹果栽培技术月历

物候期	时间	管理技术内容	操作要点
休眠期	1 月至 3 月中旬	重点防治果树腐烂病、干腐病、粗皮病等	1. 清理残枝落叶、僵果、杂草、刮除粗老翘皮、腐烂病疤,集中烧毁或深埋,以降低越冬病虫基数 2. 刮除病斑和病瘤,用噻霉酮(封剪涂抹型)等果树伤口愈合剂处理剪锯口,促进伤口愈合,避免剪锯口干裂,防止病菌侵害
		春季追肥	第一次追肥(次年春季萌芽前):以氮肥为主,磷肥次之,全年氮的 50%(即尿素 37.5～50kg)、全年磷的 30%(即过磷酸钙 43.5～57kg),或每亩追施果树配方肥(17∶10∶18)150～250kg
萌芽至开花前	3 月下旬至 4 月中旬	重点防治腐烂病、干腐病、枝干轮纹病、霉心病、白粉病、蚜虫类、螨类、康氏粉蚧、绿盲蝽和卷叶蛾等	1. 用噻霉酮(涂杆喷雾型)20～30 倍液＋氨基酸微肥涂杆刷树 1～2 次,铲除潜伏病菌 2. 萌芽前全树喷布 3%～5%Be 石硫合剂,防治腐烂病、白粉病、红蜘蛛、介壳虫等 3. 喷 80%代森锰锌可湿性粉剂 800 倍＋吡虫啉＋杀扑磷 1500 倍,防治白粉病,叶螨、介壳虫、腐烂病、星毛虫、卷叶蛾类 4. 防治果树烂根病用噁霉灵 3000 倍＋植病灵 1＋1
花期	4 月下旬至 5 月上旬	促进开花坐果、提高坐果率、防病虫害	1. 开花前 3 天,果园释放壁蜂,进行壁蜂授粉,每亩放蜂 130 头左右 2. 盛花期树上补硼＋1%糖＋0.3－0.5%尿素,提高坐果率 3. 壁蜂授粉的果园花期严禁喷洒各种化学药剂 4. 果园使用杀虫灯、性诱捕器或糖醋液诱杀害虫
幼果期	5 月中旬至 6 月中旬 谢花后至幼果套袋前	重点防治果实轮纹病、炭疽病、斑点落叶病、红蜘蛛、蚜虫类、卷叶蛾类和金纹细蛾	1. 落花后 10～20 天,日平均温度达 15℃,雨后(降雨 10mm 以上),连喷三遍药:第一遍药树上可喷洒 70%甲基托布津 800 倍＋宝丽安(10%多抗霉素)1500 倍＋赢彩(阿维螺螨酯)4000 倍＋吡虫啉 3000 倍＋钙硼双补 1500 倍;第二遍药隔 7～8 天可喷施纯品多菌灵或绿色大生或喷克,可混加异菌脲;山楂叶螨、苹果全爪螨平均每叶 4～5 头时,可混加四螨嗪等杀螨剂;第三遍药 70%甲基托布津 800 倍＋68.75%易保 1500 倍＋蛾螨灵 2000 倍＋吡虫啉 3000 倍＋锌硼钙 1500 倍 2. 防治金纹细蛾:在第一代成虫发生末期,结合防治卷叶虫,喷布一次氰戊菊酯乳油

续表

物候期	时间	管理技术内容	操作要点
			3.在桃小食心虫出土盛期用辛硫磷或进口毒死蜱 1500 倍喷洒树冠下地面 4.谢花第三遍药后间隔一天可进行果实套袋，于上午无露水、下午 3 点后套袋，避开中午高温时间 5.套袋结束的果园可喷：68.75%易保 1500 倍（或 10%宝丽安 1500 倍）+80%戊唑醇 4000 倍+阿卡迪安 3000 倍，根据害虫、螨类发生情况，选混杀虫、杀螨剂 6.挂黄蓝黏虫版可有效地减少虫害的发生
		肥水管理	1.第二次追肥（花芽分化前）：（5 月低）全年氮的 30%（即尿素 22.5～30kg）、磷的 30%（即过磷酸钙 43.5～57kg）、钾的 40%（即硫酸钾 30～40kg） 2.此期为苹果树需水临界期应及时灌水。
	6 月下旬春梢停长期	重点防治褐斑病、早期落叶病、食心虫、潜叶蛾等。	树上可喷：1∶2.5∶200 倍波尔多液+阿维灭幼脲 2000 倍+1000 倍果树渗透剂。
果实膨大期	7 月上旬至 8 月上旬	重点防治斑点落叶病、红蜘蛛、棉蚜、潜叶蛾等。	树上可喷：40%福星 8000 倍（或易保 1500 倍）+ 桃小灵 1500 倍+赢彩（阿维螺螨酯）3000 倍（或 25%三唑锡 1000 倍）+1000 倍果树渗透剂
		果实膨大肥	第三次追肥（果实膨大期）：（7 月底）以钾肥为主，磷肥次之，全年磷的 20%（即过磷酸钙 29～38kg）、钾的 40%（即硫酸钾 30～40kg）。也可给果树增加钾肥、稀土、硅肥等，能有效的增加红度和糖度
着色期	8 月中旬至 10 月上旬	重点防治桃小食心虫、二斑叶螨、果实轮纹病、炭疽病、斑点落叶病和褐斑病。	1.树上可喷：易保 1500 倍+80%戊唑醇 4000 倍+红蝎子 2000 倍（或桃小灵 1500 倍）+哒螨灵 1500 倍（或阿维菌素）+钙硼双补 1500 倍（或速硼钙）+果树渗透剂 1000 倍 2.交替使用倍量式波尔多液（1∶2∶200）和其他内吸性杀菌剂，防治果实轮纹病和炭疽病，15 天左右喷一次；斑点落叶病和褐斑病较重的果园，结合防治轮纹病，喷布异菌脲 3.及时对树干束草，或用废布片，诱虫带包扎主干，诱捕苹小卷叶蛾、叶螨等隐蔽越冬的害虫
成熟期	10 月中旬	主要防治果实轮纹病、炭疽病、红点病、黑点病、苦痘病及苹小卷叶蛾等。	1.树上可喷：噻霉酮 800 倍（或 70%甲基托布津 800 倍或宁南霉素 800 倍）+4.5%高效氯氰菊酯 1000 倍+VS 钙 2000 倍（或阿卡迪安 3000 倍） 2.采前 20 天剪除过密枝、摘叶、转果、铺设反光膜，增加果实着色。注意雨后摘袋，分期分批采收 3.彻底刮除腐烂病疤，刮后处理伤口

续表

物候期	时间	管理技术内容	操作要点
落叶期	11月 至 12月	秋施基肥 清园冬灌	盛果期苹果树按每生产1kg苹果施1.5～2.0kg优质农家肥施用。每生产1000kg苹果推荐施用N肥7～9kg,N、P、K肥施用比例为1.0∶0.5∶1.1 秋施基肥(苹果采收后):配肥方案:亩用腐熟有机肥(土杂肥)7500～10000kg(或商品有机肥200～300kg),配合施用氮磷钾及中微量元素肥料。具体施肥量:全年氮的20%(即尿素15～20kg)、磷的20%(即过磷酸钙29～38kg)、钾的20%(即硫酸钾15～20kg)、全部的硼砂、硫酸锌、有机活性钙肥等中微量元素肥(微量元素肥料一次施用可持续2～3年有效) 清除园内枯枝、落叶、病叶果,刮除老翘皮,集中烧毁 灌封冻水 选择早冻午消融,无大风的清朗天气进行,灌水量以灌后水分渗入土壤50～100 cm为宜,可采取沟灌、盘灌、穴灌、滴灌等

表12-4　东阿县梨树栽培管理技术月历

月份	物候期及管理重心	栽培管理技术
1月至2月	物候期 休眠期 春梢期 管理重心 冬季清园 促梢	1.冬季修剪:11～12月未完成冬季修剪的果园,继续完成冬季修剪。修剪时应针对中心干、主枝和副主枝、辅养枝、结果枝组、短果枝群、衰老树等不同情况进行修剪 (1)中心干修剪:结果树仍需继续扩冠时,在中心干延长枝上选留中上部壮芽处短截1/5～1/3;树势中等,不必扩冠的利用弱枝换头,削弱长势;生长势强、树冠高大、分枝多的(具6～9条主枝)可在具有三叉枝处截顶"落头开心",打开光路 (2)主枝和副主枝的修剪:初结果树易因枝条分生角度较小而形成狭窄树冠,树势偏旺,不易形成花芽,应采用轻剪和撑、拉、吊及弱枝换头开张枝角;主枝延长枝短截一般为30～40cm,生长势强的轻短截,生长势弱的重短截;已封行主、副枝交叉的,对延长枝可适当回缩至第三年生枝的隐芽部位 (3)辅养枝修剪:幼龄树适当多留辅养枝,增强树势,结果树可采取去直立、留平斜;去强留弱或缓放一年生中庸枝,当辅养枝影响主枝、副主枝生长时应及时回缩 (4)结果枝组修剪:应掌握轮换更新。小枝组只要结果正常,可不修剪。若生长转弱,可疏除部分弱枝芽,生长过弱适当短截复旺。大中型枝组注意保持中庸长势,生长过强的可去强留弱进行控制。生长过弱的回缩复壮 (5)短果枝群修剪:根据树势,对短果枝进行不同的修剪处理。树势中庸健壮,根据合理挂果量确定短果枝数量,疏除多余短果枝。树势转弱,结果能力下降时,应疏除弱枝弱芽、短截中果枝进行复壮。疏剪时疏中留侧、疏下留上、疏弱留强、疏密留稀、疏远留近

续表

月份	物候期及 管理重心	栽培管理技术
		(6)衰老树修剪:对骨干枝进行回缩更新,回缩至骨干枝下部有健壮分枝处,对结果枝组亦进行疏剪或缩剪至强枝壮芽处 2.物资准备:备足肥料、农药、维修机具 3.施基肥:提倡秋施基肥,但对上年未秋施基肥的树,应在此时期施完基肥 4.病虫害防治: (1)刮树皮防治病虫害,每年或隔年在修剪之后,应给树干、主枝等骨干枝刮皮,以防除活在树皮缝中越冬隐藏的红蜘蛛、食心虫类害虫卵。对患有腐烂病的梨树应将病疤处的树皮刮净,并刮至木质部。刮下的树皮应立即烧掉 (2)病害发生严重的果园,在果树发芽前喷一次3～5波美度的石硫合剂,减少病虫发生
3月	物候期 春梢期 开花 管理重心 促梢促花	1.土壤管理:果园应先清理园内各类垃圾,然后翻耕土壤 2.追肥:梨园全年的施肥量,可按历年平均产量计算,一般亩产50kg果实,施纯氮150～200g,氮磷钾的比例可按1∶0.4∶1施用。上年秋或当年春追已施过基肥的树,此时可追施全年追肥量(氮)的1/3,未施过基肥的可追施全年追肥量(氮)的2/3。对未施基肥或施过基肥未混入磷肥的梨树,此期将全年磷肥1次施入 3.补植:缺株的梨园或缺乏授粉树的梨园,在此时补栽树苗 4.高接换优:对品质低劣的品种,可在此时采用枝接法高接优良品种或优良授粉品种 5.病虫害防治:主要防治梨木虱、梨二叉蚜、梨星毛虫等 (1)梨木虱、梨二叉蚜防治:萌芽期喷一次30%灭蛾净乳油800倍液或40%水胺硫磷1000倍+害立平或解抗灵 (2)梨星毛虫防治:30%灭蛾净乳油800倍液、28%硫氰乳油1000～1500倍,或60%水胺硫磷1000倍、2.5%功夫菊酯乳油3000倍液 (3)剪除病虫梢:在梨黑星病重的果园,当新梢生长至5cm左右时,及时剪除病芽梢,减轻黑星病菌的再侵染;在梨茎蜂危害重的果园,当新梢生长至15cm左右时,及时剪除为害梢
4月	物候期 春梢期 第一次生理落果期 管理重心 壮梢 保花保果	1.疏花:从花序伸出至开花末期进行。要视植株上花量的多少进行 (1)对弱花序、弱枝组上的花序、延长果枝头上的花序、着生在枝杈间的花序、枝组基部的花序、大年时长果枝的枝顶和腋处着生的花序,全部疏除。疏花以后的留花间距,大型果如雪花梨、鸭梨可为15～20cm,小型果可小些 (2)对上强下弱、外强内弱的树,上强枝上的花序应少疏或不疏,弱枝、下垂枝、角度小的枝,中小型果的花序应少疏 (3)坐果率低的品种应少疏 (4)花期遇雨或有风害时应不疏 (5)疏除整个花序时,必须留下叶簇,因叶簇处能形成新的花序 2.水分管理:4月进入雨季,低温阴雨会加重第一次生理落果。平地果园修筑排水沟,注意排水,防止果园积水 3.保花保果 (1)品种单一、授粉树不足的应尽早补栽授粉树

续表

月份	物候期及管理重心	栽培管理技术
4月	物候期 春梢期 第一次生理落果期 管理重心 壮梢 保花保果	(2)高接授粉品种或花期树上挂花枝(罐内盛水,将授粉花枝插入罐内,挂于树上) (3)花期喷0.2%～0.5%硼酸,5～10ppm 2,4-D,15ppm 萘乙酸钠,1000ppm B9+800～1000倍醋精 (4)初结果树及无授粉条件的应人工授粉 (5)生长过旺的初结果树及徒长性结果枝,环剥、环割、环扎等处理进行保果 4.追肥:谢花后或幼果膨大初期,根据树势状况进行根外追肥,根外追肥时应考虑梨树对微量元素的需要。树势强的可不施或少施,以防枝梢与果实争夺养分引起大量落果。常用肥料及浓度,尿素0.3%～0.5%,人尿5%～10%,过磷酸钙2%～3%,硼0.2%～0.5%,硫酸亚铁0.5%,锌0.3%～0.5%等 5.病虫害防治:梨大食心虫危害严重的果园,在梨大食心虫转芽时(即危害一个芽后转到另一个芽上危害),喷1500倍50%1605,加50%敌百虫,或1000倍50%辛硫磷乳剂,或40%水胺硫磷加害立平或0.3%优质洗衣粉,兼治梨实蜂、星毛虫、梨瘿蛾等
5月	物候期 春梢期 第二次生理落果期 幼果发育期 管理重心 壮梢保果	1.疏果:疏花以后,坐果率仍很高,单株负载量大时,需进行疏果。疏果时间自第一次生理落果后开始至5月中旬左右,即在幼果脱去花萼时进行。花萼不脱落者,在第三次生理落果以后进行。疏果时要留边果,即1个花序上同时结几个果,留边上的1个。大型果1个花序留1～2个果,小型果可留2～3个果 2.果实套袋:结合疏果彻底疏除梨实蜂和梨大食心虫为害果,消灭其中害虫,套袋前全园用杀菌剂喷药一次,然后用外黄内黑或外黄内黑加红纸的双层纸袋进行果实套袋 3.施肥:5月下旬应追施全年计划施用氮肥的1/3～2/3。如有草木灰等钾肥,也可在此时施用。追肥之后要灌水、松土、除草。5月下旬开始,每15天左右叶面喷施0.3%～0.4%的尿素和0.2%～0.3%磷酸二氢钾1次,或绿芬威5等叶面肥连续喷2～3次 4.根外追肥:5月仍需进行,根据树势状况进行根外追肥,根钱追肥时应考虑梨树对微量元素的需要。树势强的可不施或少施,以防枝梢与果实争夺养分引起大量落果。常用肥料及浓度,尿素0.3%～0.5%,人尿5%～10%,过磷酸钙2%～3%,硼0.2%～0.5%,硫酸亚铁0.5%,锌0.3%～0.5%等 5.病虫害防治:见6月 6.幼树整形:见6月
6月	物候期 夏梢期 第三次生理落果期花芽分化期 管理重心 促梢保果促花芽分化	1.吊枝、撑枝: (1)结果树:对结果多的大树的大枝,应该用绳吊起来或用支柱支撑起来,防止果枝被压折 (2)幼龄树:幼龄树主枝角度直立者,可进行撑枝、拉枝、撑枝等处理,以达到开张角度的目的,对过长枝摘心,拉枝后中度短截促发壮梢 2.水分管理:灌水与抗旱是6月份重要田间作业。既要防旱抗旱,又要注意暴雨,大雨过后及时排涝,当土壤接近干旱时就要及时灌水,并进行树盘覆保湿,抑制杂草滋生作用。中耕除草。根据天气情况,可灌水1～2次,灌后中耕松土 3.病虫害防治:6月中旬喷石灰倍量式200倍波尔多液。对易受药害的京白梨等品种,可喷石灰多量式400倍波尔多液,也可用50%多菌灵800倍液。根据情况酌情加杀虫剂 4.土壤管理:进入5月末,梨树根系进入生长旺盛时期,应保持果盘土壤疏松,进行果盘覆盖,使根系有良好的生长环境

续表

月份	物候期及管理重心	栽培管理技术
7月	物候期 夏梢期 果实发育期、花芽分化期 管理重心 壮梢保果	1.施肥:为加速果实膨大和促进花芽分化,本月应施壮果肥,以氮肥及钾肥混合兑水施入 2.水分管理:灌水与抗旱同样是7月重要田间作业。既要防旱抗旱,又要注意暴雨,大雨过后及时排涝,当土壤接近干旱时就要及时灌水,并进行树盘覆保湿,抑制杂草滋生作用。中耕除草。根据天气情况,可灌水1～2次,灌后中耕松土 3.吊枝、撑枝: (1)结果树:对结果多的大树的大枝,应该用绳吊起来或用支柱支撑起来,防止果枝被压折 (2)幼龄树:幼龄树主枝角度直立者,可进行撑枝、拉枝、撑枝等处理,以达到开张角度的目的,对过长枝摘心,拉枝后中度短截促发壮梢。 4.除草压肥:在雨季利用清除杂草压绿肥 5.病虫害防治:7月中旬左右,以防梨小食心虫为主的梨园,可喷1000倍50%辛硫磷,或1000倍50%的杀螟松乳剂,以防治梨黑星病为主的梨园,可喷石灰倍量式200倍波尔多液,红蜘蛛严重时可加3500倍扫螨净,若用时防治梨小食心虫和梨黑星病,可喷800倍50%多菌灵,加上述防梨小食心虫的药剂
8月	物候期 秋梢抽生果实成熟花芽分化 管理重心 控秋梢 采收	1.采收:果实陆续成熟,进行采收。采收宜选择晴天露水干后,采收时应注意保存完整的果梗,提高外观品质及耐储性。采摘时用手握住果实轻轻向上一托即可摘下,忌用力向下拉扯,以免损伤果台和花芽。 2.施采果肥:采果肥宜在采果后及时施入,有助于恢复树势,促进花芽分化,施肥量一般占全年施肥量的60%～70%,磷全部施入,钾占30%～40%,以腐熟的农家肥为主,配合施用速效肥 3.控秋梢:秋梢于立秋后抽生,白露后停止生长,除桂南外,抽出的秋梢未老熟即进入休眠期,对生长结果不利,因此,应疏除秋梢 4.病虫害防治:诱杀害虫:晚熟品种,在8月中旬或下旬,在树干周围绑上稻草,引诱梨小食心虫在此越冬,待落叶前将草绑解下烧掉;8月中旬左右,可再喷1次波尔多液,防治黑星病和轮纹病,加500倍50%敌百虫,防治梨小食心虫和刺蛾等
9月	物候期 果实成熟 花芽分化 管理重心 控秋梢 采收	1.采收:中迟熟品种果实陆续成熟,进行采收。采收宜选择晴天露水干后,采收时应注意保存完整的果梗,提高外观品质及耐储性。采摘时用手握住果实轻轻向上一托即可摘下,忌用力向下拉扯,以免损伤果台和花芽 2.施采果肥:中迟熟品种采果后及时施入,有助于恢复树势,促进花芽分化,施肥量一般占全年施肥量的60%～70%,磷全部施入,钾占30%～40%,以腐熟的农家肥为主,配合施用速效肥 3.控秋梢:秋梢于立秋后抽生,白露后停止生长,除桂南,抽出的秋梢未老熟即进入休眠期,对生长结果不利,因此,应疏除秋梢

续表

月份	物候期及管理重心	栽培管理技术
10月	物候期 秋梢抽生 果实成熟 管理重心 控秋梢	1.喷药:8月中旬左右,可再喷1次波尔多液,防治黑星病和轮纹病,加500倍50%敌百虫,防治梨小食心虫和刺蛾等 2.诱杀害虫:晚熟品种,在8月中旬或下旬,在树干周围绑上稻草,引诱梨小食心虫在此越冬,待落叶前将草绑解下烧掉 3.中迟熟品种果实继续成熟,进行采收 4.控秋梢:秋梢于立秋后抽生,白露后停止生长,除桂南,抽出的秋梢未老熟即进入休眠期,对生长结果不利,因此,应疏除秋梢
11月至12月	物候期 落叶期 相对休眠期 管理重心 冬季清园	1.冬季清园:在11月进行冬季清园,把落叶、病虫果、枯枝清扫干净,集中深埋或烧掉 2.刮树皮:见1月 3.树干涂白:涂白能减轻冻伤及日烧并能防治病虫害。涂白剂的配置,水10份,生石灰3份,石硫合剂原液0.5份,食盐0.5份,动植物油脂少许。配置时先化开生石灰,把油脂倒入充分搅拌,再加水调成石灰乳,最后放入石硫合剂原液及盐水,也可加黏着剂,以延长涂白的期限 4.灌冻水:有冻害的地方,在11月上中旬进行土壤灌水1次,预防梨树受冻 5.冬季修剪:冬季修剪是梨园重要的修剪工作,修剪时应针对中心干、主枝和副主枝、辅养枝、结果枝组、短果枝群、衰老树等不同情况进行修剪 (1)中心干修剪:结果树仍需继续扩冠时,在中心干延长枝上选留中上部壮芽处短截1/5～1/3;树势中等,不必扩冠的利用弱枝换头,削弱长势;生长势强、树冠高大、分枝多的(具6～9条主枝)可在具有三叉枝处截顶"落头开心",打开光路 (2)主枝和副主枝的修剪:初结果树易因枝条分生角度较小而形成狭窄树冠,树势偏旺,不易形成花芽,应采用轻剪和撑、拉、吊及弱枝换头开张枝角;主枝延长枝短截一般为30～40cm,生长势强的轻短截,生长势弱的重短截;已封行主、副枝交叉的,对延长枝可适当回缩至第三年生枝的隐芽部位 (3)辅养枝修剪:幼龄树适当多留辅养枝,增强树势,结果树可采取去直立、留平斜;去强留弱或缓放一年生中庸枝,当辅养枝影响主枝、副主枝生长时应及时回缩 (4)结果枝组修剪:应掌握轮换更新。小枝组只要结果正常,可不修剪。若生长转弱,可疏除部分弱枝芽,生长过弱适当短截复旺。大中型枝组注意保持中庸长势,生长过强的可去强留弱进行控制。生长过弱的回缩复壮 (5)短果枝群修剪:根据树势,对短果枝进行不同的修剪处理。树势中庸健壮,根据合理挂果量确定短果枝数量,疏除多余短果枝。树势转弱,结果能力下降时,应疏除弱枝弱芽、短截中果枝进行复壮。疏剪时疏中留侧、疏下留上、疏弱留强、疏密留稀、疏远留近 (6)衰老树修剪:对骨干枝进行回缩更新,回缩至骨干枝下部有健壮分枝处,对结果枝组亦进行疏剪或缩剪至强枝壮芽处

第八节 东阿县蔬菜栽培技术月历

东阿县蔬菜栽培技术月历(见表 12-5、表 12-6、表 12-7)。

表 12-5 东阿县早春大拱棚西瓜栽培技术月历

时间	管理技术	操作要点
1～2 月	良种及砧木准备	选用抗病虫、易坐果、耐低温、耐弱光、耐湿性好、外观和内在品质好的西瓜良种,砧木应选择葫芦品种和南瓜品种,应对枯萎病免疫或高抗
	嫁接育苗	选无菌净土和腐熟的有机肥调配营养土,也可采用营养基质育苗,用 55℃水温汤浸种,置于 28℃～30℃环境下催芽。用营养钵嫁接育苗。苗期重点控制温湿度及光照,白天 26℃～28℃,夜间不低于 20℃,保持 90%～95%空气湿度,前期遮光
	病虫防治	苗期主要控制猝倒病、立枯病。防治药剂用 75%百菌清 600 倍液,或 64%杀毒矾 500 倍液,或 70%代森锰锌 500 倍液,每 7～10 天喷 1 次,一般 1～2 次
2～3 月	整地施肥	整地施肥,挖定植沟,在中等肥力条件下亩施腐熟有机肥 5000kg、硫酸钾型配方肥(15-18-12)50kg,肥料深翻入土,并与土壤混匀。定植前 15 天扣棚提温,以备定植。还应根据配方施肥情况配施生物有机肥和中微量元素肥料。一般施用生物有机肥 200kg,中微量元素肥料 50kg。施肥时最好将一半基肥在整地时撒施,并深翻入土壤,这样既可保证地力均匀,又可保证不同土壤层次都能为植株提供养分。另一半在起垄时开沟集中施用
	定植	当确保棚内 10cm 深土壤温度稳定在 15℃以上,日平均气温在 18℃以上,凌晨最低气温不低于 5℃时栽苗,大棚西瓜最好采用高垄双行栽培。方法是:在 170cm 的大行距中,作成 80cm 宽、15～20cm 高的垄,然后在垄中间开 8～10cm 深,30～40cm 宽的沟,幼苗就定植在浅沟的两内侧。一般采用南北行向,浇定植水,覆土盖白色地膜,亩栽 600～700 株。苗期严禁浇大水,以提地温、控湿、防病为主
3～4 月	甩蔓期—开花坐瓜期管理	加强温湿度调控,定植后白天温度 28℃～30℃,夜间 15℃～20℃,空气湿度以 50%～60%为宜。开花坐过期,白天温度应保持在 30℃左右,夜间不低于 15℃。采用二蔓或三蔓整枝法,留第二、三雌花,在上午 7～9 时人工授粉,坐瓜期一般不浇水
3～4 月	膨大期管理	棚内气温控制在 35℃以下,夜间温度不低于 18℃。坐瓜后加强肥水管理,结合浇水,追施膨瓜肥,在幼果鸡蛋大小开始褪毛时,根据土壤湿度酌情浇第一水,结合防治病虫叶面喷施 0.2%尿素和 0.3%磷酸二氢钾,以防植株早衰。根据西瓜长势,每亩一般追施配方肥 25～30kg
5 月上旬	采收期	当果实定个(停止生长)后停止浇水。在当地销售时,应在果实完全成熟时采收,以提高西瓜的品质风味;外销时可适当提前,在一天中,10～14 时为最佳采收时间

表 12-6 东阿县日光温室黄瓜越冬茬栽培技术月历

时间	管理技术	操作要点
9月上旬	良种准备	选用耐寒、耐热、抗病性好，瓜条商品性好、高产的越冬专用黄瓜品种，如辉煌三号、津春系列等，选用常青藤、傲雪等南瓜做砧木
	苗床消毒	先将腐熟的猪粪过筛，再把猪粪与田土按 4∶6 的比例，加入 50%多菌灵可湿性粉剂 80g/m^3，使土、肥、药充分混匀，做畦，浇足水，盖上地膜保温、保湿，2 天后播种。也可用工厂化穴盘育苗
	浸种催芽	采用温汤浸种或热水烫种。催芽温度为 25℃～30℃，当种子萌动后降到 18℃左右，以便芽粗苗壮
	播种	9 月中旬黄瓜嫁接育苗，先播黄瓜，后播南瓜。播种的原则是：黄瓜稀干表皮，再在 25℃～30℃、氧气量保持 10%的环境下翻种，每过 2 小时翻 1 次，约 30 个小时后，黄瓜芽长为种子长度的 1/3 时即可播种。播种 7 天（白南瓜有的 2～3 天）后，当黄瓜第一片真叶露心时播种南瓜，南瓜播种 4～5 天后子叶将要展平、第一片真叶露心时，便可以嫁接
9月中旬～10月中旬	嫁接苗管理	①温度的管理。嫁接后 4～5 天内，日间保持 25℃～30℃，夜间保持 18℃～20℃，促进伤口尽快愈合，提高成活率。随后降低温度，进行常规管理 ②湿度的管理。嫁接好的苗应注意保湿，在叶面轻轻喷兑有杀菌剂的细清水雾，防止因失水引起萎蔫。棚内湿度达 95%以上，但要避免嫁接口遇污水而降低成活率 ③光照管理。嫁接的当天，应采取遮阴措施，避免强光照射，可用遮阳网覆盖以减少光照。第二天开始，除中午强光仍需遮阴外，应确保嫁接苗的光照时间，并根据幼苗对光照的适应程度，慢慢去掉遮阴物，避免遮阴过长，形成黄化苗，导致成活率降低 ④通风管理。嫁接后的第 4～5 天，开始小通风换气炼苗，第 7～8 天进行正常管理，嫁接后 14 天左右就可定植
	温室消毒	定植前 10 天先扣棚，每亩用 5%多菌灵 1.50kg 或 50%甲基托布津 1.5kg 拌 10～15kg 细土均匀撒于地面后，起垄覆膜进行土壤消毒，用 75%百菌清 1kg、敌敌畏 300g 与锯末混合点燃密闭熏蒸 24 小时
	整地施肥	新建棚每亩准备 10m^3 充分腐熟的有机肥，(15-10-20)硫酸钾型配方肥 75kg、4 袋(25kg/袋)双绿中微肥、5 袋(40kg/袋)质量好的生物有机肥。三年以上的老棚，硫酸钾配方肥一般控制在 40～50kg/667m^2。中微肥及生物有机肥不要减量。提倡"秸秆＋鸡粪＋腐熟剂"堆沤有机肥
10月中旬～11月中旬	定植	一般要求定植密度在 3800 株左右。定植前最好用发根力浸根。株距一般在 0.29m 左右，南部稍密，北部稍稀，要浅栽。定植后要及时浇水并随水冲施生根的肥料，不要浇大沟。结瓜前不旱不要浇水。尽量晚盖地膜，必须盖时，只盖小沟，不盖大沟。到根瓜快采收时，再盖大沟，但要留有缝隙，缝隙上盖上草。浇水后要及时划锄，促根下扎

续表

时间	管理技术	操作要点
	缓苗期管理	严格禁止顺沟浇大水，要分别单浇两次小水，水温最好高一点，或是先在温室里预热。缓苗期室温要高，力争达到 35℃，夜间不低于 16℃。当新根长出心叶开始生长时，缓苗已结束，这段时间以控为主，控中有促 蹲苗结束的第一水。这一水很关键，追肥、浇水早了易造成徒长，影响结瓜，晚了茎叶生长受到抑制。当根瓜开始膨大时，即瓜长 15cm 米时，是最恰当时期
	田间管理	温度管理：白天上午要求 30℃ 左右，下午 22℃ 左右，早晨最低温度控制在 10℃～12℃，如达不到，要加大晚上通风量，使夜温尽量的低，这样既能控制徒长，又能促进根系生长 吊蔓：要及时吊蔓，要求吊蔓绳在 2m 以上 坐瓜：7 叶以下瓜纽要及时摘除。7 叶以上瓜纽用鲜花王及时蘸花 施肥：在坐住瓜，能坠住秧的情况下，及时浇水施肥，以速效有机肥为主，以腐熟的人粪尿、饼肥为宜。一般在根瓜膨大后开始追肥，10～12 天追一次肥，掌握薄施勤施的原则
11 月下旬至 2 月	田间管理	1. 温度管理：为了提高地温，白天上午控制在 32℃ 左右，如超过，采取放顶风调控，如达不到 32℃ 不放风，但是在下午 1 时左右放 10 分钟风。为了迅速提高棚温，早上不要放风。如天气好，早上棚内最低温度应为 10℃～12℃。要勤看天气预报，在出现大风降温天气前，早上棚内最低温度应提高，使棚内地温较高，增加棚内黄瓜抵御不良天气的能力。切记不要大温差放风 2. 病虫害防治：应定期喷药防治黄瓜霜霉病、灰霉病、菌核病、细菌性病等病害。打药时间最好选在下午。遇到不良天气，不能喷药时要及时用烟雾剂熏棚防治病虫害，熏棚后要及时放风，防止烟害，把病虫害控制在不形成危害范围之内。在喷药的同时最好加入以钙为主的叶面肥 3. 浇水：要小水浇小沟，不浇大沟。浇水后要有三个好天，浇水后要适当提高棚温达到迅速提高地温的目的。浇水以前最好打一遍药。连阴天后不要随即浇水，要等到瓜秧长势好转后再浇 4. 施肥：以冲施生根的肥料为主，根据瓜秧长势及天气适当再冲施些高价位的低温期利用率高的高效水溶肥 5. 合理带瓜：一般要求 3～4 叶带一个瓜，如果瓜秧长势旺，可适当多带一些瓜，如果瓜秧长势较弱，应适当少带瓜。不要坠大瓜。如开花的小瓜纽距龙头不到 35 公分，应把最上面开花的小瓜纽去掉，以防影响龙头的生长 6. 落蔓：应及时摘除 50 天以上的瓜叶。在晴天的上午摘叶，下午落秧。落秧后的瓜秧高度不能低于 1.5m。落完秧后，要及时喷药防治，以防因伤口引起病害。一般整个生长季可落蔓 2～3 次 7. 通风换气。通风换气可调节室内空气的温湿度和气体状况。冬季当室温比黄瓜所需适温高 2℃ 以上时，方可开始开天窗通风。开闭天窗时，应随着室内外气温的变化，由小到大，再由大到小，防止冷风直入，伤害植株。通风换气不仅有排湿降温的作用，而且还可排出室内有害气体，并调节二氧化碳的含量

续表

时间	管理技术	操作要点
3月至5月中旬	田间管理	1.温度调控:随着天气的逐渐升温,如夜温偏高时应采取在不减覆盖物的情况下,逐渐加大夜间放风口—逐渐减少覆盖物来保持适宜的夜温 2.病虫害防治:要及时防治白粉虱。重点查治黄瓜黄点病、霜霉病、灰霉病、白粉病、靶斑病、及细菌性病害 3.浇水:随着温度的逐渐提升及黄瓜植株蒸发量的增大,要适当增加浇水量,到后期应大小沟都浇并把大沟内的地膜去掉 4.施肥:随着气温的回升,产量逐渐增加,要适量增加施肥量,但不要大量冲施氮磷钾含量高对土壤有危害的肥料,要冲施对土壤几乎无危害且黄瓜长势健壮产量高的水溶肥。如芳润,一般每亩每次7.5～10kg
5月底至6月上旬	拉秧	拔秧、腾茬
	防治线虫	拉秧后,黄瓜根结线虫严重的棚,可用石灰氮高温闷棚处理

表12-7 东阿县秋延迟番茄栽培技术月历

时间	管理技术	操作要点
5月下旬	良种准备	选择番茄品种,要根据市场需求、保护措施、气候条件和病虫害发生情况等因素选择适宜品种。抗“TY”病毒品种:大拱棚可选择先正达公司的莎丽、海泽拉公司的戴维森和德奥特7728等;冬暖式棚可选择海泽拉公司的戴维森、德奥特7728和先正达公司拉比、迪利奥等。不抗“TY”病毒的品种可以选择圣尼斯的999或海泽拉1420等品种
6月	播种时间	大拱棚的育苗时间在6月5日到6月15日,冬暖式棚的育苗时间在6月10到6月25日
	苗床准备	根据育苗的多少,在苗床位置挖一个1.2m宽、15cm深的浅畦,目的主要是把营养碗放在里面,起到保湿、降温的作用。无论棚内棚外育苗,特别注意用遮阳网、防虫;提倡农户用工厂化穴盘集中育苗的苗子
	装营养钵	配制营养土。用3份没打过除草剂的壤土,兑1份经过充分腐熟的牛粪或猪粪,每方土中可加入5kg万穗宝、充分混匀后用250g 50%的多菌灵可湿性粉剂消毒,闷两天后装钵。营养钵上面留出1cm高不装满,以便点籽后覆土。将营养钵浇透 装好后,将营养碗紧密地排在浅畦内,然后大水漫灌,一定要浇透
	播种	水渗下去后进行播种,种子不需摧芽,每钵播一粒种子,然后盖0.5～0.8cm厚的土。在畦上面用木棍支起来,其上放一盘草苫遮阴(如果盖地膜,则要及时掀开,千万不要烧了芽),约4天左右出芽。出芽时,将畦上的草苫撤去,保留大棚膜或小拱棚上的遮阴物品。注意:如果阴天或多云,或晴天的上午10时前,下午4时后,要及时把遮阴物撤去,以保留必要的光照(应该灵活掌握)。要求白天以不超过30℃为宜

续表

时间	管理技术	操作要点
	苗期管理	番茄喜温，但忌高温；喜光照，但忌强光。在掌握好遮阴和温度情况下，整个苗期主要防虫、防病、浇水和防止徒长 防虫：主要是白粉虱和蚜虫。播种之前，要在育苗畦周围打药、灭虫，然后罩上防虫网。不要使用含氯的杀虫剂，发现虫害之后可用阿维、定虫咪、联苯菊酯等药剂喷雾防治 防病：主要是猝倒病和立枯病。苗子出齐后，用多利维生、瑞苗清、普力克、恶霉灵等进行喷雾防治，间隔 7～10 天再喷一次 浇水：苗子生长过程中，视土壤干湿和长势及时补充水分，同时根据苗子生长的强弱，用甲壳丰、叶绿精、宝利丰 1 号等进行补充营养。特别是甲克丰经常喷施或灌根可有效地预防病害，尤其是病毒病，另外还能提高其抗热性，促进生根 防止徒长：小苗长到 20 天左右，有徒长现象时，每 15kg 水加入绿尔壮 3～5g 喷雾
	高温闷棚	有条件的(大棚膜较好，棚内没苗)，在 6 月可以高温闷棚 10～15 天，以杀死有害杂菌、害虫
7 月 5 日至 25 日	起垄定植	定植时间根据种植模式在 7 月 5 日～25 日之间，起垄时不要过高，以 15～20cm 为易，便于浇透。定植前浇大水，以降低地温。定植行距 60～90cm，株距冬暖式大棚 42cm 左右、大弓棚在 45cm 左右，每亩地要求 2000～2200 株。定植时浇小水。为了提高成活率，定植时可以用碧护和甲克丰或翠康生力液浇定植穴
7 月 5 日至结束	定植后管理	温度和光照。最适宜的温度是白天 25℃～28℃，夜间 16℃～20℃。最低气温 16℃时，光照越来越弱，如果棚膜较脏，一定要擦干净，特别是聚氯乙烯的，能早换尽量早换，透光好便于座果和着色，同时无滴性好的棚膜棚内病害较轻 肥水的管理。刚开始座果，可以适量冲施生物冲施肥，以促进生根。当座住的果鸡蛋大小时，应该及时浇膨果水，并且施膨果肥，如康尔壮、保利丰等较好的肥料。但不要大水漫灌，以后浇水的原则是小水勤浇，以不没过茎基部为宜。这样不宜烂杆和裂果。具体浇水时间要因棚而异，不要使土壤忽干忽湿 打叶和打顶。打顶时，打去的尖宜小，不宜大。过一段时间要打去下部的病叶和老叶，原则是在最下边的果穗下留两片好叶。到最后期，一般为了便于着色，打的叶子要多，其上只留 4～5 片叶子。打叶时最好选择晴天的上午，一次不要打去的叶子过多，打完叶子后要打一遍药防病
	病虫防治	白粉虱、烟粉虱："TY"病毒只有烟粉虱传播，因为其量大，并且繁殖快，所以要勤打，尽可能地消灭干净。可以先挂上黄板，每间两张，再用锐胜、亩旺特、金吉尔白粉虱组合或蚜虱螨净等药剂防治

续表

时间	管理技术	操作要点
		真菌性病害。早疫病可用百泰、凯润、杜邦易生、托上托、戊唑醇、苯醚甲环唑等混合交替喷雾，重点要以防为主。气温下降，棚内湿度增加，浇水大时，易得晚疫病，可用百泰、凯润、抑快净等喷雾防治；同时可加入春雷霉素或丁锐可，可兼治晚疫和细菌性病害。灰霉病可用嘧霉胺、克得灵、凯泽等喷雾防治。叶霉病：可用戊唑醇＋易生或甲托、多抗霉素等喷雾防治，重点要喷均。叶斑病：可用易生＋戊唑醇＋春雷霉素等喷雾防治
		“TY”病毒：又叫黄花曲叶病毒，是由烟粉虱传播的。防治措施：第一，消灭烟粉虱；第二，拔掉病株；第三，再用宁南霉素＋香菇多糖＋碧护＋保力丰1号或s-诱抗素＋脂肪酸＋碧护＋保力丰1号等药剂喷雾防治
		细菌性溃疡病：①症状：发病植株茎上易生疣刺或生不定根，最后病茎髓部变褐、中空，仅留外表皮。果实上有一种小白泡，如鸟眼状。②防治：可用春雷霉素、中生菌素、水合霉素等杀细菌的药喷雾防治
		生理性病害。落花落果的原因主要是花芽分化不良、温度过高过低、徒长、光照不足或使用激素不当，要针对原因正确采取处理方法；生理性卷叶的主要原因是叶子蒸发的水分多而根系供应的水分少造成的，注意打杈不要过早，摘心宜早宜轻，不要偏氮肥，不要高温，不要过干或过湿；脐腐病表现就是番茄果实脐部凹陷、初呈水浸状，暗绿色，后变为暗褐色；有时顶尖小叶边缘焦枯，应早期开始补钙，如翠康钙、志信高钙、钙霸等，喷叶的同时重点喷果穗部位；绿肩果是在果实成熟期，果柄附近有一块块的绿斑，不转红色，主要原因缺钾和硼，或施氮肥过多，可喷甜果精、保力丰2号等以促进着色。空洞果主要是使用激素浓度过大，处理时花蕾幼小，受精不良造成的
	拉秧腾茬	大拱棚一般11上旬拉秧，冬暖式大棚在1月上旬前后拉秧

附录一　节气及农时农事农谚

节气是华夏祖先历经千百年的实践创造出来的宝贵科学遗产，是反映天气气候和物候变化、掌握农事季节的工具。在古代，一年分为十二个月纪，每个月纪有两个节气。在前的为节气，在后的为中气，如立春为正月节，雨水为正月中，后人就把节气和中气统称为"节气"。

二十四节气起源于黄河流域。远在春秋时代，就定出仲春、仲夏、仲秋和仲冬等四个节气。以后随着不断地观察、改进与完善，到秦汉年间，已经形成了完整的二十四节气的概念。公元前 104 年，节气的划分逐渐丰富和科学，由邓平等制定的《太初历》，正式把二十四节气订于历法，明确了二十四节气的天文位置。

古代"四立"，指春、夏、秋、冬四季开始，其农业意义为"春种、夏长、秋收、冬藏"，概括了黄河中下游农业生产与气候关系的全过程。中国幅员辽阔，地理条件复杂，各地气候相差悬殊，四季长短不一，因此，"四立"虽能反映黄河中下游四季分明的气候特点，"立"的具体气候意义却不显著，不能适用全国各地。

二十四节气的名称为：

立春　雨水　惊蛰　春分　清明　谷雨

立夏　小满　芒种　夏至　小暑　大暑

立秋　处暑　白露　秋分　寒露　霜降

立冬　小雪　大雪　冬至　小寒　大寒

二十四节气的命名反应了季节、气候现象、气候变化三种。反映季节的是立春、春分、立夏、夏至、立秋、秋分、立冬、冬至，又称"八位"；反映气候现象的是惊蛰、清明、小满、芒种；反映气候变化的有雨水、谷雨、小暑、大暑、处暑、白露、寒露、霜降、小雪、大雪、小寒、大寒。

为了便于记忆，人们编出了二十四节气歌诀：

春雨惊春清谷天，夏满芒夏暑相连。
秋处露秋寒霜降，冬雪雪冬小大寒。
每月两节不变更，最多相差一两天。
上半年来六廿一，下半年是八廿三。

东阿县农事谚语摘录

气象谚语

一九二九不出手，三九四九凌上走，五九六九沿河看柳，七九河开，八九雁来，九九八十一，家里做饭地里吃。

春打六九头。

立春刮动土，力刮四十五(天)。

刮下春风下秋雨。

有钱难买五月旱，六月连阴吃饱饭。

水雾不过三，过三好晴天。

早看东南，晚看西北。(雨情)

旱时东风不下雨，涝时东风不晴天。

云彩向东一阵风，云彩向北一阵黑，云彩向南水涟涟，云彩向西放牛小子披蓑衣。

缸穿裙，下满盆。

燕子低飞狗吃草，这场大雨跑不了。

早哇(水鸟叫)阴，晚哇晴，半夜哇叫到明。(下雨)

燕子低飞蛇过道，大雨马上就来到。

八月十五云遮月，正月十五雪打灯。

九月九不下盼十三，十三不下一冬干。

冷在三九，热在中伏。

腊七腊八，冻死叫花。

清明断雪，谷雨断霜。

迟了端午粽，才把棉袄送。

七月十五定旱涝，八月十五定年景。

云彩乱交头，下的没了牛。

做饭不出烟，必定是个阴雨天。

日晕三更雨，月晕午时风。

久雨不晴，西北风显才能。

蚂蚁垒窝，有雨不多；蚂蚁搬家，有雨不差。

羊晚归栏狗吃草，这场大雨跑不了。

早晨下雨一天晴。

东虹雾露西虹雨，南虹出来摸点鱼，北虹出来卖儿女。

亮一亮，下一丈。(雨中云薄放亮复阴沉，仍有大雨)

太阳倒照，晒得猫叫。

天上乱搅云，地上下满盆。

南风不过晌，过晌听风响。

点灯风不煞，明天还要刮。
日落火烧云，明天热死人。
淋了伏王，一天一场。

农事谚语

杨叶哗啦，瓜出两夹夹。
枣发芽，种棉花。
三月三，麦子埋没转。
六月六看谷秀，七月七掐谷吃。
白露早，寒露迟，秋分种麦正适宜。
头伏萝卜二伏芥，三伏里头栽白菜。
立冬不倒股，不如土里捂。
立冬十八天，寸草结籽粒。
蚕老一时，麦熟一晌。
小雪拔白菜。
小雪不耕地，大雪不行船。
一年两个春，带角（豆类）贵似金。
一亩园赶十亩田。
要发家，种棉花。
换茬如上粪。
老墙土，鼓三鼓。
种地不上粪，等于瞎胡混。
庄稼一枝花，全靠肥当家。
锄上有水，锄上有火。
稠谷稀麦坑死人。
提耧谷，按耧卖，豆子躺在浮皮睡。
有钱买种，无钱买苗。
肥是农家宝，全靠施的巧。
好种出好苗，好树结好果。
春争日，夏争时，抢收抢种不宜迟。
人糊弄地皮，地糊弄肚皮。
棉花锄八遍，桃子结成瓣。
伏天刮破皮，强似春天犁三犁。
犁深加一寸，顶上一茬粪。
有收无收在于水，多收少收在于肥。
正月二十八，麦芒一扎煞。
桃三杏四梨五年，枣树当年就还钱。
七月十五枣红肚，八月十五枣上屋。

有钱难买五月旱，六月连阴吃饱饭。

立了秋，哪里下雨哪里收。

麦怕三月倒春寒，棉怕八月阴雨天。

庄稼要长好，一年四季早。

早种三分收，晚种三分丢。

春天刨个窝，秋里煮一锅：春天站一站，秋天少顿饭。

人哄地一时，地哄人一年。

人勤地情深，黄土变成金。

人养地，地养人，土地不亏勤劳人。

底粪娄子横粪谷，喂粪高粱长的粗。

奶足孩子胖，肥足庄稼壮。

定苗如绣花，能长好庄稼。

地理缺苗，饭碗不牢。

种上不管，准打饭碗。

庄稼活不用学，人家咋着咱扎着。

修堰如修仓，保水如保粮。

栽树没巧，深埋实捣。

头出不怕草，就怕坷垃咬。

附录二　作物缺素症状诊断

1. 缺氮抑制菌生长，新叶黄绿老叶亡；
   根小茎细多木质，花迟果落不正常。
2. 缺磷株小分蘖少，叶片紫红老叶苍；
   侧根稀少生长慢，花少果迟多秕糠。
3. 缺钾株细易倒伏，老叶边缘枯焦卷；
   分蘖纤细出穗少，种果畸形不饱满。
4. 缺钙未老根先衰，幼叶变黄卷枯稔；
   根尖细胞腐烂死，茄果烂脐株萎蔫。
5. 缺锌株叶小，新叶肉黄白；
   根茎不正常，病毒枯蔫黄。
6. 缺硼尖白生长难，新叶粗红有焦斑；
   块根(茎)空心根尖死，花而不实最明显。
7. 缺铁植侏矮，失绿先顶端；
   新叶肉黄枯，果树稍焦干；
   免疫力下降，常把病菌染。
8. 缺锰失绿株变形，幼叶黄白斑点生；
   茎弱黄衰多木质，花少果小重量轻。
9. 缺钼株矮幼叶黄，老叶肉厚下卷缩；
   豆荚枝稀根瘤少，灌浆迟缓减产多。
10. 缺硫后期受抑制，幼叶脉黄老叶白；
    分根稀少茎纤细，辛辣果实少风味。
11. 缺镁后期植株黄，老叶脉间色变褐；
    花色苍白受抑制，根茎生长纤细弱。

附录三　常用肥料含量表及混用禁忌

表 1　　地貌类型分布面积统计表

肥料类别及名称		所含氮磷钾养分含量(%)		
		氮(N)	五氧化二磷(P_2O_5)	氧化钾(K_2O)
氮肥	尿素	46～46.4(酰胺态氮)		
	碳酸氢铵	17(氨态氮)		
	硫酸铵	20～21(氨态氮)		
	硝酸铵	34(硝态氮)		
	氯化铵	24～26(氨态氮)		
磷肥	普通过磷酸钙		14～20	
	钙镁磷肥		14～18	
	重过磷酸钙		40～50	
	磷矿粉		18～28	
钾肥	氯化钾			50～60
	硫酸钾			48～50
复合肥	磷酸二铵	12～18	46～48	
	磷酸一铵	10～12	50～52	
	磷酸二氢钾		49～52	31～34
	硝酸钾	13.5		45～46

常用肥料混用禁忌：

(1)尿素：不能与草木灰、钙镁磷肥、窑灰钾肥混用。

(2)碳铵：不能与草木灰、人粪尿、硝酸磷肥、磷酸铵、氯化钾、磷矿粉、钙镁磷肥、氯化铵、尿素混用。

(3)普通过磷酸钙：不能和草木灰、钙镁磷肥、灰钾肥混用。

(4)磷酸二氢钾：不能和草木灰、钙镁磷肥、灰钾肥混用。

(5)硫酸铵：不能与碳铵、氨水、草木灰、窑灰钾肥混用。

(6)氯化铵:不能和草木灰、钙镁磷肥、窑灰钾肥混用。

(7)硝酸铵:不能与草木灰、氨水、窑灰钾肥、鲜厩肥、堆肥混用。

(8)氨水:不能与人粪尿、草木灰、钾氮混肥、磷酸铵、氯化钾、磷矿粉、钙镁磷肥、氯化铵、尿素、碳铵及过磷酸钙混用。

(9)硝酸磷肥:不能与堆肥、草肥、厩肥、草木灰混用。

(10)磷矿粉:不能和磷酸铵混用。

(11)人畜粪:不能和草木灰、窑灰钾肥混用。

附录四　东阿县土壤养分分级统计表

表 1　　东阿县各乡镇(街道办事处)有机质含量分级及分布面积统计表

乡镇（街道办事处）	耕地面积（hm^2）	项目	分级						
			＞20	15～20	12～15	10～12	8～10	6～8	≤6
陈集	2337.5	面积(hm^2)	377.6	1132.79	521.44	161.83	89.9	17.98	35.96
		占耕地(%)	16.15	48.46	22.31	6.92	3.85	0.77	1.54
牛店	7102.5	面积(hm^2)	1235.22	3507.14	1367.56	529.38	220.57	154.4	88.23
		占耕地(%)	17.39	49.38	19.25	7.45	3.1	2.17	1.24
大桥	2490.5	面积(hm^2)	415.08	1191.11	469.22	234.61	72.19	54.14	54.14
		占耕地(%)	16.67	47.83	18.84	9.42	2.898	2.17	2.17
鱼山	3746	面积(hm^2)	279.31	1988.01	1084.37	295.74	32.86	29.29	16.43
		占耕地(%)	7.46	53.07	28.95	7.89	0.88	1.32	0.44
高集	4703.8	面积(hm^2)	166.51	2227.02	1789.94	374.64	104.07	20.81	20.81
		占耕地(%)	3.54	47.34	38.05	7.96	2.21	0.44	0.44
姚寨	5303.4	面积(hm^2)	1209.55	2209.75	1046.72	418.69	209.34	139.56	69.78
		占耕地(%)	22.81	41.67	19.74	7.89	3.95	2.63	1.32
顾官屯	4827.4	面积(hm^2)	406.8	2386.58	1572.97	298.32	108.48	54.24	
		占耕地(%)	8.43	49.44	32.58	6.18	2.25	1.12	
姜楼	2916	面积(hm^2)	370.28	1481.14	586.28	308.57	30.86	77.14	61.72
		占耕地(%)	12.698	50.79	20.1	10.58	1.06	2.64	2.12
刘集	7322.4	面积(hm^2)	544.23	3908.58	1706.91	593.71	371.07	123.69	74.21
		占耕地(%)	7.43	53.38	23.31	8.11	5.07	1.69	1.01
铜城	4051.8	面积(hm^2)	1232.34	1661.8	784.22	130.7	130.7	37.34	74.69
		占耕地(%)	30.41	41.01	19.35	3.22	3.22	0.92	1.84
新城	2636.1	面积(hm^2)	456.59	1192.22	760.99	76.1	76.1	50.73	25.37
		占耕地(%)	17.31	45.19	28.85	2.88	2.88	1.92	0.96

表 2 东阿县各乡镇(街道办事处)pH 分级及分布面积统计表

乡镇(街道办事处)	耕地面积(hm^2)	项目	分级						
			>9.0	8.5～9.0	7.5～8.5	6.5～7.5	5.5～6.5	4.5～5.5	≤4.5
陈集	2337.5	面积(hm^2)		192.78	2144.72				
		占耕地(%)		8.25	91.75				
牛店	7102.5	面积(hm^2)		769.44	6333.06				
		占耕地(%)		10.83	89.17				
大桥	2490.5	面积(hm^2)		160.68	2329.82				
		占耕地(%)		6.45	93.55				
鱼山	3746	面积(hm^2)		352.56	3393.44				
		占耕地(%)		9.41	90.59				
高集	4703.8	面积(hm^2)		1783.43	2920.37				
		占耕地(%)		37.91	62.08				
姚寨	5303.4	面积(hm^2)		727.92	4575.48				
		占耕地(%)		13.72	86.27				
顾官屯	4827.4	面积(hm^2)		1514.48	3312.92				
		占耕地(%)		31.37	68.63				
姜楼	2916	面积(hm^2)		689.59	2226.4				
		占耕地(%)		23.65	76.35				
刘集	7322.4	面积(hm^2)		3447.77	3874.63				
		占耕地(%)		47.08	52.915				
铜城	4051.8	面积(hm^2)		880.83	3170.97				
		占耕地(%)		21.74	78.26				
新城	2636.1	面积(hm^2)		794.61	1843.49				
		占耕地(%)		30.12	69.88				

表 3 东阿县各乡镇(街道办事处)全氮含量分级及分布面积统计表

乡镇(街道办事处)	耕地面积(hm^2)	项目	分级						
			>1.5	1.2～1.5	1.0～1.2	0.75～1.0	0.5～0.75	0.3～0.5	≤0.3
陈集	2337.5	面积(hm^2)	29.23	773.17	665.29	557.4	35.96	17.98	
		占耕地(%)	12.31	33.08	28.46	23.85	1.54	0.77	
牛店	7102.5	面积(hm^2)	816.12	2911.58	1764.6	1345.5	308.8		
		占耕地(%)	11.49	40.99	24.84	18.94	4.35		
大桥	2490.5	面积(hm^2)	342.89	830.17	649.7	577.51	72.19	18.05	
		占耕地(%)	13.77	33.33	26.09	23.19	2.9	0.72	
鱼山	3746	面积(hm^2)	262.88	1429.39	1133.66	788.63	131.44		
		占耕地(%)	7.02	38.16	30.26	21.05	3.51		
高集	4703.8	面积(hm^2)	83.25	999.04	1456.93	1998.07	166.51		
		占耕地(%)	1.77	21.24	30.97	42.48	3.54		
姚寨	5303.4	面积(hm^2)	1023.46	1907.36	1116.5	1046.72	186.08	23.26	
		占耕地(%)	19.3	35.96	21.05	19.74	3.51	0.44	
顾官屯	4827.4	面积(hm^2)	298.32	1871.3	1437.37	1139.05	81.36		
		占耕地(%)	6.18	38.76	29.78	23.595	1.68		
姜楼	2916	面积(hm^2)	277.71	1141.71	864	354.86	77.14	30.86	15.43
		占耕地(%)	9.52	39.15	29.63	12.17	2.64	1.06	0.53
刘集	7322.4	面积(hm^2)	470.02	2572.74	1954.29	1904.81	371.07	49.48	
		占耕地(%)	6.42	35.14	26.69	26.01	5.07	0.68	
铜城	4051.8	面积(hm^2)	896.25	1661.8	933.53	485.47	37.34	37.34	
		占耕地(%)	22.12	41.01	23.04	11.98	0.92	0.92	
新城	2636.1	面积(hm^2)	177.56	1344.42	760.99	279.03	25.37	50.73	
		占耕地(%)	6.73	50.96	28.85	10.58	0.96	1.92	

表 4　　东阿县各乡镇(街道办事处)碱解氮含量分级及分布面积统计表

乡镇(街道办事处)	耕地面积(hm^2)	项目	分级							
			>150	120～150	90～120	75～90	60～75	45～60	30～45	≤30
陈集	2337.5	面积(hm^2)	646.66	495.83	920.83	566.67	141.67	70.83		
		占耕地(%)	6.06	21.21	39.39	24.24	6.06	3.03		
牛店	7102.5	面积(hm^2)	248.1	94.7	3125.1	2746.3	662.9	189.4	94.7	
		占耕地(%)	4	1.33	44	38.67	9.33	2.67	1.33	
大桥	2490.5	面积(hm^2)	498.1	398.48	1195.44	199.24	99.62		99.62	
		占耕地(%)	20	16	48	8	4		4	
鱼山	3746	面积(hm^2)	126.98	317.46	1206.34	1396.81	507.93	190.47		
		占耕地(%)	3.39	8.47	32.2	37.29	13.56	5.08		
高集	4703.8	面积(hm^2)		98	1469.94	1665.93	1175.95	293.99		
		占耕地(%)		2.08	31.25	35.42	25	6.25		
姚寨	5303.4	面积(hm^2)	517.4	646.76	2587.02	1293.51	129.35	129.35		
		占耕地(%)	9.76	12.2	48.78	24.39	2.44	2.44		
顾官屯	4827.4	面积(hm^2)	120.68	241.37	1568.9	1086.16	362.66	724.11	724.11	
		占耕地(%)	25	5	32.5	22.5	7.5	15	15	
姜楼	2916	面积(hm^2)	52.07	234.32	1223.68	781.07	494.68	26.04	52.07	52.07
		占耕地(%)	1.78	8.04	41.96	26.78	16.96	0.89	1.78	1.78
刘集	7322.4	面积(hm^2)	216.64	779.9	2816.31	1343.16	1819.77	173.31	129.98	43.33
		占耕地(%)	2.96	10.65	38.46	18.34	24.85	2.37	1.78	0.59
铜城	4051.8	面积(hm^2)	103.89	727.25	2251	380.94	450.2	69.26	34.63	34.63
		占耕地(%)	2.56	17.95	55.56	9.4	11.11	1.71	0.85	0.85
新城	2636.1	面积(hm^2)	196.87	511.87	1259.99	354.37	157.5	78.75	78.75	
		占耕地(%)	7.46	19.4	47.76	13.43	5.97	2.98	2.98	

表 5　东阿县各乡镇(街道办事处)有效磷含量分级及分布面积统计表

乡镇(街道办事处)	耕地面积(hm^2)	项目	分级								
			>120	80－120	50－80	30～50	20～30	15～20	10～15	5～10	≤5
陈集	2337.5	面积(hm^2)	179.81	179.81	71.92	161.83	755.19	377.6	395.58	197.79	17.98
		占耕地(%)	7.69	7.69	3.08	6.92	32.31	16.15	16.92	8.46	0.77
牛店	7102.5	面积(hm^2)	286.75	683.78	507.32	308.8	2360.15	948.47	1345.5	617.61	44.11
		占耕地(%)	4.04	9.63	7.14	4.35	33.23	13.35	18.94	8.7	0.62
大桥	2490.5	面积(hm^2)	216.56	162.42	162.42	252.66	613.6	378.99	306.8	378.99	18.05
		占耕地(%)	8.7	6.52	6.52	10.14	24.64	15.22	12.32	15.22	0.72
鱼山	3746	面积(hm^2)	328.6	262.88	180.73	164.3	1166.52	525.75	837.92	279.31	
		占耕地(%)	8.77	7.02	4.82	4.38	31.14	14.04	22.37	7.46	
高集	4703.8	面积(hm^2)	145.69	124.88	20.81	20.81	1831.57	832.53	1019.85	561.96	145.69
		占耕地(%)	3.1	2.65	0.44	0.44	38.94	17.7	21.68	11.95	3.1
姚寨	5303.4	面积(hm^2)	441.95	534.99	465.21	302.39	1651.5	767.6	767.6	255.86	116.3
		占耕地(%)	8.33	10.09	8.77	5.7	31.14	14.47	14.47	4.82	2.19
顾官屯	4827.4	面积(hm^2)	43.92	81.36	108.48	54.24	2006.9	867.85	786.49	352.56	135.6
		占耕地(%)	8.99	1.68	2.25	1.12	41.57	17.98	16.29	7.3	2.81
姜楼	2916	面积(hm^2)	216	216	77.14	123.43	1002.86	447.43	509.14	216	108
		占耕地(%)	7.41	7.41	2.64	4.23	34.39	15.34	17.46	7.41	3.7
刘集	7322.4	面积(hm^2)	896.62	395.8	519.49	247.38	2795.38	964.78	1088.46	568.97	148.43
		占耕地(%)	12.24	5.4	7.09	3.38	38.18	13.18	14.86	7.77	2.03
铜城	4051.8	面积(hm^2)	616.17	410.78	205.39	242.73	1512.42	448.12	242.73	280.08	93.36
		占耕地(%)	15.21	10.14	5.07	5.99	37.33	11.06	5.99	6.91	2.3
新城	2636.1	面积(hm^2)	228.3	50.73	152.2	76.1	1065.39	507.33	380.48	101.46	76.1
		占耕地(%)	8.65	1.92	5.77	2.88	40.38	19.23	14.42	3.85	2.88

表 6　　东阿县各乡镇(街道办事处)速效钾含量分级及分布面积统计表

乡镇(街道办事处)	耕地面积(hm²)	项目	分级							
			≤50	50～75	75～100	100～120	120～150	150～200	200－300	>300
陈集	2337.5	面积(hm²)		35.96	125.86	305.67	125.86	1150.77	323.65	269.71
		占耕地(%)		1.54	5.38	13.08	5.38	49.23	13.85	11.54
牛店	7102.5	面积(hm²)		22.06	198.52	441.15	1257.27	3507.14	1102.87	573.493
		占耕地(%)		0.31	2.8	6.21	17.7	49.38	15.53	8.07
大桥	2490.5	面积(hm²)		36.09	54.14	90.24	216.56	1317.44	487.27	288.75
		占耕地(%)		1.45	2.17	3.62	8.7	52.9	19.56	11.59
鱼山	3746	面积(hm²)		65.72	328.6	377.88	361.46	1692.27	377.88	542.18
		占耕地(%)		1.75	8.77	10.09	9.65	45.18	10.09	14.47
高集	4703.8	面积(hm²)		187.32	728.46	520.33	1477.74	1498.56	228.95	62.44
		占耕地(%)		3.98	15.49	11.06	31.42	31.86	4.87	1.33
姚寨	5303.4	面积(hm²)		93.04	279.13	348.93	558.29	2326.23	1116.59	581.56
		占耕地(%)		1.75	5.26	6.58	10.53	43.86	21.05	10.96
顾官屯	4827.4	面积(hm²)		786.49	244.08	922.09	433.92	1952.66	433.92	54.24
		占耕地(%)		16.29	5.06	19.1	8.99	40.45	8.99	1.12
姜楼	2916	面积(hm²)		308.57	15.43	447.43	200.57	1311.43	277.71	354.86
		占耕地(%)		10.58	0.53	15.34	6.88	44.97	9.52	12.17
刘集	7322.4	面积(hm²)		24.74	197.9	1162.68	989.51	3413.82	1014.25	519.49
		占耕地(%)		0.34	2.7	15.88	13.51	46.62	13.85	7.09
铜城	4051.8	面积(hm²)		93.36	56.02	429.45	224.06	1867.19	410.78	970.94
		占耕地(%)		2.3	1.38	10.6	5.53	46.08	10.14	23.96
新城	2636.1	面积(hm²)		279.03	101.46	481.96	202.93	1090.75	253.66	228.3
		占耕地(%)		10.58	3.85	18.27	7.69	41.35	9.62	8.65

主要参考资料与文献

[1]山东省土壤肥料工作站.山东土壤.北京:中国农业出版社,1994

[2]东阿县农业局.东阿土壤志(内部资料),1984

[3]聊城地区土壤肥料工作站.聊城地区土壤.(内部资料),1987

[4]东阿县统计局.东阿统计2009年年鉴.(内部资料),2009

[5]东阿县地方史志编纂委员会.东阿县志.齐鲁书社.2009

[6]高祥照等.测土配方施肥技术.北京:中国农业出版社,2005

[7]陈伦寿等.蔬菜营养与施肥技术.北京:中国农业出版社,2002

附　图

东阿县土地利用现状图

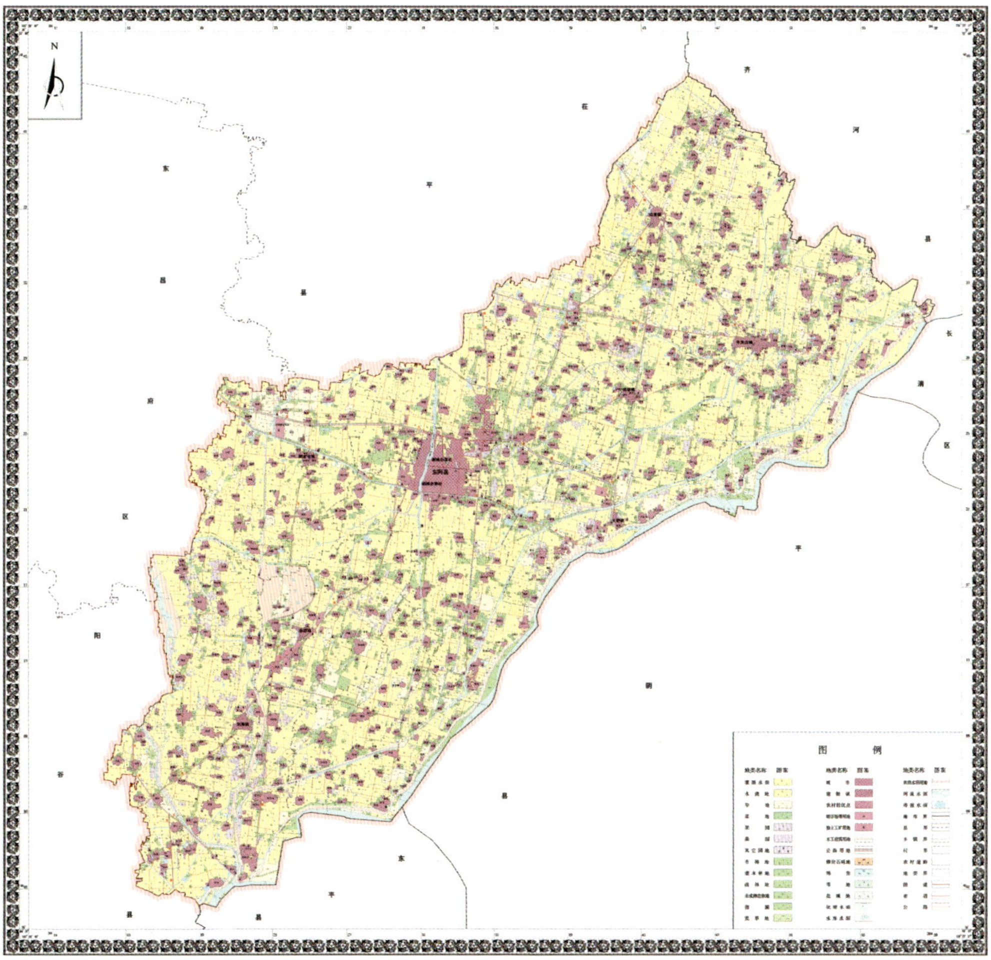

1954年北京坐标系　1956年黄海高程系　　比例尺：1∶400000　　山东天地亚太国土遥感有限公司　山东农业大学资源与环境学院　二〇〇九年十月

东阿县土壤图

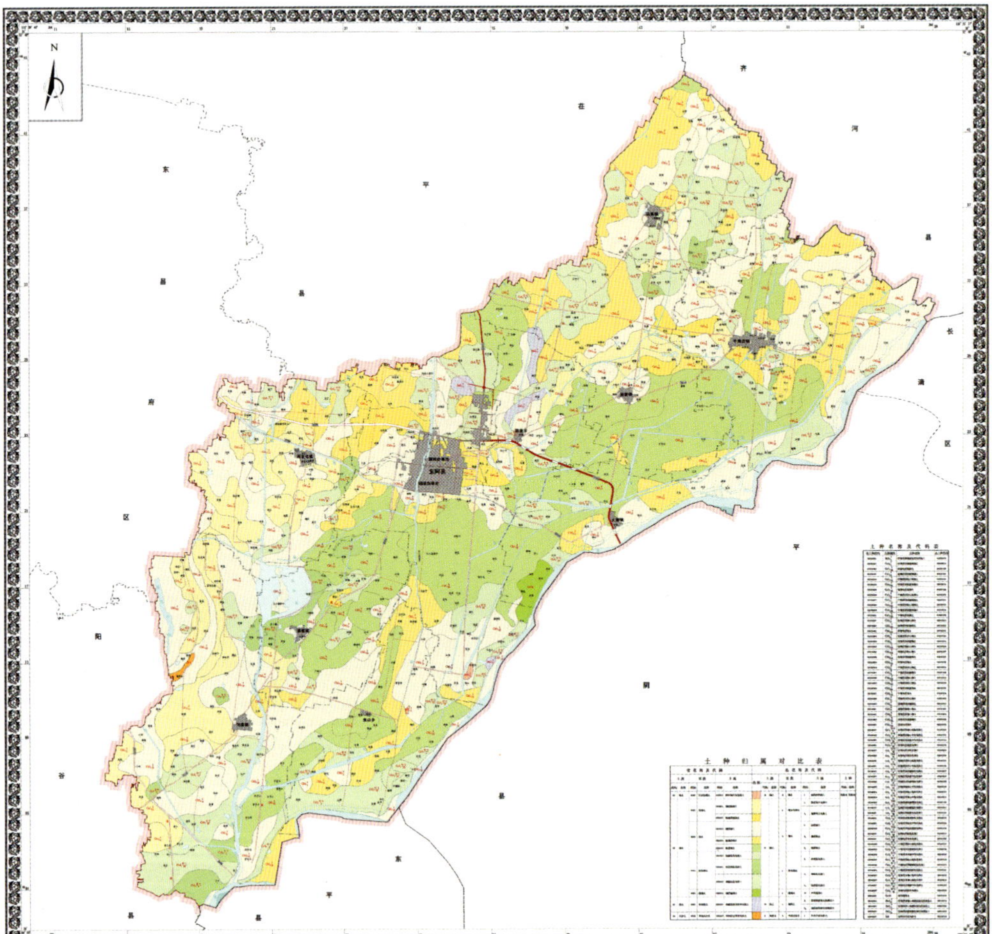

1954年北京坐标系 1956年黄海高程系

比例尺：1∶400000

山东天地亚太国土遥感有限公司
山东农业大学资源与环境学院
二〇〇九年十月

东阿县地貌图

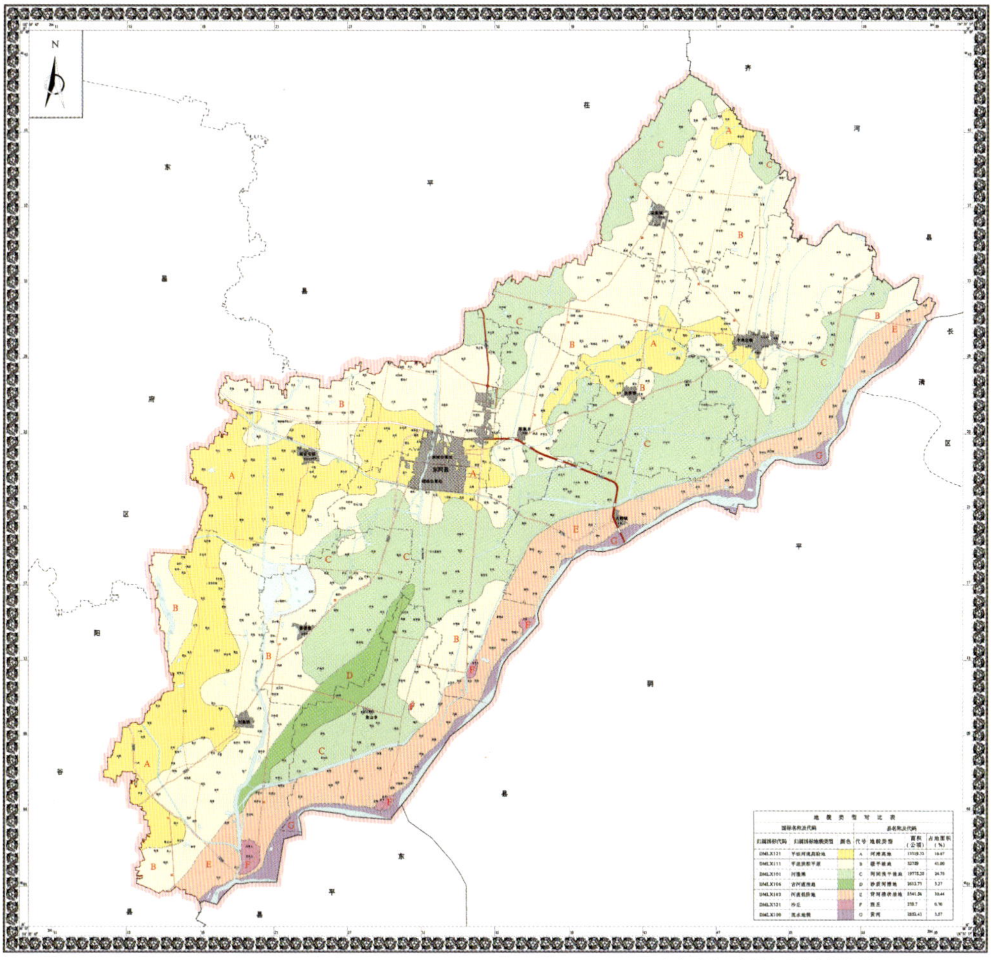

1954年北京坐标系 1956年黄海高程系

比例尺：1:400000

山东天地亚太国土遥感有限公司
山东农业大学资源与环境学院
二〇〇九年十月

东阿县耕地地力评价等级图

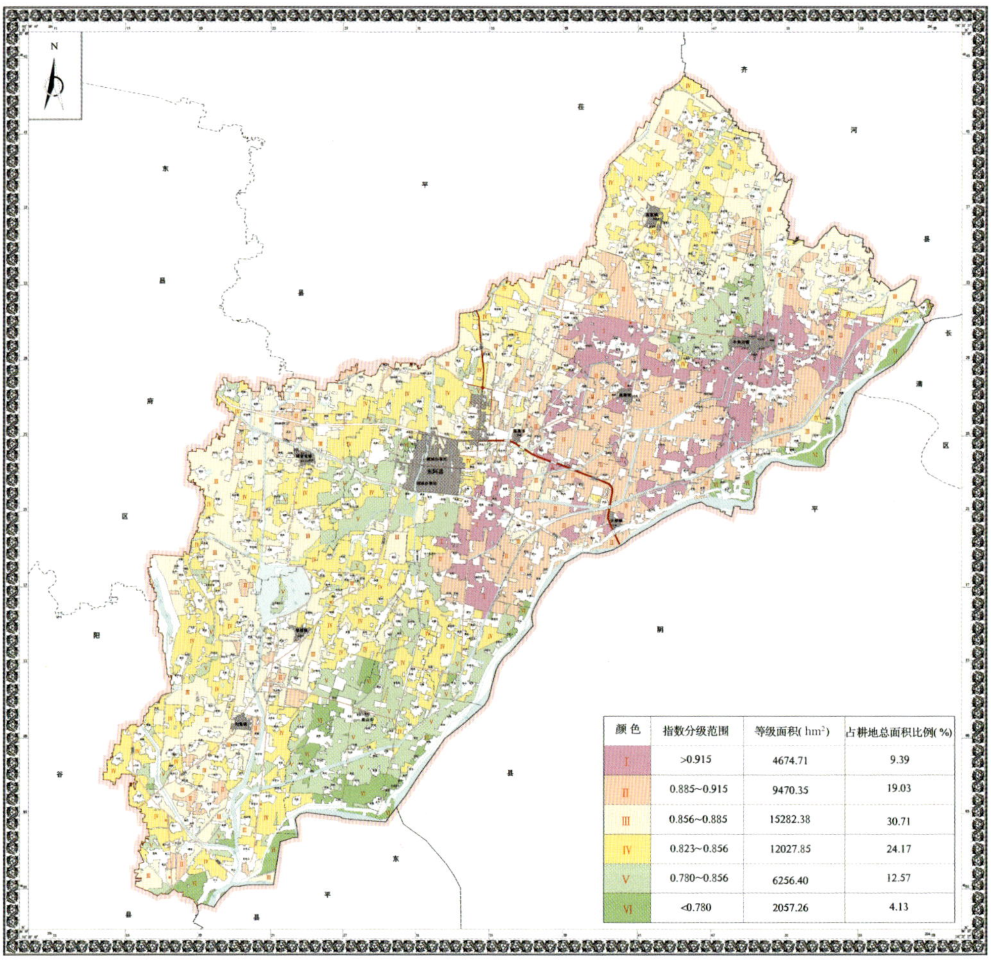

颜色	指数分级范围	等级面积(hm^2)	占耕地总面积比例(%)
Ⅰ	>0.915	4674.71	9.39
Ⅱ	0.885~0.915	9470.35	19.03
Ⅲ	0.856~0.885	15282.38	30.71
Ⅳ	0.823~0.856	12027.85	24.17
Ⅴ	0.780~0.856	6256.40	12.57
Ⅵ	<0.780	2057.26	4.13

1954年北京坐标系 1956年黄海高程系　　比例尺：1∶400000　　山东天地亚太国土遥感有限公司 山东农业大学资源与环境学院 二〇〇九年十月

东阿县耕地地力调查点点位图

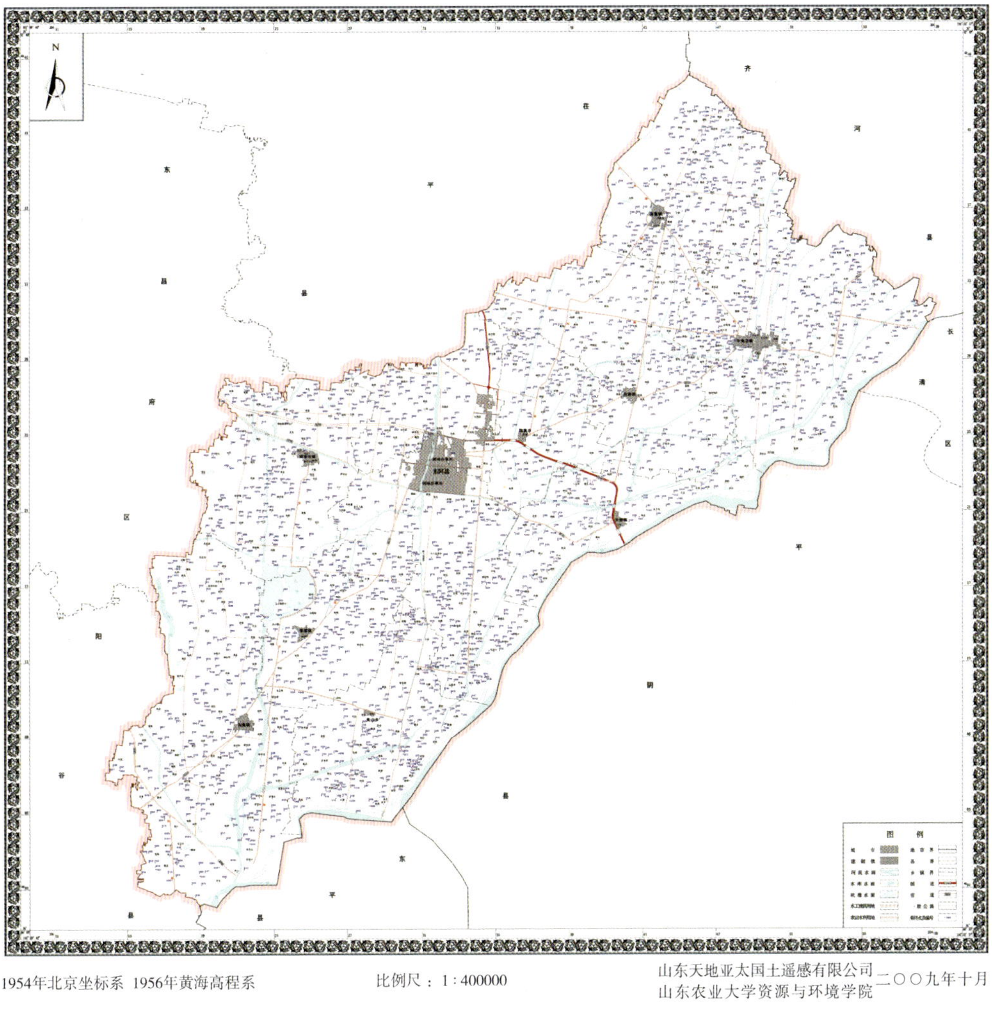

1954年北京坐标系 1956年黄海高程系

比例尺：1:400000

山东天地亚太国土遥感有限公司
山东农业大学资源与环境学院 二〇〇九年十月

东阿县灌溉分布图

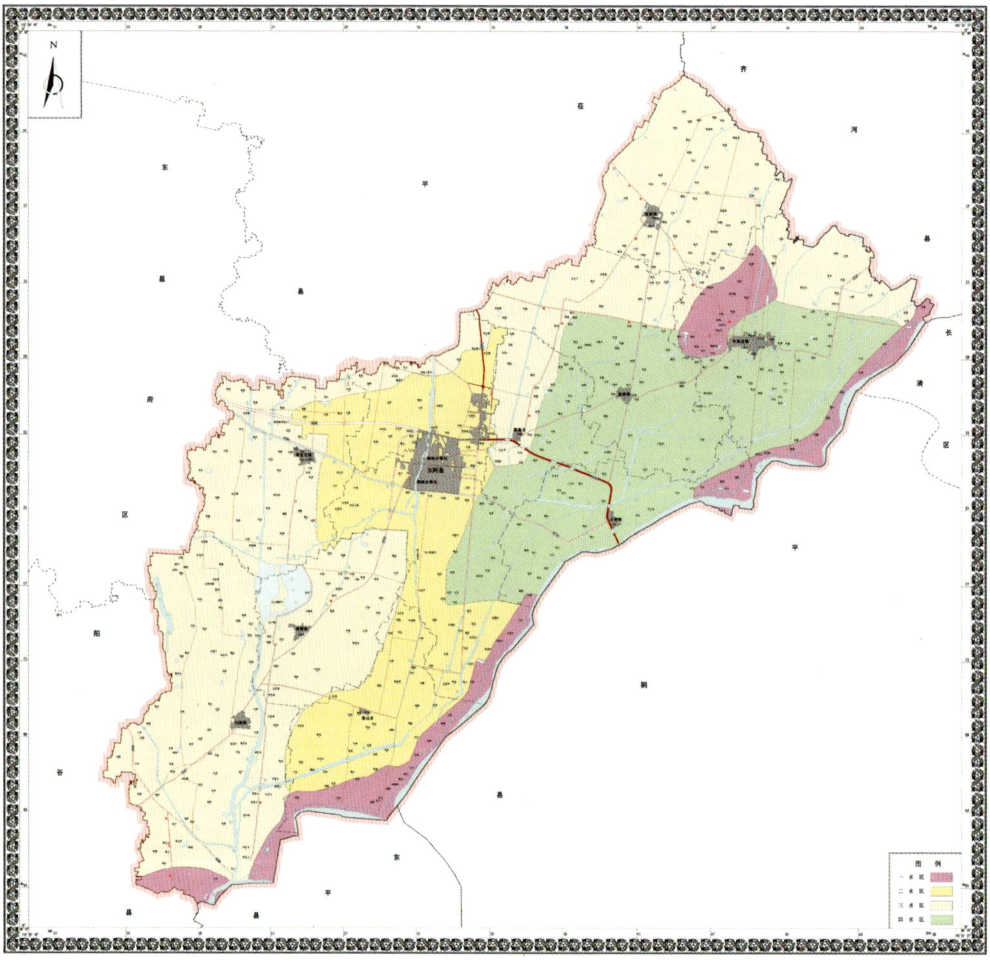

1954年北京坐标系 1956年黄海高程系　　比例尺：1∶400000　　山东天地亚太国土遥感有限公司
山东农业大学资源与环境学院　二〇〇九年十月

东阿县土壤有机质含量分布图

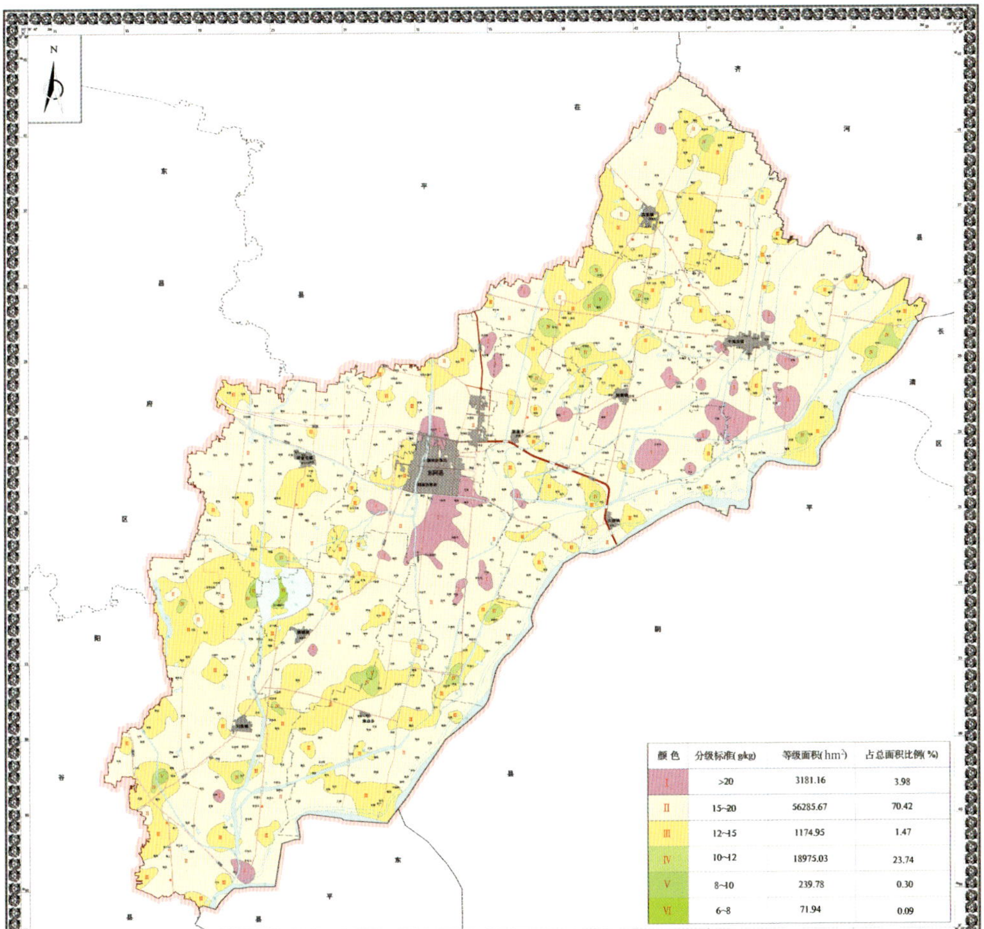

1954年北京坐标系 1956年黄海高程系　　比例尺：1:400000　　山东天地亚太国土遥感有限公司 山东农业大学资源与环境学院　二〇〇九年十月

东阿县土壤pH分布图

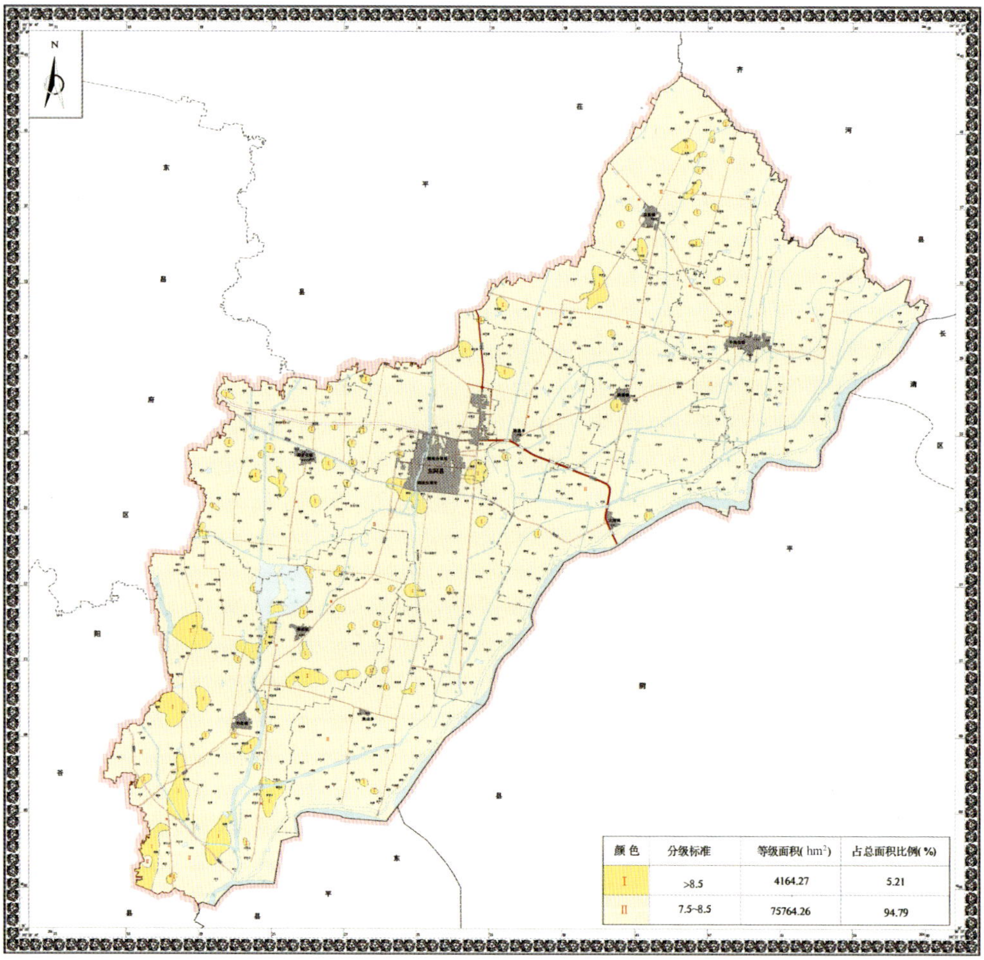

颜色	分级标准	等级面积(hm^2)	占总面积比例(%)
I	>8.5	4164.27	5.21
II	7.5~8.5	75764.26	94.79

1954年北京坐标系 1956年黄海高程系　　比例尺：1∶400000　　山东天地亚太国土遥感有限公司 山东农业大学资源与环境学院 二〇〇九年十月

东阿县土壤全氮含量分布图

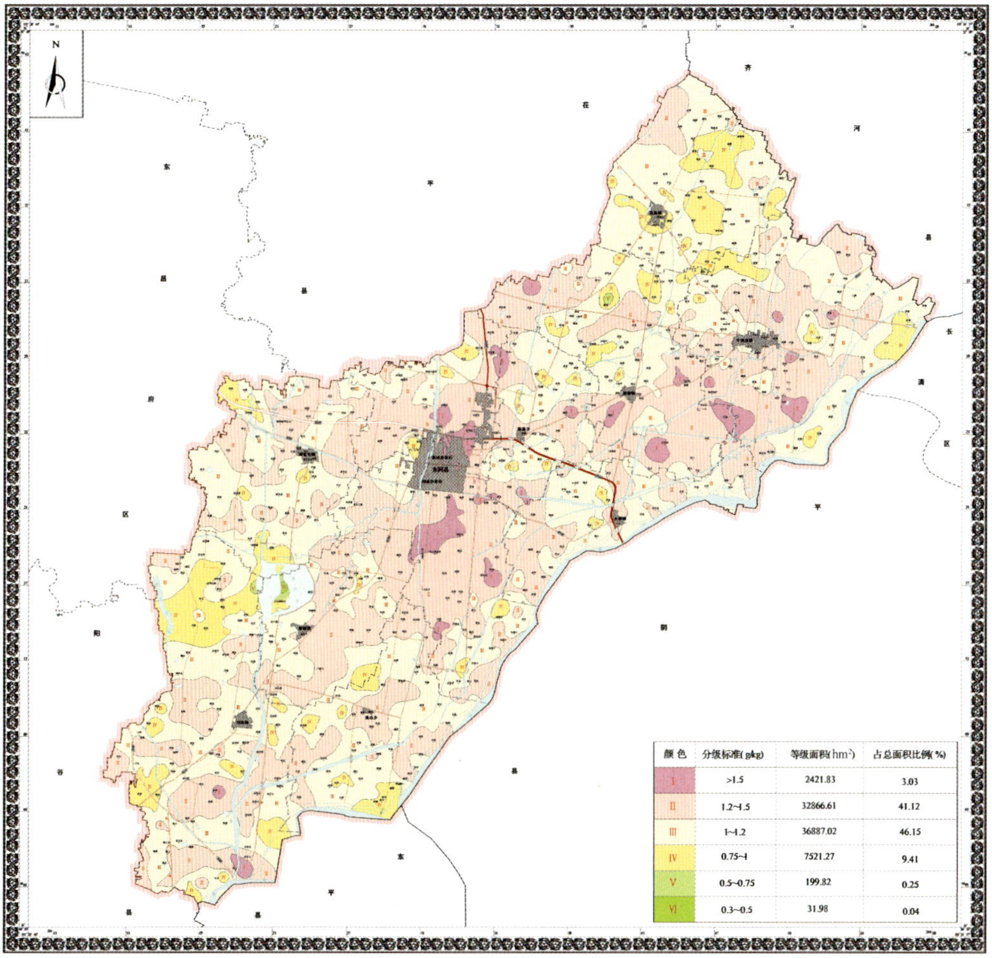

颜色	分级标准(g/kg)	等级面积(hm^2)	占总面积比例(%)
Ⅰ	>1.5	2421.83	3.03
Ⅱ	1.2~1.5	32866.61	41.12
Ⅲ	1~1.2	36887.02	46.15
Ⅳ	0.75~1	7521.27	9.41
Ⅴ	0.5~0.75	199.82	0.25
Ⅵ	0.3~0.5	31.98	0.04

1954年北京坐标系 1956年黄海高程系 比例尺：1∶400000 山东天地亚太国土遥感有限公司 山东农业大学资源与环境学院 二〇〇九年十月

东阿县土壤碱解氮含量分布图

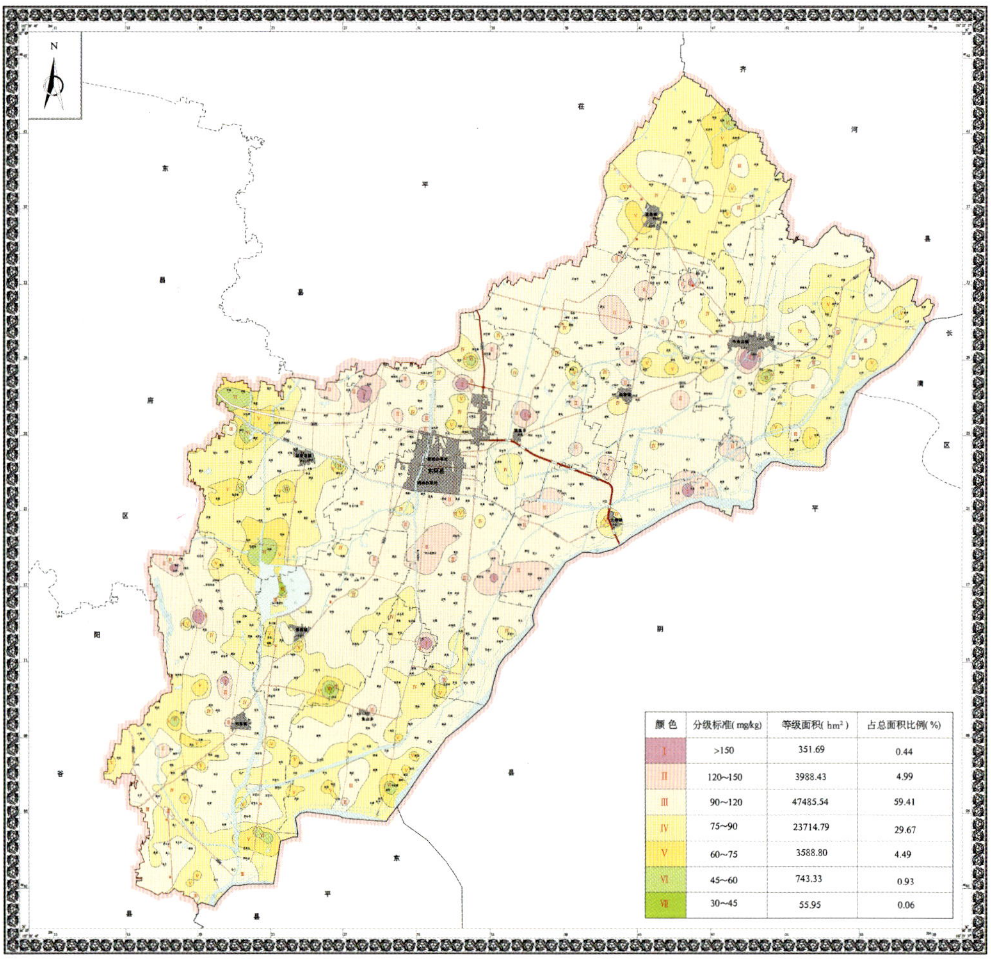

颜色	分级标准(mg/kg)	等级面积(hm^2)	占总面积比例(%)
Ⅰ	>150	351.69	0.44
Ⅱ	120~150	3988.43	4.99
Ⅲ	90~120	47485.54	59.41
Ⅳ	75~90	23714.79	29.67
Ⅴ	60~75	3588.80	4.49
Ⅵ	45~60	743.33	0.93
Ⅶ	30~45	55.95	0.06

1954年北京坐标系 1956年黄海高程系　　比例尺：1∶400000　　山东天地亚太国土遥感有限公司
山东农业大学资源与环境学院　二〇〇九年十月

东阿县土壤有效磷含量分布图

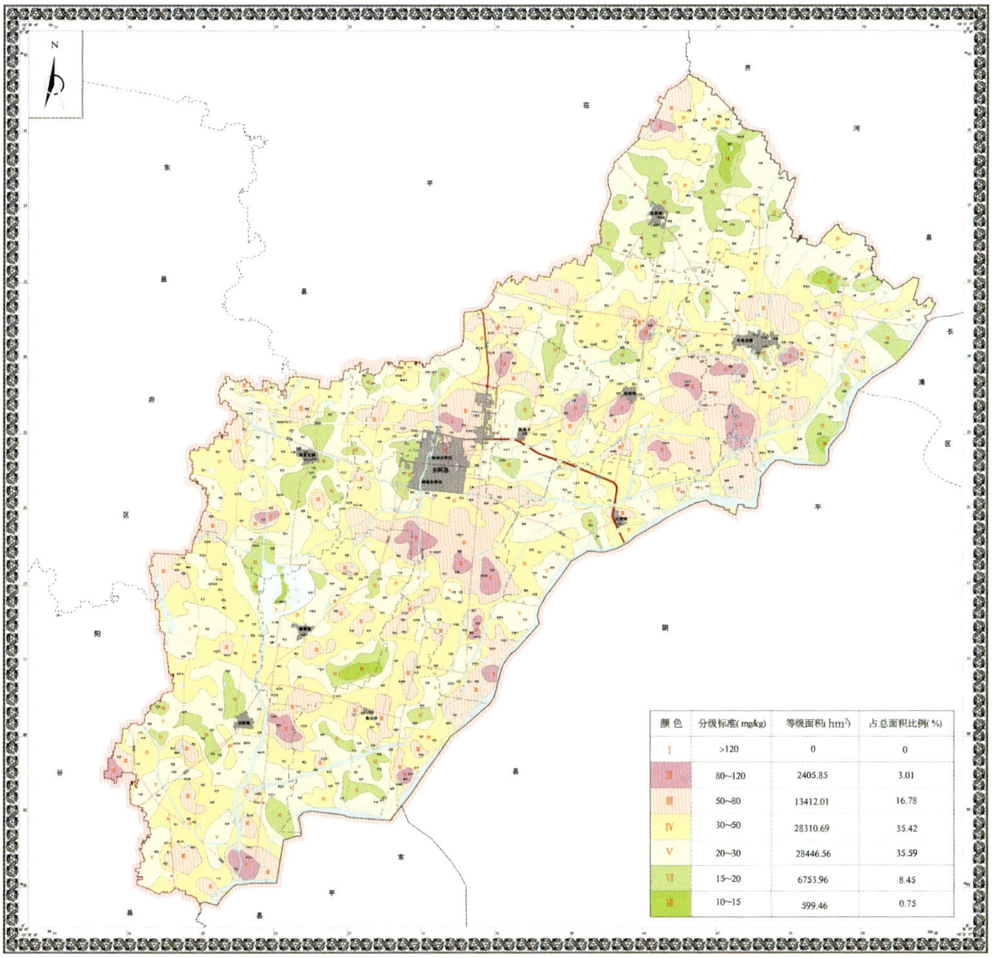

颜色	分级标准(mg/kg)	等级面积(hm²)	占总面积比例(%)
Ⅰ	>120	0	0
Ⅱ	80~120	2405.85	3.01
Ⅲ	50~80	13412.01	16.78
Ⅳ	30~50	28310.69	35.42
Ⅴ	20~30	28446.56	35.59
Ⅵ	15~20	6753.96	8.45
Ⅶ	10~15	599.46	0.75

1954年北京坐标系 1956年黄海高程系　　比例尺：1∶400000

山东天地亚太国土遥感有限公司
山东农业大学资源与环境学院　二〇〇九年十月

东阿县土壤速效钾含量分布图

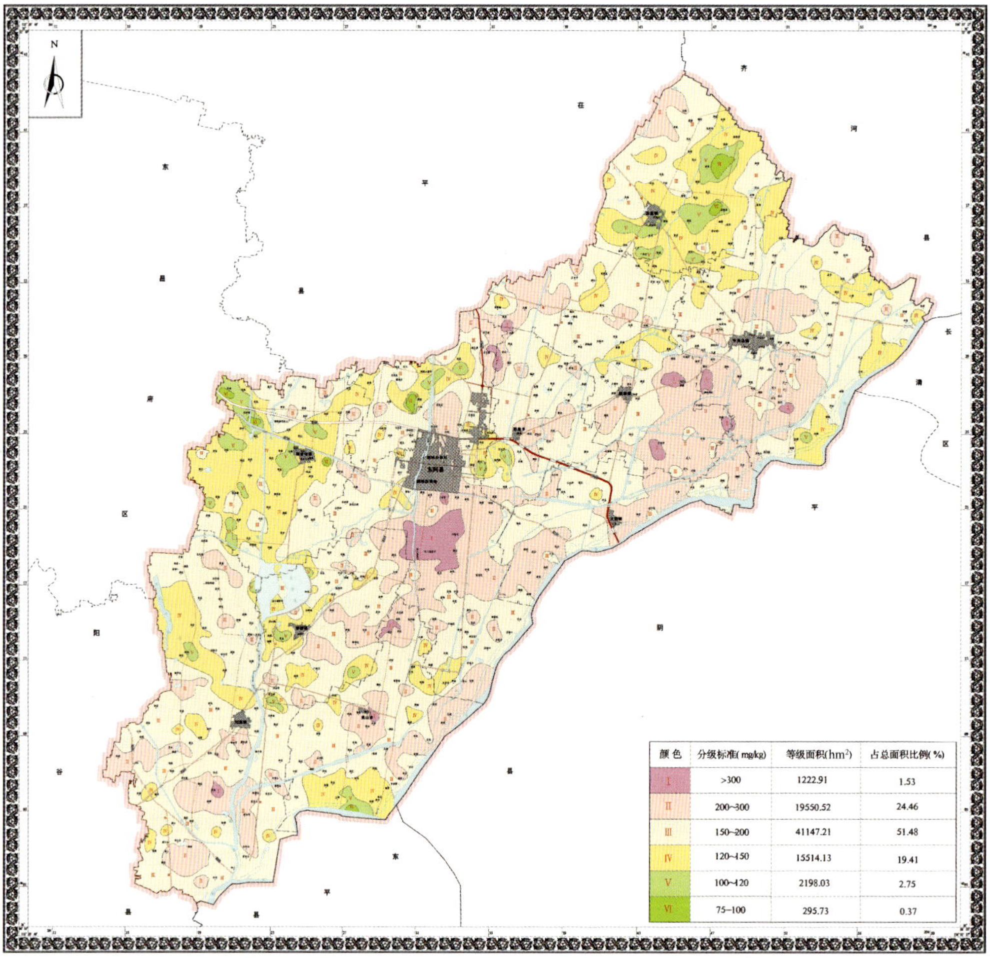

1954年北京坐标系 1956年黄海高程系　　比例尺：1∶400000　　山东天地亚太国土遥感有限公司
山东农业大学资源与环境学院　二〇〇九年十月

东阿县土壤缓效钾含量分布图

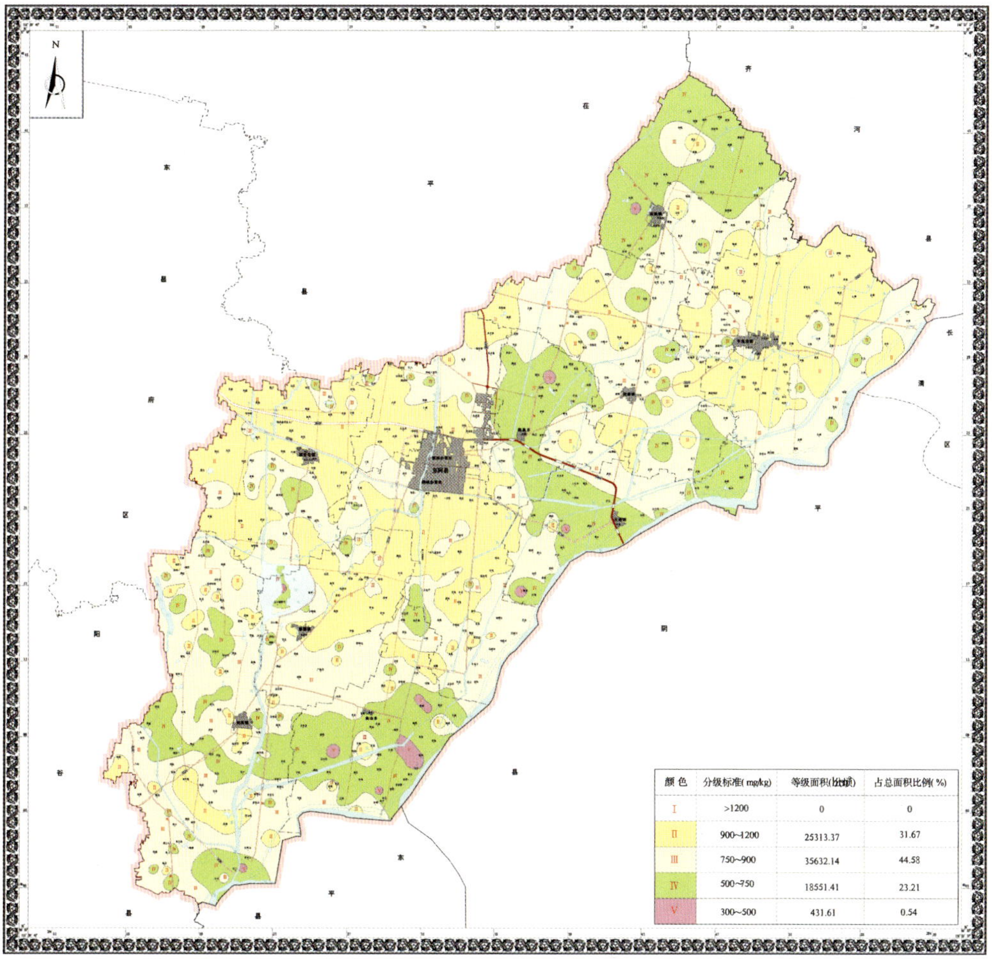

1954年北京坐标系 1956年黄海高程系　　比例尺：1:400000　　山东天地亚太国土遥感有限公司 山东农业大学资源与环境学院 二〇〇九年十月

东阿县土壤有效硫含量分布图

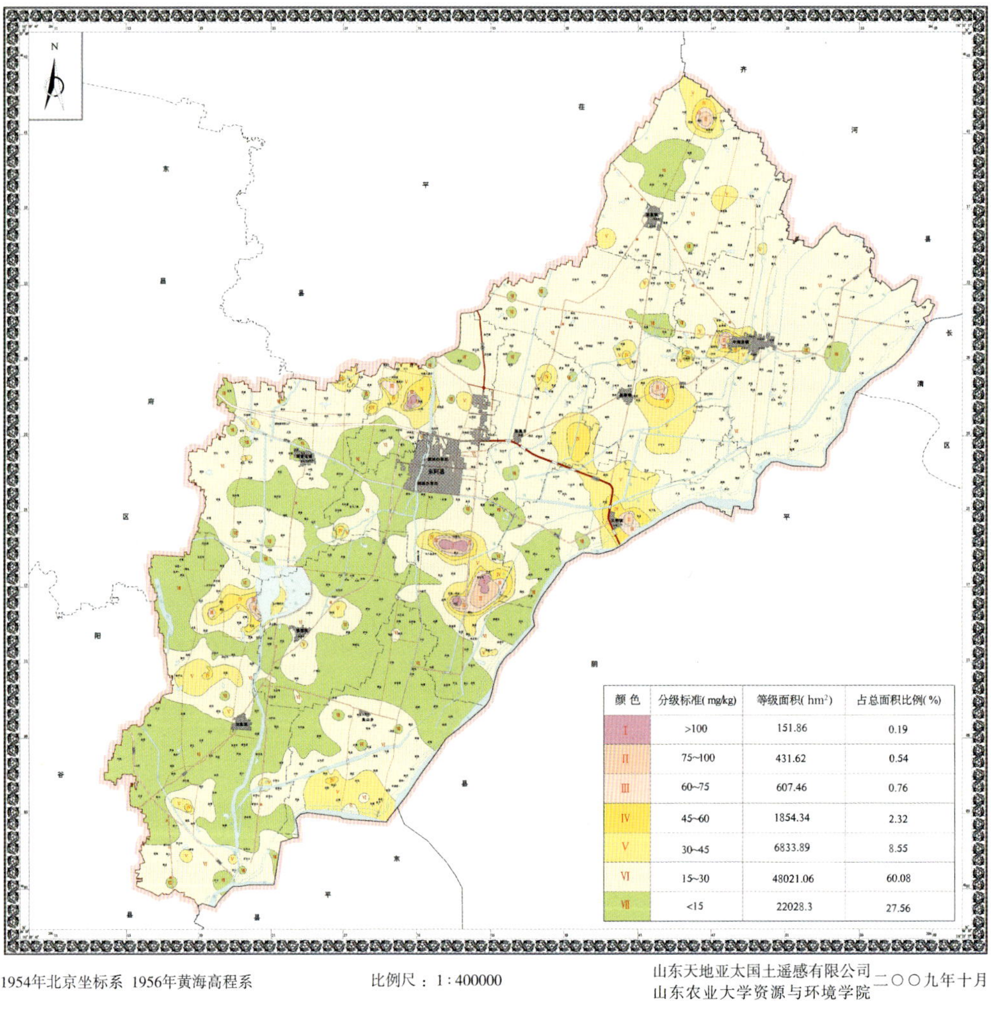

颜色	分级标准(mg/kg)	等级面积(hm²)	占总面积比例(%)
Ⅰ	>100	151.86	0.19
Ⅱ	75~100	431.62	0.54
Ⅲ	60~75	607.46	0.76
Ⅳ	45~60	1854.34	2.32
Ⅴ	30~45	6833.89	8.55
Ⅵ	15~30	48021.06	60.08
Ⅶ	<15	22028.3	27.56

1954年北京坐标系 1956年黄海高程系　　比例尺：1∶400000　　山东天地亚太国土遥感有限公司 山东农业大学资源与环境学院 二〇〇九年十月

东阿县土壤交换性含量分布图

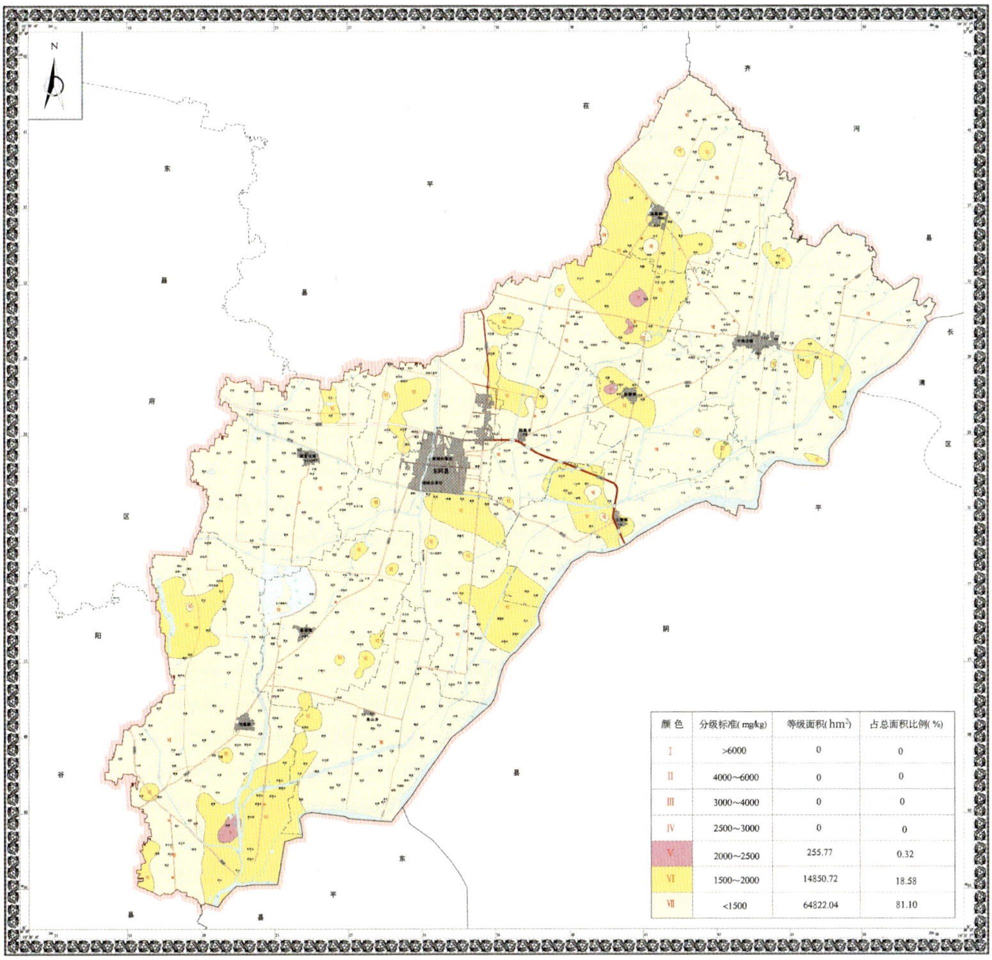

颜色	分级标准(mg/kg)	等级面积(hm^2)	占总面积比例(%)
Ⅰ	>6000	0	0
Ⅱ	4000~6000	0	0
Ⅲ	3000~4000	0	0
Ⅳ	2500~3000	0	0
Ⅴ	2000~2500	255.77	0.32
Ⅵ	1500~2000	14850.72	18.58
Ⅶ	<1500	64822.04	81.10

1954年北京坐标系 1956年黄海高程系　　比例尺：1:400000　　山东天地亚太国土遥感有限公司 山东农业大学资源与环境学院 二〇〇九年十月

东阿县土壤交换性镁含量分布图

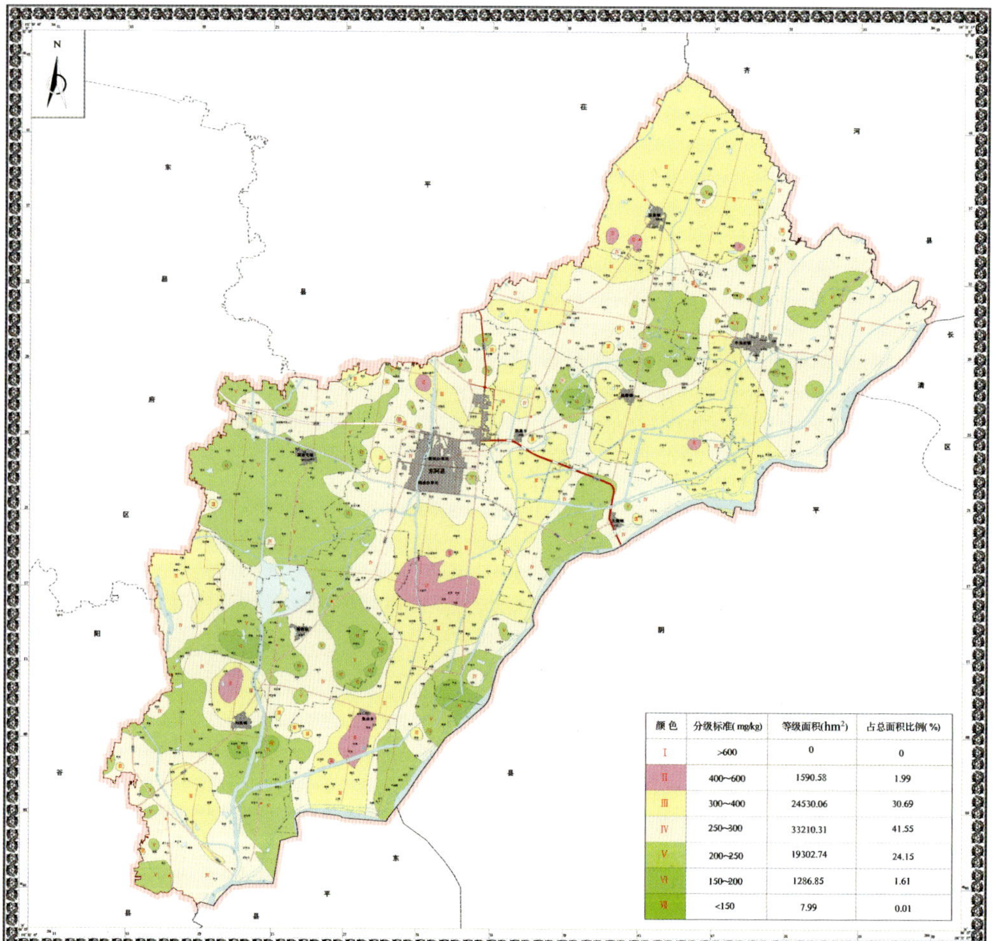

1954年北京坐标系 1956年黄海高程系　　比例尺：1∶400000　　山东天地亚太国土遥感有限公司 山东农业大学资源与环境学院 二〇〇九年十月

东阿县潜水矿化度分布图

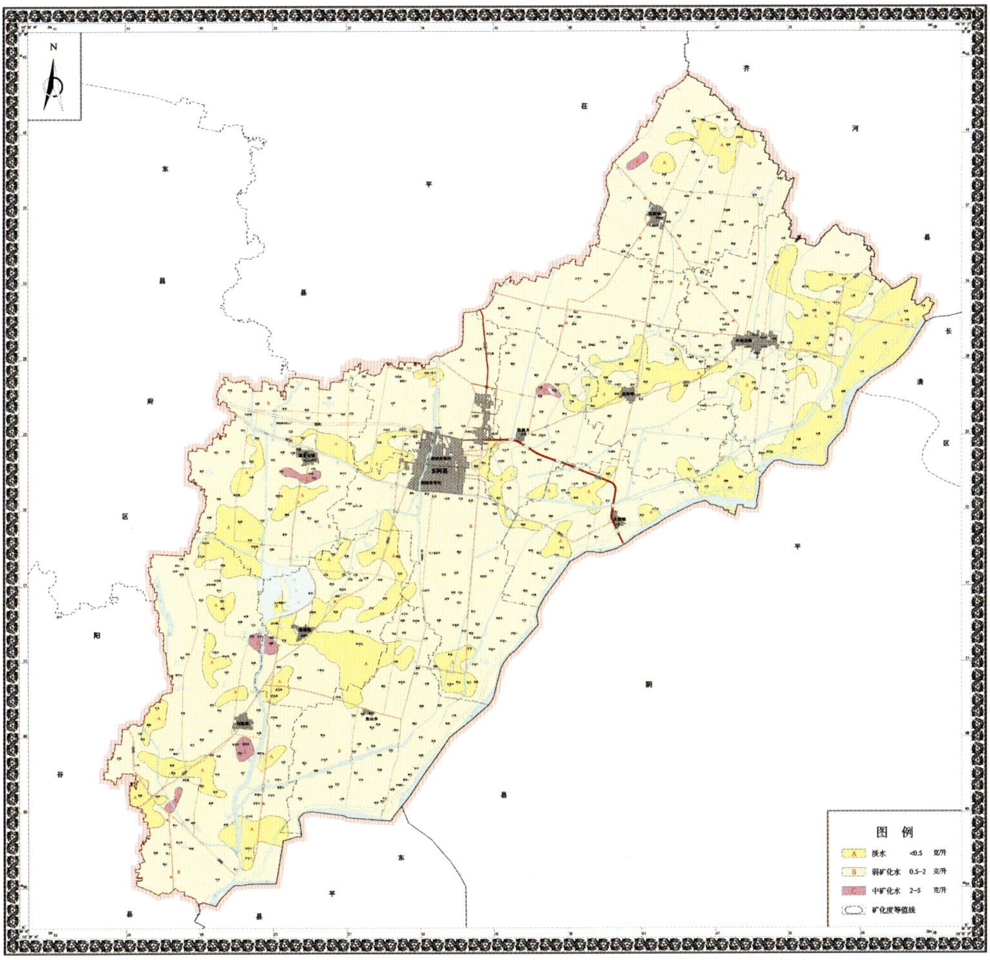

1954年北京坐标系 1956年黄海高程系　　比例尺：1:400000　　山东天地亚太国土遥感有限公司 山东农业大学资源与环境学院 二〇〇九年十月

东阿县土壤有效硅含量分布图

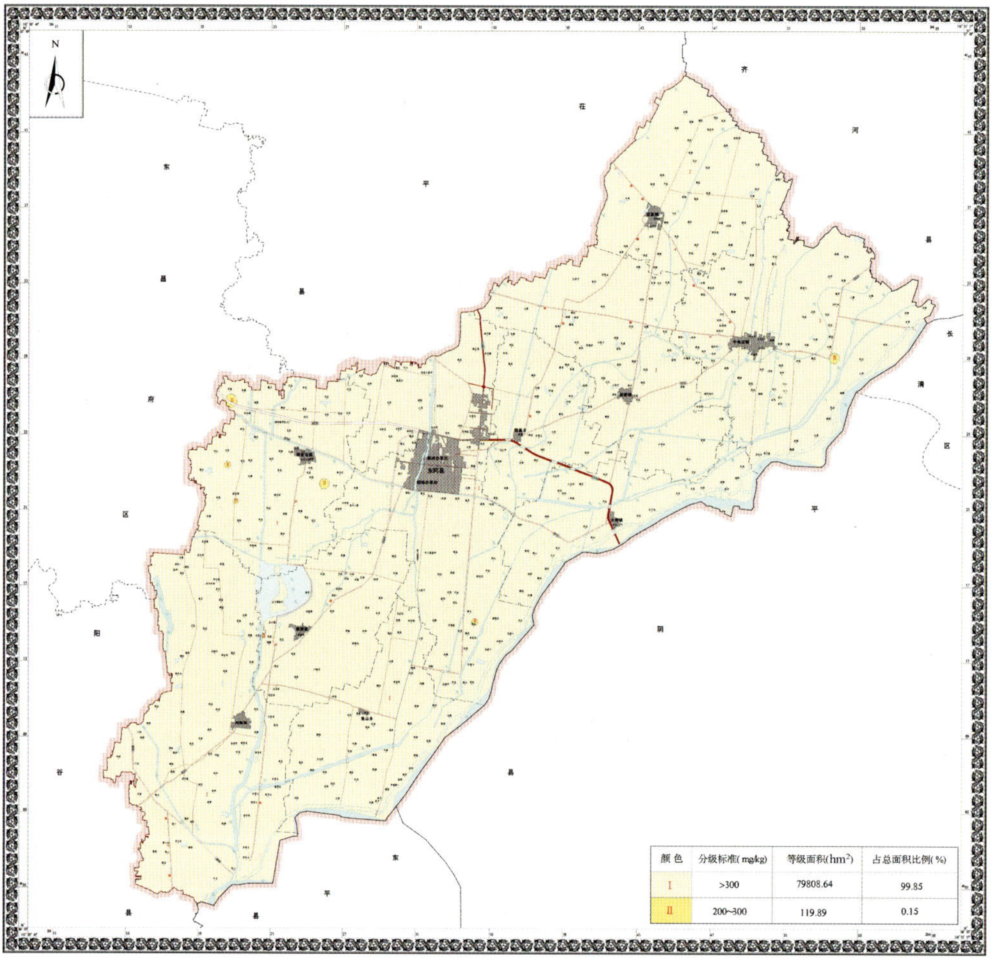

颜色	分级标准(mg/kg)	等级面积(hm²)	占总面积比例(%)
Ⅰ	>300	79808.64	99.85
Ⅱ	200~300	119.89	0.15

1954年北京坐标系 1956年黄海高程系　　比例尺：1∶400000

山东天地亚太国土遥感有限公司
山东农业大学资源与环境学院 二〇〇九年十月

东阿县土壤有效锰含量分布图

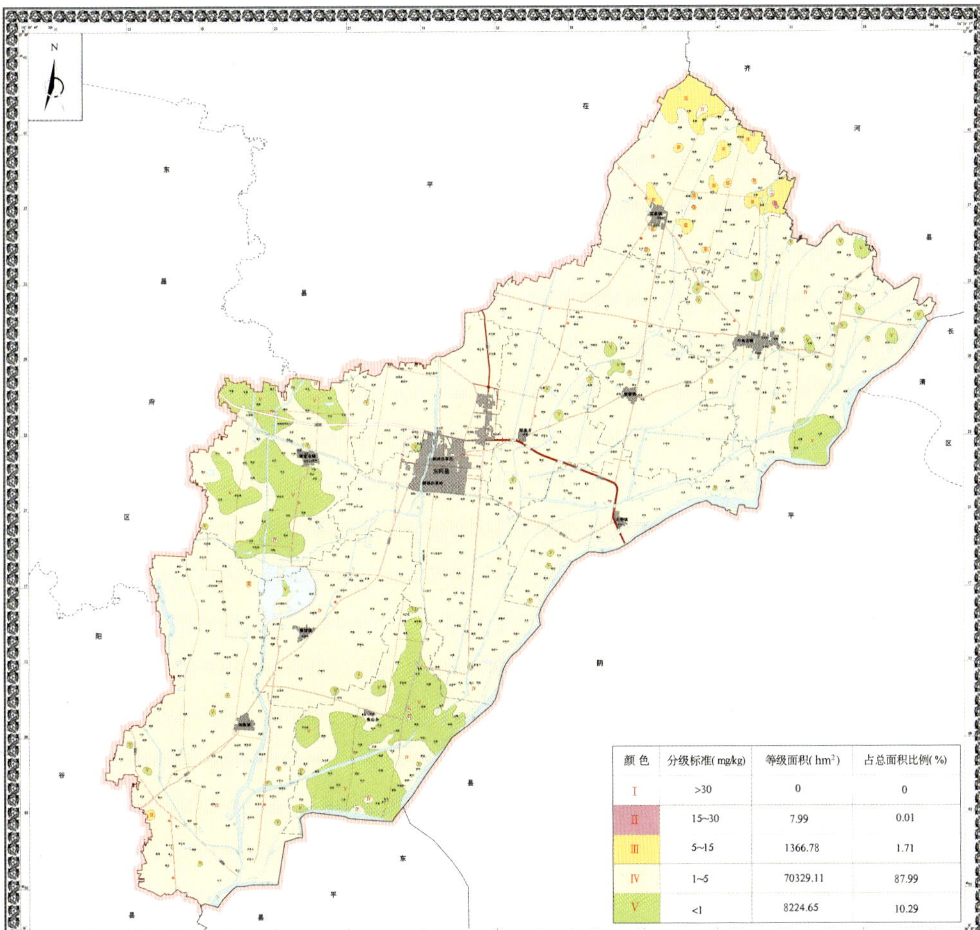

颜色	分级标准(mg/kg)	等级面积(hm^2)	占总面积比例(%)
I	>30	0	0
II	15~30	7.99	0.01
III	5~15	1366.78	1.71
IV	1~5	70329.11	87.99
V	<1	8224.65	10.29

1954年北京坐标系 1956年黄海高程系　　比例尺：1∶400000　　山东天地亚太国土遥感有限公司 山东农业大学资源与环境学院　二〇〇九年十月

东阿县土壤有效钼含量分布图

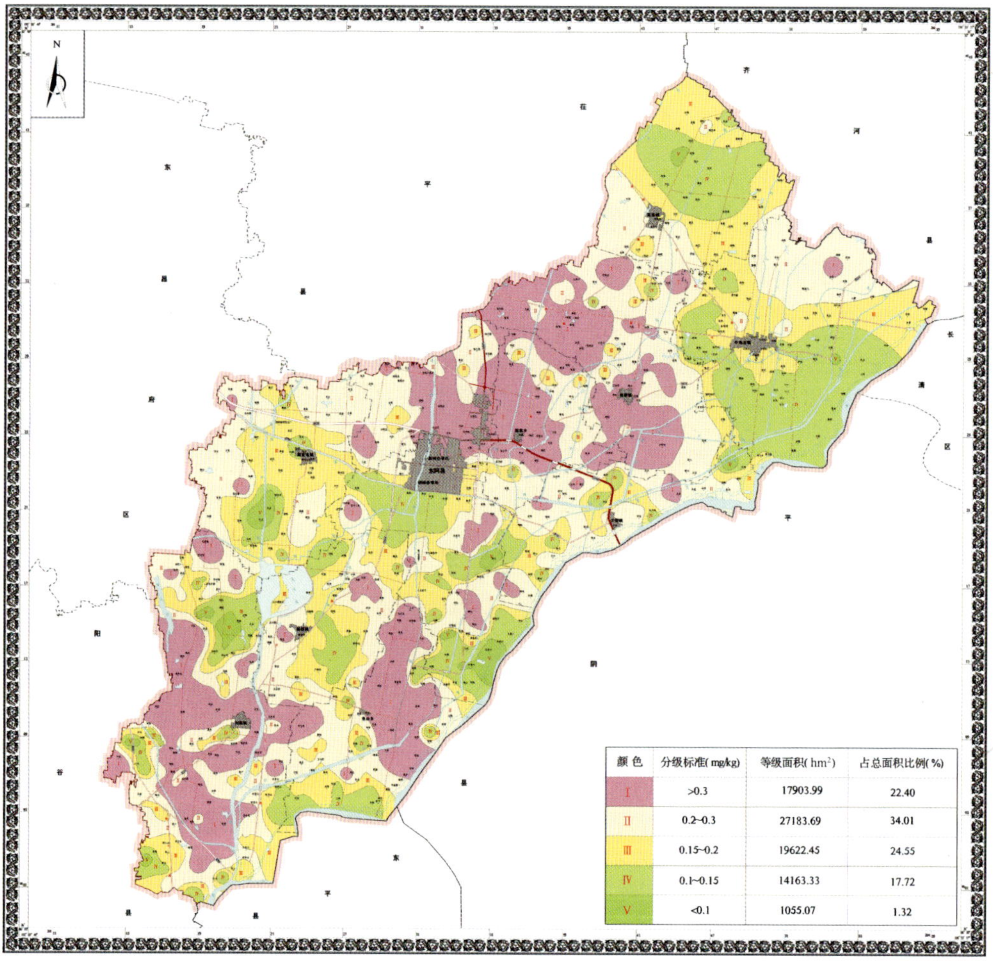

颜色	分级标准(mg/kg)	等级面积(hm^2)	占总面积比例(%)
Ⅰ	>0.3	17903.99	22.40
Ⅱ	0.2~0.3	27183.69	34.01
Ⅲ	0.15~0.2	19622.45	24.55
Ⅳ	0.1~0.15	14163.33	17.72
Ⅴ	<0.1	1055.07	1.32

1954年北京坐标系 1956年黄海高程系　　比例尺：1:400000　　山东天地亚太国土遥感有限公司
山东农业大学资源与环境学院 二〇〇九年十月

东阿县土壤有效硼含量分布图

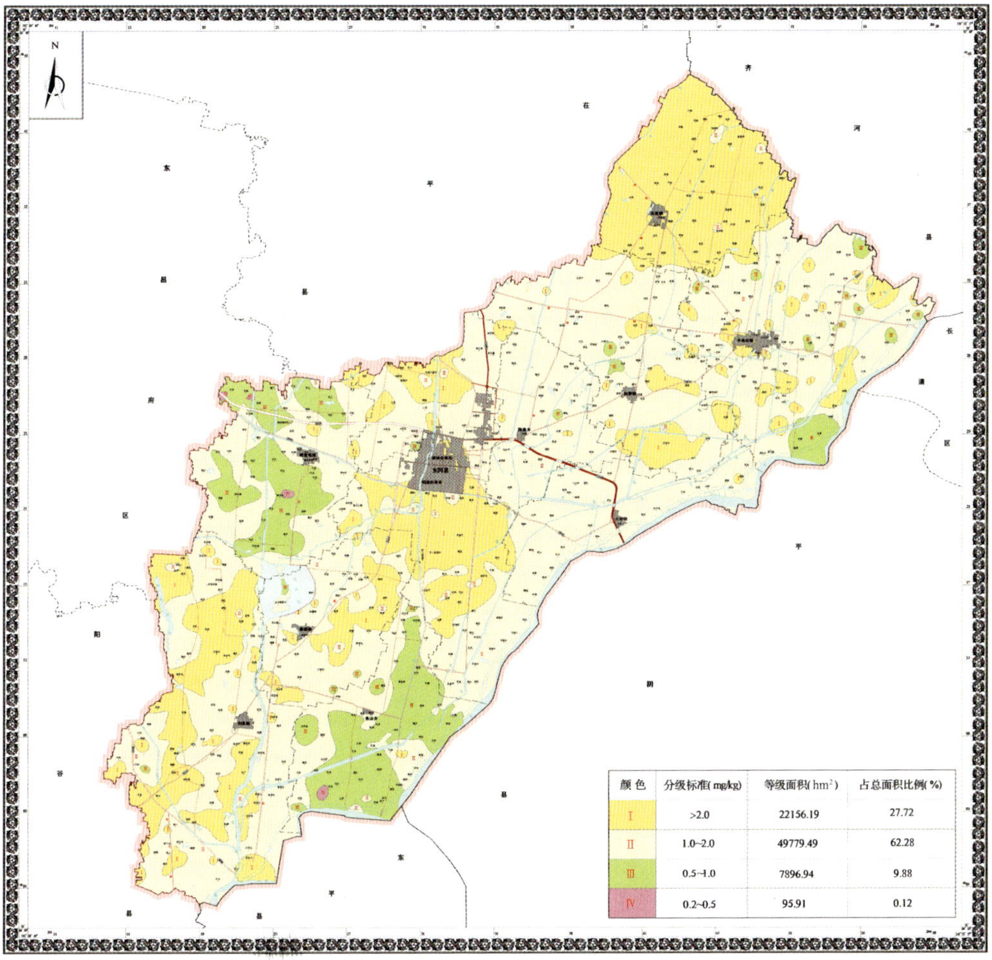

颜色	分级标准(mg/kg)	等级面积(hm^2)	占总面积比例(%)
Ⅰ	>2.0	22156.19	27.72
Ⅱ	1.0~2.0	49779.49	62.28
Ⅲ	0.5~1.0	7896.94	9.88
Ⅳ	0.2~0.5	95.91	0.12

1954年北京坐标系 1956年黄海高程系　　比例尺：1∶400000　　山东天地亚太国土遥感有限公司
山东农业大学资源与环境学院　　二〇〇九年十月

东阿县土壤有效铁含量分布图

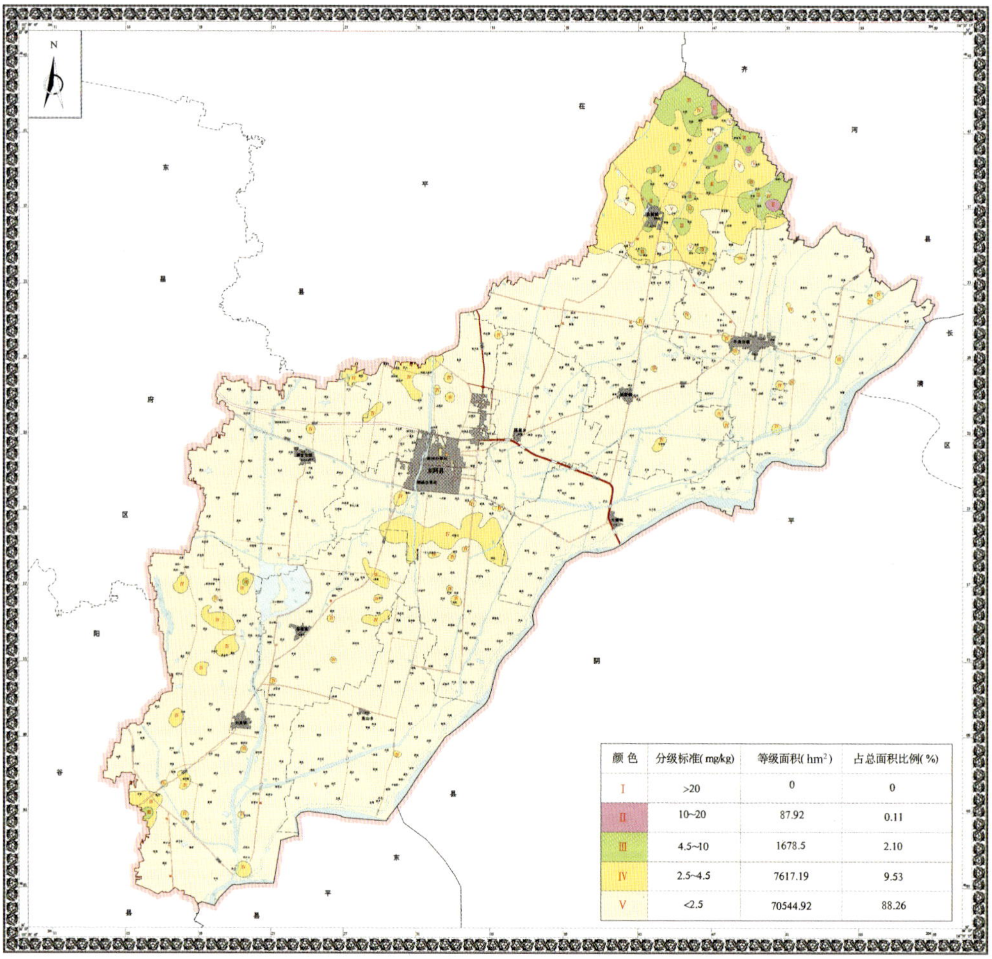

颜色	分级标准(mg/kg)	等级面积(hm²)	占总面积比例(%)
Ⅰ	>20	0	0
Ⅱ	10~20	87.92	0.11
Ⅲ	4.5~10	1678.5	2.10
Ⅳ	2.5~4.5	7617.19	9.53
Ⅴ	<2.5	70544.92	88.26

1954年北京坐标系 1956年黄海高程系　　比例尺：1∶400000　　山东天地亚太国土遥感有限公司 山东农业大学资源与环境学院 二〇〇九年十月

东阿县土壤有效铜含量分布图

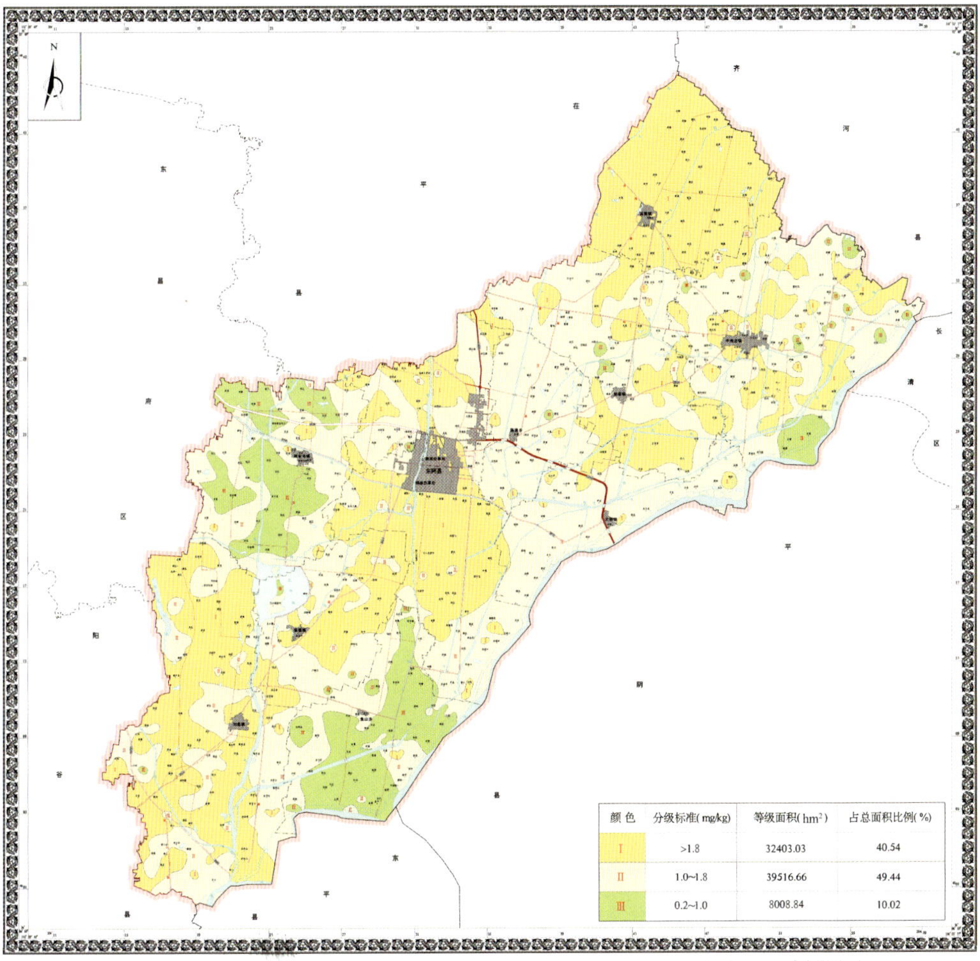

1954年北京坐标系 1956年黄海高程系

比例尺：1∶400000

山东天地亚太国土遥感有限公司
山东农业大学资源与环境学院
二〇〇九年十月

东阿县土壤有效锌含量分布图

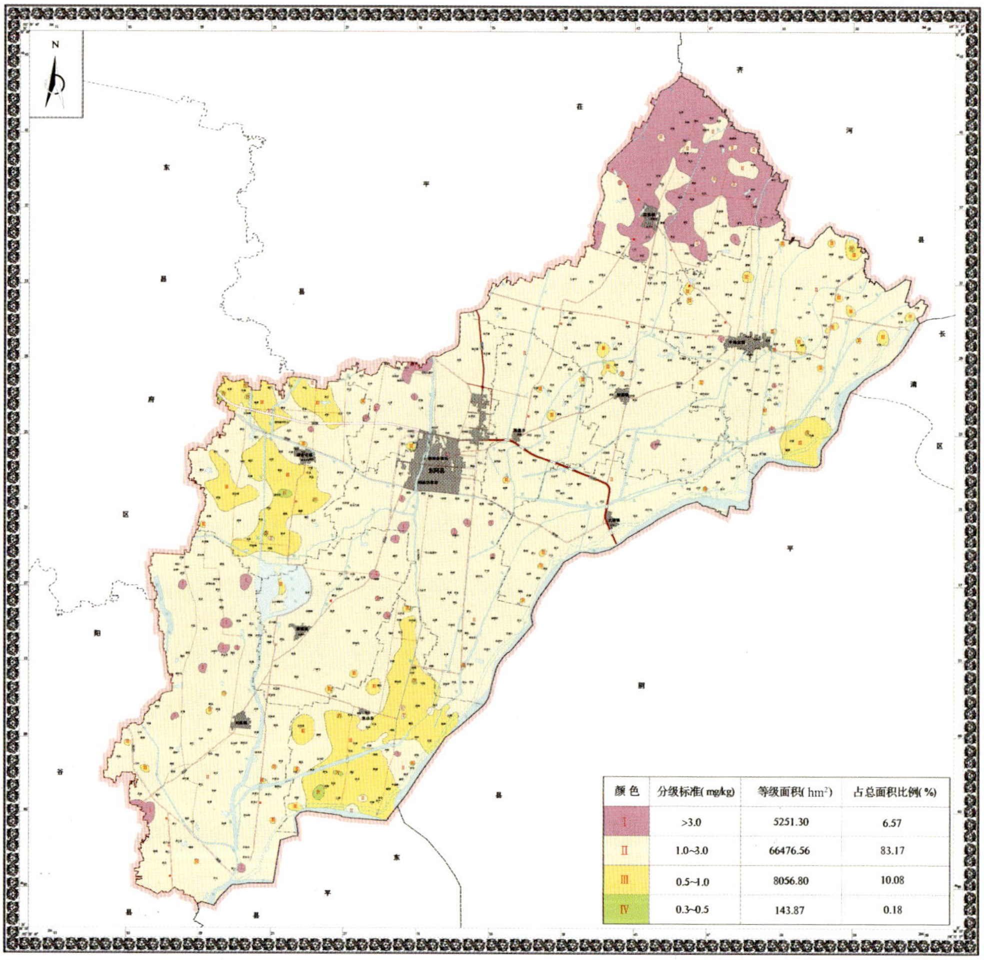

颜色	分级标准(mg/kg)	等级面积(hm²)	占总面积比例(%)
Ⅰ	>3.0	5251.30	6.57
Ⅱ	1.0~3.0	66476.56	83.17
Ⅲ	0.5~1.0	8056.80	10.08
Ⅳ	0.3~0.5	143.87	0.18

1954年北京坐标系 1956年黄海高程系　　比例尺：1∶400000　　山东天地亚太国土遥感有限公司 山东农业大学资源与环境学院 二〇〇九年十月